海峡西岸经济区发展报告2017

基于"一带一路"和自贸区背景

洪永淼 主 编

刘 晔 蔡伟毅 郑若娟 副主编

中国财经出版传媒集团

经济科学出版社

Economic Science Press

图书在版编目（CIP）数据

海峡西岸经济区发展报告.2017：基于"一带一路"和自贸区背景／洪永森主编.—北京：经济科学出版社，2017.11

ISBN 978 – 7 – 5141 – 8694 – 9

Ⅰ.①海…　Ⅱ.①洪…　Ⅲ.①"一带一路"–国际合作–研究报告　Ⅳ.①F125

中国版本图书馆 CIP 数据核字（2017）第 283996 号

责任编辑：周胜婷
责任校对：徐领柱
责任印制：邱　天

海峡西岸经济区发展报告2017：
基于"一带一路"和自贸区背景
洪永森　主　编
刘　晔　蔡伟毅　郑若娟　副主编
经济科学出版社出版、发行　新华书店经销
社址：北京市海淀区阜成路甲 28 号　邮编：100142
总编部电话：010 – 88191217　发行部电话：010 – 88191522
网址：www. esp. com. cn
电子邮箱：esp@ esp. com. cn
天猫网店：经济科学出版社旗舰店
网址：http：//jjkxcbs. tmall. com
固安华明印业有限公司印装
710×1000　16 开　23 印张　350000 字
2017 年 11 月第 1 版　2017 年 11 月第 1 次印刷
ISBN 978 – 7 – 5141 – 8694 – 9　定价：88.00 元
（图书出现印装问题，本社负责调换。电话：**010 – 88191510**）
（版权所有　侵权必究　举报电话：**010 – 88191586**
电子邮箱：**dbts@ esp. com. cn**）

前　　言

经过历时一年的选题策划、研究探讨、分工撰写和编辑修改，在本课题组全体成员的团结协作下，《海峡西岸经济区发展报告2017》终于和读者们见面了。本年度报告继续承继《海峡西岸经济区发展报告2016》《海峡西岸经济区发展报告2015》的风格和体例，所选择的研究选题主要集中于"一带一路"和福建自贸区方面，并新增了金砖国家领导人厦门会晤等多个新议题。基于福建作为21世纪海上丝绸之路核心区的定位，今年我们将所有十五个专题分为"贸易与投资""财政与金融""环境与公共服务""农业与文化"四大板块，分别阐述对海上丝绸之路核心区发展的理论观点和政策建议。本年度研究报告的背景源自近两年来21世纪海上丝绸之路核心区建设的积极推进和中国（福建）自由贸易试验区的设立运作，以及金砖国家领导人于福建省厦门市召开的第九次会晤，这些重大经济、政治事件赋予了海峡西岸经济区发展以新的时代内容和良好的发展机遇。"文章合为时而著"，本年度报告在选题和体例上的变化正是对"一带一路"发展所面临的新时代要求的呼应。

我们知道，2017年是21世纪海上丝绸之路核心区建设迈入实质快速推进阶段的一年。早在2015年3月28日，经国务院授权，国家发展改革委、外交部、商务部联合发布了《推动共建丝绸之路经济带和21世纪海上丝绸之路的愿景与行动》，文中就将福建省定位为"21世纪海上丝绸之路核心区"。2016年以来，福建加快了"21 世纪海上丝绸之路"核心区建设，通过推进互联互通、海洋合作、人文交流等各项工作；积极对接海上丝绸之路沿线国家和地区的需求，扩大经贸合作。数据统计显示，今年上半年，福建对海上丝绸之路沿线国家和地区出口贸易额达 1398 亿元人民币，同比增长 8.1%；投资 14.9 亿美元，同比增长 4.2%。2017 年年初，福建省又进一步研究部署了 21 世纪海上丝绸之路核心区建设，充分利用福建在侨台方面的资源优势，推动与沿线国家和地区开展多层次常态化的贸易往来和文化交流，扩大人文往来，密切高层互访，加强宣传推介，打造品牌平台，进一步凸显福建作为海上丝绸之路核心区的地位和影响。

我们还知道，这一年还是中国自由贸易试验区持续快速发展的一年。自 2015 年挂牌以来的两年内，福建自贸区累计推出 255 项创新举措，创新制度体系初步形成，在各项创新举措刺激下，自贸试验区内企业对创新举措总体满意率达 90.8%，营商环境好评率达 91.3%。制度的创新营造了一流的国际营商环境，也带来了一批高端产业、现代服务业企业汇聚在此落地生根。截至 2017年 8 月，福建自贸试验区总共新增企业数 63057 家，注册资本 12824.62 亿元，福建正借助自贸区迎来新一轮各行业发展热潮。福建自贸区响应中央"大胆试、大胆闯、自主改"的 9 字方针，迄今为止 186 项重点实验任务已实施 172 项，正在推进 10 项，政策效应显著。

更值得一提的是，2017 年 9 月金砖五国领导人于福建厦门召开会议，金砖合作开启第二个"黄金十年"的历史关口，五国合作领域将继续不断拓展，合作机制将不断完善，国际影响力和吸引力也将显著上升。财金合作作为诸多机制中的重要组成部分，将大大促进金砖国家和世界经济的增长，同时也为福建未来发展奠定了良好经济条件。厦门金砖峰会的召开将大幅提升福建城市的品牌度、影响力，厦门市基建、旅游、交通、贸易等行业将显著受益。金砖会议的召开也将进一步推动厦门作为"一带一路"港口城市的战略地位，同时也会吸引更多的外商进入厦门本地，对福建自贸区的建设起到一定的拉动作用。

乘天时东风，展地利宏图。受益于海上丝路核心区建设和福建自贸试验区的政策、体制和机制优势，以及金砖会议召开的发展契机，海西经济区发展和两岸交流合作正处在一个新的历史起点上。为积极服务"一带一路"和福建自贸区建设这一重大国家战略和地方需求，厦门大学经济学科发挥学科和人才优势，主动贴近、主动融入、主动服务。2015 年开始，厦门大学经济学院、王亚南经济研究院就协同厦门大学其他相关院系，联合省内外、境内外高校、科研机构与相关政府部门、金融机构和企业共同成立了"中国（福建）自由贸易试验区研究院"，着手研究"一带一路"和自贸区战略背景下海西发展的新战略、新机遇和新问题。本年度报告也是这方面的新尝试和新成果之一。

基于上述原因和背景，我们为本年度研究报告加了个副标题，正式定名为《海峡西岸经济区发展报告 2017——基于"一带一路"和自贸区背景》，同时选题上也侧重于探讨海上丝绸之路核心区、自贸区及金砖会晤背景下的海西经济区发展问题。由于本年度选题上的多样化，我们将所有十六个专题分为"贸易与投资""财政与金融""环境与公共服务""农业与文化"四大板块。在此，我们将本年度报告各专题内容简述如下：

专题一　福建与"一带一路"沿线国家和地区双边贸易关系研究

福建省在国家"一带一路"倡议中被明确为 21 世纪海上丝绸之路核心区，与"一带一路"国家贸易投资关系密切。近年来，福建在经济发展及贸易投资基础、互联网及交通物流基础设施、健全的金融服务体系，以及政府相关政策支持等方面，都已经为外贸发展打下了良好的基础。近年来，福建省外贸形势与全国总体水平基本保持一致，对外贸易依旧稳居全国各省前列。从贸易结构看，一般贸易进出口依旧占福建省对外贸易的主导地位。从对外贸易的主要国家和地区来看，2016年，美国、欧盟、东盟位列福建省外贸伙伴前3位。在"一带一路"发展的大背景下，福建省与"一带一路"沿线国家贸易往来日趋紧密。

本专题应用贸易结合度来衡量两个国家或地区间贸易的相互依存度发现，福建省对"一带一路"主要沿线国家，尤其是东南亚国家的贸易结合度相对较高。应用扩展的贸易引力模型发现，福建对"一带一路"沿线国家双边投资与贸易相互促进。福建与"一带一路"沿线国家之间的贸易潜力不尽相同。因此为了继续打开外部市场，一方面要充分发挥政府和企业的积极性，认真贯彻落实相关的贸易政策，另一方面要保持现有的贸易条件，充分发挥贸易潜力。

本专题认为，福建省应根据"一带一路"沿线国家经济发展水平和贸易条件，以战略性贸易和投资为先导，培育需求，构筑与沿线国家贸易新机会。战略性投资和进口贸易，作为推动"一带一路"沿线国家经济发展的重要推动力量，是形成"一带一路"沿线国家对中国乃至福建产品进口需求的重要保证。首先，要充分挖掘福建支柱和优势产业，以及名优产品对"一带一路"沿线国家的出口商机。其次，应深度挖掘境内对"一带一路"沿线国家商品的进口需求。最后，以战略性投资促进贸易发展，促进发展性投资与商业性投资的结合。

为此，福建省应完善环境条件，采取恰当政策措施，进一步推进福建省与"一带一路"沿线国家贸易发展：一是实施鼓励政策，完善民营企业保障；二是树立品牌意识，发挥福建本土品牌效应；三是明确竞争优势，发展核心竞争力；四是发挥侨力优势，实现互利共赢发展；五是完善仓储系统，推动海外仓的建立。

专题二　福建省对外直接投资逆向技术溢出效应研究

本专题研究福建省对外直接投资逆向技术溢出效应问题，研究结果发现对外直接投资对福建省全要素生产率提升具有较强的推动作用，对外直接投资已经成为福建省技术进步的重要推力，而且从推动技术进步几个源泉的比较中发现，对外直接投资已经超越外商直接投资渠道成为福建省获取发达国家研发资本存量溢出的重要渠道。首先，本专题回顾福建省对外直接投资的历程，将改革开放之后福建省对外直接投资的历程分为三个阶段，数据显示自 2011 年以来，福建省对外直接投资出现高速增长的态势，福建省企业的境外分支机构也迅速增加。伴随着"一带一路"建设和自由贸易试验区在福建省的落地实施，福建省对外直接投资正在进入一个飞速发展的新时期。其次，笔者分析了福建省对外直接投资的特点：（1）与诸如广东、上海、北京等经济发达省市相比较，福建省对外直接投资还有较大的提升空间；（2）福建省对外直接投资的目的地过于集中，主要投向亚太地区，尤其是香港；（3）福建省对外直接投资的主体主要是大型企业，中小企业对外直接投资明显不足；（4）福建省对外直接投资主体的集中度较高，投资主体主要来源于福州、厦门和泉州三个地级市。再其次，笔者测算了 2003～2014 年福建省全要素生产率，结果表明福建省全要素生产率持续提升，技术进步明显；2003～2015 年福建省三次产业结构的比较也表明福建省的产业结构在逐步优化，新兴产业的产值在大幅提升。最后，笔者使用全要素生产率作为被解释变量，使用通过 OFDI、FDI 和进口三种渠道所获得国际知识溢出作为自变量，还加入研发资本存量和人力资本存量，利用东部六个省市的面板数据进行实证回归，结果表明对外直接投资渠道所获得的国际知识溢出是福建省提升技术进步的重要途径。根据实证分析结果，笔者提出了政策建议。

专题三　金砖会晤与厦门发展

2017 年 9 月厦门市举办金砖国家领导人第九次会晤。本专题研究了金砖会晤对厦门的影响与对策。本研究首先分析举办大型会议对举办地经济产生的一般影响，以问卷调查为基础，分析对厦门的影响；接着将厦门与北京等城市进行对比，分析厦门作为会议举办城市具有的优劣势；然后研究金砖会晤给厦门城市基础设施建设提升、要素资源积聚增长、城市品牌创新、服务业繁荣、对外开放水平跨越式发展、政府职能转变等方面带来的机遇与挑战，阐述厦门如何扩大开放及引入优势要素资源、如何经营城市品牌、如何进一步完善基础设施建设、如何提升服务业质量、厦漳泉同城化、政府职能转变等问题，并借鉴其他城市的历史经验，结合厦门自身的发展特点，为厦门市政府有关部门的决策提出决策参考意见。本专题提出六点政策建议：第一，利用金砖会晤的契机，加强厦、漳、泉三市之间的重大交通基础设施互联互通，促进三市之间信息的互联互通和资源共享，推进厦漳泉同城化进程，规划好厦漳泉城市产业集群一体化发展，协调区域经济发展，最大程度发挥区位优势；促进厦漳泉要素流动，致力于推动三市之间的资源要素实现共享，扫清生产要素的自由流动过程中的障碍。第二，将金砖会晤对经济的促进作用最大化，将金砖会晤时期涌入的要素资源的暂时性转化为长期性，将要素资源增长的临时性机制转化为稳定增长机制，促进本土高新技术产业自主创新，加强跨界合作，吸引专业人才长期驻留，吸引国际级组织稳定入驻，进一步吸引国际机构做大做强。第三，加强城市品牌经营，将厦门新定位为"金砖厦门"，促进城市整体进一步与国际接轨，在厦门后金砖时期以从举办大型赛事增加曝光度、发掘城市优势产业、通过会展经济提升城市知名度等方面进一步推进城市品牌营销。第四，通过服务职能延伸，岛内服务外包，服务设施对接，服务资源共享，进一步促进厦门服务业的岛内外一体化发展，创建国际水平的服务质量，厦门服务业要以此作为誓师大会，建立提升服务质量的长效机制，提升厦门服务业的新内涵与国际国内竞争力。第五，利用好金砖会晤与厦门自贸区、国家自主创新示范区等政策叠加，进一步促进厦门对外开放跨越式发展，加大面向金砖国家贸易往来的优惠力度，打破可能阻挡进一步促进贸易的壁垒，消除在对外贸易的过程中的障碍，形成厦门经济特区政策体制的新优势。第六，促进政府职能转变，力推"放管服"改革，进一步简放政权，在税务、质监、海关等方面进行体制机制创新，积极推进电子政务，借助信息和网络技术，减少非必要的层级设置，提高信息透明度，提升政府服务管理质量和内部协调性。

专题四　进一步推动福建自贸试验区金融改革创新研究

本专题认为，随着全面改革开放的不断推进，金融领域的改革、开放与创新被摆到首要位置，上海自贸区、天津自贸区、广东自贸区和福建自贸区都把金融领域的开放和创新作为重头戏，并各有特色和优势。上海自贸区力求制度层面的创新，天津滨海重在产业金融创新，深圳前海突出跨境金融业务创新，而福建自贸区则以推动两岸金融合作先行先试为核心。考虑到上海自贸区具有长期积累及政策支持的金融基础，国家层面通过首例自贸试验区的先发优势寄望其对内对外树立样本意义，且力求制度层面的创新，体系更加全面完善，在进行自贸区金融创新的横向比较时，我们侧重将福建自贸区与上海自贸区进行比较，主要从扩大金融对外开放、拓展金融服务功能和推动两岸金融合作先行先试三个层面进行比较、分析。在比较分析的基础上，还指出了福建自贸区试验区金融开放主要存在的问题：自贸区金融开放政策的有效性和协同性不足；金融开放创新政策与实体经济之间的联动作用不明显；金融开放政策与地方政府落地实施之间的联动不足；政府职能转变与营商环境改善"有差距"。专题给出了增强福建自贸试验区金融创新绩效的思路：推进人民币国际化进程，提升人民币全球影响力；推动人民币资本项目可兑换，加快 QDII2 改革；扩大自贸区金融市场开放，落实面向国际国内的人民币资产池建设方案；加快建设人民币离岸市场，实现与在岸中心联动发展；围绕金融中心和科创中心建设，探索金融支持科技创新机制；建立金融综合监管监测分析中心，加强风险监管制度创新；推进政府职能转变。在《海峡两岸经济合作框架框架协议》和《海峡两岸服务贸易协议》基础上，率先推进金融服务部门对台资进一步开放是福建自贸区有别于其他三个试验区的重要战略任务。其主要内容有三：一是降低台资金融机构准入门槛，适度提高参股大陆金融机构持股比例；二是放宽台资金融机构经营人民币业务的限制，例如，允许区内银行业金融机构与台湾同业开展跨境人民币借款等业务，支持台湾地区银行向区内企业或项目发放跨境人民币贷款等；三是推动两岸资本市场的双向开放，例如，允许台资金融机构以人民币合格境外机构投资者方式投资区内资本市场，推动两岸金融核心区和自贸区内金融机构和企业赴台发行"宝岛债"，支持股权交易市场等交易平台拓展业务范围，为台商投资企业提供综合性服务等。福建自贸试验区的金融开放创新，应坚持以服务实体经济、促进贸易和投资便利化为出发点，根据积极稳妥、把握节奏、宏观审慎、风险可控原则，成熟一项、推进一项，加快推进资本项目可兑换、人民币跨境使用、金融服务业开放和建设面向国际的金融市场，不断完善金融监管，大力促进自贸试验区金融开放创新，探索新途径、积累新经验，及时总结评估、适时复制推广，更好地为全国深化金融改革和扩大金融开放服务。

专题五　厦门构建绿色金融体系的研究

本专题认为，构建绿色金融体系，增加绿色供给，是贯彻落实国家"五大发展理念"和发挥金融服务供给侧改革作用的重要举措。一个符合绿色发展、可持续发展要求的完善的绿色金融体系，是由金融制度、金融市场、金融工具和金融机构四大部分所构成的综合体。作为第一个生态文明建设先行示范区和国家生态文明试验区，福建省尤其是厦门市在凝聚改革合力、增添绿色发展动能、探索构建绿色金融体系有效模式方面被赋予了重要的时代意义和责任。

本专题首先概括了构建绿色金融体系在促进产业绿色升级、推动区域经济可持续发展、加快推动社会进步等方面发挥的重要意义和作用，其次从金融制度、金融市场、金融工具和金融机构四部分全面考察当前绿色金融体系的发展现状和存在的制约因素，进而梳理了美国、欧盟、日本等发达国家在绿色金融体系的制度、市场、工具和机构建设方面的先进国际经验，最后在此基础上提出厦门构建绿色金融体系的以下具体建议和政策取向：

第一，健全绿色金融制度。从财政政策、货币政策和投资政策方面完善激励机制，引入政策性资金，采取调整相关税率、适当延长免税期、税收优惠等税收调节手段，健全财政政策对绿色贷款的高效贴息机制，尽快完善对跨国绿色投资准入、待遇和保护的政策并予以适当政策优惠；健全法律法规，明确环境法律责任，建立环保信息强制性披露机制，实施强制性绿色保险。

第二，发展绿色金融市场。搭建市场交易平台，加快碳交易市场及网络的建设，合理规划配额和交易机制，推进交易所制度的完善，试点跨行政区域排污权交易，建立污染排放总量与环境容量匹配性的定期评估与调节机制；探索市场交易规则，建立符合开展绿色金融交易的具体、细致、统一的交易规则；建立绿色投资者网络，监督被投资企业承担环境责任，培育机构投资者的绿色投资能力，开展绿色消费教育。

第三，创新绿色金融工具。推动绿色股票指数的开发和运用，引导资本市场更多投资于绿色产业；探索发布绿色债券相关指引，简化绿色债券审批流程，允许并鼓励银行和企业发行绿色债券；

强化股票市场支持绿色企业的机制，明确绿色产业和企业的认定标准，简化绿色企业 IPO 审核或备案程序；发展碳交易市场的原生工具。

第四，培育绿色金融机构。鼓励现有中介机构积极参与绿色金融业务，转变业务发展模式，健全完善组织结构，培育高素质专业人才；培育基于绿色金融业务的专业中介机构，包括绿色信用评级机构和专业方法学研究机构等；设立政策性绿色金融机构，包括绿色银行或生态银行、绿色专项产业基金等。

专题六　厦门自贸区融资租赁发展研究

本专题认为，融资租赁是现代高端金融服务业的重要形式，具有产融结合的特征，在高效分配社会资源、拉动消费需求、优化产业结构、聚集高端人才、创新金融服务等方面发挥着重要作用。融资租赁的四大支柱包括交易规则、会计准则、税收政策和行业监管。厦门自贸区建设以制度创新为核心，以风险可控为前提，大力发展融资租赁，不仅与自贸区服务实体经济的方向高度一致，而且有利于风险控制和各项制度创新，进一步促进自贸区的建设和发展。

本专题首先简要回顾了我国融资租赁的发展阶段，分别概括了我国融资租赁的整体发展现状及厦门自贸区融资租赁的发展现状，其次从交易规则、会计准则、税收政策和行业监管四个方面，全面考察我国融资租赁当前发展存在的制约因素及厦门自贸区融资租赁现有的制度创新，进而通过中美融资租赁制度的对比研究，梳理了厦门自贸区发展融资租赁可借鉴的美国经验，最后在此基础上提出厦门自贸区融资租赁的以下具体发展建议：

第一，借鉴美国融资租赁的先进发展经验，应将制度创新着眼于税收利益和计提折旧，包括税收利益的转移、客户的风险程度、折旧年限、服务方式和支付方式等，扩大创新主体，增强影响力。但在进行制度创新时，应充分结合自身实际以适应法律环境、风险控制方式、公关活动和人力资源政策，切忌照搬照套，盲目模仿。

第二，充分发挥自贸区金融改革对融资租赁的积极影响，通过自贸区税收政策、离岸金融政策、汇率结算优惠、外汇监管等配套政策措施降低融资租赁企业成本；放宽融资租赁企业在试验区内设立相关子公司的最低注册资本限制；利用"境内关外"的特殊区位优势帮助提升融资租赁企业的国际市场竞争力；允许融资租赁企业兼营与主营业务有关的商业保理业务；鼓励融资租赁企业充分利用境内外资源和市场实现跨境融资自由化；深化外债管理方式改革，促进跨境融资便利化；完善《自贸区方案》的后续相关细则和配套监管政策。

第三，推进融资租赁资产证券化发展，利用自贸区设立的项目子公司视同于境外 SPV 的制度优势，充分发挥其交易结构设计的灵活性，帮助融资租赁企业拓宽融资渠道，提高资金流动性以缓解资金压力；推进融资租赁业务领域发展，由国内航空、船舶、机械、设备等产业进一步向医疗、教育、环保、信息技术、高端设备制造及生物医药等产业拓展；推进融资租赁风险管理体系建立，帮助引导企业制定合适的战略规划，培养优秀的团队，建立切实的营销体系和严谨的业务管理体系，用科学发展观设立项目评审体系，准确把握租赁产业定位，保证企业健康持续快速发展。

专题七　创新厦门自贸区税收制度研究

本专题认为，自贸区作为制度创新的高地，税收制度创新是自贸区政府制度创新中重要一环，同时还是当务之急。当前福建省自贸区厦门片区对税收制度创新的探索滞后，现有税收制度创新基本是复制和沿袭的产物，不能体现厦门自贸区的功能定位和对台特色。而导致厦门自贸区税收制度创新滞后一个很重要原因，是未能辨证理清税收制度创新与税收优惠政策间的关系。

本专题认为，税收制度创新应是一个体系，要包括税收管理制度创新、税收优惠制度创新、两岸税收协调制度创新等各方面内容。厦门自贸区税收制度创新应立足于厦门自贸区功能定位，把着力点放在能助推贸易（特别是服务贸易）、投资、金融以及航运自由化的税收制度创新上；厦门自贸区税收制度创新还应立足于对台特色，探索能有效对接台湾自由经济区的"接口"与两岸税收协调制度。对此，本专题从厦门自贸区税收征管创新、税收优惠制度创新、两岸税收协调制度创新这三个角度出发，分析其当前创新实践取得的成果与不足之处，接着在第四部分对促进厦门自贸区投资贸易和金融开放发展的具体税收制度创新进行具体研究，并进一步对比借鉴国外自贸区的经验，最终对厦门自贸区在税收征管创新、税收优惠制度创新、两岸税收协调制度、促进投资贸易和金融开放发展提出相应的政策建议。

本专题研究提出如下政策建议：（1）在税收征管制度方面，要通过进一步放宽税务事前审批和税务登记便利化，针对金融、贸易等业务特点和流程创新税收服务；（2）在税收优惠制度方面，应实现税收优惠形式由直接优惠向间接优惠的转变，进一步用足用好地方税收立法权，应从厦门自贸区功能定位出发筹划和落实相应的税收优惠政策；（3）在两岸税收协调制度方面，应先行先试避免双重征税协调机制，建立两岸共同反避税机制，设立处理两岸税收协调问题的专门机构；（4）在促进投资贸易和金融开放发展方面，对于离岸业务，建议根据国际惯例和我国税制改革总体方向，在增值税、印花税、所得税等方面做出目标明确的政策调整；对于境外股权投资业务，建议配合"一带一路"和"走出去"战略，在厦门自贸片区内对境外股权投资的境外所得试点单一地域管辖权。

专题八　福建省多层次资本市场的发展现状、问题与对策

本专题认为，多层次资本市场的构建，是资本市场制度改革的必经之路，也是推动社会经济发展的强大动力。一个完整而又成熟的资本市场应该是多层次的，每个层次之间有明确的界限，却又联系紧密，相互补充，以满足资本市场参与者多元化的投资和融资需求。目前，福建省正着力于构建多层次资本市场体系。由于福建省多层次资本市场的建设起步较晚，不仅存在我国多层次资本市场固有的问题：诸如多层次资本市场呈现明显的倒金字塔形状、板块之间流动性很差、上市标准与上市方式单一，而且自身还有诸多缺陷：主板市场比较脆弱，中小板、创业板后劲不足，新三板市场较其他省份规模较小，区域性股权交易中心相互制约。上述问题的症结在于：一是福建省中小企业自身资质问题：中小企业在所依附的高等院校优势、专利技术在产业上的转化率和资金政策支持力度上存在不足；中小企业目前的产业还较为低端，主要依靠劳动密集型产业；中小企业不良的"家族经营"传统制约了发展。二是相较于一些资本市场发展较为先进的省市，福建省政府对于本省资本市场的扶持还有待提高。对此，为了加快构建健全的多层次的资本市场体系，应当采取如下对策：加快场外市场的建设；根据不同层级的市场，建立更为明确、更为有效的准入门槛；发展民间金融机构，化解高新中小企业融资难的问题；大力扶持高新中小企业发展；大力发展实体经济，以实体经济为依托促进资本市场的发展；积极拓展资本市场规模；完善股权交易市场建设；推动福建省内金融改革，完善资本市场制度建设；利用区位优势。

专题九　福建省农商行上市对策研究

本专题认为，上市是一个企业实现长远发展和自我规范的途径之一，也是企业自身的目标和需求。对于福建农商行来说也是如此。激烈的市场竞争使得福建农商行必须谋新谋变，探索转型发展的道路。目前，在政策的支持下，福建农商行已经做到金融服务全省覆盖，近年来资产规模在不断扩大，出现了厦门农商行这样量大质优的银行，足以对主板发起冲击。但是我们更应该看到的是，农商行存在着一系列诸如资产规模普遍较小、业务模式相对单一、盈利能力有待提升、资产安全性存忧等问题。在整体经济下行的今天，农商行尤其对于规模比较小的农商行而言其发展面临着巨大的挑战。由于地域、历史等种种原因，这些农商行在盈利能力、资产安全、流动性等方面都要弱于行业中相对较大的银行。从商业银行上市的条件来看，福建省大部分农商行资产规模小、不良贷款率高、股东情况芜杂、资产不够明晰，目前，难以满足上市的条件。当下之计，一是要因地制宜稳扎稳打，切忌盲目扩张；二是，对不良资产进行归类整理，提高回收率；加强信贷管理，减少不良贷款的再生；完善金融结构，推行第三方借贷制度的建立；三是要明晰股权，控制股东人数，优化股权结构；四是要加大资产厘清力度，增进政府沟通；完善资产管理制度，落实资产管理责任；加强日常管理，完善资产清查制度；五是要精益求精，打好上市攻坚战。总之，要不断创造条件以便在境内上市。当然，也可另辟蹊径，谋求到香港上市。

专题十　福建省生态环境质量的量化评估

本专题认为，可持续发展是人类生存和发展永恒的主题，是历史的必然选择。如何定量评估区域可持续发展程度和生态环境质量，是实现生态经济系统协调发展的关键环节。通过分析现有的量化评估方法，本专题应用生态足迹模型，对福建省 1985～2014 年的生态足迹和生态承载力进行计算，以此来评估福建省的生态环境状况。

研究结果显示：福建人民的饮食消费以稻谷为主食，消费较多的食物是蔬菜和肉类等。从生产情况上看，耕地主要用于生产稻谷、蔬菜等农作物，而草地主要生产猪肉，林地主要用于生产木材、园林水果等，水域主要用于生产水产品。从生物生产性土地面积的情况来看，经过均衡化处理后，人均均衡面积占比最大的是草地，其次是林地。总体而言，福建省生物资源账户的生态足迹从 1986 年开始呈逐步上升的趋势，从 1985 年到 2014 年，生态足迹中的生物资源账户足迹上升了近 2.7 倍，而人均生物资源账户上升了接近 2 倍；从能源消耗产生的生态足迹情况来看，福建省 2014 年的能源消费主要是煤炭、原油，而电力所产生的污染是最小的。能源账户的生态足迹从 1985 年的 384.91 万公顷上升到 2014 年的 4500.45 万公顷，上升幅度超过 10 倍。而能源账户的人均生态足迹由 1985 年的 0.139 公顷，上升到 2014 年的 1.56 公顷。总体而言，1985～2014 年福建省的生态足迹大致呈逐步上升的趋势，上升了约 5 倍，人均生态足迹由 1985 年的 0.770 公顷上升到 2014 年的 2.79 公顷。

在生态承载力方面，2014 年人均生态承载力是 0.486 公顷。在各类生物生产性土地中，其中占比最大的是林地，接近 50%，这也符合福建省林地资源丰富的实际。草地的人均生态承载力占比较小，这说明福建省草地资源极度匮乏。从动态看，1985 年福建省的人均生态承载力为 0.654 公顷，2014 年福建省的人均生态承载力为 0.486 公顷，基本上处于稳定的状态。

为客观考察福建省生态环境质量，需将相应年份的生态足迹和生态承载力进行比较，以评估其生态环境是盈余还是赤字。研究结果表明，从 1985 年开始，福建省的生态足迹已经开始出现大于其生态承载力的情况，即出现生态赤字，1985 年福建省人均生态赤字为 0.1166 公顷，2014 年人均生态赤字为 2.3039 公顷，随着时间的推移，生态赤字的缺口越来越大，人类活动对环境的影响早已超出了环境的自净能力，长期处于不可持续发展的状态，并且可持续发展能力越来越弱。

专题十一　厦门市分级诊疗改革政策效果的量化评估

本专题认为，2009 年以来，国家着眼于解决"看病难、看病贵"的问题，开始进行新一轮医疗改革的探索，医改方案也从宏观层面逐渐转向分级诊疗改革。在新医改不断试点和探索的过程中，涌现了诸多有代表性的地方经验。厦门市作为医改试点城市，对医疗改革的探索一直走在全国前列，尤其是以需求为导向的分级诊疗改革在全国独树一帜，形成了备受关注的"厦门模式"。厦门医改的探索经历了从"医疗集团化"框架下的双向转诊模式、以提高基层卫生机构接纳能力的"1＋1＋X"模式和臻于成熟的"三师共管"模式以及目前正在推动的"家庭医生"服务。

本专题简要回顾了我国医疗资源分配和利用的现状及医改进程，进而梳理了海峡西岸经济区主要省市中较有代表性的医疗改革探索状况，总结归纳出以"降费用"和"提收入"为着眼点的"三明模式"、"双下沉、两提升"为特点的"浙江模式"这两种较为成功也颇具代表性的医疗改革模式，并在此基础上同"厦门模式"进行比较，进而分析三种模式的使用情况。对于厦门市医疗改革的成效评估，我们采集了厦门市 2009 年以来的主要卫生数据进行初步分析。数据表明，厦门市在医疗改革的探索进程中，取得了预期的效果。同时利用厦门市"高友网""糖友网"随机抽取的样本数据进行分析，发现厦门市医疗卫生部门对于居民健康指标的监测在逐步完善，居民对于医疗卫生服务部门也逐步产生信任，这为之后的"家庭医生"签约服务奠定了良好的基础。另外，我们采用了政策评估中常用的双重差分法对厦门市分级诊疗改革政策实施成效进行量化评估。以厦门市为实验组，以福建省和海峡西岸经济区其他地级市为对照组，实证分析结果表明：在控制了城镇常住人口的变化和城镇人均可支配收入变化对门诊量的影响之后，厦门市分级诊疗改革取得了显著的效果，医院门诊量显著下降幅度达到了 26.41%。加入其他两个控制变量后，结果依然显著。这说明以海峡西岸经济区其他地市为对照，厦门市的分级诊疗改革取得了实质性的成效。最后，本专题结合客观的数据分析和多次深入厦门市卫生和计划生育委员会的调查走访，总结了厦门市分级诊疗改革实施过程中基层人员存在不同程度的工作惰性、"三师共管"的可持续发展、"三师"的激励机制、分级诊疗政策的宣传推广、社区健康知识的普及教育等问题，并提出相关对策和建议。

专题十二　打造商家二维码信用名片，构建社会化诚信治理机制——以厦门鼓浪屿为例

本专题认为，经过多年的努力，我国在社会信用体系建设上取得了很大的进展，比如各地发改部门牵头建设的本地信用网和市场监管局的商事主体信用信息网都在日益完善。然而，在国务院和商务部所强调的社会化综合评价机制方面，却缺少了非常重要的一个方面，那就是消费者对于商家的评价未能很好地体现在该企业的信用记录中。与西方不同的是，我国市场中有很多国企和一些垄断性的民营企业如BAT，它们的产品和服务在某种程度上对于消费者而言是无可选择的，即无法用脚投票。因此，在对商家进行信用评价时，很有必要将消费者的评价作为一个重要参考指标。我们将这种机制称之为基于消费者评价的社会诚信治理机制。消费者评价需要一个载体来表达，我们认为，基于发改委系统的信息网络而打造的商家二维码信用名片是一种简便易行的做法。

二维码信用名片（及其系统）既可为当前政府正在着力构建的社会信用体系的落地提供一个接口和通道，让老百姓真正随手可见且随手可评商家的信用，进而倒逼商家诚信守法；也可利用该系统对接综合执法平台，真正实现实时综合执法；更可以其来整合、归集来自商家、供应商、销售商、消费者以及产品和服务市场（包含当前正在推广的重要产品溯源）的相关大数据，作为国家大数据采集的一个重要来源，为即将到来的大数据和人工智能时代打下切实的基础。

本专题选择鼓浪屿作为信用名片的试点区域，主要是考虑鼓浪屿作为世界遗产，每年迎来大量的中外游客。游客对于商家的信用其实是非常重视的，尤其是餐饮、零售等方面。要打造国际上更有影响力的鼓浪屿，除了维护好岛上的那些遗产和自然环境，最重要的就是给游客一个放心的消费氛围。而信用名片正是敦促商家诚实守信的一个重要利器。具体可以先从鼓浪屿做线下商家二维码信用名片的试点开始，之后总结经验再向全市铺开。具体实施主要包括4个步骤：（1）编制并发布试点行业的失信行为清单；（2）出台《推广商家信用名片构建社会化诚信治理机制试点实施方案》；（3）技术开发；（4）二维码信用名片的设计、定制、投放和宣传。本专题详细阐述了每个步骤的目的、内容、参与各方、所需时间以及相关的功能拓展。

专题十三 "一带一路"背景下推进福建对外文化贸易的路径选择

本专题认为，文化产品贸易具有消耗少、污染低、附加值高、就业人数多，成长潜力大等优点。世界各国也普遍将其作为发展对外贸易的新增长点。文化产品贸易的快速发展已经成为近年国际贸易领域的重要特征。因此，提高福建省文化产品出口竞争力，促进文化产品出口增长是福建省转变外贸方式的一个关键突破口，也是培育福建省出口产品新的国际竞争优势关键所在。福建省的文化产业起步较晚，文化产品的经营模式不成熟，文化产品的出口虽然总体上看是逐年增加，但同时也暴露出产品附加值低、市场过度集中、贸易方式单一等问题。面对当下福建省文化产品的出口状况，如何正确地引导文化产品走出去，增强文化产品出口在世界范围内的竞争力具有十分重要的现实意义。

本专题梳理近年来福建省对外文化贸易的现状和存在的问题，结合常见的促进文化贸易发展的举措，从对外投资、跨境电商和文化交流几个方面，重点探讨了"一带一路"背景下推进福建省对外文化贸易的路径选择。本专题认为，依照"政府主导、企业主体、市场运作、社会参与"的指导原则，充分发挥福建历史文化资源优势，推动福建文化对外宣传传播、交流合作、贸易投资，构建起全方位、多层次、宽领域的文化走出去格局，通过构建多元对外现代传播体系、加强精品力作生产创作、扩大对外文化贸易水平和规模、着力打造走出去的平台渠道、推进海上丝绸之路核心区文化建设、深化闽台港澳文化合作等六个方面建设，不断增强福建文化的海外影响力、凝聚力和感召力，这可以是促进福建省对外文化贸易的基本战略思路。

本专题认为，重点需要在如下方面采取积极措施：首先，要利用对外投资带动对外文化贸易的意义，实施"走出去"战略；其次，未来外贸企业要加快进口和中高端产业发展，逐步形成自己的跨国公司。通过跨境电商，实现外贸代理的需求是一条便捷高效的路径；最后，缩小文化距离、增强文化亲近感是发展对外文化贸易的重要方向。福建文化"走出去"应该实行传统的宣传交流模式和文化贸易模式并重的发展战略。

专题十四　福建省农业供给侧结构性改革的思路与对策

本专题认为，进入 21 世纪以来，我国农业面临着"三量齐增"、农产品结构失衡、资源环境紧约束等挑战，党中央提出了加强农业供给侧结构性改革来应对。2015 年 12 月中央农村工作会议以及 2016 年和 2017 年中央 1 号文件都提出了具体的农业供给侧结构性改革的原则、思路和对策。2016 年 10 月 27 日发布的《全国农村经济发展"十三五"规划》和 2017 年中央 1 号文件等提出了促进我国农业供给侧结构性改革的对策：通过科技进步、新型农业经营主体（包括合作社等）、农业三次产业融合、体制机制创新来降低成本；通过绿色发展来调结构；通过市场化价格改革去库存；通过新农人来提高农业全要素效率。

作为沿海发达省份的福建省，农业发展也存在自身的困局。如：农地资源逐渐减少、农药、化肥等面源污染严重；农民土地财产权益缺失；城乡公共产品供求不均衡和不公平等。本专题在分析我国农业供给侧结构性改革背景的基础上，着力综述了国内学者和官员有关推进我国农业供给侧结构性改革的对策，最后结合福建省农业改革和发展的实际，提出适合福建省农业供给侧结构性改革对策：首先，是明晰福建省农地（包括山林地）的土地产权制度，促进农地流转、提高农民财产性收入的同时，激发农民对土地的投入。其次，是建设城乡统一的公共产品攻击和服务体系。如建立福建省12年义务教育制度、逐渐建立城乡一体化的农村社会保障、大幅度增加福建省农村基础性公共工程（水、电、路等）；改革福建省县乡体制，改革支农财政体制。最后，提出建立福建省城乡统一的要素市场制度，包括城乡统一的劳动力市场、土地市场和现代支农的金融保险服务市场等。

专题十五　福建省农村公共文化服务供给效率评价

本专题认为，在促进城乡公共文化服务均等化的大背景下，缩小城乡文化发展差距，大力发展农村公共文化事业便成了各省政府的重要目标。就福建省政府而言，发展农村公共文化服务，首要的问题就是对其供给效率能有充分地把握。基于此，本专题在充分收集福建省2006～2015年农村公共文化数据的基础上，使用DEA方法Malmquist指数对福建省农村公共文化服务供给效率在空间和时间两个维度进行实证分析，并在实证分析的基础上，提出相应的政策建议。

实证分析方面，本专题从全国数据、市级数据和县级数据三个层面进行分析，进行纵向和横向对比分析，较为全面评价福建省农村公共文化服务供给效率。就省级层面数据而言，本专题发现，福建省的农村公共文化服务供给效率基本与其在国内的经济发展水平地位保持一致。福建省在农村公共文化投入规模上渐渐达到了有效状态，但是并没有对现存的技术水平进行充分的利用。市级层面数据上，本专题发现，文体投入都显著增加，并高于国内生产总值的增长率。县级层面数据上，本专题认为，从静态层面分析，福建各个县市的改进方向为基于投入规模报酬情况微调投入规模，重点在于资金的科学合理配置；动态层面分析上，技术进步的恶化降低了技术效率变动的正效应，是全要素生产率呈现降低趋势的主要原因。这些都表明，福建省农村公共文化服务投入总体呈现技术上的无效率，资金利用不够充分，资源分配不够合理等问题。

　　基于分析结果，本专题最后提出相应的对策建议。第一，合理调控农村公共文化服务投入规模。福建省各级政府将重心放在财政农村公共文化支出资金投入效率，将资金进行整合调配，提升资金投入的效率。第二，改善农村公共文化服务供给结构。一方面可以重点发挥政府政策资金调配的导向和战略上的指导作用，为农村公共文化服务供给加入更多的市场化要素以增加文化公共服务供给上的规模效率。另一方面，应该拓宽聆听群众需求的渠道，农村公共文化服务同现代化、互联网化的渠道相结合，建设"互联网＋公共文化服务"模式。第三，提高农村公共文化服务的质量和管理水平。福建省农村公共文化服务供给投入数额、方向、兴办的项目需经过严格的论证和监督管控。与此同时，项目后续维护、改建也必须有政府以及相关专家的监督指导，减少财政资金投入之后放任不管或粗放管理的情况发生。第四，加强农村文化艺术、活动的建设。一方面可以将文化资金投入在培养高层次艺术文化的专业人才上，对民间文化组织、团体进行整合、指导和业务培训，提高文化人才和团体的整体素质，进而提高农村文化艺术水平；另一方面注重发展精品、特色文化艺术和产品。

目　　录

板块一　贸易与投资

板块二　财政与金融

板块三　环境与公共服务

板块四 农业与文化

板块一　贸易与投资

专题一　福建与"一带一路"沿线国家和地区双边贸易关系研究

一、全球国际贸易发展趋势

随着全球经济一体化的不断发展，世界各国的经济联系日益密切。在长期坚持改革开放的基本国策下，我国积极参与经济全球化的过程，对外贸易也获得了较大发展。尤其是 2001 年加入世界贸易组织后，我国国际贸易发展迅速。2004～2015 年，我国对外贸易进出口总额从 11546 亿美元扩大到 39569 亿美元，年均增长大约 12.8%。2008 年，由美国次贷危机引发的全球金融危机席卷全球经济，给世界各国带来沉重的打击，也影响了我国进出口贸易的发展。2008 年，我国商品进出口贸易总额为 25632.6 亿美元，到 2009 年仅为 22075.35 亿美元，呈现负增长①。2011～2015 年，我国对外贸易总量仍在增长，但增速明显放缓，贸易增长态势较为疲软。

当前，世界经济正在复苏，但势头缓慢，仍然存在许多不确定因素影响全球经济的恢复和发展。2015 年，全球有效需求普遍不足、金融市场震荡频繁、全球贸易增长低迷、大宗商品价格大幅下降，世界经济增长低于预期水平。发达经济体总体在缓慢复苏，美国和英国全年经济增长 2.4% 和 2.2%，情况相对较好，但基础并不牢固。美国经济 2015 年第四季度环比折年率增长 1.4%，与第三季度相比回落了 0.6 个百分点；欧元区经济全年增长 1.6%，与 2014 年相比提高了 0.7 个百分点；日本经济增长低迷，年增长仅 0.5%。新兴经济体增速明显放缓。中国和印度虽然仍保有较高的增长，但

---

① 资料来源：国家统计局。

增速有所减缓；巴西和俄罗斯的年增长大幅下降，下降幅度超过 3%；受油价下跌和地缘政治紧张的影响，中东地区的经济虽在增长，仍有部分国家受到一定的冲击[①]。根据国际货币基金组织的统计数据显示，2015 年世界经济增长为 3.1%，是 2009 年以来的最低增速。其中，发达国家经济增长 1.9%，新兴市场和发展中国家增长 4.0%。2016 年，全球经济企稳迹象较为明显，大宗商品价格反弹，金融市场信心回升，但实体经济仍然比较脆弱，市场需求依旧低迷，世界经济增长依旧乏力。从国际货币基金组织的数据来看，2016 年世界经济增长 3.1%，与 2015 年持平。其中，发达经济体年增长 1.6%，与 2015 年相比下降了 0.3 个百分点；新兴市场和发展中国家增长 4.1%，比 2015 年上升了 0.1 个百分点。

全球经济的下行对我国贸易的发展产生了一定的冲击，而新多边贸易体制形成及双边、区域贸易兴起、贸易结构走向高级化、服务贸易、高科技产品和绿色产品贸易快速发展、贸易保护主义抬头等国际贸易新趋势的出现，改变了传统的国际贸易形式。国际大宗商品价格剧烈波动，美联储加息导致国际资本回流到美国，美欧等发达经济体大选导致政策不确定性增强以及英国脱欧等不利因素，使得福建省与"一带一路"沿线国家的贸易也受到影响，促进福建省与"一带一路"沿线国家的贸易发展面临新的挑战。

二、福建对外贸易的发展环境和政策条件

一个地区对外贸易的发展与所在区域的社会经济发展水平息息相关。一定程度和层次的经济规模总量既是发展富有竞争力的对外贸易的基础，也是提供能满足多元化需求的贸易产品的先决条件。同时，对外贸易的发展离不开便捷的互联网设施，发达的交通条件，健全的金融服务体系，以及政府相关政策的支持。近年来，在这些方面，福建都取得了不错的发展和进步。

[①] 资料来源：国际货币基金组织《世界经济展望》2016 年 4 月。

（一）经济与贸易投资基础

2000～2016 年，福建地区生产总值从 3765 亿元增加到 28519 亿元，16 年间净增加 24755 亿元，年均增长率 13.6%[①]。从这 16 年的增长情况来看，2004～2008 年间保持了较高速度的增长，年均增长率达到 15% 以上，2007 年经济增长率最高，高达 21.95%。受 2008 年金融危机的影响，2009 年经济增长有所回落，经过 2010 年和 2011 年的反弹后，从 2012 年开始，福建经济增长持续减缓，但仍保持在 8% 以上，2016 年显示出企稳反弹的迹象。

2016 年，福建省的地区生产总值 28519.15 亿元，年增长率为 9.77%，增长速度高于全国平均水平。2016 年，福建省经济总量在全国排名前十，人均 GDP 排名第六。

从三次产业结构来看，2000 年，福建省三大产业产值比重分别为 17.0%、43.3%、39.7%，到 2016 年该比重转变为 8.3%、48.8%、42.9%。可以看出，第一产业比重下降 8.7 个百分点，第二、第三产业比重分别提高 5.5 个和 0.7 个百分点。可见在此期间，在三大产业中，第二产业增长速度最快，而第一产业比重明显下降，福建省产业结构中的工业化特征明显。

2016 年，福建省第一产业增加值为 2364.14 亿元，占地区生产总值的比重为 8.3%，年增长 3.6%；第二产业增加值为 13912.73 亿元，比重为 48.8%，年增长 7.3%；第三产业增加值 12242.28 亿元，比重为 42.9%，增长 10.7%。人均地区生产总值 73951 元，比上年增长 7.5%。

2016 年，福建省全年战略性新兴产业实现增加值 3145.92 亿元，占地区生产总值的比重为 11.0%，年增长 7.2%。全年全省互联网重点企业实现互联网业务收入 432.7 亿元，比上年增长 23.4%。初步统计，全年全省电子商务交易总额 10196 亿元，比上年增长 43.3%。限额以上批发和零售企业实现网上零售额 543.15 亿元，年增长 46.7%。

从工业部门看，2016 年全部工业增加值 11517.21 亿元，比上年增长 7.4%，规模以上工业增加值增长 7.6%，规模以上工业的 38 个行业大类中有 15 个增加值增速在两位数。福建省三大主导产业机械装备、电子信息和

[①]　本部分数据如无特别说明均来源于《福建统计年鉴 2017》。

石油化工产业实现增加值 3744.42 亿元，增长 10.0%。其中，机械装备产业实现增加值 1754.08 亿元，增长 11.0%；电子信息产业实现增加值 777.02 亿元，增长 10.6%；石油化工产业实现增加值 1213.32 亿元，增长 8.6%。此外，高新技术制造业实现增加值 1116.55 亿元，增长 11.7%，占规模以上工业增加值的比重为 10.1%。装备制造业实现增加值 2547.00 亿元，增长 9.7%，占规模以上工业增加值的比重为 23.1%。2016 年，全年规模以上工业企业实现利润 2643.25 亿元，比上年增长 19.5%。

进出口方面，福建省的出口贸易额从 2000 年的 1068.5 亿元，增长到 2016 年的 6838.9 亿元，16 年增加了 5770 亿元左右，年均增长率大于 14%，显示出福建省外向型经济增长的特征。进口方面，2000 年福建省进口额为 688.3 亿元，2016 年达到 3512.7 亿元，年均增长率为 12%。比较进出口贸易总额发现，2000~2016 年期间，福建省始终保持贸易顺差地位，并且，除了少数年份外，顺差额持续扩大。

从整体竞争力情况来看，根据 2017 年 2 月发布的《中国省域经济综合竞争力发展报告（2015—2016）》，福建省在全国排名第 8 位。在 2016 年中国城市综合竞争力排行榜中，福建排名最高的厦门市位列第 22 名。

（二）基础设施

基础设施的建设与人们的生活息息相关，也与经济发展密不可分，良好的基础设施是拉动经济增长的有效途径。对外贸易的发展更是离不开互联网、交通物流等基础设施的支持。近年来，福建省在基础设施建设方面取得了较大的发展，为福建省与"一带一路"沿线国家发展双边贸易关系提供了良好的基础。

1. 互联网与信息化发展情况

当前，"互联网+"向纵深发展，传统产业加速与互联网融合转型，互联网行业在福建省社会经济中的地位越来越重要。互联网的发展既为福建省经济发展提供强大的技术支撑，也有利于推动对外贸易的发展。

根据福建省通信管理局发布的《福建省互联网行业运行监测报告》显示，2016 年福建省互联网业务保持两位数高速增长。2017 年互联网行业收入保持高速增长，态势良好。一季度，福建省互联网重点调度联系企业总营业收入 162.8 亿元，同比增长 10.3%，其中互联网业务收入 102.0 亿元，同比增长 24.8%①。其中，文创媒体和电子商务领域企业比重较大，智慧云服务企业数量明显提升。在互联网基础服务细分业务中，福建省互联网接入服务业务收入占比创新高，达 94.9%，较 2016 年年末提升了 4.5 个百分点。移动互联网接入收入同比增速达 27.4%，高于互联网接入业务收入增速 3.5 个百分点，移动互联网接入收入占互联网接入收入比重提升，达 74.3%。互联网数据中心业务收入达 1.3 亿元，同比增长 138.5%。移动互联网数据中心业务增速大幅提高，达 125.3%。互联网应用服务业务收入达 43.7 亿元，同比增长 29.3%，在互联网业务总收入的占比达 42.8%。

福建省通信管理局的统计显示，2016 年年底，福建省每千人互联网宽带接入端口数量达 620 个，同比增长 25.5%；每千人移动宽带（3G/4G）基站数稳步提升从 2015 年 12 月份的 3.35 个提升到 2016 年 12 月份的 4.10 个，提升了 24.2%。移动宽带（3G/4G）用户普及率从 2015 年 12 月份的 67.7%，提升到 2016 年 12 月的 72.5%，提升了近 5 个百分点。2016 年福建省互联网经济总规模达到 1730.8 亿元，带动福建省 GDP 增长总计为 1219 亿元，带动就业 21.0 万人。

根据福建省信息通信业"十三五"规划，到 2020 年，福建省固定宽带家庭普及率达到 83%，移动宽带用户普及率达到 90%，M2M 连接数达到 8000 万。光网和 4G 全面覆盖城乡，城市家庭宽带接入能力高于 100 兆比特每秒，农村家庭宽带接入能力高于 30 兆比特每秒，部分发达农村地区家庭宽带接入能力达到 50 兆比特每秒，行政村光纤通达率达到 100%，互联网省际出口带宽达到 15 太比特每秒，IPv6 流量占比超过 5%，5G 启动商用服务。

2. 交通运输物流网络发展情况

近些年来，福建省交通运输系统着眼于"大港口、大通道、大物流"的发展战略，从根本上改变了以往交通基础设施对经济社会发展的瓶颈制约，使得福建省交通基础设施逐步适应了经济社会发展的需要，甚至出现局部适度超前的巨大进步。

在公路方面，至 2016 年年末，全省公路总里程 106756.53 千米，比上年

---

① 互联网及信息化数据均来源于福建省通信管理局网站。

年末增加 2171.27 千米①。公路密度为 87.94 千米/百平方千米,增加 1.79 千米/百平方千米。全省四级及以上等级公路里程 89829.19 千米,比上年年末增加 2335.61 千米,占公路总里程 84.1%,提高 0.49 个百分点。其中,二级及以上公路里程 15917.49 千米,增加 809.42 千米,占公路总里程的 14.9%,提高 0.46 个百分点。全省海西高速公路网里程 5019.78 千米,比上年增长 18.19 千米。公路建设方面,2016 年全年完成公路建设投资 714.01 亿元,比上年下降 1.3%。其中,高速公路建设完成投资 296.47 亿元,下降 15.8%。普通公路完成投资 417.54 亿元,增长 12.3%,其中:国省道建设完成投资 234.96 亿元,增长 60.9%,建成 310 千米;农村公路建设与改造完成投资 44.80 亿元,完成农村公路建设改造 2342 千米。

福建省 2011～2016 年公路总里程和公路密度如图 1－1 所示。

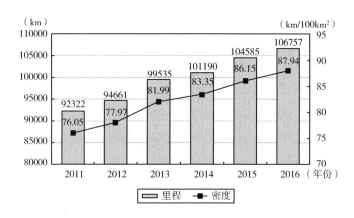

图 1－1　福建省 2011～2016 年公路总里程和公路密度

注:资料来源于《2016 年福建省交通运输行业发展统计公报》。

在水路方面,截至 2016 年年末全省内河航道通航里程 3245.28 千米。其中,等级航道 1268.65 千米,占总里程的 39.1%,与上年持平。四级及以上高等级航道 443.8 千米,占总里程的 13.7%,与上年持平。各等级内河航道通航里程分别为:一级航道 107.84 千米,二级航道 20.25 千米,三级航道 52.05 千米,四级航道 263.66 千米,五级航道 204.57 千米,六级航道 46.18 千米,七级航道 574.1 千米。各水系内河航道通航里程分别为:闽江

---

① 本部分交通运输及物流网络方面的数据均来源于《福建统计年鉴 2017》,以下不再一一说明。

水系1972.8千米，九龙江水系454.43千米，其他水系818.05千米。截至2016年年末全省拥有生产用码头泊位578个，比上年年末增加12个。其中，沿海港口生产用码头泊位492个，比上年年末增加12个；内河港口生产用码头泊位86个，与上年末持平。全省港口拥有万吨级及以上泊位168个，比上年年末增加6个。其中，沿海港口万吨级及以上泊位168个，增加6个。全省万吨级及以上泊位中，专业化泊位90个，通用散货泊位36个，多用途泊位24个，比上年年末分别增加3个、2个和1个。水运建设方面，2016年全省水运工程完成投资102.53亿元，比上年下降1.0%。其中，港口项目90.97亿元，航道项目11.56亿元，分别增长-2.5%和13.2%，新增货物通过能力1801万吨。

在空运方面，截至2016年年末，福建省共有颁证民用航空机场6个。2016年全省民航完成旅客运输量2587.34万人次、394.25亿人千米，比上年分别增长8.5%和16.0%。完成货邮运输量23.39万吨、4.24亿吨千米，分别增长5.9%和21.9%。2014年新组建了福州航空公司，加上已有的厦门航空公司，福建省航空运输能力得到极大提升，进一步完善了福建省交通运输大网络结构。"十二五"期间，两大航空公司不断增加航班航线，福厦两机场境内外航线总计达290条，共新增航线超100条。

（三）福建"一带一路"核心区建设战略及自贸试验区相关政策

1. "一带一路"相关发展战略与政策

2013年10月3日，习近平主席在印度尼西亚国会发表重要演讲，首提"一带一路"沿线国家的重大倡议，得到国际社会的高度关注。2015年，国家发展与改革委员会、外交部和商务部联合发布《推动共建丝绸之路经济带和21世纪海上丝绸之路的愿景与行动》，规划以"政策沟通、设施联通、贸易畅通、资金融通、民心相通"为合作重点，促进经济要素自由流动、资源高效配置和市场深度融合，推动沿线各国实现经济政策协调，共同打造开放、包容、均衡、普惠的国际区域经济合作架构。

2015年11月，福建省发展与改革委员会、福建省外办、福建省商务厅联合发布《福建省21世纪海上丝绸之路核心区建设方案》，从交通设施、产业对接、经贸合作、人文交流等方面阐述其发展方向。在交通设施方面，加快设施互联互通，强化航空枢纽和空中通道建设，完善陆海联运通道建设，进一步扩大口岸开放，加强口岸基础设施建设，完善口岸通关机制。在产业对接方面，鼓励企业赴境外投资，将优势产能转移到海上丝绸之路沿线国家和地区。同时，拓展现代农业合作，深化主导产业合作，以及加强能源矿产、旅游业和海洋业的合作。经贸合作方面，积极推进福建自贸试验区建设，发挥福建自贸试验区的辐射作用。积极开拓"一带一路"沿线国家的新兴市场，培育新的贸易增长点，努力提高对外贸易水平。同时强化贸易支撑体系建设，积极发展跨境电子商务。人文交流方面，充分挖掘海上丝绸之路丰富的历史文化内涵，以海外华侨华人和台港澳同胞为桥梁，组织青年、非政府组织、社会团体进行考察、交流活动，加强与海上丝绸之路沿线国家和地区的文化交流和人员往来。

在发展路线上，福建省 21 世纪海上丝绸之路核心区建设重点合作方向是打造从福建沿海港口南下，过南海，经马六甲海峡向西至印度洋，延伸至欧洲的西线合作走廊；从福建沿海港口南下，过南海，经印度尼西亚抵达南太平洋的南线合作走廊；同时，结合福建与东北亚传统合作伙伴的合作基础，积极打造从福建沿海港口北上，经韩国、日本，延伸至俄罗斯远东和北美地区的北线合作走廊。

在省内布局上，支持福州、厦门、平潭等港口城市建设海上合作战略支点。发挥福州、厦门的产业基础、港口资源和开放政策综合优势，以加快福州新区、厦门东南国际航运中心建设为主要抓手，深化与东盟海洋合作，打造一批有国际影响力的海上丝绸之路国际交流平台，建设 21 世纪海上丝绸之路核心区互联互通的重要枢纽、经贸合作的中心基地和人文交流的重点地区。发挥平潭综合实验区、厦门市深化两岸交流合作综合配套改革试验等对台先行先试政策优势，以及漳州两岸产业对接集中区的优势，通过深化两岸合作拓展与沿线国家和地区的合作渠道、合作领域，构建两岸携手建设 21 世纪海上丝绸之路的开放新格局。发挥莆田、宁德深水港口优势和妈祖文化、陈靖姑文化等纽带作用，拓展与海上丝绸之路沿线国家和地区的经贸合作和民间信仰风俗交流，促进经贸人文融合发展。支持三明、南平、龙岩等市建设海上丝绸之路腹地拓展的重要支撑。发挥生态、旅游资源优势和朱子文化、客家文化等纽带作用，积极参与 21 世纪海上丝绸之路核心区建设，拓展与海上丝绸之路沿线国家和地区的交流合作，同时弘扬"万里茶道"等特色文化，对接丝绸之路经济带，打造国际知名的生态文化旅游目的地、绿色发展示范区和客家文化、茶文化交流基地，提高对外开放合作水平。

2. 福建自贸试验区相关政策与战略

2015 年 3 月 24 日，福建自贸试验区正式挂牌成立，旨在把自贸试验区建设成为改革创新试验田、深化两岸经济合作的示范区以及面向 21 世纪海上丝绸之路沿线国家和地区开放合作的新高地。在国家"一带一路"发展战略中，福建的定位是核心区。

福建自贸试验区分为三个片区，每个片区的发展侧重点各有不同。平潭片区 43 平方公里，重点建设两岸共同家园和国际旅游岛，在投资贸易和资金人员往来方面实施更加自由便利的措施；厦门片区 43.78 平方公里，重点建设两岸新兴产业和现代服务业合作示范区、东南国际航运中心、两岸区域性金融服务中心和两岸贸易中心；福州片区 31.26 平方公里，重点建设先进制造业基地、21 世纪海上丝绸之路沿线国家和地区交流合作的重要平台、两岸服务贸易与金融创新合作示范区。

厦门片区是福建自贸试验区中最大的园区。其功能定位主要是现代服务业等新型业态。其中，两岸贸易中心重在发展高新技术研发、信息消费、临空产业、国际贸易、金融、专业服务、邮轮经济等新兴产业和高端服务业；东南国际航运中心则主要发展航运物流、口岸进出口、保税物流、加工增值、外包服务、大宗商品交易等现代临港产业。

平潭片区主要产业定位于港口经贸、高新技术产业和休闲娱乐。2014 年 7 月 15 日，平潭已实现全岛封关运作，采用"一线放宽、二线管住、人货分离、分类管理"的海关特殊监管模式。功能定位上，平潭重在对台，是两岸交流的重要平台。利用平潭的优惠政策，与台湾"六港一空"自由经济示范区对接合作，可形成较有国际竞争力的特色产业群聚。

福州作为距台湾最近的省会城市，是福建自贸试验区的重要组成部分。福州片区主要探索全面开放的政策创新，打造"海丝"战略枢纽城市，重点发展电子信息、生物科技、精密机械、现代金融等产业。同时，福州将致力于与台湾合作，研发创新，加强两岸的制造业、电子商务和金融业的交融，以此共同开发更广阔的国际市场空间。

2015 年 4 月国务院发布《中国（福建）自由贸易试验区总体方案》，其中列出了福建自贸区建设的六项主要任务，即切实转变政府职能、推进投资管理体制改革、推进贸易发展方式转变、推进与台湾地区投资贸易自由、推进金融领域开放创新，以及培育平潭开放开发新优势。

三、福建与"一带一路"沿线国家和地区双边贸易发展现状及存在问题

（一）福建省对外贸易现状分析

根据福州海关的数据显示，2016年福建省实现进出口总额10351.56亿元人民币，比2015年下降1.2%。其中，出口6838.87亿元，下降2.2%；进口3512.69亿元，增长0.7%，贸易顺差为3326.18亿元，对外贸易依旧稳居全国各省前列，外贸形势与全国总体水平基本保持一致（见图1-2）。

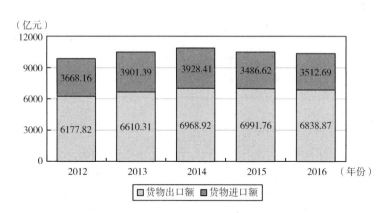

图1-2 2012~2016年福建省货物进出口总额

资料来源：根据福州海关数据整理。

从贸易结构看，一般贸易进出口依旧占福建省对外贸易的主导地位（见表1-1）。2016年，福建省实现一般贸易进出口7446.3亿元，增长0.4%，占全省外贸总值的71.9%，比2015年提升1.1个百分点，贸易方式结构继续优化。

表 1 – 1 　　　　　　　　　2016 年福建省进出口主要分类情况

指标	绝对数（亿元）	比上年增长（%）
进出口总额	10351.56	-1.2
出口额	6838.87	-2.2
其中：一般贸易	5028.25	-1.6
加工贸易	1479.65	-6.8
其中：机电产品	2384.59	-4.0
其中：高新技术产品	824.45	-9.3
进口额	3512.69	0.7
其中：一般贸易	2418.01	4.8
加工贸易	752.47	-11.3
其中：机电产品	1211.28	7.6
其中：高新技术产品	911.09	8.1

资料来源：《2016 年福建省国民经济和社会发展统计公报》。

出口方面，福建省仍以机电产品和传统劳动密集型产品为主。2016 年，福建省机电产品出口 2384.59 亿元，下降 4 个百分点，占福建省出口总值的 34.9%。其中，服装出口 945.9 亿元，鞋类出口 697.4 亿元，纺织纱线产品出口 429.3 亿元，分别下降 7%、5.8% 以及增长 6.8%。

进口方面，机电产品和农产品为进口前两大商品，铁矿石、煤、铜等大宗商品进口剧增。2016 年，全省机电产品进口 1211.3 亿元，增长 7.6%；农产品进口 407.2 亿元，下降 9.6%，两者合计占同期全省进口总值的 46.1%。其中铁矿砂进口 6211.7 万吨，增加 98.3%；煤进口 3650.9 万吨，增加 58.1%；铜矿砂进口 88.4 万吨，增加 66.1%；原油进口 915 万吨，减少 17%[1]。

从对外贸易的主要国家和地区来看，2016 年，美国、欧盟、东盟位列福建省外贸伙伴前 3 位，福建省对部分"一带一路"沿线国家和地区出口规模有所增加（见表 1 – 2）。2016 年，福建省对美国进出口总额 1687.7 亿元，

---

[1] 福州海关.2016 年福建省外贸形势与全国总体水平基本保持一致，http://fuzhou.customs.gov.cn/publish/portal123/tab63612/info838780.htm.

下降约 7.7%；对欧盟进出口 1484.6 亿元，增长 3%；对东盟进出口为 1635.3 亿元，增长 7%；三者合计占同期福建省进出口总值的 46.4%。对中国台湾贸易额为 656.5 亿元，下降 5.3%；对中国香港贸易额为 561.7 亿元，下降 6.5%。其中出口方面，对中国台湾、日本和澳大利亚分别出口增长 9.2%、2.5% 和 2.1%，合计拉动福建省出口增长 0.5 个百分点。

表 1 - 2　　　　　　　　　2016 年对主要国家和地区进出口情况

国家和地区	出口额（亿元）	比上年增长（%）	进口额（亿元）	比上年增长（%）
美国	1326.06	- 2.6	361.62	- 22.5
欧盟	1199.07	1.0	285.49	12.4
东盟	1128.17	7.3	507.16	6.1
日本	371.34	2.5	235.27	38.1
中国香港	554.90	- 5.0	6.79	- 58.9
中国台湾	253.42	9.2	403.07	- 12.6
韩国	220.64	- 3.8	207.38	7.8
俄罗斯	79.28	- 2.9	44.29	54.3

资料来源：《2016 年福建省国民经济和社会发展统计公报》。

在"一带一路"发展的大背景下，近年来福建省与"一带一路"沿线国家贸易往来日趋紧密。2016 年，福建省对"一带一路"沿线国家进出口总额为 3130.9 亿元，下降 1.4%。其中，出口 2149.2 亿元，进口 981.7 亿元，分别下降 0.9% 和 2.4%[1]。如图 1 - 3 所示，在"一带一路"沿线国家中，福建省和东盟国家进出口比重最大，对其出口增长 7.3%，拉动福建省出口 1.1 个百分点，其中又以对菲律宾出口额最大，达到 61.39 亿美元，同比增长 25.1%。2016 年福建省对"一带一路"主要沿线国家进出口增长波动较大，在出口方面，福建对菲律宾、沙特阿拉伯以及越南增长均超过 10%，而对阿联酋和埃及出口下滑较为明显。在进口方面，2016 年福建省对俄罗斯进口大幅增加，同比增长 45%，而对沙特阿拉伯、泰国以及埃及进口均有显著下降。

---

[1] 中华人民共和国福州海关. 2016 年福建省对"一带一路"沿线国家进出口贸易情况，http：//www.customs.gov.cn/publish/portal123/tab60930/info837353.htm，2017.01.18.

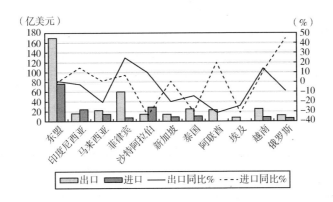

图 1 - 3　2016 年福建与"一带一路"沿线国家进出口规模

资料来源：根据福州海关数据整理。

　　除"一带一路"主要沿线国家之外，2016 年福建省对乌克兰、孟加拉国、伊拉克出口增长显著，分别增长 20.7%、17.5%、10.7%。

　　据厦门海关信息，2017 年上半年，福建与"一带一路"沿线国家进出口合计 1709.6 亿元人民币，同比增长 12.8%。其中进口 638.6 亿元，同比增长 43.9%；出口 1071 亿元，同比下降 0.1%。而其中菲律宾、沙特阿拉伯和印度尼西亚是福建省前三大贸易伙伴，上半年福建对菲律宾进出口 239.5 亿元，同比增长 10.9%。印度尼西亚与福建贸易快速增长，同期进出口规模达 168.9 亿元，同比增长 39.4%。对沙特阿拉伯贸易规模达 176.6 亿元，增长 26.1%。此外，福建对马来西亚、泰国和越南分别进出口 141.1 亿元、130.8 亿元和 121.6 亿元，分别增长 26.5%、15.1% 和 17.1%。机电产品和传统劳动密集型产品为福建省主要出口产品，二者合计占同期福建省对"一带一路"沿线国家出口总值的 69.5%。在进口方面，福建自"一带一路"沿线国家进口以原油和机电产品为主，进口的煤炭、铁矿砂、天然气等急剧增加[①]。

　　根据泉州检验检疫局公布的数据显示，2016 年泉州对"一带一路"沿线国家出口 3.44 亿美元，同比增长 11.33%。泉州是我国重要的食品出口基地，食品出口企业集群已初具规模。从出口国看，2016 年泉州对沙特阿拉伯、阿联酋、以色列、伊拉克、土耳其等西亚 5 国，共出口 3832.59 万美

---

　　①　中华人民共和国厦门海关. 上半年福建省对"一带一路"沿线国家贸易保持增长，http：//xiamen. customs. gov. cn/publish/portal156/tab61173/info858490. htm.

元，同比增长 6.3 倍。在原油、煤炭等能源产品进出口方面泉州也呈大幅增长态势。2017 年 1~4 月，泉州从沙特阿拉伯、伊拉克、科威特、俄罗斯 4 个"一带一路"沿线国家进口原油 652.6 万吨，占总进口量的 93.23%；而出口成品油达 144.42 万吨，其中出口至新加坡、印度尼西亚、马来西亚 3 个"一带一路"沿线国家占比为 77.88%。在进口煤炭方面，泉州从印度尼西亚和俄罗斯进口煤炭 123.7 万吨，占总进口量的 92.49%，可见在能源进出口方面，泉州与"一带一路"沿线国家的贸易依存度非常高。福建是茶文化的发祥地，而"一带一路"沿线国家和地区是全球最重要的茶叶生产和消费地区，蕴含着巨大的市场潜力。目前福建省茶叶已出口越南、日本等 56 个国家和地区。2016 年福州检验局共检验出口茶叶及其制品 3338.24 吨，出口额首次突破 1 亿美元。近年来，福建企业与"一带一路"沿线国家在特色农业尤其是水产养殖业的合作不断加大，2016 年共检验出口食品农产品 13.71 万批，总额约 90.39 亿美元，同比分别增长 8.86% 和 9.64%。

（二）福建对部分"一带一路"沿线国家贸易结合度测算

国际贸易中常用贸易结合度来衡量两个国家或地区间贸易的相互依存度。其基本含义为，一国或地区对另一国或地区的出口占该国出口总额的比重，与另一个国或地区的进口总额占全球进口总额的比重之比。数值越小，表明两国或地区在贸易关系上较为疏远；数值越大，则贸易关系越密切。计算公式如下：

$$TCD_{ij} = (X_{ij}/X_i)/(M_j/M_w)$$

其中，TCD_{ij} 表明 i 国或地区对 j 国或地区的贸易结合度；X_{ij} 表示 i 国或地区对 j 国或地区的出口额；X_i 表示 i 国或地区的出口总额；M_j 表明 j 国或地区的进口总额；M_w 表示世界进口总额。一般来说，如果 $TCD_{ij} > 1$，表明这两个地区之间贸易联系紧密；反之，如果 $TCD_{ij} < 1$，则表明这两个地区之间贸易松散[1]。

---

① 张兴泉，孔得伟. CAFTA 对浙江的贸易效应——基于引力模型的实证分析 [J]. 嘉兴学院学报，2014（02）：73-78.

由表 1 – 3 可见，福建省对"一带一路"主要沿线国家，尤其是东南亚国家的贸易结合度相对较高，基本都超过了 1，这说明福建省对东南亚国家的贸易依存度较高。特别是，从 2012 年开始，福建对菲律宾的贸易结合度超过了 10，远大于其他国家，这与菲律宾经济落后，产业结构和产品结构与福建存在较强的互补性有关。另外，菲律宾在地理上与福建较近，两个地区之间航运通畅，福建沿海港口和菲律宾港口都有极高的运作效率，由此也决定了两个地区之间存在较大的贸易结合度。从表 1 – 3 中我们也可以看出，福建与新加坡和印度之间的贸易结合度近年来呈下降趋势，尤其是与印度的贸易依存度只有 0.5 左右，说明福建对这两个国家的出口相对不足。新加坡是亚洲四小龙之一，经济发达，服务业发展水平高。印度是世界上第二人口大国，幅员辽阔，IT 产业发达，市场潜力巨大。因此，福建应该加快产业结构调整，促进出口多样化，充分挖掘福建与新加坡和印度之间的贸易潜力[①]。

表 1 – 3　　　　福建对"一带一路"部分沿线国家贸易结合度

年份	菲律宾	马来西亚	阿联酋	越南	新加坡	泰国	印度尼西亚	印度	俄罗斯	沙特阿拉伯	埃及
2002	2.419	1.076	2.357	0.968	1.321	0.640	1.880	0.781	0.405	2.254	2.448
2003	1.708	1.440	2.360	0.759	1.197	0.672	1.739	0.710	0.483	1.730	2.104
2004	2.102	1.381	2.398	1.651	0.943	0.665	1.919	0.663	0.719	2.040	2.724
2005	2.671	1.291	2.007	1.361	1.007	0.688	1.698	0.766	0.706	1.857	2.011
2006	2.908	1.617	1.943	1.491	0.798	0.795	1.900	0.817	0.913	1.471	2.274
2007	3.360	2.053	1.770	1.275	0.966	0.909	2.243	0.877	0.901	1.393	2.242
2008	3.819	2.612	1.592	1.298	0.911	0.982	2.196	0.829	0.826	1.347	1.919
2009	6.118	3.177	1.725	2.040	0.944	1.208	2.167	0.746	0.701	1.751	2.248
2010	6.215	2.556	1.593	2.937	0.784	1.105	2.114	0.825	0.849	1.587	1.957
2011	7.245	2.595	1.688	3.397	0.900	1.087	2.109	0.722	0.820	1.733	2.737
2012	10.238	2.961	1.757	2.969	0.947	1.185	2.051	0.636	0.895	1.381	2.814
2013	11.215	3.200	1.806	3.449	0.848	1.203	2.821	0.606	1.039	1.236	2.861
2014	9.278	2.786	1.839	3.026	0.972	1.534	1.927	0.685	0.998	1.159	2.770

① 季鹏. 海上丝绸之路背景下福建与东盟贸易潜力分析——基于贸易引力模型的实证研究 [J]. 哈尔滨商业大学学报, 2015 (04): 67 – 75.

年份	菲律宾	马来西亚	阿联酋	越南	新加坡	泰国	印度尼西亚	印度	俄罗斯	沙特阿拉伯	埃及
2015	10.391	2.408	2.057	1.962	0.858	2.164	1.781	0.509	1.013	1.132	2.347
2016	10.469	1.990	1.446	2.130	0.719	1.925	1.819	0.533	0.923	1.554	1.998

资料来源：世界银行 WDI 数据库、《福建统计年鉴》《福建年鉴》《福建省对外经贸年鉴》。

（三）福建与"一带一路"部分沿线国家贸易发展潜力的实证分析

1. 模型构建

引力模型源于物理学中的"引力法则"，其基本思想为两个物体之间的引力与其各自的质量成正比，与距离成反比。著名计量经济学家丁伯根（Tinbergen，1962）首次使用引力方程来描述两国的贸易模式，即两国之间的双边贸易流量的规模与其各自的经济总量成正比，而与它们之间的距离成反比。其中出口国的经济总量反映了潜在的供给能力，进口国的经济总量反映了潜在的需求能力，双方的距离（运输成本）则构成了两国之间贸易的阻力因素[①]。其基本形式为：

$$T_{ij} = \beta_0 (Y_i Y_j) \beta_1 D_{ij} \beta_2 \varepsilon_{ij}$$

转化成对数形式为：

$$\mathrm{Ln}T_{ij} = \beta_0 + \beta_1 \mathrm{Ln}(Y_i Y_j) + \beta_2 \mathrm{Ln}D_{ij} + \varepsilon_{ij} \qquad (1-1)$$

为了更好地研究影响福建与"一带一路"沿线国家贸易往来的因素，本专题在上述模型的基础上引入了人均 GDP、福建与各地外商直接投资流量 FDI 以及我国是否与相关国家签订双边或多边贸易协定 H，如果存在双边或区域多边贸易协定，则令 H = 1；否则，令 H = 0。另外本专题考虑到由于贸易运输工具和运输条件不断改善，以及贸易模式不断创新，因此传统意义上绝对运输距离对贸易的影响作用不断弱化，因而本专题的模型对距离不予考

---

① 黄新飞. 基于贸易引力模型的 FDI 与省区双边贸易流量的实证分析［J］. 国际贸易问题，2011（02）：12－20.

虑，得到扩展的引力模型：

$$\mathrm{Ln}T_{ij} = \beta_0 + \beta_1 \mathrm{Ln}(Y_i Y_j) + \beta_2 \mathrm{Ln}(PCY_i PCY_j) + \beta_3 \mathrm{Ln}H + \beta_4 \mathrm{Ln}FDI + \varepsilon_{ij}$$

$$(1-2)$$

2. 样本与数据

在选取研究对象时，考虑到由于福建传统的贸易出口国主要来自东南亚国家，以及部分西亚和东北亚国家。因此限于数据的可获得性和完整性，本专题选取了菲律宾、马来西亚、阿联酋、越南、新加坡、泰国、印度尼西亚、印度、沙特阿拉伯和埃及这10个国家，从2002～2016年共15年的相关数据进行分析，样本容量为150。其中各国的GDP和人均GDP均采用2010年不变价美元，主要是为了排除通货膨胀的影响，从而更好地反映各国的经济规模。引力模型中的解释变量含义、变量描述、数据来源等见表1-4。

表1-4　　　解释变量含义、预期符号、变量描述和数据来源

变量符号	变量含义	预期符号	变量描述	资料来源
T_{ij}	i省对进口国 j 的出口额（万美元）	/	/	福州海关、福建统计年鉴、福建年鉴、福建省对外经贸年鉴
Y_i	i省的GDP（亿元）	+	代表出口地区的经济规模，反映其供给能力，与双边贸易流量正相关	福建统计年鉴、2016年福建省国民经济和社会发展统计公报
Y_j	进口国 j 的GDP（亿美元）	+	代表进口国的经济规模，反映其市场消费潜力，与双边贸易流量正相关	世界银行WDI数据库
H	出口地区所在国与相关国家是否存在双边或多边贸易协定	+	用来衡量出口地区便利化程度，一般而言，存在贸易协定，能够促进对外贸易	中华人民共和国商务部
PCY_i	i省的人均GDP（元）	+	代表出口地区的经济发展水平，反映出口地区的资本—劳动比例，这一差异将引起相对价格差异，从而导致两个地区间发生贸易	福建统计年鉴、2016年福建省国民经济和社会发展统计公报

续表

变量符号	变量含义	预期符号	变量描述	资料来源
PCY_j	j 国的人均 GDP（美元）	+	代表进口地区的经济发展水平，反映进口地区的资本—劳动比例，这一差异将引起相对价格差异，从而导致两个地区间发生贸易	世界银行 WDI 数据库
FDI	j 国到 i 省的外商直接投资（万美元）	+	贸易与投资相互促进，投资增强，贸易合作也增强	福建统计年鉴、2016 年福建省国民经济和社会发展统计公报

3. 回归结果分析

根据上文扩展的引力模型，运用统计软件 Eviews8.0，用 2002～2016 年福建与相关国家的面板数据进行规模分析，为了确定模型采用固定影响还是随机影响，运用 Hausman 检验，检验结果如表 1-5 所示。

表 1-5 　　　　　　　　　　　Hausman 检验结果

检验汇总	卡方统计量	卡方统计量的自由度	P 值
随机截面	7.770028	4	0.0000

从表 1-5 可以看出，模型检验不能拒绝原假设，因此采用随机效应。对式（1-2）进行随机效应模型回归，结果如表 1-6 所示：

表 1-6 　　　　　　　　　　　回归结果

变量	回归方程			
	分数	标准差	统计量	P 值
$Ln（Y_i Y_j）$	0.2560	0.0994	2.5767	0.0110
$Ln（PCY_i PCY_j）$	0.2134	0.0735	2.9019	0.0043
$Ln（H）$	0.3717	0.0826	4.4990	0.0000
$Ln（FDI）$	0.8668	0.1535	5.6466	0.0000
C	-4.6702	0.8511	-5.4870	0.0000
R-squared	0.9037			

从回归结果可以看出，各解释变量系数、符号与预期基本符合，将回归结果代入式（1-2）中得到福建与"一带一路"主要沿线国家双边贸易的

最终回归模型为：

$$LnT_{ij} = -4.6702 + 0.256Ln(Y_iY_j) + 0.2134Ln(PCY_iPCY_j)$$
$$+ 0.3717LnH + 0.8668LnFDI \qquad (1-3)$$

根据表 1 - 6 的回归结果显示，模型拟合得较好，$R^2 = 0.9037$，说明福建对"一带一路"沿线国家的出口规模受双方 GDP、人均 GDP、贸易协定以及 FDI 影响较为显著，各解释变量的系数与预期系数一致，且显著性较高。其中双方经济总量乘积每增加 1%，福建对其出口增长约 0.256%，签署双边贸易协定能促进福建出口约 0.3717 个百分点，而外商直接投资对福建出口影响显著，外商直接投资每增加 1 个百分点，双边贸易流量将增加 0.8668%，可见投资与贸易相互促进，福建应加大与"一带一路"沿线国家"引进来"和"走出去"的步伐。

4. 福建与"一带一路"主要沿线国家的贸易潜力测算

贸易引力模型还可以用来测算双边贸易潜力，一般通过两国或地区间的实际贸易值 T 与预测贸易值 Te 之比来衡量：如果 T/Te > 1，说明"贸易充分或过度"，双边贸易处于饱和状态，因此应该寻找新的贸易增长点来进一步扩大双边贸易；反之，若比值小于 1，则说明"贸易不足"或"存在贸易潜力"，建议利用各种机会来进一步拓展双边贸易[①]。因此首先利用上述回归模型，将沿线主要国家相应数据代入，估计出 2016 年福建与这些国家之间的贸易预测值 Te，再与实际出口额比较，具体结果见表 1 - 7。

表 1 - 7　　　　　福建与主要沿线国家 2016 年贸易潜力测算值

变量	菲律宾	马来西亚	阿联酋	越南	新加坡	泰国	印度尼西亚	印度	沙特阿拉伯	埃及
实际值 T	13.3275	12.3356	12.3064	12.4377	11.8370	12.4477	12.2096	11.7757	11.8993	11.2352
预测值 T^e	12.9254	12.9668	12.5438	12.1982	12.7520	12.3277	12.6494	11.8009	11.4581	11.8610
T/T^e	1.0311	0.9513	0.9811	1.0196	0.9282	1.0097	0.9510	0.9979	1.0385	0.9472

从表 1 - 7 我们可以看出，福建与沿线国家之间的贸易潜力不尽相同。

---

① 赵逢非，郭鸿琼，陈宴真. 基于引力模型的福建省贸易流量及贸易潜力的实证分析 [J]. 福建论坛，2012 (03)：139 - 144.

其中福建对菲律宾、越南、泰国和沙特阿拉伯四国的贸易潜力值大于1，属于贸易潜力再造型，说明在当前的条件不变的情况下，福建对这四个国家的出口潜力耗尽，因此需要寻找新的贸易增长点，以激发福建的对外出口动力。而福建与马来西亚、阿联酋、新加坡、印度尼西亚、印度以及埃及六国的贸易潜力值小于1，说明现阶段福建与这几个国家的贸易存在不足，还有较大的空间和潜力，因此为了继续打开外部市场，一方面要充分发挥政府和企业的积极性，认真贯彻落实相关的贸易政策，另一方面要保持现有的贸易条件，充分发挥贸易潜力。

5. 小结

（1）影响因素及贸易潜力分析。

从测量的贸易潜力可以看出，福建对菲律宾、泰国等国的贸易潜力已经消耗殆尽，制约双边贸易的因素日益显现，如国内劳动力价格及物价指数日益提高，使得福建省以加工贸易为主的出口模式优势逐渐淡化。另外，"一带一路"沿线国家大部分经济水平欠发达，基础设施建设普遍落后，使得贸易运输成本偏高，从而阻碍了双边贸易往来规模。同时，大部分沿线国家经济总量偏低，市场消费潜力不足，这也潜在的制约了福建省的对外出口规模。

从现行的贸易结构上看，福建省对"一带一路"主要沿线国家出口贸易潜力即将发挥完毕。尤其是在目前全球经济低迷，贸易规模萎缩的背景下，福建省更要抓住国家"一带一路"发展的战略大背景和供给侧结构性改革的大趋势，加快产业结构优化升级，推动产业转型，充分发挥福建省的优势产业和地理位置，利用好跨境电商这一新的贸易方式，挖掘经济新增长点，扩大福建省对外贸易。

（2）对策建议。

从地理位置和环境看，福建自古就有"八山一水一分田"之称，多山的地理环境决定了福建省对外贸易更多依靠海上航线。福建尽管拥有大量优良的港口资源，但利用效率不高，因此未来应加快"大港口"建设，整合港口资源，提高港口运作效率和管理水平。同时加强福建与"一带一路"沿线国家之间的基础设施建设，促进交通便利化，缓解距离对双边贸易的影响。从贸易结合度上看，福建与印度、新加坡等国之间的贸易联系紧密度不够，因此福建在维持好同其他国家原有贸易的基础上，注重开拓印度、新加坡等国的市场，充分挖掘其潜力，提高双方的贸易结合度。

　　利用福州和平潭片区成为跨境电商试点城市这一机遇，加强福建省同"一带一路"沿线国家和地区跨境电商合作，探索以电子商务促进福建对外贸易的新模式。可以扶持和引进国内外知名的跨境电商平台，在福建设立采购、仓储和配送等集货中心或结算中心，努力培育跨境电商发展壮大成为福建与"一带一路"沿线国家和地区贸易的新增长点①。

　　由于福建省传统的贸易出口对象主要是东南亚各国，如今在"一带一路"倡议背景下，对沿线国家的出口贸易中，福建省对东南亚各国出口规模仍然占福建对外贸易总额的绝大比重。华侨华人是福建的特色和优势，目前福建旅居海外的闽籍华侨华人有1580多万人，其中80%集中在东南亚。因此福建应该充分发挥华侨华人优势，促进同东南亚各国官方与民间的合作深化，一方面可以吸引东南亚的企业家到福建来投资设厂，另一方面鼓励本省的优势企业"走出去"，利用当地丰富的物质资源和廉价的劳动力，拓展双边贸易空间。同时东南亚各国在产业结构、产品结构和要素结构等方面存在巨大差异，各国经济发展水平悬殊，这样有利于福建与这些国家之间错位发展，推进福建各市与东南西亚各国的区域合作，实现双方经济的优势互补，进行差异化贸易合作。

四、福建与"一带一路"沿线国家和地区贸易的总体方向

（一）发展目标及战略任务

　　福建省在国家"一带一路"倡议中被明确为21世纪海上丝绸之路核心区，与"一带一路"国家和地区关系密切。"一带一路"沿线国家和地区将成为福建省发展开放型经济、拓展经济新空间和建设新福建的重要合作伙伴。当前，福建与"一带一路"沿线国家和地区经贸关系，已由结构单一型、潜力增长型转向优化调整型、全面合作型，要以21世纪海上丝绸之路核心区建设为契机，

---

　　① 廖萌. 福建与东盟贸易现状及潜力研究——基于贸易引力模型的分析［J］. 亚太经济，2016（04）：60-65.

不断增强经济互补性,充分发挥华侨华人作用,进一步拓展经济合作与发展空间。福建省与沿线国家贸易和地区发展的战略任务主要是通过加快边境口岸"国际单一窗口"建设,挖掘贸易新增长点,拓展相互投资新领域。

福建省应根据"一带一路"沿线国家和地区经济发展水平和贸易条件,以战略性贸易和投资为先导,培育需求,构筑与沿线国家和地区贸易新机会。战略性投资和进口贸易,作为推动"一带一路"沿线国家和地区经济发展的重要推动力量,是形成"一带一路"沿线国家和地区对中国乃至福建产品进口需求的重要保证。

首先,要充分挖掘福建支柱和优势产业,以及名优产品对"一带一路"沿线国家和地区的出口商机。在福建省对"一带一路"沿线国家和地区一般贸易出口商品,包括机电产品、劳动密集型产品的基础上,进一步开发新的适销对路的商品品类,扩大对"一带一路"沿线国家和地区的出口。与此同时,在旅游、软件服务、文化创意产业等现代服务业方面,拓展福建省对"一带一路"沿线国家和地区服务贸易出口。

其次,应深度挖掘境内对"一带一路"沿线国家和地区商品的进口需求。扩大从高收入国家消费品的进口、从资源丰富国家的原材料进口以及其余国家具有比较优势产品的进口。在需求多样化、小众化的背景下,可以采用网上投票征集大众对商品的需求,利用相关政策,抓住"一带一路"沿线国家和地区商品的进口商机。

最后,以战略性投资促进贸易发展,促进发展性投资与商业性投资的结合。以"一带一路"倡议为契机,鼓励企业到"一带一路"沿线国家和地区投资建厂或承包工程,不仅能够转移福建省具有比较优势的生产环节和富余产能,还能带动相关上下游产品出口,加大"一带一路"沿线国家和地区钢铁及制品、机械、塑料制品等建筑材料及日用消费品的国内采购量,带动出口额增长。跨境电商作为全球贸易中的一组新的商业形态,对全球经济贸易关系产生深远的影响,在跨境电商方面,推进一带一路沿线国家和地区基础设施建设,如港口基础设施、境外物流体系建设、海外仓及境外采购中心建设等。

(二) 福建对"一带一路"沿线国家和地区重点贸易对象

福建省与"一带一路"沿线国家和地区在产业发展方面具有较强的互补

性,在双边贸易方面也就存在极大的发展空间。福建省能源及资源比较缺乏,但若干产业已具有相当规模和竞争能力,包括服饰、纺织品、鞋类、家具、机电产品等商品在国际市场上具有较强的比较优势;而"一带一路"沿线国家和地区则更为多元,多数国家为发展中国家,工业化水平有限,并且多数国家拥有丰富的能源和资源。"一带一路"沿线国家和地区呈现多元化的特点,经济发展极不平衡,受其地理、社会、宗教、政治、经济等多重因素的影响,消费市场有其独特性。福建贸易进出口需加强跟踪了解"一带一路"沿线国家和地区的社会需求结构及其动态趋势,如法律法规、经贸交往情况、市场状况、行业信息、贸易伙伴需求、政治局势等,尤其对阿拉伯世界和伊斯兰教习俗的研究了解,为有效开拓市场、扩大进出口贸易奠定良好基础。

出口贸易重点国家:马来西亚、印度尼西亚、泰国、越南、印度、菲律宾、新加坡、哈萨克斯坦、俄罗斯、乌克兰、白俄罗斯、土耳其、波兰、摩尔多瓦、西班牙。

进口贸易重点国家:马来西亚、印度尼西亚、泰国、越南、印度、菲律宾、新加坡、俄罗斯、蒙古、波兰、土耳其等"一带一路"沿线国家;以及德国、法国、意大利、新西兰、瑞士、西班牙、丹麦、希腊、智利等"一带一路"参与国家。

(三)出口、进口及相应商业模式

由于大部分"一带一路"国家参与经济全球化的程度还不深,参与全球分工的水平还不高,经济发展总体规模还不大,所以相互之间的贸易水平还不高。在世界经济复苏乏力、逆全球化思潮抬头的背景下,要长期保持与"一带一路"沿线国家良好的贸易往来,仍是不小的挑战。未来我们应在进口贸易结构上有所调整,并将采取措施扩大进口,令外国制造"引进来"和中国制造"走出去"扮演同样重要的角色。

"一带一路"倡议的是一个全新的国际合作模式,它不同于过去任何一种合作模式,不仅仅是加强经济合作,或者增加贸易、减免进出口等,其核心思想是要走一条共同发展、共同富裕的道路。中国愿与沿线国家共同创新合作模式,共建经贸产业合作区,发展符合当地产业升级需求的产业集群,打造一批规模效益较好、辐射作用明显、就业带动力强的合作区。而在帮助沿线国家能力建设方面，未来 5 年，中国愿为沿线国家提供 1 万个来华研修和培训名额，派遣 50 名高级经贸专家，为沿线国家提供人才智力支持和政策咨询服务。要做好与沿线国家的对接问题，以"走出去"促进外贸，鼓励企业到"一带一路"沿线国家投资建厂或承包工程，不仅能够转移福建省具有比较优势的生产环节和富余产能，还能带动相关上下游产品出口，加大钢铁及制品、机械、塑料制品等建筑材料及日用消费品的国内采购量，带动出口额增长。"一带一路"区域内的国家很多资源要素禀赋是互补的，我国将采取包括基础设施互联互通在内的多种措施，以及双边经贸联委会、双边自贸区谈判促进双边贸易。

（四）重点产业及产品

"一带一路"沿线国家多数也是发展中国家，其市场格局普遍是欧、美、日等西方发达国家产品凭借品牌和质量优势占据高端并享受高额利润，我国产品凭借价格优势占据中低端且竞争越来越激烈。我们应推动企业树立品牌意识，提升产品质量和附加值。推动企业在竞争方式上的转型升级，鼓励引导企业加强技术研发，提升生产水平和产品质量，加快从"以量取胜"到"以质取胜"的转变。同时，要积极推动省内外贸综合服务企业走出去，与当地有实力的贸易公司合作，利用其当地有实力贸易公司的市场份额、营销网络和客户的信任度，大力推行"品牌战略"，积极稳步扩大中高端传统商品出口。

从贸易产品来看，福建向"一带一路"沿线国家出口的产品中，机电产品保持最大宗地位，传统的劳动密集型产品有所下降；进口则以资源类商品为主。

出口商品及品类：机电产品；茶叶；厨房和餐厅用品；手机及电子配件；智能商品，包括智能手环、智能眼镜、智能健康等商品；纺织、鞋服等轻工产品。

进口商品及品类：食品、酒类、家纺、水果、钟表、海产品等；文化创意产品。

五、对策及建议

（一）实施鼓励政策，完善民营企业保障

福建民营经济发达，对外经济关系密切，民营企业是 21 世纪海上丝绸之路核心区建设的重要力量。要鼓励民营企业"走出去"发展，通过股权投资、项目合作等各种途径，获取国外的先进技术、产品品牌、销售渠道等优势资源，缩短进入当地市场运营时间，有效降低企业"走出去"成本，不断提升企业国际化水平。出台配套政策，通过提供融资便利及信用担保，扩大出口信用保险额度，帮助解决企业注册、进出口报关、劳务输出等问题，提升民营企业规避市场风险能力。强化"一带一路"国家的安全风险评估，加强对涉外民营企业投资指导，组织民营企业赴"一带一路"国家开展经贸调研活动，完善贸易摩擦应对机制，进一步落实海外企业救助保护机制，通过创新国际融资模式，打造金融服务平台，为民营企业投资"一带一路"国家提供保障。

（二）树立品牌意识，发挥福建本土品牌效应

品牌是产品生命力的集中体现，是企业竞争力的核心，是企业征战市场的秘密武器，是企业通过长期积累形成的宝贵的无形资产，能为企业创造价值。一个企业想要走可持续发展道路，必须建立起可以与外商企业相抗衡的福建本土品牌。立足于长远发展，企业要积极牢固树立品牌和质量意识，以质量为根本，打造强势品牌。质量是品牌能否延续下去的根源，除了产品质量的改进外，还应该加强其服务质量，不仅是售前服务，售后服务系统也要重视。依靠科技进步和创新，强化质量管理，保证产品质量，加强品牌建设，提升产品档次和品牌附加值，培育形成新的产业竞争优势，提升市场拓展和客户服务能力。跨境贸易的竞争不止局限于本国或贸易对象国，而是全世界的所有品牌。因此，中小规模企业想要更好地生存下去，就应该从品牌定位上做文章，将品牌定位于某些特定层次的消费群体，为他们提供小而精

的产品和服务，在"一带一路"沿线国家宣传和推广福建本土品牌，推进这些本土名优产品在这些国家的出口。福建本土名优品牌如九牧、金龙客车、银鹭、安踏等，在各行业都占有较大的市场份额，把这些品牌辐射到"一带一路"沿线国家，不仅需要企业的革新，更需要政府的大力支持，从政府的层面上推动本土产品走出去，使"中国制造""中国建设""中国服务"受到越来越多沿线国家的欢迎，更好地发展福建省跨境贸易。

（三）明确竞争优势，发展核心竞争力

"一带一路"倡议下，福建省跨境贸易的发展前景十分广阔。在发展跨境贸易时，应体现出福建省的制造优势，特别是一些优势、特色行业。如电子、机械、石化、食品、纺织和德化瓷器、安溪茶叶等，可推动和帮助寻求这些产品在"一带一路"沿线国家的出口。在加强福建名优特色商品出口的同时，还要积极推进服务出口。推动服务贸易出口包括旅游、文化、教育等。例如，可以借由政府渠道的宣传优势推广宣传本地风土人情，如武夷山、皮影戏等，在网上交易之后由跨境企业在当地的驻点人员把顾客带到中国旅游。更典型的是依靠互联网提供图片、视频处理等服务，能让交易主体双方在足不出户的情况下完成跨国贸易。与此同时，还应该以"一带一路"沿线国家和地区自身状况出发，寻求与其自身资源相符合的贸易模式。例如深化与中亚国家的能源、农业开发和深度加工合作，同东盟国家进行跨区域产业链和供应链合作，同欧洲相关国家开展港口合作、共建物流中转中心等，在与不同的国家和地区和合作中，找到自身的竞争优势，发展核心竞争力。

（四）发挥侨力优势，实现互利共赢发展

华侨是福建省发展跨境贸易的最大优势。闽籍侨胞是爱国爱乡、海纳百川、乐善好施、敢拼会赢的福建精神的典型代表。要积极发挥海外华侨华人穿针引线作用，吸引海外华商共同参与"一带一路"国家的基础设施、产业合作园区和境外农业基地建设，共同分享中国改革开放成果和政策"红利"。要深化"走出去"企业与海外华侨华人合作，利用当地闽商人脉和营销网络

优势，积极化解营商环境风险，携手拓展"一带一路"国家市场。要充分发挥闽籍重点侨团作用，积极引导"一带一路"国家企业来闽考察投资，加大引进国外资本与先进技术，鼓励华侨华人积极融入新福建建设。

（五）完善仓储系统，推动海外仓的建立

海外仓的建设有助于中国扩大在"一带一路"沿线国家的贸易，加强经济文化交流，实现互利共赢。通过建设海外仓，可以将零散国际小包转化成大宗运输，减少运输、清关、商检等频率，实现大幅度降低贸易物流成本的目的。在遵守当地法律、尊重当地宗教信仰的同时，抓好服务质量，树立良好形象，消除海外政府或企业对中国企业的不良情绪。由当地派送取代跨境派送，确保了物流速度的高效、准确、便捷，能够快速对订单进行响应，大大缩短配送时间。基于此，在"一带一路"沿线国家之间的经济交流与合作，还可以促进国与国之间贸易的发展，加强合作双方的经济实力，实现互利共赢。

参考文献：

［1］黄秀英．"一带一路"背景下福建省与西亚地区贸易合作研究［J］．对外经贸，2016，（08）：17－18＋43.

［2］李鸿阶．进一步拓展福建与"一带一路"国家经贸关系［N］．福建日报，2017－07－10（010）.

［3］林玉洁．论国际贸易发展趋势及影响因素［J］．现代商贸工业，2011（21）.

［4］彭海洋，詹圣泽，郭英远．基于厦门前沿的福建自贸区对台合作新探索［J］．中国软科学．2015（08）.

［5］彭红斌．当代国际贸易发展的特点探析［J］．桂海论丛，2007（04）.

［6］乔丽．福建自贸区的特色定位及发展思路初探——基于上海自贸区的经验总结［J］．福州党校学报，2015（03）.

［7］苏霞．国际贸易发展特点与我国对策［J］．合作经济与科技，2009（03）.

［8］吴建功，唐斌．"一带一路"战略背景下我国海外仓建设的必要性［J］．中国管理信息化，2016，（18）：133－134.

［9］周刚．"一带一路"开启合作共赢新模式［N］．深圳商报，2015－12－17（A10）.

专题二　福建省对外直接投资逆向技术溢出效应研究

　　受益于经济全球化及我国经济实力大为提升的发展红利，近年来福建省对外开放水平不断提高，对外开放程度不断加深。其中，对外直接投资作为一个经济体参与全球经济合作的重要方式，正在成为福建省参与全球化的新模式和经济发展的新动力。通过对外直接投资，企业可以利用发达国家所拥有的先进技术、高效管理以及充沛资源来帮助自身提高经营效率并弥补资源短缺，进而可以促进经济结构转型升级。对外直接投资对福建省的经济发展具有重要意义，是实施开放型经济战略的重要组成部分。

　　经济发展进入新常态之后，面对我国经济结构的转型需求，我国政府提出了"一带一路"发展战略，作为我国"十三五"规划中对外开放的重要政策。福建省作为"21世纪海上丝绸之路"的核心区，拥有良好的历史发展机遇，对外直接投资正在持续稳定健康发展。为优化资源配置，提升国际竞争力，福建省一直致力于加快实施"走出去"的发展战略，利用对外直接投资促进产业升级和经济转型，通过对外直接投资推动技术进步，从而促进经济增长与产业结构转型升级。

一、福建省对外直接投资历程

　　从发展历史上来看，福建的对外直接投资最早起步于1979年，经历了最初的探索阶段、中期的逐步扩大阶段再到如今的快速发展阶段。在国家的扶持和省内企业的努力之下，对外直接投资数额呈逐年上升的良好趋势，投资企业数量不断增加，投资规模不断扩大。

1. 探索阶段（1978～2000 年）

从 1979～2000 年，福建省对外累计投资总额为 21319 万美元，此阶段福建省对外直接投资处于萌芽和探索阶段。1979 年福建省外贸中心集团与香港商人在香港兴建了香港嘉明国际有限公司，这一事件标志着福建企业跨国经营和对外直接投资的序幕正式拉开。在这之后的 20 年间为早期经济体制改革阶段，福建省的对外经贸发展水平缓慢前进，总体上以外贸体制改革为主，加快外贸领域的简政放权，并通过吸引外商直接投资参与国际分工，对外直接投资发展较慢。

2. 逐步扩大阶段（2001～2008 年）

2001 年我国加入世界贸易组织（WTO）之后，福建对外经贸开始进入较快发展阶段，对外直接投资数额呈逐年上升的趋势，市场开放水平明显提高，对外贸易以及对外直接投资进入了全新的发展阶段。

这一时期内国家颁布许多重要政策，2001 年《国民经济和社会发展"十五"计划纲要》正式把"走出去"列入国家发展计划，同年中国加入世界贸易组织，2002 年中共十六大决定实施"走出去"战略。2001～2008 年福建省已在 52 个国家和地区设立了近 500 家企业，投资总额约 3.64 亿美元，投资企业数不断增加，投资规模不断扩大。具体投资数额如表 2-1 所示。

表 2-1　2004～2008 年福建省非金融类对外直接投资存量、流量情况

年份	存量		流量	
	金额（万美元）	同比增长（%）	金额（万美元）	同比增长（%）
2004	19212	—	1591	—
2005	20873	8.65	4253	167.32
2006	52371	150.90	9584	125.35
2007	91608	74.92	36847	284.46
2008	113231	23.60	16169	-56.12

资料来源：各年份《中国对外直接投资统计公报》，福建省商务厅官方公布数据。

在这个时期内，福建省对外直接投资数额实现了快速增长。与此同时，福建省对外直接投资的机构数量也出现大幅增加。2001～2008 年福建省新批境外投资企业和境外分支机构由 20 家增长至 108 家，年平均增长率为 28.57%，年复合增长率为 27.24%；新批中方协议投资额由 1042.7 万美元

增长至 24900.0 万美元，年平均增长率为 66.84%，年复合增长率为
57.35%；平均单个分支机构投资金额在 2001～2004 年期间并不稳定，自
2004 年之后稳步增长，从 2004 年的 56.76 万美元增长至 2008 年的 230.56
美元，年平均增长率为 42.33%，年复合增长率为 41.97%。具体情况如表
2－2 所示。这一时期内福建省对外直接投资发展态势良好，对福建省经济产
生了一定的辐射作用，并且优化了福建省的产业结构。

表 2－2 　　　　　　　　2001～2008 年福建省对外直接投资情况

年份	新批境外投资企业和境外分支机构数		新批中方协议投资额		平均单个协议金额	
	数量（家）	同比增长（%）	数额（万美元）	同比增长（%）	数额（万美元）	同比增长（%）
2001	20	—	1042.7	—	52.14	—
2002	24	20.00	1065.4	2.18	44.39	－14.86
2003	41	70.83	3182.0	198.67	77.61	74.84
2004	58	41.46	3350.0	5.28	56.76	－26.87
2005	66	13.79	5383.2	60.69	81.56	43.69
2006	73	10.61	8749.6	62.54	119.86	46.96
2007	90	23.29	13600.0	55.44	151.11	26.07
2008	108	20.00	24900.0	83.09	230.56	52.58

资料来源：各年份《福建统计年鉴》，福建省商务厅官方公布数据。

3. 快速发展阶段（2009 年至今）

近年来，"一带一路"建设以及自由贸易试验区这两项国家重大战略持
续推进，福建省企业"走出去"效应不断延伸发酵，福建省企业充分发挥自
身优势开展对外直接投资，充分利用国际市场开展跨国经营。同时，福建省
政府在对外直接投资领域、财政和金融扶持、提供通关便利等方面制定了相
应的优惠政策，促使福建省企业跨国经营规模不断扩大，对外直接投资项目
数和投资金额都呈现良好的增长态势。

2009 年以来，福建省新批对外直接投资企业的数量、协议投资额和中方
投资额均不断上升。2009～2011 年间，福建省对外直接投资维持在正常增长
水平，2011 年新批境外投资企业和境外分支机构增长至 200 家，较 2008 年

的108家增长了85.16%；2016年更是增加至607家。具体数额如表2-3和表2-4所示。

表2-3　　　　　　2009~2016年福建省对外直接投资情况

年份	新批对外直接投资企业和境外分支机构		中方协议投资额	
	数额（家）	同比增长（%）	金额（亿美元）	同比增长（%）
2009	165	52.78	4.9	63.88
2010	207	25.45	14.2	189.80
2011	200	-3.38	9.54	-32.82
2012	149	-25.50	8.54	-10.48
2013	142	-4.70	6.99	-18.15
2014	230	61.97	27.72	296.57
2015	276	20.00	46.84	68.98
2016	607	119.93	111.55	138.15

资料来源：各年份《福建统计年鉴》，福建省商务厅官方公布数据。

表2-4　　　　　　2012~2016年福建省对外直接投资额

年份	对外直接投资额（亿美元）	同比增长（%）
2012	5.31	—
2013	6.36	19.77
2014	13.77	116.51
2015	22.53	63.62
2016	54.66	142.61

资料来源：各年份《福建统计年鉴》，福建省商务厅官方公布数据。

2014~2016年，福建省对外直接投资呈现出爆发式增长。2014年，福建省备案对外直接投资项目230个，同比增长61.97%。2015年，福建省对外直接投资额22.53亿美元，增长63.62%；中方协议投资额46.84亿美元，同比增长68.98%。2016年福建省对外直接投资成绩耀眼，新增备案对外直接投资项目607个，同比增长119.93%；对外直接投资额达54.66亿美元，同比增长142.61%。

从非金融类企业对外直接投资的存量和流量上来看，2015年福建省对外直接投资存量和流量分别较 2009 年增长 416.53% 和 653.77%，年平均增长率分别为 33.50% 和 59.59%，年复合增长率分别为 31.48% 和 40.03%，增速十分可观。在对外直接投资存量和流量快速增长的同时，福建省对外直接投资数额也跃升至一个新的高度。具体数额如表 2-5 所示。

表 2-5　　　　　2009～2015 年福建省非金融类企业对外直接
投资存量、流量情况

年份	存　量		流　量	
	金额（万美元）	同比增长（%）	金额（万美元）	同比增长（%）
2009	158800	40.24	36582	126.25
2010	196773	23.91	53495	46.23
2011	244754	24.38	53028	-0.87
2012	323701	32.26	85705	61.62
2013	396778	22.58	95249	11.14
2014	487290	22.81	105064	10.30
2015	820253	68.33	275743	162.45

资料来源：各年份《福建统计年鉴》，福建省商务厅官方公布数据。

二、福建省对外直接投资特点

1. 投资规模还有更大增长空间

尽管福建省对外直接投资发展迅速，但是福建省对外直接投资存量与其他省区相比，总体投资规模还有成长空间。从全国的角度看，2015 年，无论是在非金融类对外直接投资存量还是流量方面，广东、上海和北京都占据除中央外地方合计部分的前三甲，在投资存量方面占比分别高达 20%、17% 和 11%，流量方面占比更高，分别达 25%、13% 和 13%。福建仅在我国对外直接投资总存量中占据 2%，流量中占据 3%，从所占比例上来看，福建省在对外直接投资方面和发达省区有较大差距，还有更大的增长空间（见图 2-1 和图 2-2）。

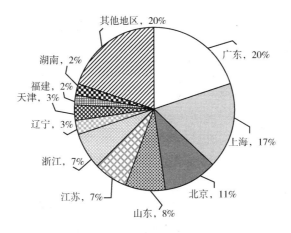

图 2 - 1　2015 年各省市非金融类对外直接投资存量占比情况

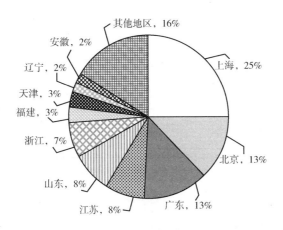

图 2 - 2　2015 年各省市非金融类对外直接投资流量占比情况

　　2015 年全国省市自治区对外直接投资的排名中，福建省在投资存量数额上位列第 9、投资流量数额上位列第 7，两个排名较为协调合理。但是相对于经济发展较强的地域如广东、上海、北京等地而言，福建省与这些省市之间还有不小的差距。2015 年广东、上海、北京的非金融类对外直接投资存量分别为 686.50 亿美元、583.62 亿美元和 387.99 亿美元，福建省的投资存量分别仅为这些省市的 11.95%、14.05% 和 21.14%；广东、上海、北京的非金融类对外直接投资流量分别为 122.63 亿美元、231.83 亿美元和 122.80 亿美元，福建省的投资流量仅为这些省市的 22.49%、11.89% 和 22.45%。具体排名如表2-6所示。

表2-6　　　2015年全国部分省市非金融类对外直接投资存量、流量

地区	2015年非金融类对外直接投资存量（亿美元）	存量排名	2015年非金融类对外直接投资流量（亿美元）	流量排名	GDP排名
广东	686.55	1	122.63	3	1
上海	583.62	2	231.83	1	11
北京	387.99	3	122.80	2	12
山东	273.05	4	71.10	5	3
江苏	226.14	5	72.50	4	2
浙江	223.65	6	71.08	6	4
辽宁	113.19	7	21.22	9	14
天津	109.42	8	25.27	8	19
福建	82.03	9	27.57	7	10
湖南	81.04	10	11.24	15	9
安徽	62.67	11	20.67	10	13
云南	60.26	12	9.46	18	23
河北	57.25	13	9.40	19	8
海南	48.94	14	12.01	13	28
四川	46.59	15	11.87	14	6

资料来源：《2015年中国对外直接投资统计公报》，国家统计局官网。

　　境外直接投资企业数量是又一个能准确衡量对外直接投资发展水平的重要指标，截至2015年年末，福建省设立境外直接投资企业数量为1028家，仅为广东省的约1/5、浙江省的约1/3，具体数据如图2-3所示。

　　对外直接投资情况与经济发展水平密不可分，2015年福建省生产总值（GDP）排名全国第十位，相较2014年排名上升了一位，这与福建省对外直接投资在全国的排名相接近。从全球比较来看，相比于我国的经济总量，我国对外直接投资的总量偏小，这作为福建发展对外经贸的宏观背景，不可避免导致福建对外直接投资水平偏低的状况。

　　从存量规模上来看，我国与发达国家（尤其是美国）的对外直接投资存量水平存在较大的差距（见表2-7）。从中国对外直接投资额与当年GDP的比值来看，2015年和2014年分别为1.4%和1.04%，稍有增长的趋势，但

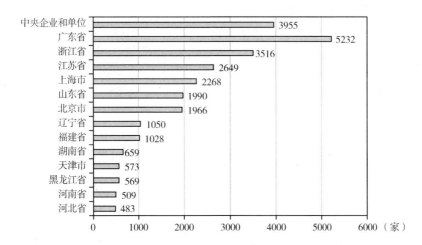

图 2－3　2015 年年末中国部分省市设立境外直接投资企业情况

世界上其他国家这一指标的一般水平为 15%，发达国家更是高达 20%，发展中国家相对较低，但也达到了 3% 左右，这些都表明我国对外直接投资水平不仅落后于发达国家，甚至不如某些发展中国家。但从另一个角度来说，总量偏小也就意味着以现有的规模巨大的生产总值为依托，未来福建省对外直接投资的增长速度必将会进一步快速提升，对外直接投资空间巨大。

表 2－7　　　　　　　截至 2015 年年末中国对外直接投资存量对比

位次	国家（地区）	存量（亿美元）	占全球比重（%）
1	美国	59827.90	23.9
2	德国	18124.70	7.2
3	英国	15381.30	6.2
4	中国香港	14856.60	5.9
5	法国	13141.60	5.3
6	日本	12265.50	4.9
7	瑞士	11381.80	4.5
8	中国	10978.60	4.4
9	加拿大	10783.30	4.3
10	荷兰	10742.90	4.3
	合计	177484.20	70.9

资料来源：《2015 年中国对外直接投资统计公报》。

2. 投资目的地集中度较高

在境外投资目的地中，香港地区稳居首位，为福建省企业境外投资最热门的选择地。截至 2015 年上半年，经核准在港澳设立的境外企业和分支机构共 634 家，中方投资达 27 亿美元，位居全省境外企业数和投资总额的首位。其中，福建企业在港投资的资金基本流向批发零售、商务服务、交通运输等重点行业。在香港优良宽松的营商环境和税收优惠等各种优势下，福建企业能通过这一世界性平台打造企业品牌、拓展海外市场、扩大经营规模、提高经营效益。

东盟是福建企业境外投资的第二大目的地，吸引了大量福建企业的投资。福建是我国著名的侨乡，经过几百年的变迁，如今在东盟的 2000 多万华侨华人中有 900 多万人的祖籍是福建。由于东盟国家和福建在地缘人脉、语言文化、生活习俗等方面有共同之处，存在产业互补的极大可能性，再加上许多福建籍华侨华人早年的融入，福建企业进入东盟地区发展贸易有着得天独厚的优势和深厚的历史文化渊源。2014 年福建新增核准在东盟地区设立的境外企业和分支机构共 23 家，核准对外直接投资额 2.10 亿美元，同比增长 93.67%，远高于福建企业对外直接投资的增长速度。

除了中国香港、东盟之外，受益于明显的区位和人文优势，福建企业赴台投资的势头也十分旺盛。福建企业的对外投资主要集中于这三个地区，这容易导致企业发展受到投资国经济状况波动的影响。投资地过于集中，不利于福建企业分散投资风险，也不利于在更广阔的区域上获取技术溢出效应。

3. 投资主体集中于大型企业

改革开放之后福建省经济迅速发展，民营经济规模不断扩大，许多福建民营企业响应政府"走出去"的号召陆续开展对外直接投资，利用对外直接投资的历史契机将业务触角延伸至境外，以扩大生产经营规模和效益。例如福建紫金矿业先后在中国香港、加拿大、俄罗斯等 8 个国家和地区投资设立子公司，收购项目或参股海外公司，对外直接投资总额 2 亿多美元。

但在福建省对外直接投资的存量中，由大型企业集团所贡献的份额占比超过 80%，中小民营企业境外投资明显不足，中小民营企业普遍缺乏对外直接投资能力和对外直接投资人才。同时，虽然自然人对外直接投资数量庞大，其业务经营规模和投资数额都较小，发展壮大速度缓慢。

4. 投资主体的区域集中度较高

福建省内经济最发达的三个地级市要属福州、厦门和泉州，其民营经济实力雄厚，企业经营理念较为先进，对外开放程度较高，这三个地方也成为对外直接投资企业的集中地。2015 年，福建省新批对外直接投资企业和境外分支机构总数为 276 家，中方协议投资额 46.84 亿美元；其中，福州和厦门新批对外直接投资企业和境外分支机构总数之和为 205 家，占福建省总数的 74.28%，福州、厦门和泉州的中方协议投资总额为 40.82 亿美元，占福建省总额的 87.15%。

对外直接投资企业主要集中于福州、厦门和泉州三个地级市，这与这三个地级市在福建省内部的经济地位是相称的。但是，由于经济发展与对外开放程度的差距，福建省内其他地级市在福建省对外直接投资中所占的比重太低，这不利于省内经济发展差距的缩小，也会阻碍这些落后的地级市参与全球化的步伐。

三、福建省技术进步状况及产业结构调整分析

1. 福建省技术进步的测算及分析

一般而言，技术进步可以用全要素生产率来代表，我们认为鉴于中国国内统计数据的可得性和可比性，在研究中国技术进步的实证分析中，采用全要素生产率来测算技术进步是最为合适的一种测算方法。全要素生产率被定义为生产活动在一定时期内的效率，即衡量单位投入产出水平的生产率指标。新古典经济增长理论认为全要素生产率就是实际产出的变动与实际有形投入的变动之间的差额，即所谓的"索洛残差"。

本专题就采用"索洛残差"法来测算福建省的全要素生产率，设定资本存量的产出弹性为 0.4，劳动力投入的产出弹性为 0.6，利用公式来计算全要素生产率，以作为本专题的被解释变量。

福建省的产出（Y）是用以 2003 年为基期的福建省实际生产总值（GDP）来表示。投入变量劳动力（L）以历年福建省全社会就业人数表示。对于福建省历年资本存量（K）的测算，本专题采用戈德·史密斯（Gold Smith）在 1951 年提出的永续盘存法进行计算，它的基本形式是：

$$K_t = I_t + (1 - \delta) K_{t-1} \qquad\qquad (2-1)$$

其中 K_t 为福建省第 t 年的固定资本存量，I_t 为福建省第 t 年固定资本形成总额，并根据固定资产投资价格指数折算为 2003 年不变价格的真实值。资本品折旧率设定为 10%。将资本存量考察的基期年份设定为 1978 年，用 1978 年的固定资本形成总额除以资本品折旧率（10%）的所得数值作为福建省在 1978 年的基期资本存量。各年度的生产总值、价格指数、劳动者人数、固定资本形成总额数据和固定资产投资价格指数来源于各年的《福建统计年鉴》。

根据以上数据，笔者测算出 2003 ~ 2014 年福建省的全要素生产率，具体测算结果如图 2 - 4 所示。

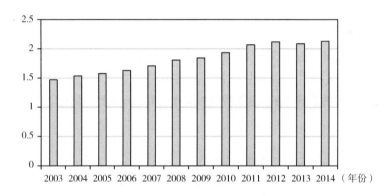

图 2 - 4　2003 ~ 2014 年福建省全要素生产率

由图 2 - 4 可知，福建省从 2003 ~ 2014 年的全要素生产率都是呈增长的状态，且 2006 年、2007 年、2009 年、2010 年这四年的增长率最大。这体现了福建省经济结构的优化，经济增长质量的提高，表明福建省近十多年来的技术进步状况是一直在加快的。

2. 福建省产业结构转型升级状况

经济新常态下，福建省把发展第二产业，尤其是新兴产业作为经济发展的重点。本专题首先分析 2000 ~ 2015 年福建省三大产业产值情况，然后基于福建省历年 GDP、高新技术企业工业总产值、高新技术企业总收入以及第一、第二、第三产业对 GDP 的贡献率来分析福建省产业转型升级发展现状。2000 ~ 2015 年福建省三大产业结构如图 2 - 5 所示。

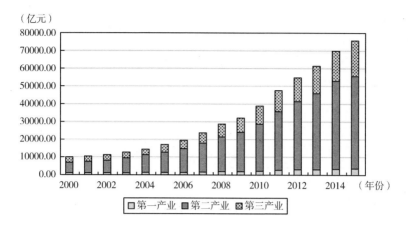

（亿元）

图 2 - 5　2000～2015 年福建省三大产业结构

从图 2 - 5 中可以看出，福建省三大产业产值均是逐年增长的，且第一产业产值的增加量较少，第二、第三产业的产值增加量较多，增速较快。不难看出，福建省的第二、第三产业占比较大，第二、第三产业发展较好。进一步，表 2 - 8 显示了 2000～2015 年三大产业对福建省经济增长的贡献，以及高新技术企业工业总产值和高新技术企业总收入。

表 2 - 8　　　　　　　　2000～2015 年福建省产业发展情况

年份	GDP（亿元）	第一产业贡献率（%）	第二产业贡献率（%）	第三产业贡献率（%）	高新技术企业工业总产值（亿元）	高新技术企业总收入（亿元）
2000	9870.58	4.7	59.6	35.7	5081.34	4472.18
2001	10506.33	6.9	50.7	42.4	5929.16	5289.91
2002	11324.01	4.3	59.5	36.2	6769.54	6233.77
2003	12866.74	4.3	62.0	33.7	7617.63	7094.54
2004	14912.98	5.2	59.2	35.6	8937.19	8361.92
2005	16995.93	3.0	51.3	45.7	10760.74	10092.45
2006	19833.74	0.7	54.4	45.0	12048.55	11532.07
2007	24160.16	2.8	59.1	38.1	15704.82	15084.91
2008	28960.02	3.8	58.8	37.4	16010.72	15635.20
2009	32436.81	3.6	57.1	39.3	15228.24	15073.98
2010	38915.25	2.1	67.9	30.0	24429.91	22218.90

续表

年份	GDP（亿元）	第一产业贡献率（%）	第二产业贡献率（%）	第三产业贡献率（%）	高新技术企业工业总产值（亿元）	高新技术企业总收入（亿元）
2011	47739.92	3.3	67.2	29.5	27911.04	27137.56
2012	55107.00	3.2	66.1	30.7	34498.57	33775.86
2013	61780.20	3.0	64.6	32.4	46248.19	46401.08
2014	70742.78	3.2	66.0	30.8	42392.53	41814.61
2015	76180.53	2.9	46.6	50.5	42952.38	42285.94

资料来源：各年份《福建统计年鉴》。

由表 2 - 8 可以看出，福建省 GDP 逐年增长，第一产业对 GDP 的贡献率的总体趋势是下降的，第二产业对 GDP 的贡献率呈现先逐年上升、再下降的趋势，第三产业的贡献率逐年上升。高新技术企业工业总产值和高新技术企业总收入的总体趋势是逐年增加的，尤其是近 5 年来增加的速度较快。由此可见，福建省作为东南沿海发达省份，其第二产业比重较高，且第三产业对总体经济的贡献率一直呈上升的状态，第三产业发展势头较好。福建省近年来的新兴产业发展较好，产业结构转型升级状况良好。

四、福建省对外直接投资逆向技术溢出效应实证分析

1. 实证模型及数据

关于对外直接投资逆向技术溢出效应的模型，本专题借鉴科（Coe）和赫尔普曼（Helpman）在 1995 年提出的国际研发（R&D）溢出模型（CH 模型）。该模型是检验国际贸易对一国技术进步影响的经典模型，其表述形式如下：

$$\ln TFPt = d_0 + d_1 \ln S_t^d + d_2 \ln S_t^f + \varepsilon_t \qquad (2-2)$$

该模型认为一国的全要素生产率不仅与本国的研发投入有关，还受到通过进口渠道获取的境外研发投入的影响，第一次将视野扩大至国际范围。

此后，鲍狄埃和利希滕伯格（Potterie & Lichtenberg，1999，2001）同时将进口、外商直接投资（FDI）和对外直接投资（OFDI）引入模型，考量通

过各种渠道获取的境外技术溢出对于一国全要素生产率的影响，具体模型为：

$$\ln TFP_t = \gamma_0 + \gamma_1 \ln S_t^d + \gamma_2 \ln S_t^{fdi} + \gamma_3 \ln S_t^m + \gamma_4 \ln S_t^{ofdi} + \varepsilon_t \qquad (2-3)$$

他们指出，除了本地的研发投入（S_t^d）之外，逆向技术溢出效应会通过三种渠道对全要素生产率产生影响：一是进口（S_t^m）境外的产品，并加以内化创新获得技术溢出；二是接受外商直接投资（S_t^{fdi}），获得境外先进技术向国内的转移；三是母国通过对外直接投资（S_t^{ofdi}）接近东道国先进的研发资源获得逆向技术溢出。

由于单个省市的数据量较小，不利于进行回归分析，本专题选取东部6个省市的数据进行面板回归，以验证对外直接投资对东部6个省市，包括对福建省的技术进步的影响。这种处理并不会影响到对福建省对外直接投资逆向技术溢出效应的研究，又可以提高实证分析的可信度和准确度。借鉴以上的国际技术溢出模型，并考虑到东部地区6个省市[①] OFDI 的实际情况，将计量模型设定如下：

$$\ln TFP_{it} = \beta_0 + \beta_1 \ln R_{it} + \beta_2 \ln S_{it}^f + \beta_3 \ln S_{it}^m + \beta_4 \ln S_{it}^o + \beta_5 \ln H_{it} + \varepsilon_{it} \qquad (2-4)$$

其中，t 代表年份，i 代表省市，TFP 代表全要素生产率，代表研发资本存量，S^f 代表通过外商直接投资渠道获得的境外研发资本存量，S^m 代表通过进口渠道获得的境外研发资本存量，S^o 代表通过对外直接投资渠道获得的境外研发资本存量，代表人力资本存量，ε 是随机扰动项。

本专题的实证分析数据来自于《中国统计年鉴》《中国对外直接投资统计公报》、WDI 世界银行数据库、CEIC 中国经济数据库和 CEIC 全球经济数据库。由于我国对外直接投资的统计始于 2003 年，因此本专题的样本时期确定为 2003～2014 年，样本为东部地区 6 个省市。本专题的被解释变量为全要素生产率，解释变量的测度如下。

（1）通过 OFDI 获得的国际研发资本存量（S_t^o）：按照 L－P（2001）方法计算 6 个省市对外直接投资获得的国际研发技术溢出：$S_t^o = \sum \dfrac{OFDI_{jt}}{GDP_{jt}} S_{jt}^d$，其

---

① 　东部六个省区包括：山东、上海、江苏、浙江、福建和广东。

中 $OFDI_{jt}$ 表示 t 时期省市对国家（地区）j 的对外直接投资额，S_{jt}^d 表示 OFDI 目的地 j 的研发资本存量，GDP_{jt} 表示 t 时期 OFDI 目的地 j 的现价国内生产总值。我国历年对世界各地对外直接投资总额和省市数额来源于中国商务部发布的 2003 ~ 2014 年《中国对外直接投资统计公报》。经过计算 2003 ~ 2014 年间通过 OFDI 渠道对我国研发溢出前十名的国家和地区依次是中国香港、美国、澳大利亚、英国、新加坡、卢森堡、德国、法国、日本和瑞典。

（2）省市研发资本存量（R_{it}）：与固定资本存量的计算类似，六个省市历年研发资本存量也采取永续盘存法计算：$R_{it} = (1-\delta)R_{i,t-1} + RD_{it}$。其中 R_{it} 为省市 t 年研发资本存量，δ 为研发资本的折旧率，本专题取 15%。RD_{it} 为以 2003 年不变价格（以各省居民消费价格指数进行平减）表示的省市历年实际研发支出。省市历年名义研发支出数据来自于 2003 ~ 2014 年《中国科技统计年鉴》中"各地区研究与试验发展经费内部支出"一项。在计算基年（2003）研发资本存量时，采用公式 $R_{i,2003} = \dfrac{RD_{i,2003}}{(g+\delta)}$ 进行计算：在这里 δ 为研发资本的折旧率，g 为 2004 ~ 2014 年实际研发支出的平均增长率。其余年份的研发资本存量采用永续盘存法计算。

（3）通过 FDI 渠道获得的国际研发资本存量（S_{it}^f）：首先通过公式 $S_t^f = \sum \dfrac{FDI_{jt}}{GDP_{jt}}S_{jt}^d$ 计算出全国层面通过 FDI 获得的国际研发资本存量，其中 S_{jt}^d 表示外商直接投资来源地 j 在 t 时期的真实研发资本存量，FDI_{jt} 表示 j 在 t 年对我国的外商直接投资额，GDP_{jt} 表示 j 地 t 年的 GDP。各地 t 时期的研发资本存量 S_{jt}^d 计算与前述国内研发资本存量计算的方法类似，首先从世界银行 WDI 数据库中获得 1996 ~ 2014 年各地研发支出占 GDP 的比重、各地 GDP 以及 GDP 平减指数，以此计算出 2003 年不变价的各地历年真实研发支出，然后根据永续盘存法计算各地基年（1996 年）和其余年份的研发资本存量[1]。由于发达国家资本研发的使用效率较高，相对于发展中国家而言资本折旧较少，所以参照大多数研究将来源国中发达国家的研发资本折旧率设定为 5%，发展中国家的研发资本折旧率则设定为 15%。

---

① 世界银行数据库中各国（地区）研发支出占 GDP 百分比的数据始于 1996 年，为减少误差将研发资本存量计算的基年追溯到 1996 年。

综合考虑国际研发支出数据的可获得性和完整性以及我国对外经贸合作的主要对象，本专题选取 33 个 OECD 国家和巴西、俄罗斯、南非、印度、新加坡、中国香港共 39 个国家和地区代表中国获得的国际研发溢出的主要来源地。由于不同国家（地区）对东部 6 个省市的外商直接投资数据难以获得，为了衡量省级层面通过 FDI 渠道获得的国际研发资本存量，笔者根据东部 6 个省市对外直接投资的权重来估算东部 6 个省市从 FDI 中获得的国际研发资本存量溢出，$S_{it}^f = \dfrac{FDI_{it}}{\sum FDI_{it}} S_t^f$。$FDI_{it}$ 表示 t 时期流入东部地区 i 省的对外直接投资额。我国历年获得按国别分类的外商直接投资流量和东部 6 个省市历年获得的外商直接投资数据均来自于《中国统计年鉴》。

（4）通过进口渠道获得的国际研发资本存量（S_{it}^m）：同 S_{it}^f 的计算类似，由于东部 6 个省市对不同国家的进口总额数据难以获得，首先通过 $S_t^m = \sum \dfrac{IM_{jt}}{GDP_{jt}} S_{jt}^d$ 计算出全国层面通过进口获得的国际研发资本存量溢出。其中 IM_{jt} 表示 t 时期我国对 j 地的进口额，然后根据东部 6 个省市的进口占全国进口总额的权重来估算东部 6 个省市通过进口获得的国际研发资本 $S_{it}^m = \dfrac{IM_{it}}{\sum IM_{it}} S_t^m$。$IM_{it}$ 表示 t 时期东部地区 i 省的进口总额。我国历年同各国（地区）进口总额和东部 6 个省市各年度进口总额数据均来自于《中国统计年鉴》。

（5）人力资本存量（H_{it}）：本专题用 6 个省市 6 岁及其以上人口的平均受教育年限来表示人力资本存量。各种不同受教育层次即未上过学、小学、初中、高中和大专及以上的受教育年限设定被为 2 年、6 年、9 年、12 年和 16 年，使用每个不同教育层次的人口数在总人口数中所占的比重为权重，加权计算 6 岁及其以上人口的平均受教育年限。其中 2003～2014 年东部 6 个省市 6 岁及其以上各种学历人口的总量这一数据来自《中国统计年鉴》中"各地区按性别和受教育程度分的人口"这一指标。

2. 实证分析

本专题使用面板数据进行实证回归，为了消除变量的非平稳性，笔者对回归方程中所有变量的数值都取对数。之后笔者对各个变量的平稳性进行检验，采用 LLC 方法进行单位根检验，发现模型中的 6 个变量在 LLC 检验方法下的 P 值都小于 0.05，说明模型中的各变量序列在 95% 的置信度下都是显著平稳的，可以进一步进行面板回归估计。

本专题使用 Eviews8.0 软件，以 2003 ~ 2014 年东部 6 个省市 TFP 为因变量，东部 6 个省市研发资本存量、人力资本存量和通过进口、FDI、OFDI 三种渠道获得的国际研发资本存量为自变量进行实证分析。笔者对整个模型进行 Hausman 检验，Hausman 检验的原假设是选择随机效应模型，而通过 Eviews8.0 软件得出的卡方统计量为 10.8916，P 值为 0.0436（小于 0.05），故拒绝原假设，选取固定效应模型对方程进行估计。为了保证回归结构的稳健性，本专题采用逐一引入控制变量的回归方法，得到的估计结果如表 2 - 9 所示。

表 2 - 9　　　　OFDI 逆向技术溢出效应估计结果（因变量：$\ln TFP_t$）

变量	估计1	估计2	估计3	估计4	估计5
解释变量					
$\ln S_t^0$	0.076 ***	0.020 ***	0.021 ***	0.016 ***	0.011 **
	(18.19)	(3.05)	(3.15)	(2.40)	(1.99)
控制变量					
$\ln R_t$		0.224 ***	0.208 ***	0.107 ***	0.155 ***
		(9.51)	(8.04)	(2.88)	(5.76)
$\ln S_t^f$			0.036 *	0.041 *	0.009 *
			(1.50)	(1.77)	(1.70)
$\ln S_t^m$				0.129 ***	0.022 *
				(3.66)	(1.85)
$\ln H_t$					0.636 **
					(2.53)
常数项	0.007 *	- 2.575 ***	- 2.765 ***	- 3.180 ***	- 2.202 ***
	(0.19)	(- 9.42)	(- 9.21)	(- 10.35)	(- 4.17)
样本容量	132	132	132	132	132
调整 R^2	0.910	0.949	0.949	0.954	0.922
F 统计量	122.10	202.83	189.34	195.24	273.72

注：（1）括号内为 t 统计量；（2）***、**、* 分别表示在 1%、5% 和 10% 的显著性水平下通过检验。

从回归结果来看，五个回归方程都通过了检验，国内研发资本存量和人力资本存量以及三种渠道获得的国际研发溢出对全要素生产率均有正向影响。对比这五个解释变量和控制变量的回归系数，笔者发现国内研发资本存量（$\ln R_t$）和人力资本存量是推动东部 6 个省市全要素生产率增长的主要力量。进口渠道所获得的国际研发溢出比外商直接投资渠道所获得的国际研发溢出（$\ln S_t^f$）的系数更大，这与众多学者的研究成果相类似，我国所吸收的外商直接投资更多地投向于传统制造业，这对我国技术进步与产业结构升级的推动作用较弱，而我国进口的主要目的在于引入我国所欠缺的中间投入品和中间生产要素，尤其是对机械装备和各种生产设备的进口，这就使得进口所带来的知识溢出尤为明显。

五个回归估计的结果证明了 OFDI 的逆向技术溢出效应的存在：东部地区对外直接投资每增加 1%，其全要素生产率将提高 0.011%。$\ln S_t^o$ 的系数小于 $\ln S_t^m$ 的系数，表明东部地区研发资本对于全要素生产率的贡献更大。在国际研发溢出的三大渠道中，对外直接投资渠道（$\ln S_t^o$）对全要素生产率的影响是显著的，其影响系数大于外商直接投资渠道（$\ln S_t^f$）。进入 21 世纪以来，随着我国持续加快的技术进步与经济增长，FDI 渠道对我国东部地区生产者所带来的创新性技术和知识越来越少，东部地区企业正逐渐转向通过跨国并购和绿地新建等对外直接投资的方式来寻求境外的先进技术和知识，从而推动我国的技术进步。当吸引外资所带来的技术溢出越来越有限的情况下，对外直接投资将成为我国东部地区获取先进技术和更优质生产要素的更重要渠道。本专题的研究发现，自 2003 年以来，对外直接投资已经超越吸收外商直接投资，成为除进口渠道外我国东部地区获取国际知识溢出的最主要渠道。

五、总结及政策建议

本专题通过对福建省对外直接投资的特点与现状的归纳总结，以及分析历年来福建省的技术进步与产业结构升级状况，并通过面板数据回归，证实了对外直接投资逆向技术溢出效应的存在，得出的重要结论是：OFDI 已经成为福建省获取国际知识溢出的最主要渠道。基于以上分析，笔者提出如下几点政策建议。

1. 构建福建对外直接投资信息发布平台，提高政府服务水平

虽然福建省政府在企业对外直接投资的过程中一直提供相关扶持政策和方针，但在资金资源、税收优惠和信息咨询服务等方面尚有欠缺。大多数企业缺乏对投资东道国的宏观经济、法律、行政、要素成本、特定产业和特定投资项目等方面的信息，企业的信息收集能力有限，制约了企业的对外直接投资水平，从而无法更好地利用对外直接投资的逆向技术溢出红利。同时，对外直接投资的统计数据尚存在较大欠缺，数据统计涉及多部门，多个统计口径，但缺乏统一的统计口径引导与数据处理程序。

因此，应当由政府牵头，组建一支由相关东道国（地区）研究人士、金融经济研究人员和互联网、大数据信息专业人才组成的专业团队，打造一个境外投资管理服务体系，为福建企业的境外投资活动健康稳定持续发展保驾护航。

应当建立境外投资地基础信息数据库，全面提供各国别和地区政治、经济等投资环境状况的信息，帮助福建企业更好地了解各地的外商投资条件、投资程序、政策法规、合同形式及其他基础信息，同时可与当地政府机构开启合作以介绍合作伙伴、合作项目，帮助省内企业走出国门、促成企业的对外直接投资项目。

2. 加大金融支持力度，拓宽企业投融资渠道

随着福建企业在境外开展业务的数量越来越多，企业"走出去"的融资需求日益增大。但除了一些大型企业具有较为强大的资金实力外，大部分福建境外投资企业的经营规模不大，开展的投资项目信用等级较低，且国内的商业银行担保额度较低无法支撑企业日益增长的融资需求，致使企业境外融资金额受限，生产业务所需流动资金缺乏。

因此，政府应加大对这些企业的金融扶植力度，通过增加境外项目融资贷款数量、给予财政补贴和税收优惠、设立专项基金等方式解决企业的资金短缺问题。如对资信状况和经营状况良好的企业，可在国家规定的范围内适当下浮贷款利率，甚至给予贴息；对符合条件的境外投资企业，商业银行和进出口银行可发放中长期贷款和短期贷款；不断推出新型金融工具、业务品种和服务方式；还可以设立福建境外投资开发基金，企业根据投资项目金额的一定比例缴纳资金，必要时基金可提供资金和担保支持。

3. 利用对外直接投资逆向技术溢出，提高对外直接投资质量

发达国家的研发模式多为资本密集型，技术创新活跃，研发实力强大。福建企业应结合自身优势产业，增加对发达国家的直接投资，提升技术创新能力。目前福建省企业对发达国家云集的欧洲、北美、大洋洲等地的对外直接投资份额较低，因此对研发资本密集型的发达国家的 OFDI 逆向技术溢出还有较大的挖掘空间。福建省应当制定相应政策，鼓励企业对发达国家进行直接投资，尤其是获取技术型的投资，稳步利用对外直接投资的逆向技术溢出效应来促进国内技术创新和产业结构优化升级。

4. 利用侨乡优势打入国际市场，吸纳复合型跨国经营人才

福建海外移民的历史悠久，福建华侨华人在海外的华人网络覆盖面广，且商业渠道丰富、海外信息灵通，福建省内企业可以利用这一天然的关系平台降低海外经营的进入壁垒和障碍，弥补中小企业经营规模偏小、流动资金有限、人员素质较低的问题。政府应扮演中间人的角色，一方面让更多中小企业能接触有资源有实力的华侨华人公司，另一方面规范他们的业务合作，防止违规操作的出现。通过闽籍华侨华人的牵线搭桥，福建企业可以快速将对外直接投资项目落地，实现经营业务的规模效益。

与此同时，政府还应建设人才培训工程，培育与企业发展目标相适应的专业技术人员和管理人才队伍，以适应企业境外业务建设的需要。强化外语、相关法律法规和计算机应用等方面的培训，培养高素质的复合型人才，还可以和各高校、企业进行各类"产学研"项目，旨在向企业输送高质人才。此外，政府还可以各种补贴和奖励政策，鼓励企业将内部优秀人才送至境外进行定向培训，充分利用对发达国家对外直接投资的逆向技术溢出效应，提高企业人才储备的质量、数量和业务水平。

参考文献：

[1] 李鸿阶，茼茂兰，张旭华.福建省对外直接投资发展及其政策选择 [J].亚太经济，2014（6）：114－118.

[2] 衣长军，连旭.福建省对外直接投资的宏观经济效应实证分析 [J].福建师范大学学报.2011（2）：1－5.

[3] 卢文雯.福建对外直接投资的现状、特点与作用分析 [J].科技和产业，2016（10）：79－82.

[4] 卢文雯. 福建对外直接投资探析 [J]. 国际工程与劳务，2015（3）：98－99.

[5] 林善炜. "一带一路"战略背景下福建与东盟经贸合作分析 [J]. 南昌航空大学学报（社会科学版），2016（18）：54－61.

[6] 张军. 章元对中国资本存量的再估计经济研究，2003（7）：35－43.

[7] 茹玉骢. 技术寻求型对外直接投资及其对母国经济的影响经济评论，2004年第2期，109－112.

[8] 刘伟全. 中国逆向技术溢出与国内技术进步研究——基于全球价值链的视角. 山东大学硕士学位论文，2010.

[9] 吴淼淼. 中国技术获取型对外直接投资的逆向溢出效应——基于制造业时间序列数据研究. 复旦大学硕士学位论文，2011.

[10] 林成杰. 我国对外直接投资逆向技术溢出及其影响因素研究. 北京交通大学硕士学位论文，2011.

[11] Braconier H. , K. Ekholm and K. H. Midelfart Knarvik：In search of FDI transmitted R&D spillovers：A study based on Swedish data, Weltwirtschafliches Archiv, 2001, 137（4）：644－665.

[12] Sadhara Srivastava, Rahul Sen：Competing for Global FDI：Opportunities and Challenges for the Indian Economy [J]. South Asia Economic Journal，2004，（9）：233－260.

专题三 金砖会晤与厦门发展

一、举办大型会议对当地经济的影响

（一）提升城市国际化进程

举办大型会议，一般会对当地经济产生重大影响，会促进当地经济结构调整，提升产业发展，优化资源配置，还会加速商家、客源、物品、资金以及信息等要素流动，同时也将提升一个城市的国际知名度，加速城市综合实力发展。以博鳌论坛为例，自从博鳌举办首届博鳌亚洲论坛起，博鳌从一个小渔村成长为今日知名的会议城，吸引了来自全球的目光，已有几千场国内、国际会议在此召开，每年都有千余名来自世界各地的政府要员、专家学者和企业家汇集海南。这不仅极大地提升了博鳌的国际知名度，还间接为海南打造了高水平、国际化的专业人才团队，博鳌在几年里就完成了向现代化、都市化的转变，跻身于世界级的会议城市的行列，同时还储备了一批具有国际视野、通晓外语，并且保障、服务国际会议能力强，在国际事务的参与及国际竞争中表现亮眼的高品质人才，为提升海南国际化水平创造了坚实的基础。同时，受益于其巨大的影响力，博鳌亚洲论坛在产业拉动方面也有显著的成效，海南现代服务业快速成长，逐渐成为经济发展的重头戏，海南成功借助"博鳌亚洲论坛"这一重要平台，使海南国际旅游岛的建设上升至国家战略，推动了海南的国际化进程。此外，博鳌论坛对海南的影响还进一步扩大到全省乃至其他省市，为区域经济发展提供了持久动力。

金砖会晤，从市民的角度来讲，是否给厦门带来了积极影响呢？我们进行了问卷调查。发出问卷186份，回收有效答卷186份，结果如图3-1所示。我们可以看出，在金砖会晤对厦门经济影响的选项中，最多的人选择了金砖会晤将"提高厦门国际知名度"，以及"促进厦门及其周边的经济发展"。这凸显了民众对于金砖会晤的国际影响力的信心，结合国内其他城市举办大型会议的经历，我们相信金砖会晤能给厦门的经济、国际化水平、城市基础建设带来正面的影响。

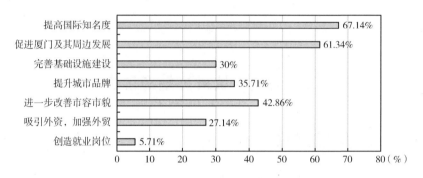

图3-1　金砖会晤对于厦门城市影响的问卷调查

（二）推动相关产业迅速发展

旅游业是厦门的优势产业，厦门优美的自然环境、整洁的市容市貌为旅游业的发展奠定了坚实的基础，但厦门的国际知名度较低，良好的口碑多限于国内，金砖会议的召开将为厦门弥补这一缺憾，加强国外对于厦门的了解，使得厦门的旅游业更上一层楼。同时，厦门国际知名度的提高将促进外来投资的增长，增加外商与厦门的合作意向，继而给金融、会展等服务业带来巨大的发展机遇，促进多个产业共同发展。

（三）城市发展惠及个人

筹备一个大型会议时，举办地都会加强环境质量保障工作，对城市存在的环境问题加以整治，这在更好地迎接会议的同时，也改善了当地居民的生活环境。以 G20 会议为例，杭州市开展了一系列城市环境整治以及污染管理，杭州市的环境质量明显上升，环境空气优良天数同比增加 14 天，杭州市出现"西湖蓝"，市民的生活质量也随着生活环境的改善而显著提高。金砖会晤给个人的影响，我们的问卷调查结果如图 3 - 2 所示。有 62.82% 的人认为金砖会晤能够"增加就业机会"，可见大部分人也比较认同厦门会晤对促进就业有着积极的作用。的确，会议对城市经济发展的促进作用不仅将扩大城市对外贸易的规模，也有可能吸引跨国公司的入驻和外来投资的增加，从而有可能带来劳动岗位和就业机会的增加。除此之外，随着城市经济发展水平和对外贸易层次的提升，对高素质的人才的需求也会随之增加，尤其是在 IT、金融以及物流等领域的专业人才，有望得到更高的收入。

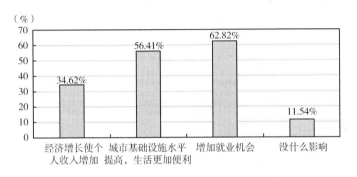

图 3 - 2　关于金砖会晤对于个人生活影响的问卷结果统计

　　此外，城市基础设施的完善能为居民的生活提供便利。虽然前期的道路改建、楼房整修等工作给市民生活出行暂时造成影响，但是工程全部完成后，不仅城市的道路会更平整，沿街房屋的外立面也将焕然一新，城市面貌会变得更加美好。同时，完善的基础设施还能够为居民提供便利的出行、干净的用水以及舒适的休闲娱乐场地等，在提高居民的生活质量、增强居民幸福感方面起到推动作用。

二、城市基础设施建设

（一）基本情况分析

　　对于举办金砖会议这类国际大型会议，厦门相比于北京、上海、杭州、广州等相对更为发达的城市有自己的优势和劣势。我们首先通过问卷调查，了解市民对这些优势和劣势的看法，再通过环境指数、人均医疗床位数、高速公路密度等指标将厦门与这些城市进行进一步的比较分析。

1. 优势分析

首先，我们从民众对于厦门举办国际会议的优势的问卷调查结果中（图 3 - 3）可以看出，"厦门环境优美，城市形象好"获得了最多的认可，由此可见，厦门优美的城市环境形象已深入人心。

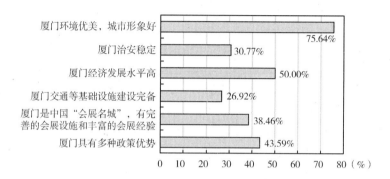

图 3 - 3　关于厦门举办大型国际会议优势的问卷结果统计

其次，我们从 PM2.5 年平均浓度、空气质量达标天数、建成区绿化覆盖率以及建成区人均公园绿化面积等四个指标的数据，对五个城市进行对比分析，具体数据如表 3 - 1 所示。

表 3 - 1　　　　　　　　城市空气质量和园林绿化情况对比

城市	细颗粒物（PM2.5）年平均浓度（微克/立方米）	空气质量达到及好于二级的天数（天）	建成区绿化覆盖率（%）	建成区人均公园绿地面积（平方米）
北京	86	168	47.4	15.9
上海	52	278	38.4	7.3
杭州	65	216	40.5	15.1
广州	49	282	41.5	16.1
厦门	37	344	41.8	20.35

资料来源：2014 年《中国城市统计年鉴》。

从表 3 - 1 的数据对比中我们能够看出，厦门在空气质量、绿化水平方面都具有明显的优势，优美的生态环境使得厦门长期出现在各种与环境相关的城市榜单中，它既是首批全国文明城市，也是"国家卫生城市""中国宜居城市""国际花园城市"。此外,厦门的宜居不仅体现在环境友好上,厦门的治安也非常可靠。在2016年由中国城市竞争力研究会在香港发布的中国最安全城市排行榜中,从包括社会安全、经济安全、生态安全、信息安全在内的4项一级指标、10项二级指标、59项三级指标将厦门评定为最安全的前十城市之一。这充分反映出厦门具有安定的社会环境,能为国际会议提供可靠的安全保障。

2. 劣势分析

对比北京、上海、广州等一线城市,厦门在举办大型国际会议方面还存在着较为明显的劣势,图3-4是针对这一问题所进行的问卷调查的结果。

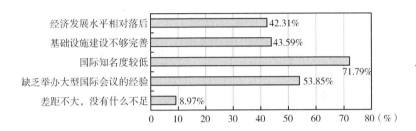

图3-4 关于厦门举办大型国际会议劣势的问卷结果统计

从结果可知,"国际知名度较低""基础设施建设不够完善"以及"缺乏举办大型国际会议的经验"是绝大多数人眼中厦门所存在的不足,然而,国际知名度以及举办国际会议的经验也依赖于一定的外部条件,且没有一个既定的标准和数据可以进行对比,所以,我们重点关注"基础设施不够完善"这一劣势,从几个具体指标对厦门、北京、上海等五个城市进行比较,数据如表3-2、表3-3所示。

表3-2 城市基础设施建设情况对比

城市	每千人拥有床位数(张)	每万人拥有医生数(人)	公路密度(公里/万人)	剧场、影剧院数(个)	每百人公共图书馆藏(本)
北京	4.739	4.128	10.08	246	420.05
上海	4.776	2.028	5.36	81	532.8
杭州	5.700	3.546	17.98	78	319.18
广州	5.025	2.899	5.68	53	276.76
厦门	3.172	2.343	5.27	5	247.55

资料来源:2014年《中国城市统计年鉴》。

表 3-3   厦门与全国平均每千人拥有床位数   单位：张

地域	2007 年	2008 年	2009 年	2010 年	2011 年	2012 年	2013 年	2014 年
全国	2.83	3.05	3.31	3.56	3.81	4.2	4.54	4.83
厦门	3.08	3.58	4.31	3.05	3.20	3.1	3.09	3.17

　　首先，横向对比，厦门的人均医疗床位数、医生数远远低于其他四个城市，从 2010 年起甚至不及全国平均水平；纵向对比，厦门自 2010 年开始，每千人拥有的医院卫生院床位数下降趋势明显，此后每一年都保持在该水平浮动，与此同时，全国每千人医院卫生院床位数则每年几乎保持在 8% 的速度增长，厦门的医疗资源逐渐落后于全国平均水平。这反映出厦门医疗资源相对稀缺、医疗设施建设有待进一步完善的现状。其次，公路密度既是衡量区域公路发展水平的一个直观指标，也是判断城市交通需求是否得到满足进而反映当地重要基础设施水平的重要标志，厦门的公路密度在五个城市中处于末位，这反映了厦门交通基础设施不完备，与其他城市交通发展存在较大差距。而举办金砖会晤这样的国际型会议，要求举办城市有完善的交通基础设施以解决可能产生的交通压力，厦门在交通建设上还有提升的空间；最后，厦门在五个城市的剧场、影剧院数，每百人公共图书馆藏书数等指标对比中均显示出明显的劣势，与其他四个城市相比存在着较大的差距，这反映了厦门在公共文体设施建设方面的不足，其不仅体现在设施总量不足，还体现在厦门缺乏标志性公共文化设施以及公共文化设施地域分布不均上。文化基础设施是承载公共文化服务的重要支撑，是提升文化软实力的有效载体，在经济发展的同时，对文化基础设施的完善也不容忽视。

（二）城市基础设施提升的作用

　　以金砖会晤为契机，厦门的城市基础设施建设正式进入了快车道，如厦门地铁、隧道、翔安国际机场的建设都在井然有序的推进中，这不仅有助于提高厦门的知名度，推进厦门城市国际化进程，也将也有利于全面提升厦门城市建设现代化水平和城市治理能力，将在日后在大型会议中发挥更大的作用。

1. 改善路面公共交通状况

据统计，2016年年末厦门常住人口已达392万，同时由于旅游业急速发展，近几年每年观光旅客数迅速增加。人口的增加一方面加重公共交通负担，另一方面也使厦门的机动车数量激增，机动车的快速增长使得交通拥堵问题日益严重，与此矛盾的是，厦门的交通基础设施结构有待优化。特别是，厦门长期以常规公交为主导的公共交通发展模式导致线网布设重复、服务层次单一等结构性矛盾凸显，难以适应城市发展需求，在民众不断投入私人车辆导致挤塞及土地问题不断恶性循环下，建设地铁以缓解交通压力就显得十分有必要。新地铁的建成，将能发挥其长距离、运量大的功能特点，成为跨海交通运输的主体，为岛内外一体化发展提供支持；其次，作为公共交通的重要工具之一，其将在中心区的客运交通中发挥骨干作用，与城市公交系统共同为城市内部出行提供服务，减少路面拥堵情况，缓解公共交通的压力；同时，由于地铁主要采取电力驱动，相比机动车还将减少污染的排放。

2. 提高航运服务效率

2016年，厦门现有高崎机场的旅客吞吐量接近2273.8万人次，位列全国第11，面临着过度饱和的瓶颈制约，面对厦门不断攀升的人口和游客数量，旧机场的客运压力日益明显。兴建中的翔安国际机场远景年旅游吞吐量或可达7000万人次，这将能极大地缓解客运压力。此外，新机场与现有的高崎国际机场将强调功能分工与差异发展。高崎机场主要突出飞机维修业，服务于高新技术产业，面向特殊客户，以国内航线为主，承担专机、公务机、通用飞机等的起降。翔安机场则着重于吸引航空货运，解决本岛内客货交通混杂的问题，两个机场分工合作，能为今后大型国际会议的召开提供高效优质的服务。

3. 打造城市名片

在众多发达大型城市的发展过程中，地铁在提升城市竞争力和魅力等方面产生了重要的影响。地铁快捷、便利、节能的优点充分响应了可持续发展的号召，地铁的建设与管理还将在城市魅力设施建设与交通管理方面体现当地的特色。新机场节省造价，减少能耗，在规划、建筑以及景观等方面突出一体化设计，融合了绿岛、音乐、花园等多种地域文化和闽南元素，有助于在大会期间向全世界展现厦门特色。与此同时，地铁、隧道、机场的兴建将进一步完善厦门的交通系统，提高城市基础建设水平，为日后吸引国际型会议、组织、赛事等打下良好的基础。

三、厦漳泉同城化

厦漳泉同城化对于三市拓展发展空间，扩充发展机遇，在更大的平台上集聚竞争优势，打造引领跨越式发展的强大区域增长极，具有重要的意义，然而该重要战略虽已形成多年，但进展不尽人意，随着金砖会晤，厦门需要以此为契机，进一步推进厦漳泉同城化进程。

（一）加强城市基础设施之间互联互通

城市基础设施之间的互联互通是同城化的基础与关键，如交通一体化拉近城市之间的距离，加强了城市之间的直接联系；信息基础设施的合作是促进城市之间信息交流和资源共享的纽带。所以为了进一步增强城市间的联系，利用好各城市优势发展相关产业，必须加强城市基础设施之间的互联互通，推进城际交通、水利、能源、信息等基础设施建设，构建布局合理、设施配套、功能完善、安全高效的现代基础设施体系，提升基础设施互联互通和现代化服务水平。

首先，加强三市间城际交通基础设施的规划和建设，优先安排三市之间的高速公路、高速铁路、主要航道枢纽等重大交通基础设施，打造快捷城际交通体系，将厦漳泉这三座城市串联起来，为三地同城化进一步奠定基础；其次，加强厦门、泉州、漳州在信息基础设施、公共技术平台、电子政务平台等领域的合作，为市民提供更为便捷、快速、低成本的同城交通服务，打破信息、资源的地域限制，促进三市之间信息的互联互通和资源共享；最后，要针对还未开展同城化合作的公共领域，拓宽思路，找准切入点，筹备实施实质性项目，对已经在实施过程中的项目，要加快落实，尽早形成社会效应、经济效应；对已实现了同城化的项目，继续深入挖掘其潜力，扩大影响力。

（二）加强厦漳泉城市产业集群规划

产业集群化是城市群建设的纽带，规划的主要目的是协调各城市间的产业发展，发挥各个地区的产业优势，以避免重复建设与恶性竞争。厦漳泉三市之间在主导产业、港口、机场等方面存在一定的竞争关系。因此，要推进厦漳泉同城化进程，就要构建合理的利益分享机制、补偿机制，协调区域经济发展，根据各市的比较优势以及各方的比较利益，实现生产要素的互补，最大限度发挥区位优势。技术、资金密集型制造业构成了厦门经济的核心部分，所以厦门应大力发展现代服务业和高新技术产业，一方面吸引泉州和漳州的高端服务产业集聚，另一方面将第二产业向泉州、漳州转移。泉州工业基础雄厚，则应在制造业上逐步实现产业升级，争取占领产业链中高端，打造龙头企业并形成产业集群。漳州农业资源丰富，虽然工业占据了最大的比重，但农业仍是漳州经济中不可忽视的组成部分，因此漳州可在承接厦漳两市的制造业转移的同时继续发展生态产业和特色农业。由此通过产业互补的方式，高效配置三地共同市场资源，实现要素资源的充分流动，促进形成厦漳泉间公平的利益分配状态。

（三）促进厦漳泉要素流动

在交通一体化等方面，厦漳泉已取得一定进展，已完成或正在进行中的交通规划正逐步实现三市铁路、高速公路、港口以及机场的全面对接。这起到了一个良好的示范作用，然而一体化进程停滞不前，其根本原因在于三地政策上的差异。厦门是经济特区，副省级计划单列市，享有各项政策优势，人均公共资源也明显超过泉州和漳州。另一方面，三地在一些资源的使用上不等同。如厦门市民的医保卡无须额外的申报便可通用于三市所有公立医院，而其他两市的市民需要到当地医保中心进行报备后才能到厦门的公立医院看病，这种有差异的待遇，是同城化进程中的一大阻碍。因此，政府要推行均等化政策。争取将厦门的优惠政策普及到其他两地，如积极争取中央的同意，实现厦门的财税政策、社会保障政策在三市的充分覆盖。致力于推动三市之间的资源要素实现平等共享，拒绝地方保护与分割，协调内部关系，扫清生产要素的自由流动过程中的障碍。

四、要素资源积聚增长

金砖会议的召开前后一段时间内，大量的人才、技术、资本会在会议的前后进入厦门，短时间内这些要素资源会快速上升，分布面广，对高新技术产业、旅游业、会展业、金融业等各不相同的行业带来发展的机遇与挑战，但是随着会议的结束，这些要素资源的数量又将减少，这种要素的增长具有很强的临时性。为了将金砖会晤对经济的促进作用最大化，厦门应该将这种暂时性资源转化为长期性资源，将要素资源增长的临时性机制转化为稳定增长机制，同时找到适合自身的方式，利用这些要素资源服务于厦门经济社会发展的全局。

（一）促进本土高新技术产业自主创新

外资、人才、技术的引入必然能对经济发展产生推动作用，然而如果只着眼于会议前后期间的短期效用，其影响必然是局限的。要发挥长效机制，利用这些要素，促进本土高新技术产业发展与自主创新，才能真正使其长期服务于厦门经济社会发展。

1. 参与技术自主创新研发

对外开放中，我们不能仅着眼于外资公司、引进技术将给厦门带来多大的经济收入、对本土企业的效率带来多大程度的提高，我们更应该注重的是，本土企业是否参与了实质性的研发活动。大多数外资企业进入发展中国家看重的是制造成本和市场销售优势，合作时便将设备、使用方法统一交付，因此我们其实只是技术上的使用者，并未参与实质性的技术研发，缺乏创新性的技术源泉，对本土企业技术进步毫无帮助。故我们在利用外资、技术合作上要有强烈的自主意识，优先选择能增进自身研究能力的合作方式，主动要求参与其中，同时借鉴、学习国外技术成长的经验，逐渐培养自主创新能力和专属的高素质团队。

2. 加强跨界合作

台湾的产业发展可以为我们提供跨界合作的借鉴。微电子产业是台湾高科技产业的代表，是台湾最具有竞争优势的产业，在其自主研发和创新的发展历程中，台湾当局、研发机构和产业界的合作做出了很大的贡献。其中，台湾当局扮演组织和引导者的角色，制订了前后连续的研究发展计划，给予资金支持，并确立了明确的向民间产业转移的服务定位；研究所则承前启后，起到核心吸收和转换的作用，于是产业界在两者的帮助下逐渐成熟，自主研发能力获得了巨大的提升。台湾的例子对我们有很强的借鉴意义，企业自主创新对于跨界的合作与支持是必不可少的，特别是在前期技术还未成熟，需要进行储备、引进和吸收的阶段，主管部门的及时引导和较为成熟的机构的技术先导将对产业成长有很大的帮助。

3. 吸引专业人才长期驻留

在产业自主创新过程中，需要有大量相关专业的高素质人才队伍和知识来源，若人才只在会议期间进入厦门，随着会议的结束就离开，实际上对产业发展没有很大的影响。所以政府应采取措施吸引优秀人才长期驻留，为本土产业技术能力的提升提供充足的支持保障。

（二）吸引国际级组织稳定入驻

跨国公司、国际机构等的稳定入驻，能使厦门成为相关事务的中心，这不仅会集聚特定领域、行业的优质技术、人才资源，频繁的会展和商务活动也会增加这些要素进入厦门的频率，从而使要素资源增长的临时性机制转化为稳定增长机制。成功吸引国际机构等稳定入驻并不是一件易事，综合相关经验，提出三项建议：

首先，分析市场需求，发挥竞争优势。通过对目标机构的市场细分，利于合理利用城市资源，发现部分跨国公司地区总部特有的需求特征，暴露出每一细分市场上竞争者的优劣势，从而根据需求来开发分配城市有限的资源，突出供给特色，加强城市竞争力。厦门可采取集中性市场战略，通过更细致的分析，将目标锁定在某一细分市场，避免与北京、上海等国际水平较高的城市在同一市场形成竞争关系，就更有可能成功吸引跨国公司地区总部。

其次，精心打造城市品牌，多方面提升厦门的国际形象。吸引国际组织、跨国公司等不仅需要具备硬件、软件的基础条件，良好的城市品牌形象也能帮助一座城市受到青睐。如近年来，与环境、气候变化有关的国际组织机构发展迅速，若是厦门能在发展低碳经济方面取得引人注目的成就，就有可能产生磁吸效应，带动相关的国际组织入驻。同时，跨国公司和组织入华，其实也是一次文化的碰撞融合，如果一个城市在多元文化融合和发展方面有极好的口碑，也会容易引起这些跨国机构的注意并形成良好的印象，加大了其入驻的可能性。

最后，突出政策优势，提升投资信心。厦门是副省级市，计划单列市，是首批经济特区，东南沿海重要的中心城市。为进一步加快厦门经济社会发展，中央还给厦门提供"深化两岸交流合作综合配套改革试验区""自由贸易试验区""21世纪海上丝绸之路战略支点城市"等一系列政策支持，种种政策叠加为跨国公司、国际机构的运营提供了极大的优势，厦门在吸引外来投资和国际机构的过程中，可以突出强调这些政策优势，让国际组织了解到厦门相比其他城市的优越之处，提升对厦门的信心。

（三）促进驻厦国际机构进一步做大做强

吸引并壮大跨国公司、国际机构所需要的投入并不小，但若是能发展壮大其在厦门的规模，那么给厦门带来的影响将会是巨大的。以德国城市波恩为例，其如今已拥有超过150个国际组织，为达到这个成果波恩在20年间投入了许多资源，虽然这些国际组织给它带来的直接收入并不大，但由于波恩已成为国际组织聚集的中心，大量跨国集团便将总部扎根与波恩，于是波恩不仅从这些集团所缴纳的税收以及频繁的会展商务活动中获得了可观的收入，更关键的是，波恩的国际化水平有了显著的提升，城市发展非常迅速。

所以，在成功吸引跨国公司、国际组织稳定入驻以后，我们要考虑如何进一步发展壮大这些机构，将它们的规模扩大，使厦门成为国际公司、机构的聚集地。厦门交通网络发达，且在建的厦门地铁、翔安国际机场等又将大大完善厦门交通基础设施，厦门在环境质量、城市治安方面在全国都具有良好的口碑，初步具备了发展壮大总部经济、跨国公司、国际机构的软硬件基础条件。除这些基础条件外，政府政策的支持也对发展壮大总部经济、跨国公司、国际机构起到不可估量的作用。

吸引国际组织不仅仅是一个城市的事，还需要中央政府作主导，确立长期战略规划，提供法律、法规和优惠的税收支持，甚至动用国家资源，开展国际游说。厦门的地方政府则要立足长远、紧密配合。如设置负责处理国际组织事务的国际合作中心，在住房、场地租金、交通、子女教育上提供完备的硬件设施和政策支持；在场所方面，可以专设一片国际机构总部园区，象征性地收取租金，甚至为国际机构提供免费的办公场所和相关设施；在资金方面，设立一个相关基金理事会，专门负责处理国际机构引进费用，实行全透明化公开管理。

五、城市品牌创新

（一）金砖会晤对厦门城市品牌的影响

金砖会晤给厦门带来了一个亮相世界的机会，国际媒体齐聚厦门，厦门城市形象的曝光率大大增加，这对厦门城市品牌的提升作用是巨大的。在金砖会晤对厦门城市品牌影响的问卷调查中，高达88.46%的受访者肯定金砖会晤对厦门城市品牌的影响，认为可以在金砖会晤这样一个更高的平台上，将厦门新定位为"金砖厦门"。厦门将成为能够承接国际高端会议和品牌展会的知名城市，厦门的基础设施建设、绿化美化程度将提升一个档次，城市品牌形象、会展经济、核心竞争力都将上一个新台阶，城市整体也将进一步与国际接轨。

（二）促进城市品牌营销

为了更好地对接国际先进的优质资源，将金砖会晤对厦门的影响力最大化，厦门后金砖时期需要进一步加强城市品牌营销，成功的品牌营销能使一座城市的品牌形象深入人心，提升城市知名度和美誉度。借鉴其他城市的经验，我们可以从下列方面推进城市品牌营销。

1. 举办大型赛事增加曝光度

体育活动能对城市的品牌营销起到巨大的推动作用，尤其是体育赛事、体育场馆与俱乐部已逐渐成为提升城市吸引力的重要工具。例如 2001 年北京申奥成功，引起世界关注，2002～2008 年间，北京每年接待入境人数的增长速度大约都在 7 个百分点，北京的文化底蕴、现代化发展水平都借由奥运会向全世界做了直观的推广，奥运会让世界重新认识了中国，也记住了北京；在上海举办 F1 世界一级方程式大奖赛期间，国际媒体对上海的关注在短期内大幅增加，提升了上海的曝光度。在对上海的报道中，不仅聚焦于 F1 大赛本身，还大幅宣传了上海迅猛发展的经济水平、高端科技水平以及繁荣的旅游业，大大促进了上海城市形象的传播。

由上我们可以看出，体育赛事对于一个城市的宣传效应是巨大的。厦门近年来举办的国际马拉松赛事已逐渐成为国内最著名的马拉松赛事之一，它在给厦门带来经济效益的同时，也让外界见识到厦门优美的环境，环岛路更被誉为"世界上最美的马拉松赛道"，这进一步宣传了厦门的城市品牌。然而，厦门还缺乏更加大型的国际性赛事的举办经历来提高国际知名度，"厦马"的成功为厦门举办其他赛事打下了良好的基础，我们可以借此积极争取其他大型国际赛事的举办权，进一步提高厦门的曝光度。

2. 发掘城市优势产业

每个城市都有自身的优势产业，若能找准优势并且大力发展至国际领先水平，能够使其成为城市品牌的一张名片，吸引国际瞩目，承接优质的国际资源。近年来印度 IT 行业迅速发展，IT 软实力排名世界第一，其中除了有"印度硅谷"美誉的班加罗尔之外，钦奈等城市也在 IT 行业有着亮眼的表现。在 2016 年召开的与计算机技术相关的国际会议约有 210 场，单在印度钦奈召开的就有 33 场，而这一数字在美国仅为 13，在中国仅为 10。因此我们可以看出，即使经济发展水平远远不如发达国家的城市，但班加罗尔、钦奈仍以鲜明的城市品牌而备受国际性会议的长期青睐。与此同时，国际企业也瞄准了印度由于会议市场扩大而提升基础设施建设的需求，如万豪、希尔顿等国际酒店集团纷纷加快了其在印度的入驻或扩张，这反过来又促进了印度基础建设的提升，为形成会议中心提供了可靠的保障，促进了印度的经济发展。

因此，我们要结合自身的特点，找准定位，大力培养优势产业。近年来，厦门的外包服务发展形势良好，其中软件和信息服务出口、邮轮旅游、飞机及其零部件维修和专业业务服务等已发展为厦门优势产业。近 3 年来，厦门服务外包合同金额每年都增长 20% 以上，厦门正逐渐成为中国服务外包重镇。与此同时，作为"海上丝绸之路"的重点城市，厦门还可以凭借政策优势积极发掘"一带一路"沿线国家的服务外包业务。统计表明，2016 年，厦门在"一带一路"沿线市场的业务执行额占全市离岸外包执行总额的 1/6，其重要性显而易见。金砖会晤开展后，厦门还可加强与金砖四国的外包服务往来，拓宽贸易市场，持续促进发展，争取形成世界领先水平的优势产业，打造响亮的城市品牌。

3. 通过会展经济提升城市知名度

会议和展览不但能够为举办地带来直观的经济收入，创造就业，而且能够带来传播城市形象、促进资金人才等要素流动、推动产业发展等重要附加值。大量的消费者、商家、资金、物流、信息流会在大型展览活动期间进入举办地，不仅直接促进了旅游业与商业贸易的繁荣，在招商引资、扩大开放、拉动内需等方面也具有不可忽视的社会与经济效益。此外，成功的会展能够吸引大量参展人员，先进的产品和技术也得以在较短时间内汇聚，人们可以通过会展亲身感受到厦门的经济发展实力、科学技术水平、文化特色等，从而成为宣传厦门城市形象的载体。故会展业可以作为营销厦门的重要平台和载体，我们可以积极学习国际先进的办展办会理念和模式，加强城市品牌宣传，促进国际会展机构和项目在厦门的落户，提升厦门会展业的国际化水平，从而提高厦门市国际知名度和影响力。

六、服务业大繁荣

（一）服务业的机遇与挑战

厦门金砖五国会议对厦门产业带来直接影响，影响最大的当属服务业，因此，我们针对金砖会晤对旅游业、会展业、金融业等多个服务业的影响展开了问卷调查，探索市民对金砖会晤后服务业发展的看法。

首先，金砖会晤给厦门带来的机遇是显著的。它不仅增加了与会人员对厦门的直接了解，并且由于媒体在报道会议本身的同时，也会经常关注到举办地本身的科技、经济、环境、文化水平等方面的发展，故也有利于增加厦门的城市曝光度，促进厦门城市形象的传播。在金砖会晤对厦门旅游业影响的问卷调查中，各有 57.14% 的人选择了"旅游人数增加，旅游业收入增长"和"交通基础设施更加完善，为游客出行提供便利"，还有 37.14% 的人选择了"宾馆数量和质量提高，提高旅游体验"；在金砖会晤对厦门会展业的影响的问卷调查中，大部分的人选择了"提高厦门国际知名度，吸引外商和其他大型会议展览来厦举办""举办国际会议的经历可提升厦门会展层次"，可见大家对会议在提高厦门会展业国际水平上持有乐观的态度；在对金融业的影响方面，有 71% 的人认为金砖会晤后将有更多的金融机构入驻厦门，有 80% 的人同意金砖会晤能够提升厦门作为中国东南金融中心的地位。

然而在期待这些机遇的同时，我们也要对厦门后金砖时期可能遭遇的挑战做好充分的准备。问卷结果显示，有 52.86% 的人担心"旅游人数增加，压力过大"，厦门近年来每年迎接的游客都超过了 6000 万，尤其是岛内部分热门景点地区的交通拥堵问题已显得十分严重，虽然交通设施的完善能起到缓解的作用，但对更大数量的客流高峰还需要进一步完善配套措施，这是旅游业的一大挑战，与此同时，面对更多的服务人群，服务质量的提升也不容忽视。金砖会晤给厦门带来的机遇要远远大于挑战，我们应巩固优势，积极提升自身的能力以应对挑战，将厦门会晤对厦门的正面影响最大化。

（二）推进岛内外一体化发展

在服务业发展的同时，我们不能忽视岛内外发展不均衡这一问题。厦门市统计局的数据显示，2016 年服务业企业在思明、湖里两区拥有最高的密集度，两区的营业总收入在全市的比重超过 80%，增长超过 19%；自贸区、软件业三期的发展则对集美、海沧两区起到了良好的带动作用，其中海沧区营业收入大幅增长 62.1%，集美区稍微逊色，但也实现 17.4% 的增长；翔安与同安两区的服务业虽也实现了增长，但服务业体量仍然很小，营业收入在全市的比重仅为 2.2%，需要加快建设。从这些数据可以看出，岛内外服务业水平存在较大差距，这不仅会使岛内的服务业承载压力过大，也不利于岛外的发展，所以我们可以通过以下举措，推进岛内外一体化发展，使服务经济惠及整个厦门。

1. 服务职能延伸

岛内外可以借助互联网、短信、电话语音等平台，搭建多元化的信息服务体系，对业务实现信息化管理，通过网络系统，实现基础业务的线上办理，方便群众了解相关政策和服务流程，加强信息化网络覆盖，以此提升如医疗、养老、工伤、生育保险等多项业务的办理效率，切实解决市民在享受各项服务时出现的"垫支""跑腿"和"排队"的问题，为市民提供更加便捷、及时的服务。

2. 岛内服务外包

岛外相对于岛内最大的优势就是土地资源丰富，岛外面积占厦门市总体面积的90%以上，也因此相应的租金比岛内便宜许多，我们可以利用这一优势，外包岛内的服务，将服务代理机构迁移到岛外，以此缓解岛内承载压力过大的弊端。

3. 服务设施对接

厦门岛内被划分为经济特区的时间比岛外提前约有30年，因此各级政府投入大部分的财政资金在岛内地区建设交通设施、学校以及医疗卫生机构等，使得服务设施在厦门岛内发展较早且日趋完善。相比之下，岛外交通设施条件及卫生和教育等基础设施相对落后，非常不利于发展。因此，应加快连接岛内外的交通建设，促进岛内外服务设施的对接，此外，政府还可以提供优惠条件，如降低租金，加大政府投入等方式加快建设岛外服务设施，致力于实现岛内外服务设施的基本平衡。

4. 服务资源共享

岛内外服务资源不对等。岛内由于较早的受到政策扶持，享受到经济特区的优惠条件，吸引了更多人才和资金进入岛内地区，这些人才、资金又带来了先进的技术，由此岛内外在医疗、教学等资源上形成了较大的差异。服务资源的不对等极大地限制了岛外服务的发展，所以我们应该将服务资源共享，如移一部分机构进入岛外以实现资源的相应转移；加快建设岛外高端的服务性机构，积极引进优秀的人才以及技术；不定期地举办一些交流会，使岛内外优秀人才分享先进的技术方法，借此带动岛外资源质量的提高。

（三）提升服务质量

厦门市统计局数据显示，2016 年服务业实现的增加值超过 2200 亿元，对 GDP 的贡献率接近 60%，增长近 10%，增幅超过全市经济增速约 2%，厦门市服务业发展表现出亮眼的成绩，已成为促进厦门经济发展的第一大产业。而 2017 年的金砖会晤必将使得厦门服务业的交易往来激增，在厦门服务业大繁荣的前景之下，我们不能忽视的是服务业面临如何提升服务质量的问题，厦门的服务业虽然已在蓬勃发展，但尚处于未成熟的阶段，服务质量并未达到国际水平，如面对外籍游客、外商时，服务业人员需要一定的外语能力，以便更好地理解对方的服务需求；餐馆的菜单、景区的路牌等也需要有相应的外文标识，给外籍人士提供必要的帮助等。所以厦门需要以金砖会晤为契机，创建国际水平的服务质量，严格服务行业规范，提升服务行业道德素养，厦门服务业要以此作为誓师大会，建立提升服务质量的长效机制，特别是建立起服务业的激励约束机制，进一步增强厦门服务业的新内涵与国际国内竞争力。

七、对外开放水平跨越式发展

党的十八大以来，厦门企业积极实践"走出去"战略，境外投资增长势头强劲，对周边地区企业的对外贸易也起到了良好的带动作用，其中，在"一带一路"成为国家重点战略的新形势下，厦门对海上丝绸之路沿线国家的对外投资成为主要增长点。此外，近年来厦门与其他金砖国家在对外贸易、利用外资以及对外投资等方面存在着友好的互动与合作关系，但美中不足的是高附加值商品比重很低。金砖会晤将有利于改善厦门对外经贸关系，特别是与金砖四国的贸易结构，促进厦门外贸外资质量与数量的增长。以 G20 会议对杭州的影响为例，G20 会议有效促进了杭州与 G20 成员国之间的贸易合作，使杭州外贸加速发展。因此我们可以期待，金砖会晤将促进厦门进出口商品的结构优化以及外贸质量的提升。

为了进一步促进厦门对外开放跨越式发展，我们应利用金砖会晤效应与厦门自贸区、国家自主创新示范区等政策叠加，增创厦门经济特区政策体制的新优势。这些机遇与政策极大地推进了厦门自由贸易，推动了厦门高技术产业的发展，为厦门与外界贸易往来创造了良好的市场环境，厦门还可以在此基础上，抓住金砖会晤的契机，在我国与其他四国的开放、贸易等方面达成一系列协议的大背景下，加大面向其余四国贸易往来的优惠力度，争取改进在现有政策之外还未涉及或还存在可提升的部分，打破可能阻挡进一步促进贸易的壁垒，与厦门自贸区、国家自主创新示范区等政策产生叠加效应，消除对外贸易过程中的障碍，形成厦门经济特区政策体制的新优势。

八、政府职能转变

为了成功举办此次会议，对厦门市乃至福建省党委、政府的协调、组织、管理、服务能力是一大挑战，为了进一步促进政府职能更好地向着服务型政府转变，首先力推"放管服"改革，进一步简放政权，防止政府包揽过多社会事务，充分让市场通过市场机制实现对经济活动的自我调节，发挥市场在资源配置过程中的作用，争取使得资源配置效益最大化、效率最优化，同时用好政府"看得见的手"，不断促进政府管理的科学化、法治化水平的提升。

其次，在税务、质监、海关等方面进行体制机制创新。对于不同主体，要有不同的体制机制，如在税收方面，积极探索建立规范的税收行政执法机制，科学灵活的税收征管机制，对于符合条件的外资企业，跨国机构给予相应的税收减免，以政策优惠吸引国际组织的入驻，从而促进厦门国际化水平的提高和经济的发展。

最后，积极推进电子政务，借助信息和网络技术，减少非必要的层级设置，同时通过定期公示政府相关工作、政策等形式，提高信息透明度，提升政府服务管理质量和内部协调性，并且加强政府与群众之间的互动性。总之，积极探索总结成功经验，以多种形式定期实现经验分享，在一定的领域和范围内先进行复制推广，积极关注其运行的成效，发掘针对不同地域、不同部门背景下该经验方法的调整形式，最终总结产生出一部分可复制可推广的经验和方法，努力推进形成一批有影响力和借鉴价值的创新范例。

九、结　论

本专题研究了金砖会晤对厦门发展的影响，具体对厦门的经济贸易、城市基础设施建设、要素流入、城市品牌、政府职能转变等方面的影响进行了深入的分析。研究表明，金砖会晤不仅能使厦门的城市基础建设水平得到提高，还能提高厦门的国际知名度，打造厦门城市品牌，促进多个行业共同发展，为厦门经济发展提供前所未有的契机。因此我们要把握机遇，积极采取措施，将金砖会晤对厦门的影响最大化。我们的政策建议如下：进一步利用金砖会晤塑造厦门城市品牌形象，将厦门定位于"金砖厦门"，增添城市新内涵；以金砖会晤的筹备与开展促进厦门服务型政府创新，将为中国经济改革发展提供可复制、可推广的经验；以金砖五国会议的契机促进厦门服务业大繁荣，厦门服务业要以此作为誓师大会，建立其提升服务质量的长效机制，打造国际水平的服务质量等。

参考文献：

[1] 王胜，张东东，蔡振伟. 博鳌亚洲论坛与海南——10 年回顾与展望 [J]. 科技与企业，2011，5：92 - 94.

[2] 曾繁亚. 博鳌 12 年：小渔村蝶变旅游天堂 [J]. 时政视点，2013，4：19.

[3] 王昭. 大型会议对举办城市居民生活的影响分析——以 G20 会议为例 [J]. 旅游管理研究，2016，11：65.

[4] 张升. 厦门市公共交通发展对策研究 [J]. 交通运输工程与信息学报，2014，12 (4)：22.

[5] 季楷丰. 浅谈地铁对沈阳城市规划及发展的影响 [J]. 北方交通，2007，9：71.

[6] 陈政高. 拓展区域发展空间（学习贯彻党的十八届五中全会精神）[N]. 人民日报，2015 - 11 - 19 (7).

[7] 杨正炉. 厦漳泉同城化建设的国内外经验借鉴 [J]. 中国证券期货，2013 (3)：176 - 177.

[8] 冷民. 从台湾微电子产业的发展看利用外资与提高自主创新能力的关系 [J]. 中国科技论坛，2005 (3)：80.

［9］佚名.城市吸引跨国公司地区总部进驻的市场营销策略［A］.开发研究，2007（1）.

［10］上海国际问题研究院课题组.上海吸引国际组织（机构）入驻研究［A］.科学发展，2013（6）.

［11］俞琳.从欧洲城市看体育在城市营销及可持续发展中的作用［J］.体育文化导刊，2005（6）.

［12］徐成龙.2013年上海F1大奖赛对主办地城市形象影响研究——基于对英文新闻报道的内容［D］.上海：上海体育学院，2014.

［13］佚名.厦门成中国服务外包重镇［N］.海丝商报，2015－04－05.

［14］朱惠子.史晋川：G20会议将为杭州金融业带来三大发展机遇［N］.中国日报，2016－09－01.

板块二　财政与金融

专题四 进一步推动福建自贸试验区金融改革创新研究

一、四大自贸试验区金融创新的主要特色

随着全面改革开放的不断推进，金融领域的改革、开放与创新被摆到首要位置，上海自贸区、天津自贸区、广东自贸区和福建自贸区都把金融领域的开放和创新作为重头戏，并各有特色和优势。上海自贸区力求制度层面的创新，天津滨海重在产业金融创新，深圳前海突出跨境金融业务创新，而福建自贸区则以推动两岸金融合作先行先试为核心。可以从以下三方面对比分析上海自贸区和福建自贸区在金融创新方面的差异：第一，在定位差异方面，上海自贸区定位于国际金融中心，体系更加全面完善；福建自贸区定位于"推动两岸金融合作先行先试"，在扩大金融开放的同时，给予台湾更多的优惠。第二，在发展重点方面，上海自贸区重在金融、贸易、航运领域；福建自贸区重在金融、贸易特别是对台投资贸易自由等领域。第三，在核心优势方面，上海自贸区具有长期积累及政策支持的金融基础，国家层面通过首例自贸试验区的先发优势寄望其对内对外树立样本意义；福建自贸区充分发挥对台优势，率先推进与台湾地区投资贸易自由化进程，重点建设两岸共同家园（平潭片区）、两岸区域性金融服务中心（厦门片区）和两岸服务贸易与金融创新合作示范区（福州片区）。如果把上海、广东、天津和福建四个自贸区进行对比，其金融改革各有侧重点：货币自由兑换是上海自贸区发展目标中非常明确的内容；广东自贸区提出推动人民币作为自贸试验区与港澳地区及国外跨境大额贸易和投资计价、结算的主要货币；天津自贸区基于产业发展要求，做大做强融资租赁业成为天津自贸区金融改革的重要内容；

两岸金融先行先试是福建自贸区的特色，福建提出在对台小额贸易市场设立外币兑换机构，允许自贸试验区银行业金融机构与台湾地区同业开展跨境人民币借款等业务，支持台湾地区的银行向自贸试验区内企业或项目发放跨境人民币贷款等。

考虑到上海自贸区具有长期积累及政策支持的金融基础，国家层面通过首例自贸试验区的先发优势寄望其对内对外树立样本意义，且力求制度层面的创新，体系更加全面完善，在进行自贸区金融创新的横向比较时，我们侧重将福建自贸区与上海自贸区进行比较，主要从扩大金融对外开放、拓展金融服务功能和推动两岸金融合作先行先试三个层面进行比较和分析。

（一）扩大金融对外开放方面的横向比较

在金融对外开放方面，上海自贸区有较大优势。2014 年 5 月，央行上海总部建立的自由贸易账户系统正式投入使用，围绕贸易和投资便利化的金融改革政策全面实施。自由贸易账户为资本项目可兑换等后续改革提供了很好的载体。证券、保险等监管部门均可以利用这个载体和工具，对相应的改革予以推动和开展，不再需要人民银行出台相应的账户细则。以下分别从账户管理体系、促进跨境结算便利化、为企业"走出去"提供金融服务、外汇管理体制创新等方面分别介绍四个自贸区在扩大金融对外开放方面的政策措施。

1. 上海自贸区在扩大金融对外开放方面的政策措施

（1）自由贸易账户建设，出台了自贸区分账核算业务实施细则和审慎管理细则，开展财务公司分账核算单元建设，通过境外发行大额同业存单补充分账核算单元流动性，实现商业银行分账核算境外融资，自由贸易账户间参代理业务合作等。

（2）利用自由贸易账户，简化人民币涉外账户分类，促进贸易、投融资结算便利化。跨境结算方面的金融创新有：开展跨境电子商务人民币支付结算，经常项下跨境人民币集中收付，大宗商品衍生品交易结售汇服务，经常项下人民币跨境集中收付和轧差净额结算，个人经常项下跨境人民币结算，沪港两地居家费用电子账单跨境支付平台，分账核算单元以离岸市场价格提供汇兑服务，开立跨境人民币信用证等。建设银行上海市分行等金融机构为区外科技创新企业和海外引进人才开立自由贸易账户并办理相关业务。跨境融资方面的金融创新有：支持企业从境外借入人民币资金，境外银团人民币借款，分账核算单元下发放流动资金贷款，向区内及境外主体提供本外币一体化的自由贸易账户融资服务，多品种混合银团贷款，跨境人民币项下代理福费廷业务等。另外还有 FT 跨境理财产品等跨境金融服务创新等。浦发银行基于自由贸易账户本外币一体化功能，发行首单自由贸易账户外币理财产品。

（3）为企业"走出去"提供综合金融服务创新，包括：股权投资企业跨境投资流程简化，以备案制代替审批；境外上市公司股权收购；"走出去"企业融资服务，包括内保外贷、银团贷款、并购贷款、离岸贷款等；跨境并购融资，三方联动跨境银租保业务，股权质押跨境并购融资；为"走出去""引进来"企业打造专属的自贸区全球金融服务直通车等。

（4）外汇管理体制及其他方面的创新包括：进一步落实外汇管理改革措施，将直接投资外汇登记下放银行管理，外商直接投资项下外汇资本金意愿结汇；外债资金意愿结汇；简化经常项目外汇收支流程；统一内外资企业外债政策，建立健全外债宏观审慎管理制度；建立境外融资与跨境资金流动宏观审慎管理框架；支持跨国公司外汇资金集中运营管理，支持区内投资型跨国公司外汇资金集中管理；实施金融监管创新，对于先行先试的非行政许可类新产品、新业务，可率先试点等。

2. 天津自贸区在扩大金融对外开放方面的政策措施

（1）在账户管理体系方面没有突出的创新。

（2）在促进跨境结算便利化方面的金融创新有：简化经常项目外汇收支手续，在真实、合法交易基础上，自贸区货物贸易外汇管理分类等级为 A 类的企业外汇收入无须开立待核查账户；支持发展总部经济和结算中心，搭建了首个租赁公司项下外币现金管理平台，集中管理 46 家成员公司外汇资金集中运营管理业务，开展境外外汇资金境内归集、境内外汇资金集中管理、外债额度集中调配以及经常项下集中收付业务等。

（3）为企业"走出去"提供金融服务方面：为境外机构办理人民币与外汇衍生产品交易，更好地满足市场主体规避汇率风险和套期保值的需求。该政策为"走出去"企业在境外融资境内购汇还本付息提供便利，锁定融资成本等。

（4）外汇管理体制及其他方面的创新包括：外债意愿结汇，跨境双向人民币资金池；推出华夏京津冀协同卡，打造"大同城"金融服务圈等。

3. 广东自贸区在扩大金融对外开放方面的政策措施

（1）在账户管理体系方面没有突出的创新。

（2）在促进跨境结算便利化方面的金融创新有：贸易项下、外汇业务便利化措施，跨境人民币贷款业务，粤港澳地区跨境住房按揭业务，粤港澳地区跨境公交受理金融 IC 卡业务等。

（3）在为企业"走出去"提供金融服务方面没有突出创新。

（4）外汇管理体制方面的创新包括：跨境双向人民币资金池业务和外汇资金池业务等。

4. 福建自贸区在扩大金融对外开放方面的政策措施

（1）在账户管理体系方面没有突出的创新。

（2）在促进跨境结算便利化方面的金融创新有：（福州）推出"整车平行进口通宝""中银跨境 E 商通"服务整车进口和跨境电商企业，中国—东盟海产品交易所试点开展个人跨境贸易人民币结算业务；（厦门）率先建立跨海峡人民币代理清算群，简化经常项目外汇收支流程，两岸通速汇款"快顺省"，新台币现钞兑换，设立"两岸人民币清算中心"；（平潭）在对台小额贸易市场设立外币兑换机构，开通新台币直购两岸直航船票、直兑人民币等。在跨境融资方面的金融创新有；（福州）区内台资企业通过证券公司在海峡股权交易中心设立委托债权产品并挂牌，融资用于其向境外子公司增资；（厦门）开展对台跨境人民币贷款试点，利用全球授信模式降低跨境贷款成本，创建银保四方融资新模式；（平潭）两岸跨境直贷融资，拓展闽台银团贷款等。

（3）为企业"走出去"提供金融服务：（福州）运用"对证通"产品以开立子母证的方式，支持区内大型船舶企业海外子公司业务发展；（厦门）金融机构为企业"走出去"提供融资支持，以及海外投资保险、海外融资租赁险、出口买方信贷保险等保险保障等。

（4）外汇管理体制及其他方面的创新包括：（福州）"5 + 2"监测报表体系；（厦门）外债意愿结汇，跨境双向人民币资金池，优化区内金融机构准入制度，建立区内金融信息联合统计制度；（平潭）开展外债比例自律管理试点，外资企业资本金意愿结汇，直投外汇登记等。

整体来看，上海自贸区在围绕人民币国际化和资本账户开放的既定国家金融战略方向上，在账户管理体系建设、促进贸易和投融资结算便利化、为企业"走出去"提供综合金融服务以及其他扩大金融开放的政策措施方面都推出了大量金融创新举措，特别是在自由贸易账户建设方面，体系非常全面完善，充分发挥了示范带动的积极作用。天津自贸区的特色是，支持发展总部经济和结算中心，搭建了首个租赁公司项下外币现金管理平台，集中管理46家成员公司外汇资金集中运营管理业务，开展境外外汇资金境内归集、境内外汇资金集中管理、外债额度集中调配以及经常项下集中收付业务等。而福建自贸区的三个片区在上述金融对外开放领域也做了很多工作，形成自身的特色和亮点，如在跨境贸易和投融资便利化方面率先建立人民币代理清算群，开展新台币现钞兑换，设立两岸人民币清算中心，开展两岸跨境直贷融资，并利用全球授信模式降低跨境贷款成本，拓展闽台银团贷款，推动区内台资企业通过证券公司在海峡股权交易中心设立委托债权产品并挂牌等，确实起到了"推动两岸金融合作先行先试"的作用。

（二）拓展金融服务功能方面的横向比较

以下分别从利率市场化、离岸金融中心建设、促进区内金融机构集聚和金融交易平台建设等方面比较四个自贸区在拓展金融服务功能方面的政策措施。

1. 上海自贸区在拓展金融服务功能方面的政策措施

（1）利率市场化方面的创新：实现外币存款利率完全市场化，跨境同业存单发行、交易与信息服务，自由贸易账户项下利率互换交易，发布中国信用债指数等。

（2）离岸金融服务方面的创新：共同建设欧洲离岸人民币证券市场等。

（3）促进区内金融机构集聚和业务创新的措施。促进银行业区内集聚和业务创新的措施有：中外资银行在自贸区内设立分支机构；对区内中外资银行机构准入报告事项，部分由事前报告调整为事后；就银行开展跨境金融业务审慎管理要求等建立同业协调与自律机制等。华夏银行上海自贸区分行为自贸区平行进口汽车，推出基于自由贸易账户的跨境金融及供应链融资综合配套金融服务方案。促进证券业区内集聚的创新主要有："CEPA补充协议"

框架下首批 2 家合资券商申港证券与华菁证券设立。促进保险业区内集聚和业务创新的措施有：开展保险专业中介机构股权信息监管改革试点；保险公司在区内设立分支机构；保险公司在区内设立养老产业投资管理机构；创新航运保险协会条款，推出无船承运经营者保证金责任保险条款；开展跨境再保险业务；实施航运保险产品注册制；发行国内首单保单质押贷款资产证券化；成立国内首家中外合资再保险经纪公司等。上海航运保险协会在全国首推海事诉讼保全责任保险、上海航运保险指数（SMII）发布和在全国率先推出建筑工程质量潜在缺陷保险。促进类金融业发展的措施包括：促进区内融资租赁业发展；开展自贸区首单飞机和首单船舶租赁业务；金融租赁公司在区内设立子公司获批。资产管理公司依托自由贸易账户开展应收账款收购。另外，还开展了科技金融服务的创新，包括：远期共赢利息，创业保障保险，初创科技企业投贷联动金融服务，科创企业金融服务云方案等。

（4）金融交易平台建设方面的措施：金融衍生品交易创新，开展美元兑人民币自营掉期交易，上海黄金交易所设立国际版，启动"黄金沪港通"，推出"上海金"人民币集中定价交易，开展大宗商品现货交易市场一站式金融服务，大宗商品现货交易市场跨境电子商业汇票，推出"科技创新板"等。上海市财政局通过上交所政府债券发行系统招标发行 300 亿元地方债，上海市财政局通过中央国债登记结算公司在自贸区面向境内外投资者首次发行 30 亿元人民币地方债，金砖国家新开发银行发行 30 亿元人民币绿色金融债券，上海清算所推出自贸区债券柜台业务平台，上海黄金交易所自主研发"易金通"移动互联网黄金交易系统，以及上海保险交易所、上海票据交易所和中国信托登记公司三家金融要素市场的挂牌成立。

2. 天津自贸区在拓展金融服务功能方面的政策措施

（1）利率市场化方面的创新：开展大额存单发行试点。

（2）在离岸金融服务方面没有突出创新。

（3）促进区内金融机构集聚的措施：融资租赁类公司售后回租项下外币支付设备价款，企业有效规避汇率风险；外资租赁公司与金融系租赁公司联合跨境租赁业务；搭建租赁公司项下外币现金管理平台；推出华夏京津冀协同卡，为京津冀三地 1 亿人民打造"大同城"金融服务圈等。

（4）金融交易平台建设方面的措施：为境外机构办理人民币与外汇衍生产品交易等。

3. 广东自贸区在拓展金融服务功能方面的政策措施

（1）在利率市场化方面没有突出创新。

（2）在离岸金融服务方面没有突出创新。

（3）促进区内金融机构集聚的措施：推出电子证照银行卡，实现证照和卡的整合及电子证照银行结算账户、银行卡的整合；实现开立银行基本存款项目与企业登记一站式办理；退税无纸化系统等。

（4）在金融交易平台建设方面没有突出创新。

4. 福建自贸区在拓展金融服务功能方面的政策措施

（1）利率市场化方面的创新：（福州）设计新的金融产品，将区内企业贷款由浮动利率转为欧元固定利率，开展大额存单业务等。

（2）离岸金融服务方面的创新：（福州）多家银行设立离岸金融业中心。（厦门）设立离岸业务服务中心，实现跨境客户一站式服务等。

（3）促进区内金融机构集聚的创新措施。第一，促进银行业区内集聚的创新主要有：（福州）设立"海峡两岸跨境金融中心"，台资银行落户区内并开立同业账户。（厦门）中外资银行在区内设立分支机构，探索设立自贸试验银行，为台资银行落户开设绿色通道，航易贷，区内信用查询便利化，银税互动，发行信贷资产支持证券，经评估确定切实可行的银行创新业务，区内可先试先行。（平潭）台企台胞征信共享，创新"联保贷款""互助基金""民生微贷"等，银农合作，探索银行对接工商局商事系统试点，创新"投融保"模式，为入驻台湾创业园的企业提供资金扶持等。第二，促进保险业区内集聚的创新主要有：（福州）区内保险支公司高管任职资格由行政审批改为备案制，台资保险机构落户区内。（厦门）引入第三方仲裁机制，搭建小微企业出口信用保险平台，推进海关事务保证保险。（平潭）设立"福建省保险业产品创新研发中心""保险消费者权益保护服务中心"和保险消费者宣传教育中心，简化区内保险机构和高管准入方式等。（平潭）设立闽台合资全牌照证券公司获批等。第三，促进类金融业发展的创新有：（福州）金融机构引入股权投资基金，设立科技产业股权投资母基金——紫荆海峡母基金。（厦门）融资租赁企业境外筹资转贷款，设立"三合一"牌照（租赁、商业保理、贸易）融资租赁公司，实现异地航空公司飞机租赁业务，设立创新工场基金，设立台商转型基金，设立百亿规模产业引导基金。（平潭）设立多支政府产业投资基金等。

（4）金融交易平台建设方面的措施：（厦门）设立厦门国际金融资产交易中心，代理台湾地区银行债券交易。（平潭）出台自贸试验区交易场所管理办法、评审机制，拓展海峡股权交易中心的台资企业融资等。另外，还开展了保税展示交易内销货物电子化"分段担保"模式、区内企业"集中汇总征税通关"保函业务（厦门等），降低企业营商成本。

相比较来看，四个自贸区在拓展金融服务功能方面都各有特色，都进行了大量创新，丰富了自贸区金融业态的发展，尤其以上海自贸区和福建自贸区最为突出。上海自贸区的优势是利率市场化和金融交易平台建设方面，在利率市场化方面实现了外币存款利率完全市场化、跨境同业存单发行等，在金融交易平台方面推出"上海金"并启动"黄金沪港通"国际版，利用资本市场优势推出"科技创新板"等。福建自贸区的优势则在对台金融合作和为小微企业服务方面，对台金融合作方面的创新有为台资银行落户开设绿色通道并开立同业账户，设立"海峡两岸跨境金融中心"，台企台胞征信共享，创新"投融保"模式，为入驻台湾创业园的企业提供资金扶持，设立台商转型基金等；为小微企业服务方面有银税互动，创新"联保贷款""互助基金""民生微贷"等，银农合作，搭建小微企业出口信用保险平台，设立创新工场基金等。福建自贸区在对台金融合作和为小微企业服务方面的金融创新，充分体现了"推动两岸金融合作先行先试"和金融改革为实体经济服务的宗旨，在拓展金融服务功能方面基于福建省实际情况，充分发挥自贸区政策优势，形成有自身特色的创新性金融政策框架体系。

（三）推动两岸金融合作先行先试方面的政策措施

两岸金融合作先行先试是福建自贸区的特色，三个片区均推出了多项对台金融合作的创新政策，现总结如下：

（1）对台结算汇兑方面的创新：两岸通速汇款"快顺省"，设立"两岸人民币清算中心"，在对台小额贸易市场设立外币兑换机构，开通新台币直购两岸直航船票、直兑人民币等。

（2）对台投融资便利化方面的创新：开展对台跨境人民币贷款（直贷）试点；拓展闽台银团贷款；创建银保四方融资新模式；区内台资企业通过证券公司在海峡股权交易中心设立委托债权产品并挂牌，融资用于其向境外子公司增资；创新"投融保"模式，为入驻台湾创业园的企业提供资金扶持；设立台商转型基金等。

（3）对台金融业合作方面的创新：为台资银行落户开设绿色通道，设立"海峡两岸跨境金融中心"，台资银行落户区内并开立同业账户，台资保险机构落户区内，设立闽台合资全牌照证券公司获批，代理台湾地区银行债券交易，拓展海峡股权交易中心的台资企业融资等。在《中国（福建）自由贸易试验区总体方案》中，关于对台金融合作先行先试的条款有18款，内容非常丰富，是整个福建省自贸区建设最有特色的内容之一。在这个方面，福建省自贸区三个片区已经做了很多工作，但仍有进一步改革创新的空间，如总体方案中指出：研究探索允许符合条件的台资金融机构按照大陆有关规定在自贸试验区内设立合资基金管理公司，台资持股比例可达50%以上；研究探索允许符合设立外资参股证券公司条件的台资金融机构按照大陆有关规定在自贸试验区内新设立2家两岸合资的全牌照证券公司，大陆股东不限于证券公司，其中一家台资合并持股比例最高可达51%，另一家台资合并持股比例不超过49%、且取消大陆单一股东须持股49%的限制。这些条款都非常具体，在未来的金融改革工作中可以继续推进。

二、自贸区试验区金融开放主要存在的问题

（一）自贸区金融开放政策的有效性和协同性不足

一方面，自贸区金融政策由人民银行、外管局、金融行业监管部门等会同制定，相关配套政策出台步调不一致、操作细则不到位，会影响自贸区金融创新的实际进程与效果。跨部门政策协同不足，部分自贸区政策在部门间衔接不上，导致政策落地受阻或滞缓。调研中发现在服务业和新兴行业开放过程中，由于沿用原有的行业审批管理方式，国家有关事权下放未同步、政策联动不够，导致自贸区部分金融开放政策未落地实施。另一方面，自贸区和"一带一路"、市场准入负面清单管理、境外融资新政等多项国家政策之间存在交叉，自贸区政策的差异不明显，政策导向不突出。

（二）金融开放创新政策与实体经济之间的联动作用不明显

首先，只有上海自贸区设有自由贸易账户，且自贸区内企业开设自由贸易账户有一定的门槛要求，企业对跨境投融资的需求较为不足，而区外真正有需求的企业要迁入区内还需较为复杂的流程。其次，目前区内进行跨境融资的企业，大多是资信度较好的大型国企，中小企业尤其民营企业虽有很强的融资需求，但从境外融资的渠道少、融资成本仍偏高。这在一定程度上导致了跨境借款等创新试点只有"点"上的突破、没有"面"上的推广。其次，自贸区内新兴金融业态，例如互联网金融业发展未进入风险监管常规化发展，金融开放创新的同时，风险监管法律体制体系尚未健全，从而使得区内金融开放创新与实体经济之间的联动作用不明显。

（三）金融开放政策与地方政府落地实施之间的联动不足

自贸区金融改革主要由人民银行、国家外汇管理局、银监会、证监会和保监会等部门发布政策和制定细则，而具体方案的推行和落地实施，要靠地方政府的大力推动和落实。目前在金融开放政策实施方面，"一行三会"与地方政府合力推动细则落地实行方面联动不足，决定了地方政府只能被动承接为主、主动作为空间小，影响了改革的效果。这方面的一个正面经验是上海自贸区，人民银行上海总部、上海市金融服务办、上海外管局、上海银监局、上海证监局、上海保监局与上海市政府、浦东新区政府形成合力，共同推动"金改40条"及其细则的具体实施和落地，发挥地方政府的主动作为空间，一定程度上推动和体现上海自贸试验区金融开放的效应和效果。

（四）政府职能转变与营商环境改善"有差距"

调研中企业普遍反映自贸区内政府服务有明显改善，但也反映了一些问题：一是有的改革创新虽然取得了成效，但试点范围有限，整体效应发挥不出来，如证照联办；二是有的制度设计尚未落实到位，有些改革推进解决不了系统问题，如异常名录制度与信用监管体系；三是有的尽管建立了制度框架和平台，但成效仍不明显，如政府部门信息共享和运用的机制，政府信息共享不够，影响企业营商环境。这些反映出政府职能转变与营商环境改善"有差距"。

三、增强福建自贸试验区金融创新绩效的思路

（一）推进人民币国际化进程，提升人民币全球影响力

随着人民币正式加入特别提款权（SDR），要实现人民币国际化，就必须打造全球人民币基准价格形成中心、资产定价中心和支付清算中心，提升人民币产品市场规模和影响力，建成功能完备、实时高效、风险可控的全球人民币跨境支付清算体系。扩大跨境人民币融资渠道和规模，拓展境外人民币投资回流渠道，促进人民币资金跨境双向流动。探索开展人民币衍生品业务和大宗商品服务创新。自贸试验区的建设可以为人民币国际化提供新的动力，加速人民币国际化的进程。

1. 大力促进人民币国际化

人民币国际化的实质，就是人民币能够跨越国界，在境外流通，成为国际上普遍认可的计价、结算及储备货币。人民币国际化的进程，回归到最基本问题就是使人民币经常项目（跨境贸易及结算）和资本项目（跨境投资和融资）的开放和便利化。自贸试验区在风险可控的前提下，可在试验区内对人民币资本项目可兑换、金融市场利率市场化、人民币跨境使用等方面创造条件进行先行先试。已出台的金融改革政策，涵盖了自贸区经常和直接投资项下跨境人民币结算、个人银行结算账户、人民币境外借款、双向人民币资金池等热点业务的推出和常态化运作，将有效推动人民币国际化进程。这些开放性的金融改革，必然会突破目前限制人民币金融交易、资本市场人民币计价结算的制度性障碍，促进人民币国际化发展。随着自贸试验区金融已有开放政策的落地和新政策的出台，许多境内外贸易企业、金融及准金融机构、各类物流企业等主体大量进入自贸试验区，以人民币为主的计价与支付手段必将迅速发展，离岸贸易、跨境贸易的人民币结算业务必将迅速发展。因此，自贸试验区应大力推进人民币国际化。

2. 自贸试验区形成离岸和在岸人民币国际市场的"桥梁"

自贸试验区在推动人民币国际化进程中发挥着重要的作用。自贸区金融安排的核心，被认为是形成离岸人民币市场和在岸人民币市场的连接桥梁，使人民币能够"走出去"，也能够"流回来"。以上海自贸试验区为例，央行"金改30条"允许"在区内注册的金融机构和企业可按规定进入上海地区的证券和期货交易场所进行投资和交易。区内企业的境外母公司可按国家有关法规在境内资本市场发行人民币债券"。允许不在自贸区内注册的离岸机构开立非居民自由贸易账户，并可与居民自由贸易账户、境外账户以及境内区外的非居民账户之间进行资金自由划转。这对在上海自贸区开展业务的离岸机构来说，在相关政策下进行贸易、融资、投资都将面临较之前更少的限制。因此福建自贸区也应该建立与自贸区相适应的账户管理体系，在逐渐形成离岸人民币市场和在岸人民币市场"桥梁"的同时，也推动了区域性金融中心的发展。

3. 不断提升人民币全球影响力

人民币正式加入SDR，自贸试验区要不断提升人民币的全球影响力。一是坚持以人民币产品市场建设为核心，加快推动自贸区成为全球人民币基准价格形成中心、资产定价中心和支付清算中心。一方面，不断拓展人民币产品市场的广度和深度，丰富人民币产品和工具，完善人民币跨境支付清算系统。另一方面，加强与香港、台湾、澳门、新加坡、伦敦、纽约、法兰克福等地的人民币离岸市场的关系，加强人民币产品市场、交易、清算等方面的服务。二是建立与全球机构投资者的战略合作关系，使福建自贸区成为全球人民币投资的目的地。要吸引更多的境外机构投资人民币资金池，把人民币作为储备货币，实现人民币加入特别提款权的经济效应。三是加强与"一带一路"沿线地区合作关系，把自贸区打造成全球开发性资金聚散中心和融资中心，从而提升人民币全球影响力。

（二）推动人民币资本项目可兑换，加快QDII2改革

在"成熟一项、推动一项"前提下，积极稳妥地推进自贸试验区人民币资本项目可兑换。

1. RQFII 改革

根据外汇管理局数据显示，截至 2016 年 8 月 30 日，已批准 170 家人民币合格境外机构投资者（RQFII），累计获得可投资总额度 5103.38 亿元，较 7 月末增加 19.5 亿元。2016 年以来，有 14 家境外机构首次获批 RQFII 投资额度，年内 RQFII 新增额度为 660.13 亿元。

2016 年 9 月 5 日人民银行和外汇局出台 RQFII 新规，即《关于人民币合格境外机构投资者境内证券投资管理问题的通知》（以下简称《通知》）。《通知》指出，外汇局对单家人民币合格投资者投资额度实行备案或审批管理。人民币合格投资者在取得证监会资格许可后，可通过备案的形式，获取不超过其资产规模或其管理的证券资产规模（以下统称为资产规模）一定比例的投资额度（以下简称基础额度）；超过基础额度的投资额度申请，应当经外汇局批准。境外主权基金、央行及货币当局等机构的投资额度不受资产规模比例限制，可根据其投资境内证券市场的需要获取相应的投资额度，实行备案管理。《通知》明确了基础额度的标准并给出了计算公式，人民银行、外汇局可综合考虑国际收支、资本市场发展及开放等因素，对上述标准进行调整。

与 2016 年 2 月对合格境外机构投资者（QFII）制度进行的改革相比，这次出台的 RQFII 新规具有重要的突破。一是要求人民币合格投资者应开立一个境外机构人民币基本存款账户，并明确了专用存款账户的收入范围和支出范围。二是明确了人民币合格投资者专用账户与其他账户之间资金划转的规定。新规指出未经批准，人民币合格投资者专用存款账户与其境内其他账户之间不得划转资金；自有资金、客户资金和每只开放式基金账户之间不得划转资金。未经批准，人民币合格投资者专用存款账户内的资金不得用于境内证券投资以外的其他目的。人民币合格投资者专用存款账户不得支取现金。三是对人民币合格投资者投资额度实行余额管理。人民币合格投资者累计净汇入资金不得超过经备案或批准的投资额度。人民币合格投资者投资额度自备案或批准之日起 1 年未能有效使用的，外汇局有权收回全部或部分未使用的投资额度。人民币合格投资者不得以任何形式转卖、转让投资额度给其他机构和个人使用。

2. QDII2 改革

合格境内个人投资者境外投资试点，也就是俗称的 QDII2。为推动资本账户开放，2007 年我国启动 QDII（合格境内机构投资者境外投资）试点，允许机构在境内募集资金，投资境外的资本市场。这为国内居民配置海外资产提供了一条合法途径，但只能通过购买机构的产品间接实现，而且可选择的范围非常有限。

目前我国的住户存款高达 54 万亿元，居民个人在全球配置资产的愿望与需求非常强烈。未来 QDII2 可以投资的领域有望涵盖境外资本市场、房地产等。开展 QDII2 试点后，符合条件的个人可以开设自由贸易账户，直接购买在境外上市企业的股票。由于一些原因，我国的很多高科技企业在境外上市，没有 QDII2 试点，使得国内居民失去了投资高成长企业的机会。

上海自贸试验区择机推出合格境内个人投资者（QDII2）境外投资试点，作为推动资本项目可兑换改革的突破点。目前合格境外机构投资者（QFII）和人民币合格境外机构投资者（RQFII）境内投资额度增加，投资快速增长，2014 年两者合计净流入 253 亿美元，较上年增长 51%。上海自贸试验区将推出合格境内个人投资者（QDII2）境外投资试点，打通个人跨境投资的渠道。

今后，QDII2 可通过两种方式实现：一是中资证券公司在自贸区设立机构，帮助区内个人与境外交易所连线交易；二是境外的证券公司进入自贸区开设机构，为自贸区内的个人投资者开户并开展业务。在试点初期，个人境外投资可以有一定的条件限制。比如，在自贸区内就业一年以上，有完整的纳税、社保记录等。另外，额度上可能也有一定的限制，以此来防控风险。福建自贸试验区应该研究如何复制上海自贸试验区经验，推动 QDII2 试验。

（三）扩大自贸区金融市场开放，落实面向国际国内的人民币资产池建设方案

1. 扩大自贸试验区金融市场开放，促进金融机构创新发展

金融市场的开放，一方面要吸引更多的境外投资者投资参与；另一方面要通过境外投资者的参与使金融市场的定价成为国际定价，牢牢抓住股市、汇市、黄金、大宗商品等的国际定价权。在金融开放方面，要探索金融服务业准入的负面清单管理，扩大金融市场开放，率先实现资本项目可兑换等方面取得突破。同时，扩大自贸试验区金融服务业对内对外开放。一是积极支

持中外资银行业金融机构入区经营，积极探索机构、产品、风险三位一体的监管架构，落实"自贸区试验区银行业务创新与监管互动机制"，鼓励和支持金融机构开展产品创新和服务创新。二是积极推动证券期货经营机构创新发展。三是积极推进保险机构在自贸区的集聚发展。

2. 实施减政放权和负面清单管理，创造良好的金融发展环境

探索负面清单管理模式，取消部分行政审批，对事前审批简化流程，创新建立以"原则导向 + 双向互动"为主要特征的新型业务监管模式。今后，自贸试验区应进一步实施减政放权和负面清单管理，以创造良好的对内对外金融发展环境。

3. 加快落实面向国际国内的人民币资产池建设方案

人民币资产池中的资产标的，既包括中国境内形成的资产，也包括在中国境外形成的人民币资产，如"一带一路"和"走出去"战略中形成的中国资产。具体业务包括：信用债业务，如我国的国债、市政债、企业信用债，"一带一路"沿线国家以人民币计价的国债、市政债、境外企业发行的熊猫债等；资产证券化业务，如住房抵押贷款、汽车消费信贷、信用卡应收账款等信贷资产的证券化和企业资产证券化跨境业务等；"一带一路"项目涉及的未来收益支持证券、外贸企业出口应收款支持证券等。目前，建设面向国际国内的人民币资产池已基本取得各方共识，应抓紧制订具体的实施方案，落实自贸试验区人民币资产池实施建设。

（四）加快建设人民币离岸市场，实现与在岸中心联动发展

自贸试验区应该加快建设人民币离岸市场，实现与在岸中心的联动发展。

1. 加快建设自贸试验区人民币离岸市场

从一国货币国际化发展的路径来看，人民币要成为主要国际货币之一，就必须在主要国际金融中心建立人民币离岸中心。纽约、伦敦、香港、东京等国际金融中心都建有离岸金融市场，我国周边国家如韩国、马来西亚、泰国等也都早已建立离岸金融市场。所以应加快建设自贸试验区人民币离岸市场。中国人民银行颁布的《离岸银行业务管理办法》及其细则规定，我国的离岸银行业务采取"两头在外、内外分离"的经营管理模式，离岸业务对象

严格限定为"非居民"。这种严格分离的模式可以有效防止在岸资金的流出，使在岸业务不受离岸业务的影响，并不妨碍银行将离岸资金运用于境内，也不会限制在岸资金运用于境外投资。上海自贸区离岸业务和传统业务分别设立账户，离岸中心金融机构筹资只能吸收外国居民、外国银行和公司的存款。"新51条"中有两条措施对离岸金融试验区建设是重大机遇，一条是"允许符合条件的外资机构在自贸区设立合资证券投资咨询公司"，另一条是"支持证券期货经营机构借助自贸试验区平台，率先开展跨境经纪和跨境资产管理业务，鼓励开展面向合格投资者的大宗商品和金融衍生品柜台交易；允许证券期货经营机构借助自由贸易账户参与境外证券期货和衍生品交易"。福建自贸区目前还没有类似的账户管理体系，应该建立与自贸区相适应的账户管理体系，并加快自贸试验区金融离岸市场和业务的发展，打造人民币离岸金融中心。

2. 建立自贸试验区人民币离岸业务在岸结算中心

为了推动自贸区人民币离岸中心的建立与发展，应加快建立自贸区人民币离岸业务在岸结算中心。一是有利于逐步形成离岸人民币价格。自贸区开展离岸人民币与多币种的交易结算，开发人民币与周边货币的衍生品（远期、掉期、期货、期权等）交易和交易指数，以确立离岸人民币的基准价格体系，逐步形成离岸人民币价格。二是采取内外分离型模式设计以防范风险。自贸区人民币离岸业务在岸结算中心，按照内外分离型模式进行设计，通过实行对区内银行离岸头寸和在岸头寸的相互抵补量进行限制和动态调整，以隔离内外风险，防范离岸人民币交易可能对国内金融市场造成的冲击。三是有利于人民币离岸与在岸之间联动。自贸区人民币离岸业务在岸结算中心，将成为人民币离岸与在岸的连接通道。

（五）围绕金融中心和科创中心建设，探索金融支持科技创新机制

自贸试验区也是金融支持科技的重要"试验田"，应加强与科技创新中心建设的联动，探索金融支持科技的创新机制。

1. 探索科技金融创新机制，满足中小型科技企业融资需求

上海自贸区在投贷联动、银行设立科技支行、科技创新板等方面，进行

了一系列试点，建设"创投型"信贷模式和"区域版"投贷联动模式。2016 年 4 月，国家发布科创企业投贷联动试点政策，有力地支持了上海科创中心建设。今后，福建自贸区也应复制上海经验，探索科技金融创新机制，着力引导金融资源更加广泛、更加深入地融入创新链和产业链，参与科技投入、科技研发和科技成果产业化，尤其是要创新金融产品和业务，进一步满足中小型科技企业的融资需求。鼓励发展新型金融机构和中小金融机构，推动符合中小微企业需求的金融产品和信贷模式创新，持续拓宽中小微企业的融资渠道。

2. 推进自贸区高科技型企业知识产权资产证券化发展

随着知识经济时代的到来，知识产权越来越成为企业尤其是科技型中小企业的核心价值和独特优势。对科技型中小企业来说，传统融资渠道的弊端日益显现，已无法满足其不断扩大的资金需求，如何运用所掌握的知识产权优势，通过创新的融资方式，将其与规模庞大的资本市场对接起来，为科技型中小企业提供新的融资渠道破解融资难题已成为一项紧迫的任务。资产证券化的实践，将为我国资本市场的创新带来一场新的革命。知识产权证券化是一种新型的资产证券化方式，是在知识产权领域进行金融创新、知识产权与金融资本相结合、促进科技成果转化的有效途径，这也是针对科技企业融资的一项开创性、创新性实践。这对利用多层次资本市场开展直接融资，拓宽企业融资渠道具有重要的意义。

2015 年 11 月 25 日发布的《关于加快推进中国（上海）自由贸易试验区和上海张江国家自主创新示范区联动发展的实施方案》，即"双自联动"方案，为上海"全球科创中心"建设注入了大量支持要素。张江高科技园自贸片区是我国高科技型企业知识产权资产证券化推进与实践的试验田。上海"全球科创中心"建设下，建议以张江科技园自贸片区高科技型中小企业知识产权为基点，浦东新区政府按照事先公开的收益约定规则，在政府与社会资本合作模式（PPP）下进行高科技型企业知识产权资产证券化，以地方融资平台公司作为特殊目的机构（SPV），发挥 SPV 的破产和风险隔离作用。这种采用 PPP 模式的知识产权资产证券化，不仅收入来源现金流相对稳定持续可靠，而且使资产证券化过程中的风险得到有效防范。通过此知识产权资产证券化方式，可推进自贸区高科技型企业融资机制的创新发展。

3. 健全多层次的资本市场以更好地支持科技型企业发展

自贸试验区是金融支持科技发展的重要"试验田",应推动和健全自贸区多层次的资本市场来更好地支持科技型企业的发展,搭建多元化的科技金融服务平台,积极打通社会资金流向实体经济的渠道。一是继续扩大直接融资的规模和比重。降低创新创业企业的上市或挂牌门槛,加大对创新创业企业上市或挂牌的奖励力度,支持中小科技型企业股权融资,推动股权交易中心企业新三板、战略新兴板等发展。二是利用自贸区的国际金融市场平台,吸引境外投资者为创新创业企业提供融资服务,如企业跨境股权并购等。三是适应供给侧结构性改革的新要求,加大金融对科技型企业支持力度。供给侧结构性改革的五大重点任务,去产能、去库存、去杠杆、降成本、补短板,都与金融密切相关。自贸区金融开放需要通过丰富金融机构体系、健全多层次资本市场、完善金融治理体系来发挥市场配置资源的决定性作用,从而进一步增加和完善金融对科技的供给,提高自贸区金融服务质量和供给的效率,更好地服务实体经济。

(六)建立金融综合监管监测分析中心,加强风险监管制度创新

1. 建立金融综合监管监测分析中心

在自贸区建立跨部门、跨行业、跨市场的全口径金融信息监测分析系统中心,构建全面的跨境金融安全网,做好金融改革开放创新的传感器和监测器。该监测分析中心不仅涵盖"一行三局"的监管信息和传统的银证保等各类金融机构、市场的信息,还涵盖目前完全没有监测信息的金融领域,重点覆盖各行业、各市场的日常金融业务活动。形成相对独立于各金融监管部门的监测中心,有利于探索综合监管,防范各类风险,支持区域性金融中心建设。对全国来说,可以发挥贴近市场一线的优势,作为中央信息监测的重要来源,可以为中央作出重大决策提供来自市场一线的信息。

2. 落实金融综合监管试点方案

根据金融业发展的新趋势,在现有的金融监管框架基础上,进一步加强信息沟通和监管协调,积极探索金融综合监管和功能监管。目前,上海市政府办公厅正式印发《发挥上海自贸试验区制度创新优势开展综合监管试点探

索功能监管实施细则》，拟在实践中探索形成以市场全覆盖为目标、以信息互联共享为基础、以监管合作为保障、以综合监管联席会为平台、以业界自律共治为补充的综合监管模式。福建自贸区可以借鉴此经验，加强各部门的协同配合，坚持机构监管与功能监管相结合，做好支付机构和征信机构的监管，实施金融综合监管。

3. 加强自贸区风险监管制度创新

改革开放创新必须以加强事中事后监管建设、有效守住风险底线为前提，减政放权离不开事中事后监管。试验区的监管制度创新，其本质是"调节政府与市场的关系"，这是对现有监管理念、模式和方式方法的革命性探索，而不是简单、表面的制度修补与完善。因此，需做好以下几点：

（1）监管制度创新需要来自顶层设计的前瞻指导和充分支持，按照依法治国的原则，从上至下允许和支持对现有的境内政策法规予以必要的、合宜的局部突破和调整优化，赋予改革探索足够的试验空间，做到依法改革、依法试验。

（2）应针对自贸区跨境、跨业、跨市场等特色新型业务，增加监管覆盖，提升监管能力，建立健全全覆盖、全流程、全风险的监测监管机制，加强政府监管信息共享和应急处理，提高前瞻预判和防范化解重大风险的能力，为金融创新营造严宽并济、有序高效的制度空间。

（3）试验区监管制度创新的实效，离不开区内诚信和法治环境、应急机制和征信平台等配套建设和完善，加强这些影响境内、外资投资者参与自贸区的重要因素建设。

（4）明确中央监管部门和地方监管机构的监管边界，率先探索建立起一套有效的地方性金融综合监管体制。

（5）充分考虑和发挥自贸区建设作为改革开放的试验田和压力测试手段的功能，在顶层设计中清晰界定自贸区的试验边界，要赋予自贸区相关部门适当的监管授权、试错容忍以及足够的试验期，保障试验效果。

（七）推进政府职能转变

加快政府职能转变，是自贸试验区建设的重要任务和制度保障。自贸区政府职能转变以商事登记制度改革、事中事后监管体系建设等为突破口，充分体现了减权放政、"放管结合"的改革理念。调研中，企业普遍反映自贸区内政府服务有明显改善，但也反映试点范围有限，整体效应发挥不出来等问题。自贸区的金融创新，其实质是从以事前审批、垂直监管为特征的刚性监管模式向更具弹性的事后监管和分级监管模式逐步转变。

总之，自贸试验区金融开放，应推动人民币资本项目可兑换先行先试，推动人民币国际化，扩大金融服务业开放，加快建设面向国际的金融市场，以更好地推动自贸试验区建设纵深发展，更好地为"一带一路"国家战略的金融创新开放探索新路径、积累新经验。

四、福建自贸试验区对台金融合作创新的政策建议

在《海峡两岸经济合作框架框架协议》和《海峡两岸服务贸易协议》基础上，率先推进金融服务部门对台资进一步开放是福建自贸区有别于其他三个试验区的重要战略任务。其主要内容有三：一是降低台资金融机构准入门槛，适度提高参股大陆金融机构持股比例；二是放宽台资金融机构经营人民币业务的限制，例如，允许区内银行业金融机构与台湾同业开展跨境人民币借款等业务，支持台湾地区银行向区内企业或项目发放跨境人民币贷款等；三是推动两岸资本市场的双向开放，例如，允许台资金融机构以人民币合格境外机构投资者方式投资区内资本市场，推动两岸金融核心区和自贸区内金融机构和企业赴台发行"宝岛债"，支持股权交易市场等交易平台拓展业务范围，为台商投资企业提供综合性服务等。

（一）降低台资金融机构准入门槛方面

（1）扩大自贸试验区支付服务领域，征信服务业对台湾地区开放。支持自贸试验区内注册设立的台资非金融企业，依法申请支付业务许可。支持台湾地区服务提供者按规定在自贸试验区内设立征信机构和分支机构。探索建立自贸试验区与台湾地区征信产品互认机制。改进征信机构业务管理方式，便利台湾地区服务提供者在自贸试验区经营征信业务。

（2）支持台资进入金融业，支持符合条件的台资依法设立合资银行、金

融租赁公司、财务公司、汽车金融公司和消费金融公司等金融机构。

（3）支持台湾地区金融机构在自贸试验区内设立合资金融机构，逐步提高持股比例。在大陆与台湾有关经贸合作协议框架下，提高台湾地区服务提供者在自贸试验区内参股金融机构的持股比例。

（4）支持台湾地区中央银行和其他金融组织在自贸试验区设立代表处或分支机构，吸引符合条件的台湾地区银行、证券、保险公司等金融机构在自贸试验区设立分支机构、功能型机构以及成立合资机构。

（5）完善再保险产业链。支持在自贸试验区设立中资和台资再保险机构，设立自保公司、相互制保险公司等新型保险组织，以及设立为保险业发展提供配套服务的保险经纪、保险代理、风险评估、损失理算、法律咨询等专业性保险服务机构。支持自贸试验区内保险机构大力开展跨境人民币再保险和全球保单分入业务。鼓励各类保险机构为我国海外企业提供风险保障，在自贸试验区创新特殊风险分散机制，开展能源、航空航天等特殊风险保险业务，推动国际资本为国内巨灾保险、特殊风险保险提供再保险支持。

（6）支持在自贸试验区内建设清算所，向自贸试验区内和台湾地区投资者提供航运金融和大宗商品场外衍生品的清算等服务。

（7）支持股权托管交易机构依法为自贸试验区内的科技型中小企业等提供综合金融服务，吸引台湾地区投资者参与。

（二）放宽台资金融机构经营人民币业务方面

（1）支持自贸试验区在海峡两岸金融合作中发挥先行先试作用。支持自贸试验区在两岸货币合作方面探索创新。允许符合条件的银行机构为境外企业和个人开立新台币账户，允许金融机构与台湾地区银行之间开立新台币同业往来账户办理多种形式结算业务，试点新台币区域性银行间市场交易。支持厦门片区完善两岸货币现钞调运机制。

（2）允许自贸试验区各金融机构试点人民币与新台币直接清算。

（3）支持自贸试验区在投资便利化方面先行先试，允许个人开展跨境人民币结算业务，允许境外机构境内外汇账户（人民币 NRA 账户）办理定期存款业务；允许台湾居民经营主体持台湾居民往来大陆通行证在银行开立外汇结算账户、凭运输单证或代理进出口合同等材料便捷办理贸易项下收结汇和购付汇。

（4）支持与台湾地区开展个人跨境人民币业务创新。允许金融机构按照真实交易原则，凭收付指令为自贸试验区内个人办理经常项下跨境人民币结算业务。支持区内个人从台湾地区借入人民币资金，用于在区内购买不动产等支出。支持台湾地区个人在区内购买人民币理财产品。

（5）允许非银行金融机构与台湾地区开展跨境人民币业务。支持自贸试验区内企业集团财务公司、金融租赁公司、消费金融公司、汽车金融公司、金融资产管理公司、证券公司、基金管理公司、期货公司、保险公司等机构按规定在开展跨境融资、跨境担保、跨境资产转让等业务时使用人民币进行计价结算。

（6）在建立健全相关管理制度的基础上，根据市场需要启动自贸试验区台资个体工商户可向其在台湾地区经营主体提供跨境人民币资金支持的功能。

（三）推动两岸资本市场的双向开放方面

（1）推动自贸试验区与台湾地区金融市场对接。支持区内台资企业的境外母公司或子公司按规定在境内银行间市场发行人民币债券。支持区内金融机构和企业在台湾资本市场发行人民币股票和债券，募集资金可调回区内使用，支持自贸试验区开发建设和企业生产经营。支持台湾地区机构投资者在自贸试验区内开展合格境内有限合伙人（QDLP）业务，募集区内人民币资金投资台湾资本市场。支持台湾地区机构投资者在自贸试验区内开展合格境外有限合伙人（QFLP）业务，参与境内私募股权投资基金和创业投资基金的投资。

（2）支持闽台在自贸试验区合作设立人民币海外投贷基金。支持闽台两地机构在区内合作设立人民币海外投贷基金，募集内地、台湾地区及海外机构和个人的人民币资金，为我国企业"走出去"开展投资、并购提供投融资服务。

（3）支持在自贸试验区设立国际金融资产交易平台，有序引入台湾地区长期资金逐步参与境内股票、债券、基金等市场。

（4）支持依托海峡股权交易中心，研究在自贸试验区探索建设专业服务于中小台资企业的区域性股权市场。

(四) 推进对台金融业务创新和两岸同业合作方面

（1）深化自贸试验区与台湾地区金融同业业务合作。在宏观审慎管理框架下，支持自贸试验区金融机构与台湾地区金融同业开展跨境人民币借款业务，应用于与国家宏观调控方向相符的领域，暂不得用于投资有价证券（包括理财等资产管理类产品）、衍生产品。支持自贸试验区金融机构与台湾地区金融同业合作开展人民币项下跨境担保业务。

（2）允许自贸试验区符合条件的中资银行开办对台离岸业务，允许直接投资项下外汇登记下放区内银行办理，允许台湾地区银行向自贸试验区内企业或项目发放跨境人民币贷款，允许自贸试验区企业与台湾地区企业在企业集团内部试点开展人民币借贷业务。支持开展合格境外投资者（QFLP）政策试点。

（3）支持自贸试验区在两岸金融同业民间交流合作的基础上，完善两岸金融同业定期会晤机制，促进两岸金融合作与发展。完善两岸反洗钱、反恐融资监管合作和信息共享机制。

（4）支持具有离岸业务资格的商业银行在自贸试验区内扩大相关离岸业务。在对现行试点进行风险评估的基础上，适时扩大试点银行和业务范围。

在争取上述政策措施的基础上，建立自贸试验区金融改革创新与福州两岸金融合作示范区、厦门两岸区域性金融服务中心建设的联动机制，深化两岸金融合作。

五、福建自贸试验区金融开放创新的政策建议

福建自贸试验区的金融开放创新，应坚持以服务实体经济、促进贸易和投资便利化为出发点，根据"积极稳妥、把握节奏、宏观审慎、风险可控"原则，"成熟一项、推进一项"，加快推进资本项目可兑换、人民币跨境使用、金融服务业开放和建设面向国际的金融市场，不断完善金融监管，大力促进自贸试验区金融开放创新，探索新途径、积累新经验，及时总结评估、

适时复制推广，更好地为全国深化金融改革和扩大金融开放服务。

（一）率先实现人民币资本项目可兑换

按照"统筹规划、服务实体、风险可控、分步推进"原则，在自贸试验区内进行人民币资本项目可兑换的先行先试，逐步提高资本项下各项目可兑换程度。

（1）研究启动合格境内个人投资者境外投资试点，适时出台相关实施细则，允许符合条件的个人开展境外实业投资、不动产投资和金融类投资。

（2）抓紧制定有关办法，允许或扩大符合条件的机构和个人在境内外证券期货市场投资，尽快明确在境内证券期货市场投资的跨境资金流动管理方式，研究探索通过自由贸易账户等支持资本市场开放，适时启动试点。

（3）建立健全自贸试验区内宏观审慎管理框架下的境外融资和资本流动管理体系，综合考虑资产负债币种、期限等匹配情况以及外债管理和货币政策调控需要，合理调控境外融资规模和投向，优化境外融资结构，防范境外融资风险。

（4）创新外汇管理体制，探索在自贸试验区内开展限额内可兑换试点。围绕自贸试验区建设目标，进一步创新外汇管理体制。放宽跨境资本流动限制，健全外汇资金均衡管理体制。统筹研究进一步扩大个人可兑换限额。根据主体监管原则，在自贸试验区内实现非金融企业限额内可兑换。逐步扩大本外币兑换限额，率先实现可兑换。

（二）进一步扩大人民币跨境使用

扩大人民币境外使用范围，推进贸易、实业投资与金融投资三者并重，推动资本和人民币"走出去"。

（1）完善相关制度规则，支持自贸试验区内企业的境外母公司或子公司在境内发行人民币债券，募集资金根据需要在境内外使用。

（2）在建立健全相关管理制度的基础上，根据市场需要启动自贸试验区个体工商户可向其在境外经营主体提供跨境人民币资金支持的功能。

（3）拓宽境外人民币投资回流渠道。创新面向国际的人民币金融产品，扩大境外人民币境内投资金融产品的范围，促进人民币资金跨境双向流动。

（三）不断扩大金融服务业对内对外开放

探索市场准入负面清单制度，开展相关改革试点工作。对接国际高标准经贸规则，探索金融服务业对外资实行准入前国民待遇加负面清单管理模式。推动金融服务业对符合条件的民营资本和外资机构扩大开放。

（1）支持民营资本进入金融业，支持符合条件的民营资本依法设立民营银行、金融租赁公司、财务公司、汽车金融公司和消费金融公司等金融机构。

（2）支持各类符合条件的银行业金融机构通过新设法人机构、分支机构、专营机构、专业子公司等方式进入自贸试验区经营。

（3）支持具有离岸业务资格的商业银行在自贸试验区内扩大相关离岸业务。在对现行试点进行风险评估基础上，适时扩大试点银行和业务范围。

（4）支持在自贸试验区内按照国家规定设立面向机构投资者的非标资产交易平台。

（5）允许自贸试验区内证券期货经营机构开展证券期货业务交叉持牌试点。

（6）允许公募基金管理公司在自贸试验区设立专门从事指数基金管理业务的专业子公司。支持保险资金等长期资金在符合规定前提下委托证券期货经营机构在自贸试验区内开展跨境投资。

（7）支持证券期货经营机构在自贸试验区率先开展跨境经纪和跨境资产管理业务，开展证券期货经营机构参与境外证券期货和衍生品交易试点。允许基金管理公司子公司开展跨境资产管理、境外投资顾问等业务。

（8）支持在自贸试验区设立专业从事境外股权投资的项目公司，支持符合条件的投资者设立境外股权投资基金。

（9）允许外资金融机构在自贸试验区内设立合资证券公司，外资持股比例不超过49%，内资股东不要求为证券公司，扩大合资证券公司业务范围。允许符合条件的外资机构在自贸试验区内设立合资证券投资咨询公司。

（10）支持在自贸试验区设立保险资产管理公司及子公司、保险资金运用中心。支持保险资产管理机构设立夹层基金、并购基金、不动产基金、养老产业基金、健康产业基金等私募基金。支持保险资产管理公司发起、保险公司投资资产证券化产品。依托金融要素市场研究巨灾债券试点。

（11）完善再保险产业链。支持在自贸试验区设立中外资再保险机构，设立自保公司、相互制保险公司等新型保险组织，以及设立为保险业发展提供配套服务的保险经纪、保险代理、风险评估、损失理算、法律咨询等专业性保险服务机构。支持自贸试验区内保险机构大力开展跨境人民币再保险和全球保单分入业务。鼓励各类保险机构为我国海外企业提供风险保障，在自贸试验区创新特殊风险分散机制，开展能源、航空航天等特殊风险保险业务，推动国际资本为国内巨灾保险、特殊风险保险提供再保险支持。

（12）在现行法律框架下，支持设立外资健康保险机构。探索建立航运保险产品注册制度。研究推出航运保险指数。

（13）在风险可控前提下支持互联网金融在自贸试验区创新发展。

（14）支持科技金融发展，探索投贷联动试点，促进创业创新。在风险可控和依法合规前提下，允许区内商业银行等以科技金融服务为特点的银行与创业投资企业、股权投资企业战略合作，探索投贷联动，地方人民政府给予必要扶持。

（15）在防范风险前提下，研究探索开展金融业综合经营，探索设立金融控股公司。

（16）在自贸试验区内金融开放领域试点开展涉及外资的国家安全审查。支持与我国签署自由贸易协定的国家或地区金融机构率先在自贸试验区内设立合资金融机构，逐步提高持股比例。在内地与港澳、大陆与台湾有关经贸合作协议框架下，提高港澳台地区服务提供者在自贸试验区内参股金融机构的持股比例。

（17）集聚和发展银行、证券、保险等行业的各类功能性金融机构。支持大型金融机构设立业务总部。支持境外中央银行和国际金融组织设立代表处或分支机构，吸引符合条件的国际知名银行、证券、保险公司等金融机构设立分支机构、功能型机构以及成立合资机构。

（18）支持在自贸试验区按国家有关规定设立法人金融机构，实施"走出去"战略，加快海外网点布局，拓展海外市场。

（四）加快建设面向国际的金融市场

依托自贸试验区金融制度创新和对外开放优势，推进面向国际的金融市场平台建设，拓宽境外投资者参与境内金融市场的渠道，提升金融市场配置境内外资源的功能。

（1）支持设立国际金融资产交易平台，有序引入境外长期资金逐步参与境内股票、债券、基金等市场，探索引入境外机构投资者参与境内新股发行询价配售。

（2）允许符合条件的境外机构在自贸试验区试点设立独资或者合资的期货市场服务机构，接受境外交易者委托参与境内特定品种期货交易。

（3）支持股权托管交易机构依法为自贸试验区内的科技型中小企业等提供综合金融服务，吸引境外投资者参与。

（五）不断加强金融监管，切实防范风险

建立适应自贸试验区发展的金融监管机制，加强金融风险防范，营造良好的金融发展环境。

（1）完善金融监管体制。探索建立符合国际规则、适应中国国情的金融监管框架。精简行政审批项目，简化事前准入事项，加强事中事后分析评估和事后备案管理。加强金融信用信息基础设施建设，推动信用信息共建共享，构建与国际接轨的统计、监测体系。加大对金融失信行为和市场违规行为惩戒力度。

（2）支持人民银行和外汇局加强自贸试验区金融监管服务能力建设，探索本外币一体化监管体系。创新外汇账户管理体系。整合外汇账户种类，优化监管方式，提升监管效率。

（3）加强自贸试验区金融监管协调，探索功能监管。进一步发挥自贸试验区金融协调机制作用，加强跨部门、跨行业、跨市场金融业务监管协调和信息共享。研究探索中央和地方金融监管协调新机制。支持国家金融管理部门研究探索将部分贴近市场、便利产品创新的监管职能下放至在闽金融监管机构和金融市场组织机构。

（4）加强金融风险防范。完善跨境资金流动的监测分析机制，加强反洗钱、反恐怖融资和反逃税工作机制。针对金融机构跨行业、跨市场、跨境发展特点，掌握金融开放主动权，建立和完善系统性风险预警、防范和化解体系，守住不发生系统性、区域性金融风险的底线。

（5）积极完善金融发展环境。研究制定进一步完善金融信用制度建设的方案。

专题五　厦门构建绿色金融体系的研究

　　绿色金融，是指为支持环境改善、应对气候变化和资源节约高效利用的经济活动，即对环保、节能、清洁能源、绿色交通、绿色建筑等领域的项目投融资、项目运营、风险管理等提供的金融服务。

　　绿色金融体系，是指通过贷款、私募投资、债券和股票发行、保险、排放权交易等金融服务，将社会资金引入环保、节能、清洁能源、清洁交通等绿色产业的一系列政策、制度安排和相关基础设施建设。

　　构建绿色金融体系，增加绿色供给，是贯彻落实"五大发展理念"和发挥金融服务供给侧结构性改革作用的重要举措。2015 年 9 月，中共中央、国务院印发《生态文明体制改革总体方案》，首次明确建立绿色金融体系的顶层设计。2015 年 11 月，国务院印发《关于积极发挥新消费引领作用加快培育形成新供给新动力的指导意见》，强调要建立绿色金融体系，发展绿色信贷、绿色债券和绿色基金。2016 年 3 月，《中华人民共和国国民经济和社会发展第十三个五年规划纲要》明确提出，要建立绿色金融体系，发展绿色信贷、绿色债券，设立绿色发展基金。2016 年 8 月 31 日，中国人民银行、财政部、国家发展改革委、环境保护部、银监会、证监会、保监会七部委联合发布《关于构建绿色金融体系的指导意见》，指出要通过创新性金融制度安排，引导和激励更多社会资本投入绿色产业，同时有效抑制污染性投资；要利用绿色信贷、绿色债券、绿色股票指数和相关产品、绿色发展基金、绿色保险、碳金融等金融工具和相关政策为绿色发展服务；要加强对绿色业务和产品的监管协调，完善有关监管规则和标准。2016 年 9 月，绿色金融被首次纳入 G20 峰会议程，并形成了《G20 绿色金融综合报告》。关于构建绿色金融体系，我国从最高战略层面到各相关部委层面已经形成了高度共识，彰显出中国全力支持和推动绿色投融资、加快经济向绿色化转型的决心。

2014 年 4 月，国务院将福建省确定为第一个生态文明建设先行示范区，2016 年 8 月，福建省再次升级为全国第一个国家生态文明试验区。随着国家生态文明试验区建设的深入开展，借助丰富的生态资源、依托生态文明建设先行先试的政策优势，福建省在凝聚改革合力、增添绿色发展动能、探索构建绿色金融体系有效模式上被赋予了更加重要的时代意义和责任。继中央七部委联合出台《关于构建绿色金融体系的指导意见》后，2016 年 11 月 11 日，厦门市率先出台《关于促进厦门市银行业金融机构发展绿色金融的意见》，该《意见》是地方政府出台的第一份贯彻意见，指导银行机构围绕厦门低碳城市、国家级海洋生态文明示范区和国家森林城市等重点建设项目，加大对重点领域的绿色金融支持力度，迈出了探索厦门市构建绿色金融体系先行先试的第一步。

一、构建绿色金融体系的意义及作用

中国作为全球最大的碳排放国，面临的节能减排形势日益严峻。2016 年，全国 74 个主要城市中只有 7 个城市的空气质量达标。中国城市 PM2.5 水平的年均浓度为 65 微克/立方米，一些北方城市的 PM2.5 水平常年在 100 微克/立方米以上，远超世界卫生组织第二阶段 25 微克/立方米的标准。地方环境污染和资源承载能力已经达到或接近极限，因企业污染关停带来的信贷风险开始加大，金融业在推动节能减排、践行经济与自然和谐发展、实现自身可持续发展中存在巨大挑战。在全球关注金融与经济社会可持续发展的大背景下，践行"绿色金融"不仅是贯彻落实科学发展观的现实需要，更是顺应国际潮流，实现金融与国际接轨的必然选择。

（一）促进产业绿色升级

产业结构调整是经济转型升级的核心内容，而传统产业绿色改造和绿色产业发展又是产业结构调整的核心内容。大力发展绿色金融，构建完善的绿色金融体系，既能促进厦门市传统产业的绿色改造，又能推动绿色产业发展。绿色金融通过引导生产企业从事绿色生产和经营，引导消费者形成绿色消费理念，引导社会资本流向资源节约和环境保护行业，起到以下四方面重要作用：

第一，形成资金导向。金融体系最基本的功能，即将资金聚集起来形成产业资本并用于投资。绿色金融体系通过汇集资金和引导资金流向助推产业结构调整。一方面，绿色金融发展有利于资金用于支持绿色产业，形成发展绿色产业所必需的绿色金融资本，从而有效降低绿色产业在发展过程中筹集资本的成本，为绿色产业发展提供有利条件；另一方面，绿色信贷政策要求商业银行在发放贷款时需考虑企业和贷款项目的环境风险，对一些能源消耗大、环境污染大的企业和项目不予贷款支持，对一些能源消耗小、环境污染小的节能环保型绿色产业给予低利率的优惠贷款支持，从而引导绿色产业资本由"两高"产业向"两低"产业调整。

第二，促进产业整合。现阶段，受国家节能减排要求，冶炼、工矿等"三高"产业发展遇到越来越多的障碍，而积极采用清洁生产技术，将环境污染物的排放消除在生产过程中的绿色产业在绿色金融的支持下发展前景良好。绿色金融推动各项资源流向绿色产业，实现了绿色产业的规模经济效应，进而提升其长期竞争力。同时，商品市场、劳动力市场、技术市场等体系也会促进资本在不同区域间的流动、重组，带来商品、劳动力和技术等资源的空间转移、区域资源禀赋的改变，促进绿色产业整合，进而有效打破行业和地区的限制，在一个更大范围内实现商品市场、劳动力市场、技术市场和金融市场的资源有效配置，使市场体系更加有效和完善，提高绿色产业竞争力。

第三，环境信息公开。金融体系能够对投资项目进行有效的评估和甄别，具有单个投资者无法比拟的专业优势和规模效益。绿色金融体系将环境保护作为基本出发点，在投融资决策中能充分考虑潜在的环境影响，考虑投资决策的环境风险与成本，在经营活动中注重对生态环境的保护及环境污染的治理。透明的信息披露有助于投资者发现最具投资价值的行业和企业，优化资本配置，促进产业结构调整。同时，环境信息的公开也促使有针对性的政府管制和社会监督，进而将事后处罚转变为事前预防和始终监督。

第四，提高环境风险防范能力。金融体系可以在全社会重新配置风险，使风险更高且生产率更高的技术获得足够的资本投入，从而推动产业技术进步和产业结构调整。绿色金融体系在配置资金的同时，重新分配风险，通过充分利用金融风险管理技术，在商业和服务的价格中真实地解释环境服务的价值，开发涵盖环境风险识别、评估、控制、转移及检测在内的风险管理系统，对项目建设和运营过程中可能存在的环境和社会风险进行充分的识别和控制，并通过分散化投资来降低风险，进而将环境风险组合到整体风险中。

（二）推动区域经济可持续发展

绿色发展已成为中国区域经济发展的共识，绿色发展需要地方进行金融创新，通过金融手段引导市场配置绿色金融和经济资源，促进区域经济转型。构建绿色金融体系，能够在区域经济的转型升级中发挥以下三个重要功能：

第一，资源配置功能。由于绿色金融的决策是基于两个效益的分析权衡，因此可以实现资源分配的最佳效果，即在实现经济效益最大化的同时，确保实现环境效益的最大化。通过金融资源对行业和企业的选择，在经济转型和产业调整中发挥引导、淘汰和控制的作用，金融机构可以利用金融政策和资本市场的资金引导功能，提高信贷率和信贷门槛，抑制高污染行业的过度发展。通过减少其信贷支持，影响其发展规模，避免环境污染问题的严重化，进而实现经济和环境的协调发展。

第二，环境风险控制功能。规避风险是金融企业的基本行为，可以通过金融企业对环境风险的识别、预测、评估和管理，实现企业和项目的环境风险最小化，而循环经济、低碳经济、生态经济恰好是环境风险最小化的经济发展模式，通过绿色金融可以缓解环境保护和经济发展之间的矛盾。鼓励银行开发绿色金融、低碳金融产品，对绿色产业、生态产业、循环产业，以及一些新能源企业，优先给予金融信贷支持，利用金融引导作用，促进经济结构调整，推动可持续发展。

第三，对企业和社会环境与经济行为的引导功能。通过金融机构的准入管理和信用等级划分方式，影响与引导企业和社会的生产和生活方式的改变。加快传统金融向绿色金融的转变步伐，强化银行、证券、保险等金融机构的绿色金融理念，确立绿色金融战略，将绿色金融战略应用于实践，借鉴国际经验，加强国际金融体系的交流与合作，创新绿色金融发展模式。

（三） 加快推进社会进步

构建完善的绿色金融体系，需要相关法律体系的支撑和保障，这是社会进步的体现。绿色金融有利于加深企业、公民保护环境的社会责任意识，增强成员的社会认同感，提升社会文明，推动社会进步。

绿色金融法律体系的构建是对传统秩序价值观念的突破和挑战，在绿色金融法律的保障下，经济、环境、社会协调发展的新秩序将得以确立。绿色金融法律体系的构建必须以可持续发展为原则，而绿色金融法律体系是可持续发展的必然选择。只有确立绿色金融的法治理念，才能找到金融、可持续发展、法律保障的最佳结合点。

绿色金融的发展，促成了金融组织在管理理念、管理模式和业务模式上的转变。基于社会可持续发展准则的要求，金融机构在经营过程中不断提高自身的社会责任意识，更多地提供安全绿色的金融产品和服务，不仅使自身获得盈利，同时促进实现其所支持企业的利润与责任。例如，国有商业银行在践行绿色金融的过程中，为了更好地与赤道原则对接，必须将社会责任思想渗透到银行自身的核心业务和竞争优势之中。因此，利用绿色金融实现金融机构与所支持企业的社会责任和利益共赢的模式，已逐渐成为全球环境治理的新手段，在促进社会可持续发展方面扮演了十分重要的角色。

二、绿色金融体系的发展现状及制约因素

一个符合绿色发展和可持续发展要求的完善的绿色金融体系，是金融制度、金融市场、金融工具和金融机构所构成的综合体，构建绿色金融体系的基本框架，也应从这四大组成部分分别进行考察。

（一） 绿色金融制度方面

绿色金融制度，是国家用法律形式确立的绿色金融体系结构，涉及绿色金融活动的各个方面和各个环节，由一系列制度构成，体现为有关的国家成

文法和非成文法，政府法律法规、规章、条例以及行业公约和约定俗成的惯例等。

1. 发展现状

1981 年，国家出台《国务院关于在国民经济调整时期加强环境保护工作的决定》，其中规定了"利用经济杠杆"保护环境的政策。1984 年，国家发出《关于环境保护资金渠道的规定通知》，明确提出环境保护资金来源的 8 条渠道，许多都与环境信贷有关。1995 年，中国人民银行、国家环保总局（现环境保护部）先后颁布《关于贯彻信贷政策和加强环境保护工作有关问题的通知》《关于运用信贷政策促进环境保护工作的通知》，国内部分商业银行开始发放绿色信贷，中国的绿色金融制度正式诞生。1998 年，"面向 21 世纪全球金融发展国际研讨会"首先提出"金融可持续发展"概念，即以金融的可持续促进经济社会的可持续发展。2012 年，中国银行业监督管理委员会发布《绿色信贷指引》，中国绿色金融制度得到不断的完善。

2. 制约因素

绿色金融制度设计欠缺，政策法规不全。一是绿色金融法律体系缺失，目前尚没有国家法律层面的制度设计，仅是"一行三会"及财政部、环保部等颁布了些许部门规章制度。二是绿色金融政策措施在实践中缺乏针对性和可操作性，远不能满足实际需要，如在产业结构由高碳向低碳转变中，转型企业的经营成本往往会大幅上升而影响盈利；同时，财政补贴、税收减免和金融优惠等政策并未有效跟进，影响金融机构开展绿色金融业务的积极性。三是绿色金融信息披露平台尚不健全，部分投资项目环评效力不足。

（二）绿色金融市场方面

绿色金融市场，是指为保护环境（包括水、大气、森林、土壤等）或考虑环保因素而进行的投融资活动所形成的市场。当前国际绿色金融市场主要指的是在"京都机制"下形成的以碳排放权为基础的一系列碳信用工具交易的碳金融市场，包括项目市场、自愿减排市场和配额交易市场。另外，根据市场功能分类，还可以分为一级市场和二级市场；根据市场组织形式，也可以分为场内市场和场外交易市场。

1. 发展现状

根据《京都议定书》，我国没有强制减排义务，目前中国企业只是作为
CDM 项目中的卖方参与碳交易。根据世界银行统计，2006～2008 年，中国
的 CDM 项目占全球该项目的比例分别为 54%、73% 和 84%，远远领先于其
他发展中国家。截至 2010 年 3 月，国家发改委批准的 CDM 项目总计 2443
个，估计二氧化碳年减排总量达 4.3 亿吨。世界银行测算，发达国家在 2012
年要完成 50 亿吨温室气体的减排目标，其中一半要以 CDM 的形式实现，作
为未来低碳产业链上最有潜力的供给方，国内企业在碳交易及其衍生品市场
的发展前景非常广阔①。

2. 制约因素

2008 年我国先后成立了北京环境交易所、上海环境交易所和天津排放权
交易所三家较大的交易所，2009 年山西吕梁节能减排项目交易中心成立，武
汉、杭州和昆明等几家交易所也相继成立，各地掀起了一股建立交易所的热
潮。但从长远来看，在构建交易平台方面缺乏整体规划。

（三）绿色金融工具方面

绿色金融工具，是指在绿色金融市场中可交易的金融资产，是用来证明
贷者与借者之间融通资金余缺的书面证明，其最基本要素为支付的金额与支
付的条件。按传统金融工具原生和衍生的分类，绿色金融工具也分为原生类
绿色金融工具和衍生类绿色金融工具两大类。原生类绿色金融工具主要包括
绿色信贷、绿色证券、绿色保险、碳信用和碳基金等，由此派生出的衍生类
绿色金融工具包括远期、期货、期权、互换和结构性产品等。

1. 发展现状

自绿色金融兴起以来，由于银行在金融体系的重心地位，绿色信贷一直
备受关注。绿色信贷是 2007 年由环境保护部联合人民银行和银监会为遏制
高耗能高污染产业和解决环保问题而出台的信贷政策，但由于缺乏评估标准
和执行细则，迄今收效甚微。银行业对绿色信贷的理解，更多地停留在履行
企业社会责任、贡献社会和提高声誉上，而非真正将其看作信贷风险问题。

---

① 资料来源：根据世界银行官方网站数据整理。

对于贷款项目在环境方面的评估，也只是简单地通过审核贷款项目是否具备环境影响评价报告和是否具有环境违规行为等较低的门槛，管控的重点也主要放在通过推出贷款抑制"两高一剩"（高排放、高污染和过剩产能）上。2012年年初，银监会发布《绿色信贷指引》，绿色信贷才重新引起较高关注。该指引对绿色信贷的范围及环境和社会风险作出了更明确的界定，不仅涵盖了污染、安全等社会问题，还首次将气候变化包含在内，同时对银行业在银行内部从上至下实施绿色信贷提供了更为明确的指导方向，并通过奖励和问责等机制使其具有一定程度的约束性。继绿色信贷之后，环保部还联合保监会、证监会相继推出了绿色保险、绿色证券等尝试性的政策文件，这些都是政府以解决环境污染为出发点在绿色金融领域所做的一些积极尝试，逐步有序地丰富绿色金融工具。

2. 制约因素

绿色金融工具创新匮乏，与国外领先者相比差距仍然明显。业界对绿色金融的理解几乎等同于绿色信贷，即减少对高污染、高耗能、高排放企业的贷款额度，对于绿色证券、绿色保险和碳金融产品等绿色金融的其他工具理解甚少；且绿色信贷所涉足的领域也多在中下游环节或低附加值产品环节，主要以支持国家的节能减排政策为主。

（四）绿色金融机构方面

绿色金融机构，是指全方位、多层次的绿色金融市场中介服务参与主体，由于项目的业主和开发者以及碳信用交易的买卖双方都急需相关的能力和经验，这一情况为深谙规则的相关机构提供了广阔的中介服务市场，包括低碳项目开发与投融资服务、咨询、资产管理、经纪、信用增级、担保等业务。

1. 发展现状

2004年，在财政部的要求下，国际金融公司（IFC）着手设计了"中国能效融资项目"。从2008年4月开始，中国人民银行与环境保护部决定，将企业环保信息纳入全国信用信息基础数据库，将企业的环保行为评级，分为绿色、蓝色、黄色、红色和黑色。环保好的企业将获得"信用福利"，环保差的企业将付出"信用代价"。商业银行方面，兴业银行是中国最早涉足绿色金融业务的银行之一。2005 年，兴业银行与国际金融公司合作，首次推出节能减排项目贷款，并于 2006 年正式发行绿色信贷。2008 年 10 月，兴业银行成为中国首家加入赤道原则的银行。截至 2009 年 11 月末，兴业银行累计发放节能减排项目贷款 187 笔，累计发放金额 137.37 亿元，年节约标准煤851.78 万吨，年减排二氧化碳 2685.34 万吨，年减排化学需氧量 42.82 万吨，年综合利用固体废弃物 47.25 万吨[①]。2009 年 1 月，兴业银行成立了包括项目融资团队、碳金融团队、技术服务团队和研究团队的国内首个可持续金融业务专门机构——可持续金融中心，绿色金融成为兴业银行的一个品牌特色。此外，招商银行、浦发银行、中国银行、光大银行等国有其他金融机构也纷纷开展绿色金融业务。

2. 制约因素

绿色金融总体体量较小，现有金融机构实施力度较弱。自 2008 年以来，中国人民银行联合银监会、保监会、证监会等颁布实施了一系列绿色金融政策，但总体上看，真正用于绿色发展事业的资金仍然较少，金融机构的实施力度较弱。以绿色信贷为例，2012 年中国工商银行贷款总额为 88037 亿元，投向绿色发展领域的贷款为 5934 亿元，绿色信贷比例为 6.74%，较上年同比下降 11.08%；中国建设银行贷款总额为 75123 亿元，投向绿色发展领域的贷款为 2396 亿元，绿色信贷比例为 3.18%，较上年同比下降 7.83%；中国农业银行贷款总额为 64333 亿元，投向绿色发展领域的贷款为 1522 亿元，绿色信贷比例为 2.36%，较上年同比下降 5.49%[②]。绿色信贷在银行信贷业务中不仅占比较小，且呈现逐年递减的趋势。同时，非银行金融机构对绿色金融的参与度不高，提供的绿色金融服务较为单一。

三、构建绿色金融体系的相关国际经验

为了应对环境的挑战，在过去的几十年时间里，发达国家在制度、市场、工具和机构建设方面累积了许多成功经验，并以此推动了经济转型，培

---

① 资料来源：根据兴业银行官方网站发布数据整理。
② 资料来源：根据中国工商银行、中国建设银行、中国农业银行 2012 年公布年报数据整理。

育了新的经济增长点。在绿色金融政策的支持下，清洁能源、新能源的发展也创造了大量绿色就业岗位。例如，欧洲通过绿色信贷、绿色贴息、绿色基金、绿色债券等绿色金融手段支持节能产业发展，每年节约能源价值预计达2000亿欧元。单在2011年，欧盟新能源产业就提供了120万个就业机会。据欧洲气候基金估计，借助领先的清洁技术，欧洲将每年增加250亿欧元的出口①。

（一）制度建设方面

1. 赤道原则

2003年6月，国际金融公司（IFC）在国际银行也发起了"赤道原则"，并由花旗银行等7个国家的10家国际领先银行率先宣布实行。"赤道原则"要求金融机构审慎核查项目融资中的环境和社会问题，只有在项目发起人能够证明该项目在执行中会对社会和环境负责的前提下，金融机构才能对项目提供融资。"赤道原则"的作用在于确立了项目融资的环境与社会最低行业标准，为金融机构推进环境保护和节能减排提供了可参照的一般准则。目前，实行赤道原则的金融机构已达82家，占全球项目融资市场的90%以上。

2. 联合国负责任投资原则组织

联合国负责任投资原则组织（United Nation's Principles for Responsible Investment，PRI），是一个联合国发起，由全球主要投资者组织的国际框架，目标是实现并向全球正式推出责任投资原则。该框架强调了投资者需要在投资过程中考虑ESG的元素，即环境（environment）、社会（social）以及公司治理（governance），已经完成和正在进行的主要工作有：其一，提供投资指引，帮助签约机构在投资时加强对ESG因素的考量，并通过专设监督机构定期考察，目前已有超过20家国际知名金融机构明确将ESG因素纳入投资项目考核和资产配置分析模型，如德意志银行、花旗银行等；其二，要求投资者每年公开汇报其PRI实施情况，并确保汇报和评估文件公开可查；其三，设立交换所论坛，要求签约机构参加会议，交流经验并建立投资者网络；其四，通过专项经费，联合学术界和研究机构对投资者采用ESG标准的情况进

---

① 资料来源：根据欧洲气候基金官方网站数据整理。

行分析，并共享案例和出版刊物。

3. 明确金融机构的环境法律责任

1980 年，美国出台了《全面环境响应、补偿和负债法案》（CER - CLA）。根据该法案，银行可能需对客户造成的环境污染负责并支付修复成本。若贷款人参与借款人经营、生产或废弃物处置而造成污染，或对造成污染的设施具有所有权，则必须承担相应的贷方责任，这一责任是严格、连带和溯及既往的。1986 年，马里兰地区法院起诉马里兰银行信托公司持有借款人用于清偿的物业，并拒绝环保署要求其清理污染物的提议，依照 CER - CLA 法案，被告最终败诉，需支付环保署用于清理的成本。类似案件在美国多达上百起。

（二）市场建设方面

1. 建立碳排放交易平台

欧盟排放交易体系（EU - ETS）成立于 2005 年，是典型的基于配额交易的强制性市场，也是目前世界上最大的碳市场，碳交易量与交易额占全球总量的 3/4 以上，涉及欧盟 27 个成员国以及列支敦士登和挪威共 29 个国家，近 1.2 万个工业温室气体排放实体。美国芝加哥交易所（CCX）是全球第一个自愿性参与温室气体排放量交易，并对减排量承担法律约束力的组织和市场交易平台。美国区域性温室气体减排立法提案计划（RGGI）由美国东北和中大西洋地区的 10 个州参加，是美国第一个市场导向的、区域性的二氧化碳排放总量控制及配额交易框架。此外，澳大利亚的新南威尔士温室气体减排计划（NSW GGAS）、新西兰的温室气体排放配额计划（NZ - ETS）、日本温室气体自发减排行动计划（Keidanren VAP）等交易平台也相继建立。

2. 环境信息披露机制

上市公司和发行债券的企业在国际上通常被要求披露环境责任信息，内容主要包括：企业正运行何种项目、投资对环境产生了或可能产生何种影响、企业为减少这些影响作出的努力、企业在环保科技领域的投入等。英国 Trucost 公司在 2013 年发布的报告显示，2011～2012 财年，FTSE All-Share 指数中，433 家英国公司通过年报、社会责任报告等不同形式披露了本企业的环境信息，并将企业的环境影响进行量化，披露环境信息的企业占比由 2004 年的 37% 上升至 2012 年的 80%。

3. 绿色投资者网络

绿色机构投资者网络，是基于众多机构投资者组成的各种网络，形成绿色投资的社会责任协议，以推动在投资决策程序中引入环境因素，督促被投资企业承担社会责任。目前，主要的绿色投资者网络有：

（1）The Investor Network of Climate Risk（INCR），该网络成立于 2003 年，包括 100 个大型投资者，共管理 11 万亿美元资产。

（2）The Institutional Investor Group of Climate Change（IIGCC），该网络成立于 2001 年，拥有 80 个成员，涵盖欧洲主要养老金和其他机构投资者，共管理 7.5 万亿欧元资产。

（3）The Carbon Disclosure Project（CDP），该网络拥有 722 个成员，共管理 87 万亿美元资产，主要工作是搜集和公布 30 个国家的 2500 个机构（企业）的碳排放数据和由此导致的商业风险，要求上市公司就其碳排放披露更多信息。

（三）工具建设方面

近年来，世界金融机构均致力于开展绿色金融服务创新，陆续设计和推出了一系列与环境因素有关的绿色金融工具。这些绿色金融工具大致可分为以下三类：

（1）支持绿色产业的金融工具，即金融机构在业务发展过程中，创造支持企业健康成长的项目融资、绿色基金及防范环境污染的风险投资等金融商品，如绿色产业基金等。

（2）诱导环保意识的金融工具，即金融机构利用绿色金融产品诱导消费者的环境保护意识，开发个人节约能源的金融商品，如购买绿色环保汽车的优惠贷款、绿色存款、绿色信用卡以及对高效率利用能源的设备融资给予优惠利率等。

（3）碳排放市场中与碳排放权交易相关联的项目，如碳基金、碳金融衍生品以及碳排放中介业务、碳排放咨询、碳排放投融资业务等碳金融服务。

1. 绿色信贷和证券化

绿色信贷和证券化，要求金融机构在政府财税政策的扶持下，结合市场需求，采取贷款额度、贷款利率、贷款审批等优惠措施，开发出针对企业、个人和家庭的绿色信贷产品；同时运用证券市场工具，帮助大型的环境基础设施或节能减排项目融资，并为企业提供与环境相关的避险工具。在成功的实践经验中，有向低排放车型提供的优惠利率贷款，如加拿大银行的清洁空气汽车贷款、澳大利亚银行的汽车贷款等，以及绿色资产抵押支持证券、气候衍生品等。

2. 绿色证券基金

目前，绿色证券基金主要以 ETF 指数和基金类产品为主，也包括碳排放权类的衍生品等。国际上的代表性的绿色指数主要有：涵盖全球 30 个主要清洁能源公司股票的标普全球清洁能源指数、跟踪 50 余家美国清洁能源上市公司的纳斯达克美国清洁指数、跟踪环保相关业务日本企业的 FTSE 日本绿色 35 指数等。特色指数和基金还包括德意志银行的标普美国碳减排基金、巴克莱银行的全球碳指数基金等。

3. 绿色债券

绿色债券是由国际金融组织和政府支持金融机构发行的债券，承销商通常是国际投资银行，投资者包括大型机构投资者和部分高净值个人投资者，期限范围为 3 ~ 7 年，平均期限为 5 ~ 6 年。绿色债券具有二级市场流动性，因发行者的信用级别较高，可以较低利率融资以支持绿色项目。目前国际上已发行绿色债券的机构包括世界银行、亚洲开发银行、英国绿色投资银行和韩国进出口银行等。自 2007 年以来，全球发行的绿色债券总市值超过 50 亿美元，其中世界银行约占 50%。绿色债券具有以下四个优点：其一，绿色题材和社会价值；其二，较短的期限和较高的流动性；其三，部分绿色债券免税，具有良好的投资回报；其四，较低的风险，投资者通过投资绿色债券，规避了对单个环保项目的投资风险，且发行机构本身会对所有项目进行严格筛选，保证项目质量。

4. 碳排放权交易相关工具

（1）碳金融服务。

面对碳交易市场的迅猛发展，国外各大金融机构陆续开发出基于碳排放权的金融产品，并提高相关服务水平，这些服务主要包括：其一，为碳交易提供中介服务，在碳排放权的卖方和终端消费者或贸易商之间联络，撮合交易；其二，向清洁发展机制（CDM）项目开发企业提供贷款，为产生碳排放权的项目开发企业提供担保；其三，在二级市场上参与碳排放配额交易，为碳交易提供必要的流动性；其四，设计碳金融零售产品，创新碳金融衍生产品；其五，为碳排放权的最终使用者提供风险管理工具等。

（2）碳基金。

碳基金专门为碳减排项目提供融资，包括从现有减排项目中购买排放额度或直接投资于新项目。这类基金包括国际多边援助机构设立的碳基金、各国政府碳基金、金融机构设立的盈利性投资碳基金、风险投资碳基金以及一些自愿进行减排的基金等。

（3）碳金融衍生品。

随着金融机构介入碳金融交易的程度越来越深，更多的基于碳排放权的衍生产品被创造出来。传统的碳金融衍生品主要包括 AAUs、EUAs、CERs 等碳排放权的远期、期货和期权合约等，新型碳金融衍生品则主要包括基于应收碳排放权的证券化产品、碳排放权交付保证、碳保险/担保以及各类挂钩碳资产的结构性产品或结构性证券。

（四）机构建设方面

1. 绿色银行

英国绿色投资银行，是英国政府全资拥有的政策性银行，由政府出资 30 亿英镑作为银行资本并拥有一个董事席位，而银行则独立于政府运作。英国绿色投资银行要求以"稳健性、杠杆效应、绿色效应"三大准则评估项目，以具有较强商业性的绿色基础设施项目作为投资重点。英国绿色投资银行的作用在于解决英国绿色基础设施项目融资中的市场失灵问题，通过调动私人投资加快英国向绿色经济的转型。事实上，英国绿色投资银行投资的资金只占近年英国绿色投资的 10% 左右，但却参与和引导了全国绿色投资总额近50% 的绿色投资项目。

2. 绿色保险

绿色保险是在市场经济条件下进行环境风险管理的一种手段，一般来说，是以被保险人因污染水、土地或空气，依法应承担的赔偿责任作为保险对象。绿色保险的作用在于，避免企业在发生意外的污染事件后无力提供赔偿和修复环境的情况，对某些行业采取强制保险能将环境成本内化，减少环境风险过大的投资行为。在这一方面，欧盟始终坚持以立法形式强调"污染者付费"原则，于 2004 年发布了《欧盟环境责任指令》强调污染责任，促进了相关保险业务在欧洲的发展。德国政府于 1990 年通过《环境责任法案》，强调 10 大类 96 小类行业（主要包括热电、采矿和石油等行业）必须参保。英国保险业协会也组织全国保险公司推出类似保险产品，一旦污染发生，赔付内容不仅包括清理污染成本，还包括罚金、不动产价值损失、全部相关法律费用和医疗费用等。

3. 绿色评级

绿色评级，是指银行和信用评级公司评定企业和主权信用风险时考虑环境因素，这是一个新的趋势。巴克莱银行有专门的环境和社会风险评估系统，涉及贷款部门、内部评级部门、环境及社会风险评估部门和声誉委员会。一般的贷款只涉及贷款部门和内部评级部门，但如果借款企业被认为有潜在的环境风险，则环境及社会风险评估部门会介入并给出指导意见。主权信用评级方面，联合国环境规划署等机构发布了《主权信用风险的新视角：把环境风险纳入主权信用分析之中》报告，提出环境因素应被纳入各国主权信用评估中；公司信用评级方面，标普规定在评级过程中需进行 ESG 考量，重点关注全球变暖、碳排放和清洁能源等因素，并将相关风险评估纳入已有的评级体系中。

4. 绿色产业基金

目前，国际上大规模的绿色产业基金主导方，多数是大型的金融集团。1999 年，世界资源研究所发起的"新风险投资"项目得到了花旗集团的资金支持。该项目专注于投资新兴市场经济体环境行业中的中小企业。1999～2012 年，该项目共帮助 367 个产生明显环境效应的中小企业获得风险投资 3.7 亿美元，累计减排二氧化碳 330 万吨，保护耕地 450 万公顷，节水净水 57 亿升。欧洲的气候变化资本集团，是专门从事于全方位的绿色产业投融资业务的大型金融集团，其私募股权部门只投资于 500 万～2000 万欧元规模的公司，行业则集中于清洁能源、绿色交通、能源效率、垃圾处理和水务等①。

---

① 资料来源：根据世界资源研究所官方网站数据整理。

四、厦门构建绿色金融体系的具体建议及政策取向

（一）健全绿色金融制度

1. 完善激励机制

绿色金融具有政策性强、参与度高、涉及面广的特点，发展绿色金融业务兼有短期拉动经济增长和长期促进经济转型的双重社会功效，有助于节能减排目标的实现。来自投资、税收和信贷导向等方面的激励机制，有助于引导个人、企业、金融机构抓住发展绿色金融带来的新机遇，拓展相关绿色金融业务。

财政政策方面，财政政策激励的最重要方面是政策性资金的介入，发挥财政资金"四两拨千斤"的作用，引导外资、商业资本和民间资本介入；同时，通过税收调节，通过降低绿色金融项目的有关税率、适当延长免税期、对金融机构开展绿色金融业务的收入进行税收优惠等措施，提高金融机构参与绿色金融的积极性。健全财政政策对绿色贷款的高效贴息机制，加大贴息力度，逐步开放贴息标准限制，合理划定贴息期限，简化审批流程，试点财政部门委托政策性银行、绿色银行或商业银行的生态金融事业部管理绿色贷款贴息。

货币政策方面，建议采取在绿色金融项目贷款额度内适当减免存款准备金要求，加大项目贷款利率的浮动范围，降低绿色金融项目的贷款资本金要求，延长还款期等差异化的监督措施来引导社会资本向绿色金融领域聚集。

投资政策方面，尽快完善对跨国绿色投资准入、待遇和保护的政策并予以适当的政策优惠，鼓励发达国家投资低碳环保项目以及相关的金融业务。伴随着人民币国际化战略的向前推进，可以建议将跨境绿色资本自由流动列为逐步实现资本项目可兑换的先行目标，鼓励外国投资者以战略投资者的身份以资金或低碳技术入股。

2. 健全法律法规

目前绿色金融的法律法规体系还不健全，绿色金融参与主体权利的保护与义务的约束缺乏必要的适用准则，绿色金融业务开展缺乏统一的标准和操

作规范。这一状况加大了开展绿色金融业务的政策风险和法律风险，抑制了潜在市场参与者的积极性。建议从以下三方面入手建立健全绿色金融法律法规：

其一，明确环境法律责任。明确银行的环境法律责任，允许污染受害者起诉向污染项目提供资金的、负有连带责任的贷款型金融机构，依据民事责任为主，行政、刑事责任为辅的原则，推动修改《商业银行法》，明确银行等贷款机构对所投项目环境影响的法定审查义务，确立银行等贷款人的环境影响法律责任。

其二，建立环保信息强制性披露机制。推动证监会和证券交易所建立上市公司环保信息强制性披露机制，为上市公司环境风险评估和准确估值提供基础，引导资本市场将更多的资金配置于绿色产业。具体地，可采用分步走的措施，先启动污染性行业的强制披露，而后逐步覆盖其他行业。制定具体的、可量化的披露标准，发挥中介机构对环境信息披露的评价、监督、引导和激励作用，强化环境信息披露的监管与执法，使市场价格充分反映企业环境行为的真实成本与价值。

其三，实施强制性绿色保险。在更多领域实现强制性的绿色保险，利用保险市场机制制约污染性投资并提供环境修复资金，推动制定和出台《环境污染责任强制保险条例》，细化和出台有关财税和行政许可支持政策，建立专业风险评估机制和损失确定标准，构建环境污染责任保险与绿色信贷的联动机制。

（二）发展绿色金融市场

1. 搭建市场交易平台

通过环境产权交易所、能源交易所等碳交易平台的建立，为碳排放权的供需双方搭建沟通和议价的场所，有利于市场的整合和价格的最终发现。在加强立法和顶层设计的基础上统筹安排，加快碳交易市场的建设，构建碳交易市场网络，合理规划配额和交易机制，推进交易所制度的完善，充分发挥价格对减排者的激励作用，促进参与主体范围的不断扩大，提高市场流动性。在重点领域和大气污染重点区域，试点跨行政区域排污权交易，建立污染排放总量与环境容量匹配性的定期评估与调节机制，为进一步与国际市场接轨奠定基础。

2. 探索市场交易规则

由于碳交易规则和标准的缺失，我国在国际碳金融市场长期缺乏定价权和话语权，参与碳交易市场只能依赖发达国家制定规则和标准进行。立足建立真正意义的国内绿色金融市场，必须探索适合我国国情的碳交易规则，建立符合开展绿色金融交易的具体的、细致的、统一的交易规则。借鉴欧盟排放交易体系及美国芝加哥交易所的经验，北京环境交易所在 2009 年年底哥本哈根峰会上提出要探索建立中国首个自愿减排的标准——"熊猫标准"，在狭义上确立减排量检测标准和原则，在广义上规定流程、评定机构、规则限定等。虽然 2010 年"熊猫标准"并未真正运用于中国自愿减排交易，但这一标准的进一步研究和开发为构建绿色金融市场交易规则奠定了良好的基础。

3. 建立绿色投资者网络

由具有政府背景的金融专业学（协）会以及有较大影响力的金融机构参与倡议，发起绿色投资者网络，监督被投资企业承担环境责任，培育机构投资者的绿色投资能力，开展绿色消费教育。鼓励大型政策性银行、商业银行、保险公司、证券公司、社保基金、地方养老基金等成为绿色投资者网络的主要发起单位，发挥示范效应。积极参与到联合国发起的"联合国环境规划署金融行动机构"以及"负责任投资原则"等类似模式，借助联合国的号召力与影响力，以及其强大的技术支持网络，有效地推动绿色投资者网络建设步伐。此外，推动一些地方政府管理的企业和融资平台加入绿色投资者网络，从而提升其绿色发展的理念，提高对绿色投资的评估能力，拓宽绿色融资渠道。

（三）创新绿色金融工具

第一，推动绿色股票指数的开发和运用，引导资本市场更多投资于绿色产业。在吸收国际经验的基础上，推动绿色指数发展创新，强化绿色指数的表征性，积极推动机构投资者开展绿色指数的投资应用，开发更有针对性和多样化的绿色可持续投资产品。

第二，由发改委、人民银行、证监会、银监会等多部门联合，探索发布绿色债券的相关指引，允许并鼓励银行和企业发行绿色债券，为绿色贷款和绿色投资提供较长期限、较低成本的资金来源，免除投资于绿色债券的机构投资者所得税，并在存贷比和贷款风险权重等方面为绿色债券提供政策支持，简化绿色债券的审批流程。

第三，强化股票市场支持绿色企业的机制，明确绿色产业和企业的认定标准，简化绿色企业 IPO 审核或备案程序，适度放宽募集资金用于补充绿色企业流动资金或偿还银行贷款的金额和比例限制，对符合条件的新三板挂牌绿色企业优先开展转板试点。针对绿色企业简化 IPO 审核程序，加快绿色企业上市步伐，在必要时考虑对绿色企业提供特殊通道。

第四，根据绿色金融市场发展的整体布局，先发展碳市场的原生交易工具，如原始清洁发展机制（CDM）市场的核证减排单位交易以及自愿减排市场的资源减排单位交易，搭建市场交易平台，实现场内和场外市场同步交易。

（四）培育绿色金融机构

金融机构充分认识开展绿色金融业务，不仅对其拓宽利润来源、提高竞争力等方面具有重要作用，而且有助于其树立良好的社会形象，实现可持续发展。金融机构的决策管理层应在战略上重视绿色金融业务，健全组织结构，成立专门的机构负责绿色金融业务的开展，为绿色金融提供全方位的业务服务。

1. 鼓励现有中介机构积极参与绿色金融业务

（1）转变业务发展模式。

在经济发展模式向以低碳为核心的绿色经济转型的大背景下，拓展绿色金融业务成为金融机构抢占未来先机、培育新的核心竞争力和业务增长点的关键。开展绿色金融业务有利于进一步优化金融机构的产业结构和客户结构，是调整业务结构、提高国际竞争力的巨大推动力，同时有助于体现金融机构的社会责任感。因此，必须密切关注相关政策的变化，及时转变业务模式和服务流程，拓宽业务领域。金融机构的战略规划、政策研究、产品设计和绿色金融等多个部门之间应加强协调合作，提高新产品和新服务的开发效率，加快转变业务发展模式。

一方面，探索多元化的绿色金融产品，用于节能减排和碳交易项目，给客户一定的优惠以鼓励其更多地使用节能产品。借鉴国际领先经验，为客户提供众多的绿色金融产品和服务，如环境风险评估、提供环境贷款、小额信贷、环境保护基金、环境融资租赁、环境保险业务、环境顾问服务、与气候相关的产品、环境产业创业资本等。

另一方面，关注绿色信贷的评价指标，在制定环境政策与信贷政策及相关措施时，参照国家关于绿色发展和可持续发展的方针政策，高度关注与绿色信贷密切相关的指标，如环境信息披露情况、制定环境相关政策情况、实施环境相关措施情况、设置环境事务专责部门情况、"两高"行业贷款情况、环保产业贷款情况、获得社会认可情况、受到社会批评情况、加入环境相关国际原则情况、内部环保活动情况、对外倡导和培训情况、社会捐助情况、海外投资中的环境和社会影响情况等。

（2）健全完善组织结构。

从国际领先机构的实践经验看，通常是建立可持续发展的管理架构，制订和实施可持续发展的管理计划，提供环境信用风险的政策，提高碳排放对企业的限制，并鼓励客户考虑及利用新兴的环保技术来减少碳排放量，同时为客户提供新的以气候变化为重点的产品和服务，从而进一步实现可持续发展的战略。在组织架构方面，或采用集中管理的方法，或采用分散型的管理架构。集中管理的可持续发展架构是由三个层次组成：最上层是可持续发展委员会，负责制定可持续发展战略和政策；中层为环境专责小组，负责制定碳排量评估方案及与气候相关的新产品，并直接向可持续发展委员会报告；下层是贷款、审批及相关的业务单位。分散型的管理框架，是在机构层面有一个社会责任负责小组（CSR），其团队分散部署在各业务部门，CSR 小组在机构整体业务战略的框架下，综合协调可持续发展政策，并将社会责任及气候问题纳入自己的业务单位。

（3）培养高素质专业人才。

绿色金融业务的发展面临着极其复杂的环境，与之相适应，需要熟悉环境与金融的高素质专业人才。例如，商业银行开展绿色信贷业务面临项目融资技术评估，其复杂性远远高于普通贷款，要对项目的环境、技术与经济可行性做出可靠的判断，而商业银行从业人员往往缺乏相应的技术能力。

为解决绿色金融发展对专业人才的迫切需求，金融机构可多管齐下：一是确立人才优先发展战略，加快建立健全人才引进、培养、任用和评价制度，优化人才队伍结构，完善人才发展的支撑平台。二是进行内部有针对性的培训，提高从业人员的素质。三是从外部招聘熟悉碳金融国际标准的专业人才，聘请和储备一些社会与环境专家作为外部顾问，构建适合开展绿色金融业务的团队。四是积极参加国际交流与合作，借鉴联合国环境规划署金融行动组织（UNEPFI）、碳排放披露项目组织（CDP）等机构的成熟经验，引进国际碳金融机构积累的专业技术、知识产权，动态跟踪全球 CDM 项目和联合履约机制（JI）项目的进展，掌握核证减排单位（CER）等碳排放产品市场行情，了解碳金融国际评估标准，不断提高业务人员的专业水平。

2. 培育基于绿色金融业务的专业中介机构

（1）绿色信用评级机构。

培育绿色信用评级机构，建立绿色评级体系，为绿色企业（项目）提供更有利的评级，以降低其融资成本。在合理确定评级标准与方法的基础上，评级公司可通过引入双评级启动绿色评级试点；商业银行和人民银行征信中心推动研究和开发绿色评级；政府鼓励并引导机构投资者使用绿色评级。

（2）专业方法学研究机构。

由环保部门和金融业学会（或协会）牵头建立公益性的环境成本核算体系和数据库，提高环境评估方法和数据的可获得性，降低投资者对绿色项目的评估成本。从上市公司、重点污染企业入手，逐步丰富数据库的信息，鼓励投资机构基于环境成本核算进行投资管理，将环境成本核算引入环境影响评价、企业环境管理、排污许可证发放等环境管理机制。

3. 设立政策性绿色金融机构

（1）绿色银行或生态银行。

借鉴英国绿色银行的经验，建立绿色银行体系，充分发挥绿色银行在绿色信贷和投资方面的专业能力、规模效益和风控优势。政府应发挥向社会和资本市场的宣示效应，充分表明政府对治理污染、发展绿色经济的决心，提升民间资金对未来政策的信心和对绿色项目的风险偏好，引导更多资源进入绿色产业。具体地，在国家层面，积极推动建立中国生态发展银行（由政府发起，但未必需要控股）；在地方层面，积极试点建立民资控股的绿色银行，推广商业银行设立生态金融事业部的经验。完善绿色银行体系，绿色银行可通过发行绿色债券、央行再贷款等形式进行债券融资。

（2）绿色专项产业基金。

绿色专项产业基金是社会资本进行专业绿色投资的平台，在资金来源上是绿色信贷的重要补充。推动PPP模式绿色产业基金发展，有利于以有限的政府资金撬动民间资本股权投资。具体地，应出台鼓励单个PPP项目的支持性政策和对绿色产业基金的相关扶持政策，合理设定绿色产业基金的组织形式和政府参与方式（GP或LP），并构建有效的退出机制。

专题六　厦门自贸区融资租赁发展研究

融资租赁，是现代高端金融服务业的重要形式，具有产融结合的特征，具有融资与融物、贸易与技术相结合的特点。融资租赁与普通租赁有着本质的区别。普通租赁的交易双方是出租人和承租人，承租人对出租人已有的物件交付某种质押（居民身份证、押金等）或租金后取回使用，租赁期满后将物件完好地退还给出租人，并取回质押物或者押金。而融资租赁交易一般有三方（出租人、承租人、供货人）参与，至少有两个合同（融资租赁合同、购买合同），出租人根据承租人对物件和供货人的选择，向供货人购买租赁物件提供给承租人使用，承租人支付租金，租赁期限结束后，一般由承租人以象征性的价格购买租赁物件，租赁物件的所有权由出租人转移到承租人。其中，《购买合同》的决策人是承租人，买方则是出租人。供货人根据《购买合同》的约定向承租人交货。从基本交易规则上看，普通租赁是一种涉及两方的简单交易，而融资租赁则是一种涉及三方的综合性交易，这是二者的根本区别所在。

一般认为，现代意义的融资租赁产生于20世纪50年代的美国。1952年5月亨利·斯科菲尔德在美国加利福尼亚州创建的美国租赁公司被公认为是融资租赁业的开端。目前在发达国家融资租赁已成为交易规模仅次于银行信贷的企业重要融资工具。

我国的现代融资租赁产生于20世纪80年代初期，在外汇储备为负、金融系统十分落后的特殊时代背景下，引入融资租赁被赋予了引进外汇资金用于购买国外先进适用的设备，支持国内企业的技术改造和装备更新，实现"金融机构多元化，金融业务多样化"的特殊历史使命。在经历了高速成长、行业整顿、法制建设、恢复活力的四个发展阶段后，我国的融资租赁业呈现出全新的发展态势，在高效分配社会资源、拉动国内需求、拓展海外市场、优化产业结构、提升服务能级、聚集高端人才、创新金融服务等方面，融资租赁发挥的重要作用已开始逐步显现。

自贸区建设的核心是制度创新。厦门自贸区建设以风险可控为前提，紧紧围绕实体经济，进行制度创新，而融资租赁不但具有产融结合的特征，与自贸区服务实体经济的方向高度一致，而且融资租赁将有形的贸易和无形的金融结合在一起，有利于风险控制，在各项制度创新中相对容易取得率先突破。因此，研究如何大力发展厦门自贸区的融资租赁，具有重要的现实意义。

一、厦门自贸区融资租赁的发展现状

（一）我国融资租赁的发展阶段回顾

1981 年 4 月，在荣毅仁先生的指导下，以中国国际信托投资公司为主要股东，成立了中外合资经营的中国东方租赁有限公司，这是我国现代融资租赁业务的开始。在 36 年的发展历程中，我国的现代融资租赁业可大致分为四个发展阶段，这意味着我国金融租赁公司的发展大致经历了四个时期。

1. 融资租赁业的发展

第一阶段：高速成长（1981 年 4 月～1987 年）。这一时期我国实行计划经济，经济行为的主体是各级政府部门。尽管当时还没有征信记录和信用评估体系，企业的财务报表也和国际不接轨，但境外的投资人仍然蜂拥而至，国内的合作伙伴也响应非常积极。这一时期的融资租赁交易中，租赁项目由各级政府部门决策，归还租金由各级政府部门担保（包括外汇额度担保），甚至具体管理也由各级政府部门代办。政府部门列入计划的融资租赁项目肯定是安全可靠的项目。根据对截至 1987 年年底成立的 19 家中外合资融资租赁公司的调查，截至 1987 年年底累计引进外资 17.9 亿美元，没有不良债权发生[①]。

---

① 参见史树林，乐沸涛. 融资租赁制度概论. 中信出版社，2012。

第二阶段：行业整顿（1988～1998 年）。1988 年 6 月 20 日，《最高人民法院公报》公布了《关于贯彻执行中华人民共和国民法通则若干问题的意见（试行）的通知》，其中第 106 条规定："国家机关不能担任担保人"。1988 年 4 月 13 日，《中华人民共和国全民所有制工业企业法》公布，同年 8 月 1 日开始施行，我国经济行为的主体由政府部门转向企业。体制的迅速转换打破了原有的经济运行格局，很多企业不具备偿还债务的条件，有的企业缺乏偿还债务的意识，有不少承租人甚至倒闭关门，很快出现了全行业性的租金拖欠。当时的 24 家外商投资租赁公司的租金拖欠总额达 3 亿美元，危及这些融资租赁公司的生存。在外经贸部的指导下，这 24 家融资租赁公司于 1988 年 9 月成立了中外合资租赁公司联谊会（以下简称"联谊会"）。1993 年 5 月，联谊会加盟中国外商投资企业协会，成为其租赁行业分会。在租赁业委员会的努力下，解决租金拖欠问题得到有关政府部门的支持，由中国银行提供 2 亿美元的特种贷款，采取化外债为内债的办法，解决了由政府担保的租金拖欠问题。1998 年 8 月 18 日，租赁委员会会长宣布，经过十年的努力，租金拖欠问题已得到解决①。

第三阶段：法制建设（1999～2003 年）。1996 年 7 月，由日本政府技术援助信托基金提供财务支持，国际金融公司以租赁业委员会为窗口，向我国提供了针对租赁业的技术援助项目。同年 9 月 30 日，美国 Amembal，Deane & Associates 公司提出咨询报告《中国租赁业的立法与管理》，国际著名的租赁专家萨德赫·P. 阿门伯等来北京举办讲座，称"租赁是一项具有创新性的融资方式"。我国融资租赁业界接受了一次知识更新教育，这一技术援助项目为我国融资租赁业法制环境的完善提供了很大的帮助。从 1999 年开始，我国陆续完成了融资租赁法律框架的建设：《中华人民共和国合同法》于 1999 年 3 月 15 日颁布；《企业会计准则——融资租赁》于 2001 年 1 月 1 日生效，后修改为《企业会计准则第 21 号——租赁》，于 2006 年 2 月 15 日生效；《金融租赁公司管理办法》于 2000 年 6 月 30 日发布，后经修改于 2007 年 3 月 1 日起施行；《外商投资租赁公司审批管理暂行办法》于 2001 年 8 月 14 日发布，后修改为《外伤投资租赁业管理办法》，于 2006 年 3 月 15 日发布；同时，税收政策也在不断完善中。

---

① 根据金融租赁专业委员会—中国银行业协会官方网站数据整理。

第四阶段：恢复活力（2004年以后）。2004年以后发生的三件大事，标志着我国融资租赁业已进入恢复活力时期。其一，外商独资融资租赁的开放。2004年12月11日，商务部外资司负责人宣布，自即日起开放外商独资企业融资租赁，在此之前商务部已批准GE和卡特彼勒设立外商独资企业融资租赁的试点，至2007年我国已批准设立的外商独资融资租赁公司达到25家。其二，内资融资租赁的试点。2004年12月，商务部和国家税务总局联合批准9家内资融资租赁公司试点单位。[①] 其三，《金融租赁公司管理办法》的修订。2007年1月，中国银监会发布经修订的《金融租赁公司管理办法》，重新允许国内商业银行介入融资租赁，并陆续批准所管辖的银行设立金融租赁公司。

2. 融资租赁公司的发展

第一阶段：艰难起步（1981年4月～1987年）。1981年7月，经中国人民银行批准，由中信集团公司与物资部联营的中国租赁有限公司成立。原始动机是贯彻"金融机构多元化，金融业务多样化"的方针。1984年，中国人民银行开始专门行使中央银行的职能。中国租赁有限公司取得金融牌照，改称中国金融租赁有限公司。1985～1987年，外资租赁、华阳租赁、电子租赁、浙江租赁、江苏租赁、山西租赁、新疆租赁等金融租赁公司纷纷成立。至1987年，经中国人民银行批准的金融租赁公司已达15家，兼营融资租赁的金融机构共计信托投资公司50家，财务公司80家[②]。在资金短缺和物资匮乏的环境下，以整合资源为特征的融资租赁业单纯依靠国内资源开展业务十分困难。

第二阶段：行业整顿（1988～1998年）。1993年12月，国务院发布《关于金融体制改革的决定》，国有商业银行不得对非金融企业投资。1995年7月1日开始实行的《商业银行法》规定，商业银行在中华人民共和国境内不得对非银行金融机构和企业投资。股东中的商业银行撤离，使金融租赁公司面临生存危机。

第三阶段：名存实亡（1998～2006年）。1999年4月，为拯救四大国有

---

① 根据商务部、国家税务总局《关于确认方向租赁有限公司等企业为融资租赁试点企业的通知》（商建发［2004］699号）数据整理。

② 史树林，乐沸涛．融资租赁制度概论．中信出版社，2012.

银行，处理其不良资产，我国陆续成立了四家国有的金融资产管理公司：信达、东方、长城、华融。1999 年，中国金融学会在秦皇岛召开中国租赁业研讨会，决定以民营资本取代国有商业银行，维持金融租赁公司的存在。2003 年 4 月起，我国实行"一行三会"的金融管理体制，银监会成立，成为金融租赁公司的主管部门。据中国金融学会金融租赁专业委员会介绍，2005 年该会旗下有 12 家金融租赁公司，其中 2 家于 2002 年停业整顿（德隆集团旗下的新世纪、新疆），4 家于 2004 年停业整顿（四川、西部、中租、电子），6 家保持活力（浙江、山西、河北、深圳、江苏、外贸），2005 年 12 月，浙江租赁崩盘，金融租赁公司的名存实亡达到顶点[①]。

第四阶段：恢复真实（2006 年以后）。2007 年 1 月，修改后的《金融租赁公司管理办法》出台，金融租赁公司恢复了真实性。中国工商银行、中国建设银行等设立金融租赁公司。信达、东方、长城和华融资产管理公司分别取代了民营企业股东，进入浙江租赁、外贸租赁、德隆集团旗下的新疆租赁、新世纪租赁以及西部租赁等金融租赁公司。

（二）我国融资租赁的发展现状

2004 年是我国融资租赁发展史上极其重要的一年，投资环境和交易环境都发生了重大的变化。外部的重大变化主要包括：第一，我国成为世界第二大经济体；第二，外汇管理由"宽进严出"转变为"宽出严进"；第三，开放独资，内资试点，外资审批权下放。2014 年以后，我国融资租赁业对外开放外商独资经营（WOFI），同时开始内资经营的试点，2007 年以后，外商投资的租赁公司审批权下放到省级商务部门或国家级技术开发区。

目前国内融资租赁机构可以分为三类：银监会监管的金融租赁公司、商务部主管的内资试点融资租赁企业、外商投资融资租赁公司。截至 2016 年年底，这三类融资租赁机构的总数为 609 家，其中外商投资租赁公司数量最多，超过其他两类之和；内资试点融资租赁公司次之；金融租赁公司数量最少。同时，融资租赁余额保持高速增长，从 2007 年的 240 亿元增长到 2016 年的 44269 亿元，每年的增长速度都在 30% 以上。2016 年年末，20 家金融

---

① 根据金融租赁专业委员会—中国银行业协会官方网站数据整理。

租赁公司租赁合同业务总量为 19921 亿元，占融资租赁行业业务量超过四成①。

随着融资租赁的不断发展，国内融资租赁业逐步呈现以下几个交易特征：

（1）审批和监管已形成基本框架。2004 年《融资租赁法》的立法工作开始以后，按照立法部门的意见，融资租赁继续实行二元化的审批和监管，即银行系的金融租赁公司由银监会审批和监管；服务系的融资租赁公司由商务部审批和监管。

（2）投资人的成分发生变化。2004 年以后，大量的民营企业和民间资本投资于融资租赁行业。由于政策不配套，在外商投资的融资租赁公司，出现了大量的出口转内销式的外资。在融资租赁的投资人结构中，占主导地位的仍然是外资；而在外商投资的融资租赁公司中，又以出口转内销式的外资占主导地位。

（3）本地化职业经理人队伍的形成。以在外商投资的融资租赁公司工作的本地员工为基础，加上先期设立的内资试点的厂商租赁公司的高管，逐步形成了本地化的职业经理人队伍。大量新设立的融资租赁公司所需要的高管，都是从职业经理人队伍中聘请。近年来，日本、韩国；甚至欧洲和美国的投资人，也开始从本地化的职业经理人队伍中聘请各自企业的职业经理人。

（4）本地化业务方案的形成。项目租赁往往是一个国家或地区融资租赁强大的象征。1988 年前后，我国的移动通信行业曾经借助项目融资的方式起飞。2008 年 8 月，银监会发布了《关于金融租赁公司在境内保税地区设立项目公司开展融资租赁业务有关问题的通知》，北京天竺保税区、上海浦东新区的外高桥保税区、天津滨海新区的东疆保税区、宁波的北仑港保税区聚集了一批以金融租赁公司为主体的开展项目融资租赁的项目公司。以项目融资为象征的本地化业务方案的形成，标志着我国向融资租赁的大国方向迈进。

（5）资本输出。我国工程机械行业的发展极其迅速，主要的工程机械制造厂商几乎都设立了融资租赁公司。不少制造厂商或厂商租赁公司已经或正准备向东南亚、中东、欧洲、南美、北美发展。今天它们面临的挑战正如 30

---

① 根据《2016 年中国融资租赁业发展报告》数据整理。

年前外资进入我国所面临的挑战一样。

（6）外资成分的变化。2012 年，在我国的融资租赁公司中，在剔除了出口转内销的外资后，日本依旧保持第一位；美国投资人高调进入，保持第二位；欧洲的英国和意大利彻底退出；新进入的有荷兰、比利时和瑞典；亚太地区的韩国、澳大利亚和马来西亚进入。我国台湾地区的投资人集中在珠三角和长三角。

（三）厦门自贸区融资租赁的发展现状

厦门自贸片区自挂牌以来，在两年的时间内充分发挥"保税＋政策"功能优势，通过政策扶持、服务机制创新等措施，鼓励生产性企业在厦门设立租赁公司，积极吸引融资租赁企业落户，大力打造区域性融资租赁集聚区，已初具成效。

2017 年 4 月，平强工程机械租赁有限公司在厦门自贸片区成立，不到一个月时间，首批价值 5000 万元的工程机械设备已经投入基建市场，服务于厦门地标建筑、厦门地铁建设等重点项目，年内还计划将 2 亿元投入租赁市场，专营中国制造的工程机械，服务福建及东南亚"海上丝绸之路"的基础工程建设。另一家在厦门自贸片区成立的厦门海信升融资租赁有限公司，也已开展 14 台码头吊机融资租赁，金额 3.12 亿元[①]。

厦门自贸片区多家融资租赁公司积极拓展船舶租赁业务，厦门自贸片区的船舶租赁也实现了"零"的突破。近日，厦门自贸片区内企业厦门金圆融资租赁有限公司与福建省马尾造船股份有限公司签署海工船售后回租赁合同，项目金额 1 亿元，这是厦门自贸片区首个船舶融资租赁项目。

同时，厦门自贸片区管委会与厦门海事局、厦门港口管理局、厦门航交所等相关单位，建立了在船舶租赁业务方面的沟通协调机制，制定船舶租赁的相关优惠扶持政策。

在飞机租赁领域，2017 年一季度，厦门自贸片区引进飞机 9 架，累计完成 40 架、42 亿美元的飞机租赁业务，厦门成为全国第三大飞机融资租赁聚集区，是中国南方第一个同时开展经营性和融资性租赁、本地和异地航空公

---

① 根据中国（福建）自由贸易试验区厦门片区管理委员会官方网站数据整理。

司租赁、整机和发动机租赁为一体的区域，飞机租赁业形成具有全国影响力的品牌效应①。

从飞机租赁、到船舶租赁、再到大型设备租赁，厦门自贸片区融资租赁业取得一个个新突破，为区内经济发展注入新的动力。统计数据显示，目前，厦门自贸片区累计引进 227 家融资租赁企业、注册资本 353 亿元，融资租赁企业经营情况较好，实际开展业务并缴纳税收的企业 89 家，2016 年纳税 2 亿元②。

二、厦门自贸区融资租赁的制约因素及制度创新

关于如何发展融资租赁，美国的阿曼波提出了融资租赁的四大支柱学说，即法律、财务、税收和监管。四大支柱学说全面深刻地概括了融资租赁业发展的本质要求和基础，为各国融资租赁政策、法律、法规、制度的制定与实践提供了理论指导，获得国际上融资租赁研究学者的广泛认可。业内人士将融资租赁的四大支柱更详细地解读为交易规则、会计准则、税收政策和行业监管。四大支柱学说的实质是为融资租赁发展创造良好的制度环境，是支持融资租赁的最低限度的法律法规。认识融资租赁，必须认识支持融资租赁的法律法规，而认识支持融资租赁的法律法规，首先必须认识支持融资租赁的四大支柱，包括每一支柱所界定的内容，以及四大支柱之间的和谐解读。

（一）我国融资租赁的四大支柱

1. 交易规则

融资租赁的交易规则及当事人的权利和义务，体现在《中华人民共和国合同法》中。《中华人民共和国合同法》于 1999 年 3 月 15 日由第九届全国人民代表大会第二次会议通过，并于 1999 年 10 月 1 日开始施行。《中华人民共和国合同法》第十三章是"租赁合同"，第十四章是"融资租赁合同"。

①② 根据中国（福建）自由贸易试验区厦门片区管理委员会官方网站数据整理。

2. 会计准则

《企业会计准则——租赁》于 2001 年 1 月 1 日由财政部发布，并于 2001 年 1 月 1 日起施行。2006 年 2 月 15 日，财政部对其进行修改，并发布了经修改的《企业会计准则第 21 号——租赁》。该准则适用于上市公司，未上市的融资租赁公司可以参照执行。

3. 税收政策

有关融资租赁的税收政策，国家税务总局、商务部和财政部自 1993 年 12 月起不断发布有关融资租赁的税收政策，如 2003 年 1 月 15 日财政部和国家税务总局发布《关于营业税若干政策问题的通知》，2004 年 10 月 22 日商务部和国家税务总局发布《关于从事融资租赁业务有关问题的通知》，等等。

4. 行业监管

作为外商投资的融资租赁监管办法，外经贸部于 2001 年 8 月 13 日发布了《外商投资租赁公司审批管理暂行办法》，之后商务部于 2005 年 2 月 17 日发布了经试行和修改的《外商投资租赁业管理暂行办法》。同时，作为金融租赁公司的监管办法，中国人民银行于 2000 年 6 月 30 日发布了《金融租赁公司管理办法》，之后中国银行业监管委员会于 2007 年 1 月 23 日发布了经修改的《金融租赁公司管理办法》。

（二）我国融资租赁的制约因素

融资租赁在我国是一个受监管的行业。只有经审核和批准的融资租赁公司，才有资格和承租人签订《融资租赁合同》。因此，在我国目前如果谈论融资租赁交易，首要的问题是出租人必须经过审核和批准，即具有融资租赁的资质。不存在未经审核和批准的融资租赁公司，也不存在非融资租赁公司开展融资租赁业务。

2016 年 10 月 15 日，国泰君安发布报告称，2017 年中国的租赁业务有望提高到 5 万亿元。在乐观的同时，也要看到我国融资租赁还存在许多问题，比较突出的是我国租赁公司缺乏国际竞争力，大量融资租赁业务外流，例如目前我国飞机租赁市场基本由外国飞机租赁公司垄断，截至 2016 年中国市场国外租赁公司比例仍高达 60%①。

导致我国融资租赁公司国际竞争力不高的原因是多方面的：一是在现有的政策环境下，国内金融租赁公司尚不能直接在境外设立，只能通过作为项目安排人，间接实施跨境租赁项目，导致国内、国外两个市场的分割，境外业务和租赁资产无法直接进行管理；二是国内金融租赁公司无法直接从境外融资，外汇资金来源渠道单一，融资成本较高，一定程度上导致国内金融租赁公司无法与境外同业进行业务竞争；三是在海关、税收、法律等方面都存在制度瓶颈，一定程度上制约了金融租赁公司机船租赁国际业务的发展。

（三）厦门自贸区融资租赁的制度创新

近年来，厦门自贸区融资租赁在经历了单纯的"贷款加销售"的运作模式后，逐步转向融资租赁业务的专业化、差异化和标准化发展，在原有基础上进一步加大制度创新力度，主要体现在以下三个方面：

第一，市场准入方面，允许和支持各类融资租赁公司在试验区内设立项目子公司，并开展境内外租赁服务；融资租赁公司在试验区设立的单机、单船子公司不设最低注册资本限制；允许融资租赁公司兼营与主营业务有关的商业保理业务。

第二，税收方面，试验区内注册的融资租赁企业或金融租赁公司在试验区内设立的项目子公司纳入融资租赁出口退税试点范围；对试验区内注册的国内租赁公司或租赁公司设立的项目子公司，经国家有关部门批准从境外购买空载重量在 25 吨以上并租赁给国内航空公司使用的飞机，享受相关进口环节增值税优惠政策。

第三，金融支持方面，取消金融类租赁公司境外租赁等境外债权业务的逐步审批，实行登记管理。允许金融租赁公司及中资融资租赁公司境内融资租赁收取外币租金，简化飞机、船舶等大型融资租赁项目预付货款手续。

这些措施极大地促进了区内融资租赁的发展，有利于提高自贸区内融资租赁结构的国际竞争力，尤其是发展跨境租赁方面。但从融资租赁发展的四大支柱来看，这些政策的力度与国际上融资租赁较为发达的美国和爱尔兰等

---

① 根据《2016 年中国融资租赁业发展报告》数据整理。

国家相比，还存在不少差距。

三、厦门自贸区融资租赁的美国经验

从发展步伐、交易规模来看，我国已经是融资租赁的大国，但从交易结构、创新精神来看，我国还远够不上融资租赁的强国。作为世界第二大的经济体，我国发展融资租赁的物质条件已经具备，经过 30 多年的发展，法律法规基本健全，也有一些正反两方面的经验，但仍旧缺乏的是眼界和理念。我国公众对租赁及融资租赁的一些误解起源于文化差异，因此，需要通过与美国的融资租赁做一些比较研究，汲取先进的发展经验。

（一）中美融资租赁制度的对比研究

1. 交易规则

融资租赁的基本交易规则和当事人的权利与义务，我国体现在《合同法》第十四章，美国则体现在《统一商法典》（UCC）第 2A 篇和第 9 篇。

从原始动机和诱发因素看，中美两国存在一定的差异。我国的融资租赁公司起源于 1981 年，一开始就有两个审批部门和监管部门，无论是哪种经营主体，都是以资金为主导，不是以设备为主导；而第二次世界大战后，美国政府的两大任务是刺激经济发展和工业设备的技术革新，这两大任务成为美国现代租赁的诱发原因。

从立法界定上看，中美两国的差别不大。我国《合同法》第十四章将融资租赁界定为三方（出租人、承租人和供货方）参与、由两个合同（融资租赁合同、购买合同）构成的综合交易。美国《统一商法典》（UCC）2A 篇对融资租赁的界定为：（ⅰ）出租人不选择、不制造，也不供应货物；（ⅱ）出租人取得与租赁协议相关的货物，或者货物的占有及使用权；（ⅲ）在签订租赁合同的时刻或之前，承租人收到证明出租人购买货物的合同副本，承租人批准证明出租人购买货物的合同，是租赁合同生效的条件之一，出租人应将供应商的身份书面通知承租人，除非承租人已经选择供应商，并指示出租人从供应商购买货物之外；（ⅳ）租赁合同披露由出租人和供货人向承租人提供的、与租赁合同有关的所有保证和其他权利，并告知承租人除了租赁合同透露的以外，出租人和供应商对承租人不提供保证和其他权利。

2. 会计准则

融资租赁是融资与融物为一体的一种综合交易。以融资为主线和以融物为主线，在会计处理上存在很大的区别，我国融资租赁的交易方式与美国存在较大的差异。

我国的融资租赁以融资为主线，即以资金为主线，具体来讲，是指先有租赁本金，后协商利率、手续费等，而后有各期租金，最后形成《租金预算表》，至此融资租赁的协商（或谈判）宣告结束。所有的计算都是顺算，本金——利率——租金。这种顺算结构也符合我国的交易习惯。在会计处理上，起租日也以资金为主线。出租人为承租人支付的全部费用可以确定或者基本确定的时日，成为起租日或还租起算日。起租日既是融资租赁成本的结算日，也是融资租赁的租赁期限起点。

美国的融资租赁以融物为主线，即以设备为主线，具体来讲，是指先有设备，待确定开始日、租期、各期租金后，再有租金折现率（利率），最后将终值折现，计算出本金。在会计处理上，起租日也以设备为主线，即合同一签或者条件一谈妥，融资租赁即进入租期。以设备为主线的起租日要比以资金为主线的起租日简便。

我国财政部在2001年出台了《企业会计准则——租赁》，这部准则的编制参照了国际会计准则（IAS），以及美国、英国、中国台湾和香港地区的会计准则，力求和国际通行的做法保持一致，在这一准则中，反映的即是以设备为主线的融资租赁。例如，按《企业会计准则第21号——租赁》第十二条，"承租人在计算最低租赁付款额的现值时，能够取得出租人的租赁内含利率的，应当采用租赁内含利率作为折现率；否则，应当采用租赁合同规定的利率作为折现率。承租人无法取得出租人的租赁内含利率且租赁合同没有规定利率的，应当采用同期银行贷款利率作为折现率。"

在美国等成熟市场，折现计算已经非常普及，一般的计算器上都有折现计算。但在我国，要求承租人进行折现计算却不太现实。在我国，以设备为主线的租赁是另一种交易——《合同法》第十三条规定的租赁。

3. 税收政策

我国在1994年税制改革后，又经过了一些调整，形成6大税种18个税目：流转税（增值税、消费税、营业税）、资源税（资源税、城镇土地使用税）、所得税（企业所得税、个人所得税）、特定目的税（城市维护建设税、土地增值税、车辆购置税、耕地占用税）、财产和行为税（房产税、城市房地产税、车船税、印花税、契税、证券交易税）、关税（进出口关税）。我国实行间接税制度，很多税收要隐含在货价中，实际上由最终消费者买单。我国的税制体系以流转税和所得税并重为双主体，其他税种配合。2009年，我国实行增值税转型，由生产型转为消费型。为了避免重复征税，在2011年开始将营业税改为增值税的试点工作，并于2016年全面铺开。

美国实行直接税制度，凡是要由最终消费者买单的，一律直接向最终消费者收取，不隐含在货价中。现行税制的主要税种有：公司所得税、个人所得税、销售税、遗产和赠与税、社会保障税、财产税、资本或净财富税、累积盈余税、环境税、奢侈品消费税等。联邦税以个人所得税和社会保障税为主，其次是公司所得税、消费税、遗产和赠与税、关税等；州税以销售税为主，辅之以所得税等；地方税以财产税为主。

中美两国税收政策的差异主要有以下两点：

第一，敏感内容不同。我国实行间接税制度，融资租赁业对出租人征收营业税，融资租赁按税差纳税，而租赁按租金全额纳税。因此在融资租赁交易按经营租赁进行会计处理时，出租人特别忌讳某些政府部门将"经营租赁"视同于"租赁"。而美国实行直接税制度，对承租人征收销售税，租赁和购买的税率相同，出租人与销售税无关，因此出租人对税率不敏感。但是对由谁计提折旧特别敏感，出租人计提折旧将大大降低其所得税的应税基数。这一道理同样适用于中国，但我国融资租赁的投资人和经理人对此缺乏关注。

第二，经济杠杆作用不同。美国的租赁业以税收作为经济杠杆，效果显著。我国的融资租赁以税收作为经济杠杆，效果不显著。

4. 行业监管

我国对融资租赁行业实行监管，监管的内容主要是市场准入和资本充足率。融资租赁的业务内涵丰富，不同类型的融资租赁其市场定位、业务模式、管理内容和风险控制的方式差别很大。因此，对非金融机构的融资租赁公司和金融机构的融资租赁公司（即金融租赁公司）的监管细节不同，前者相对宽松，后者基本上按监督银行的方式监管，相对严格。

美国对吸收公共存款的银行和金融机构（含金融机构出租人）实行严格的监管，对提供服务的租赁公司（独立的、厂商的、销售商的、租赁经纪人等）按一般商业企业对待，不实行特殊的监管。

我国曾经出现的融资租赁"统一监管"的呼声，主要原因是对融资租赁行业的内涵缺乏了解。融资租赁公司有金融机构和非金融机构之别，两者防范风险和监管的内容不应混为一谈。

美国对租赁业界表面上看没有特殊的监管，但对金融机构出租人有间接的监管。可以说，中美两国对融资租赁业的监管有差别，但差别不大。

（二）厦门自贸区融资租赁的美国经验

如何通过制度创新促进厦门自贸区融资租赁的发展，美国的经验值得借鉴。截止到2016年年末，美国租赁行业业务规模达到5128亿美元，市场渗透率为28%，而同期我国的市场渗透率仅为6.28%。随着我国融资租赁法律法规的建立和健全，以及经济实力的提高和交易环境的改善，我国的融资租赁业正在逐步全面恢复活力。新设立的融资租赁公司迫切需要在融资租赁的技巧上得到提高，应当积极学习美国的先进经验。

阿曼波对美国近60家融资租赁发展史进行研究，认为总体上交易创新、金融创新推动了租赁行业的发展，具体而言，美国租赁业的高速发展主要有两方面的原因：一是行业制度的完善，行业监管相对宽松，市场开放程度高，法律保护到位，税收优惠，会计制度通用；二是美国金融市场比较发达，市场机制成熟，可以为租赁行业的发展提供更多的金融支持。美国的租赁也伴随着制度创新不断成长壮大，值得借鉴的经验及特点如下：

第一，着眼点在于税收利益和计提折旧。具体包括：（ⅰ）税收利益的转移：避风港租赁；（ⅱ）客户的税收利益：市政租赁；（ⅲ）客户的风险程度：风险租赁；（ⅳ）折旧年限的延长：皮克租赁等；（ⅴ）服务方式的参与：维护租赁、服务租赁等；（ⅵ）支付方式的参与：跳跃式租金租赁、阶梯式租金租赁等。

第二，创新主体极其广泛。具体包括租赁公司、制造厂商和销售商、大学教授或学者、国会议员、专业律师等。

第三，影响力极其广泛。影响所及包括联邦议会、州议会等决策部门和国税局等执行部门。在美国国会通过的相关法案中，不乏涉及租赁的新产品。美国国税局对各种优惠政策的出台和叫停，不乏涉及租赁的新产品。

但美国的某些经验在我国不能被简单套用，在进行制度创新时，切忌照搬照套，盲目模仿。

1. 法律环境的对策

在法律选择方面，美国的司法体系和我国有很大的差异，即使是美国国内的交易，一旦发生纠纷和诉讼，美国的企业也需要预先做法律选择，往往签约地点、过失地点、当事人的所在地的法律各不相同，需要预先选择适用法律和法院。我国则不存在国内交易的法律选择问题。

在合同文本方面，美国的租赁合同的文本适用于美国的法律体系和司法体系，虽然其中有不少值得我国融资租赁业借鉴的地方，但需要以充分了解美国的法律体系和司法体系为前提，切忌生吞活剥，盲目模仿。我国企业的融资租赁合同应按我国的法律体系和司法体系起草。

在设置"公司内律师"方面，由于美国的法律体系和司法体系极其复杂，美国国内的企业设置"公司内律师"属于必不可少。而我国的法律体系和司法体系不同于美国，国内注册的企业一般可以请中国律师作为法律顾问，如果需要对某项事务有《法律意见书》或者参与诉讼，可以请公司外的中国律师，一般不需要设置"公司内律师"。

2. 风险控制的方式

在信用评分方面，美国的市场成熟，征信系统完善，由学者开发的软件用于租赁项目的评估是可行的，所谓数字化的评分在美国租赁业中效果良好。我国的市场机制还在发展中，征信系统有待完善，在融资租赁的项目评估上暂时还不能盲目模仿数字化的评分，即使创造条件实现数字化评分，也有很长的路要走。

在解决争议方面，美国的市场机制完善，各项规则相对透明，企业间发生争议或纠纷往往直接提请诉讼或仲裁。我国企业间解决纠纷的办法首先是友好协商，如果放弃友好协商而直接提请诉讼或仲裁，效果不一定好。

3. 公关活动

在公关公司方面，美国企业普遍委托公关公司完成公关任务。在美国市场上不乏以盈利为目的的公关公司，其中一些名牌的公关公司已经在我国登陆，不过其服务对象主要是美国投资的企业。公关公司帮助企业设计公关策略、公关路线、应对记者,帮助企业解决一些陌生的公关事务。显然,公关公司适用于美国。按照我国的传统,原来没有公关公司,现在某些圈子也有所谓的公关公司,但一般企业不可能依靠公关公司来完成企业的公关任务。

在游说活动方面,游说活动源于美国企业对国会议员在国会大厅进行的一种公关活动。游说活动显然也不适用于我国。

4. 人力资源

美国式的选才,年轻至上,高级管理人员则委托猎头公司进行猎取;美国式的培训方式,是美国企业进行公司内员工培训时,同时在教室内摆满点心、水果、饮料、咖啡等,学员听课时只要不影响他人,可以吃点心、喝咖啡。这些方式,恐怕都不太适用于我国。

四、厦门自贸区融资租赁的发展建议

(一)厦门自贸区金融改革对现阶段融资租赁行业的影响

2015年4月20日,国务院常务会议审议并原则通过《中国(福建)自由贸易试验区总体方案》(以下简称《自贸区方案》),在税收优惠、设立子公司、业务范围、融资渠道多元化、配套政策逐步完善等方面为现阶段融资租赁行业的发展影响深远。

1. 自贸区税收新政对融资租赁企业的影响

自贸区将试验区内注册的融资租赁企业或金融租赁公司在试验区内设立的项目子公司纳入融资租赁出口退税试点,经国家有关部门批准从境外购买空载重量在25吨以上并租赁给国内航空公司使用的飞机,享受相关进口环节增值税优惠政策。税收优惠政策有利于降低融资租赁公司出租成本,为相关行业的发展提供支持,对融资租赁企业起到很好的促进作用。随着自贸区汇率结算以及离岸金融等政策的放开,飞机租赁业务会更加专业化、市场化,进一步打破外资融资租赁公司在我国飞机租赁行业占据垄断地位的局面。

2. 自贸区对融资租赁企业设立项目子公司的影响

自贸区允许和支持各类融资租赁公司在试验区内设立子公司并开展境内

外租赁服务。融资租赁公司在试验区内设立的单船、单机子公司不设最低注册资本限制，这一政策将对筹划设立专业化子公司的融资租赁公司产生吸引力。自贸区内主要经营出口的租赁公司在境外业务拓展方面将更具优势。按照"境内关外"的政策，在自贸区内设立的项目子公司可视同于境外特殊目的的载体（SPV）。在税收、外汇监管等其他配套政策逐步完善的情况下，区内公司通过融资租赁业务拓展销售渠道及境外客户，将大幅提升其国际市场竞争力。

3. 自贸区对融资租赁企业业务范围发展的影响

自贸区允许融资租赁公司兼营与主营业务有关的商业保理业务。融资租赁保理是指融资租赁公司将租赁合同项下尚未到期的应收融资租赁款（债权）转让给保理商（商业银行或融资租赁公司），由保理商为融资租赁公司提供应收融资租赁款一定比例的融资、应收账款账户管理、应收账款催收、承担应收账款坏账风险等一系列综合性金融服务。厦门自贸区的建设使其贸易额不断增加，提高了融资租赁业务的未来发展潜力，同时，与其相关的保理业务需求量也会增加。允许融资租赁公司兼营与主营业务有关的商业保理业务，有利于融资租赁公司扩大业务范围并提高收入，包括增加融资费（即融资利息）、保理费、逾期支付违约金及其他费用。

4. 自贸区对融资租赁企业融资渠道多元化的影响

目前我国融资租赁公司的融资渠道主要以银行借款为主，在国内融资成本高企的情况下，融资租赁公司利用境外融资获取资金显得格外重要。厦门自贸区鼓励企业充分利用境内外两种资源、两个市场，实现跨境融资自由化；深化外债管理方式改革，促进跨境融资便利化。在上述政策的指引下，国内融资租赁企业可以直接到境外进行融资，降低外汇债务成本，增强了同国外融资租赁公司成本的竞争优势。

5. 自贸区对融资租赁配套监管措施逐步完善的影响

《自贸区方案》是一个纲领性总方案，后续相关细则需配套监管政策逐步完善。2014年3月13日，银监会公布的《金融租赁公司管理办法》（以下简称《管理办法》）对《自贸区方案》中有关准入条件、业务范围、设立子公司、监督管理等细则有较明确的规定。其中，《管理办法》将主要出资人制度调整为发起人制度，并规定发起人中应该至少包括一家符合条件的商业银行、制造企业或境外融资租赁公司，且其出资占比不低于30%。同时明确了金融租赁公司的业务范围，如可经营吸收非银行股东 3 个月（含）以上定期存款、向金融机构借款、境外借款等本外币业务，并规定符合条件的金融租赁公司可经营发行债券、资产证券化等本外币业务，这些规定将进一步促进融资渠道多元化发展，降低企业融资成本，推动行业快速发展。此外，《管理办法》允许金融租赁公司试点设立子公司，引导金融租赁公司发展特定行业，如医疗设备租赁行业，提升专业化水平与核心竞争力。

（二）促进厦门自贸区融资租赁的发展建议

1. 推进融资租赁资产证券化发展

自贸区设立的项目子公司视同于境外 SPV，可作为资产证券化的 SPV 选择，使其交易结构设计更具灵活性，为租赁资产证券化的发展提供动力。租赁资产证券化作为一种资产收入导向型的融资方式，相对而言，它脱离了融资方（发起人）自身的信用，是一种以优质资产获得优质资金的资产支持融资方式，具有直接融资功能。一方面，这种融资方式能够为融资租赁公司提供低成本的资金来源，并拓宽企业融资渠道；另一方面则可以提高资金流动性，降低以短期资金支持长期业务使得资产负债期限结构不匹配的风险，缓解企业资金压力。因此，融资租赁公司应充分利用资产证券化的工具进行融资。目前，我国融资租赁资产证券化仍处于探索阶段。截至 2014 年 1 月，我国融资租赁公司累计发行融资租赁资产证券化产品共四单，发行人分别为远东租赁、华融租赁、广汇租赁，共募集资金约 34 亿元①。相比 2 万亿元的租赁业务规模，融资租赁公司通过资产证券化的融资规模相对较小，未来发展空间很大。

2. 推进融资租赁业务领域发展

自贸区的各项优惠政策首先会推动国内航空、船舶、机械、设备等产业的快速发展，并将进一步向医疗、教育、环保、信息技术、高端装备制造、生物医药等产业拓展。这些行业领域的快速发展，加大了资金需求量，对我国融资租赁行业发展起到促进作用。而且，目前这些行业的融资租赁市场渗透率与发达国家相比有待进一步提升，可见融资租赁业务规模存在巨大的提

---

① 根据金融租赁专业委员会—中国银行业协会官方网站数据整理。

升空间。

3. 推进融资租赁风险管理体系建立

自贸区对融资租赁行业的政策优惠条件高于预期，很多大型金融机构提交了关于在上海自贸区设立融资租赁子公司的申请，这将是国内融资租赁行业又一次跨越式发展，但与此同时，应该加强风险防范意识。各融资租赁企业应该制定合适的战略规划，培养优秀的团队，建立切实的营销体系和严谨的业务管理体系，在筛选项目时，既要用科学的发展观设立项目评审体系，又要准确把握融资租赁公司的租赁产物业定位，并完善相对应的风险管理体系，保证融资租赁企业的健康持续快速发展。

专题七 创新厦门自贸区税收
制度研究

一、引 言

（一）厦门自贸区发展概述

作为中国（福建）自由贸易试验区的重要组成部分，福建自贸区厦门片区（下文简称厦门自贸区）于 2015 年 3 月挂牌成立。成立并发展厦门自贸区是在新形势下推进改革开放和深化两岸经济合作的重要举措，对于为全面深化改革和扩大开放探索新途径、积累新经验具有重要意义。自贸区作为改革开放和制度创新的新高地，其要点在于通过制度创新来促进贸易、投资和金融领域的开放开发与长足发展，拉动自贸区及其周边国家地区的经济发展，同时形成可复制可借鉴的模式和方法，为我国改革开放事业的深入发展提供经验。挂牌两年多来，截至 2017 年 6 月，厦门自贸区已形成一批具有厦门特色可复制可推广的经验，累计共推出 292 项政策措施，而在福建自贸区通报的 255 项创新举措中厦门有 120 项，其中属于全国首创的有 42 项。目前已经引进企业 2.75 万家，注册资本 4600 多亿元①。

（二）厦门自贸区税收制度创新问题

自贸区建设作为改革开放和制度创新的新高地，其要点在于通过制度创

---

① 叩问千面之城. 新华社每日电讯, 2017 – 7 – 25.

新来促进贸易、投资和金融领域的开放发展。税收制度创新是自贸区政府制度创新中的重要一环，形成具有国际竞争力的，助推贸易、投资、金融发展的税收制度，是我国自贸区发展的当务之急。厦门自贸区自成立以来，虽然已经先后推出七批创新举措，但税收制度创新举措则寥寥可数。

从目前看，厦门自贸区税收制度创新所面临的问题主要体现在：

（1）对创新税收制度的探索严重滞后。目前，厦门自贸区在法制、管制和税制三方面政府制度创新中，税收制度创新最为滞后，同时与上海及深圳等自贸区税制创新相比也显得滞后。

（2）税收制度创新举措过于单一，未能形成体系。目前税制创新单纯集中在税收便利化制度创新方面，而在税式支出制度、税收区域协调制度等方面的创新尚严重缺失。

（3）现有税收制度创新不能体现厦门自贸区的功能定位和对台特色。在税收政策方面既没有体现出《中国（福建）自由贸易试验区总体方案》（下文简称《方案》）对厦门自贸区"东南航运中心、两岸金融中心"的功能定位，也没能做出协调两岸税制和对接台湾自经区的创新举措。

上述问题已经严重制约厦门自贸区体制机制创新和功能优势的发挥。因此，积极探索符合厦门自贸区功能定位、对台特色的税收制度创新，无疑具有重要的现实意义。对此，本研究将从厦门自贸区税收管理制度创新、税收优惠制度创新和两岸税收协调制度创新这三个角度对厦门自贸区税收制度进行分析，并提出相应的政策建议。

（三）国内外研究综述

从 20 世纪 80 年代开始，国内学者如沈世顺（1984）、郭信昌（1987）、李力（1996）就开始对自贸区政策进行研究，但这些论著都只是对自贸区税收制度和政策的零散介绍。上海自贸区设立以来，自贸区各项政策的制度创新就引人关注。蒋硕亮（2015）系统研究了上海自贸区制度创新，包含着对税制创新探索的内容；上海财大自贸区研究院（2015）探讨了世界主要国家自贸区税收政策及启示。但上述著作并不是对自贸区税收制度创新的专门性研究，特别是针对中国自贸区在促进投资、贸易和金融开放发展的税收制度创新，尚缺乏前瞻性探索。

上海自贸区运营后，创新实践催生出对自贸区税制创新的专门研究论文。胡怡建（2014）提出要从自贸区定位、自贸区功能和自贸区创新来探索自贸区税收政策；户晗（2015）基于上海自贸区实践，从税收优惠形式、管理机构、自贸区功能方面提出税收政策创新的对策建议。此外，也产生了专门针对上海自贸区离岸金融业务税收政策（余茜文，2014；贺伟跃，2014）和境外股权投资税收优惠政策的专项研究（唐亚琦，2014）。税收制度创新实践之所以滞后，这与观念上没能正确理解税收制度创新与税收政策优惠关系有关。谭志伟（2015）从制度创新方面阐述了自贸区税收优惠政策的必要性与核心。贺伟跃（2014）从自贸区税收优惠与税收有害竞争、税收优惠与税基侵蚀关系角度对此做了辨析。

随着自贸区扩围，对自贸区税收制度创新或税收政策完善的研究也日益增加。陈伟仕（2014）针对深圳前海自贸区定位提出其税制创新设想；于学深（2015）研究了具有天津自贸区特色的符合税制改革方向和国际贸易要求的税收政策的创新突破；广西国税局课题组（2015）比较了沪、粤、闽、津四大自贸区税收政策的异同并详细说明了税收政策差异的原因。此外，厦门地税局课题组（2015）在分析我国自贸区发展现状基础上，提出了适应我国自贸区发展要求的税收政策创新。

在现有研究中，从上海或从全国层面进行研究的居多，涉及福建自贸区的研究少，而专门研究厦门自贸区税制创新的研究探索则更尚属空白。本专题在前人的研究基础上，立足于厦门自贸区实际情况，以厦门自贸区为对象对自贸区税制创新进行研究。

二、多维视角下厦门自贸区税收制度创新体系研究

（一）自贸区制度创新的目的与税制创新

1. 自贸区制度创新的目的

十八届四中全会要求，全面深化市场改革，充分发挥市场的决定性作用，重点是行政管理改革以及金融创新改革。

建立自贸试验区的战略意义就于以"试验田"的形式引领中国体制创

新、先行先试构建符合国际化和法治化的开放型经济新体系。自贸区制度上的创新既触及全面深化改革中最核心和最艰难的问题，又涵盖了具有国际前沿视野的创新议程。在厦门设立自贸区以制度创新助推投资、贸易和金融自由化和便利化，将有力改善我国东南沿海的市场营商环境，为构建更加开放的经济新体制创造"制度高地"，实现以开放倒逼改革的战略目的。

2. 自贸区制度创新的目的与税制创新

（1）构建公平、合理、确定的税收制度是自贸区制度创新的重要环节。目前我国在金融税制上仍存在税负偏重的问题，而这一问题的主要原因是重复征税，税收歧视以及税制建设滞后。为解决这些问题，具体的改革措施应聚焦于厦门自贸试验区对税制上关于公平、合理、确定的改革和创新。

（2）打造具有国际竞争力的税收制度是自贸区制度创新的必然要求。如果仍局限在现行金融税制的框架下，厦门自贸区实际上会成为国际"税收高地"。为防止税基被侵蚀就必须为当前金融税制赋予国际竞争力，在厦门自贸区试验一种维护本国税基税源的税制，不仅能对境外投资和离岸金融业务实行特殊税收政策的合理性解释，也是扭转现行税制下国际"税收高地"不利局面的政策起点。

（3）积极接轨国际税收惯例是自贸区制度创新的推动因素。厦门自贸区探索如何与国际税收惯例接轨，就是以税收制度创新来助推投资、贸易和金融的自由化和便利化，通过严格执行税收协定，解决税收歧视和国际重复征税问题，促进我国投资环境的改善和跨国投资的发展。

（二）厦门自贸区功能定位与税制创新

自贸区制度创新与其功能定位密不可分，厦门自贸区的建立围绕于国家战略目标，是建设成"两岸新兴产业和现代服务业合作示范区""东南国际航运中心""两岸区域性金融服务中心"和"对台贸易中心"。

1. 两岸新兴产业和现代服务业合作示范区的战略定位与自贸区税制创新

《厦门经济特区两岸新兴产业和现代服务业合作示范区条例》将厦门自贸区定位为"建设立足两岸、面向国际的两岸交流合作的先行区、体制机制的创新区、两岸新兴产业和现代服务业深度合作的集聚区、低碳环保的生态新城区。"

厦门目前正处于产业转型升级和结构调整提升阶段，新兴产业和现代服务业具备良好的基础。微电子、生物科技、光电显示及高端保健这几个新兴产业在厦门已具备广阔的发展空间。"合作示范区"要成为厦门自贸区中的首要定位，通过税收政策为推动新兴产业和现代服务业发展，强有力的税收征管措施和税收优惠必不可少。

2. 东南国际航运中心的战略定位与自贸区税制创新

《厦门市深化两岸交流合作综合配套改革试验总体方案》中鼓励厦门发展建设东南国际航运中心。厦门自贸区的东南国际航运中心定位则是："以厦门港为基础，努力建成具有参与全球资源配置能力的国际集装箱枢纽港和国际知名的邮轮母港。"

建设东南国际航运中心的核心在于吸引更多高端航运服务企业入驻，以及鼓励当地的航运企业更好地开展航运服务。在厦门自贸区加大对高端航运服务企业和项目的财税政策扶持也将是必然。厦门自贸区税收优惠政策吸引国内外知名的金融保险机构入驻，带动厦门航运金融的发展；同时，厦门自贸区如果能对国际船舶注册登记给予较大税收优惠制度以吸引中资方便旗船舶回国落户，将有利于东南国际航运中心的形成。

3. 两岸区域性金融服务中心的战略定位与自贸区税制创新

《关于支持福建省加快建设海峡西岸经济区的若干意见》明确支持厦门建立两岸区域性金融服务中心，建立两岸区域性金融服务中心。如何发展和利用对台离岸金融市场，并实现从大陆将资金投向台湾资本市场以及从台湾地区筹集海西经济区的建设资金，是厦门自贸区区域性金融服务中心战略定位迫切需要解决的问题，厦门自贸区对于探索境外股权投资和离岸金融业务，在市场拓展和业务开展上有巨大空间。

4. 对台贸易中心的战略定位与自贸区税制创新

地处台海前沿是厦门独一无二的优势，同时厦门还是"一带一路"核心发展战略的核心区域城市。正因为厦门在对台贸易中具有不可代替的地位和作用，厦门自贸区也就得承担起特定的战略定位。因此，对台贸易中心要求厦门自贸区在税收制度上进行探索和创新，比如，如何通过合理的税收政策促进两岸经贸互通往来，如何通过税收协议协调两岸税收管辖权关系，如何加强两岸税收信息交流等问题。

三、厦门自贸区税收制度创新实践及其不足

（一）厦门自贸区税收征管制度创新实践及不足

1. 厦门自贸区税收征管制度创新实践

从厦门自贸区税收征管制度创新的实践历程来看，可以分成三个阶段：一是复制上海自贸区的税收征管制度创新；二是参照福建自贸区及平潭片区的税收征管制度创新；三是厦门自贸区根据自身特色在全国首推的一系列税收征管创新实践。

（1）推广和复制上海自由贸易区税收征管制度阶段。

在厦门自贸区挂牌之初，厦门自贸区税收管理制度的创新实践主要来自于对上海自贸区的推广和复制，《厦门市推广中国（上海）自由贸易试验区可复制改革试点经验工作方案》公开了厦门市推广上海自贸区可复制改革试点经验的具体做法（见表7－1）。

表 7－1　　　　　　　　　　在厦门自贸区推广的上海经验

领域	复制推广的改革事项
投资管理领域	外商投资广告企业项目备案制、涉税事项网上审批备案、税务登记号码网上自动赋码、网上自主办税、纳税信用管理的网上信用评级、组织机构代码实时赋码、企业标准备案管理制度创新、取消生产许可证委托加工备案、企业设立实行"单一窗口"等
贸易便利化领域	全球维修产业检验检疫监管、中转货物产地来源管理、检验检疫通关无纸化、第三方检验结果采信、出入境生物材料制品风险管理等
金融领域	个人其他经常项下的人民币结算业务、外商投资企业外汇资本金意愿结汇、银行办理大宗商品衍生品柜台交易涉及的结售汇业务、直接投资项下外汇登记及变更登记下放银行办理等
服务业开放领域	允许融资租赁公司兼营与主营业务有关的商业保理业务、允许设立外商投资资信调查公司、允许设立股份制外资投资性公司、融资租赁公司设立子公司不设最低注册资本限制、允许内外资企业从事游戏游艺设备生产和销售等
事中事后监管措施	社会信用体系、信息共享和综合执法制度、企业年度报告公示和经营异常名录制度、社会力量参与市场监管制度，以及各部门的专业监管制度

续表

领域	复制推广的改革事项
关监管制度创新	期货保税交割海关监管制度、境内外维修海关监管制度、融资租赁海关监管制度等措施
检验检疫制度创新	进口货物预检验、分线监督管理制度、动植物及其产品检疫审批负面清单管理等措施

资料来源：厦府〔2015〕45号。

（2）参照福建自由区、平潭自贸片区税收管理创新阶段。

厦门自贸区也参照了福建自贸区、平潭片区的税收管理创新举措，表7-2报告了具体参照的福建自贸区、平潭自贸片区税收管理创新举措。

表7-2　　　　　　　　　福建自贸区税收管理创新举措

征管创新实践	内　　容
多元化日常涉税业务的预约办理和缴税方式	纳税人可以通过互联网、手机APP、微信等多种渠道，向税务机关预约办理日常涉税业务。而税务机关也与银行合作，为纳税人提供POS机刷卡、互联网、移动支付等多元化缴税方式
银税互动—税易贷	在福建自贸区与银行建立税银征信信息共享机制，税务机关对银行信用级别高的纳税人给予办税便利，推动银行对纳税信用A级纳税人给予融资便利
一窗联办	国税局、地税局在办税服务厅互设窗口，在自贸区政务中心设立联合办税窗口，建立信息共享机制，联合办理涉税业务。纳税人在办理税务登记、纳税申报等涉税业务时只需向一个窗口提出申请，由国税局、地税局工作人员内部流转办结后一窗出件
办税一网通10+10	在复制支持上海自贸试验区发展"办税一网通"10项措施的基础上，增加国地办税一窗化、自助业务一厅化、培训辅导点单化、缴税方式多元化、出口退税无纸化、业务预约自主化、税银征信互动化、税收遵从合作化、预先约定明确化、风险提示国别化
推行"税收风险管理信息系统"	为防范自贸试验区简化审批管理可能带来的税收风险，福建省国税局自行开发和推行"税收风险管理信息系统"，应用大数据加强自贸试验区片区税收风险管理，利用数据采集分析、风险提醒评估等风险防控功能，将企业涉税风险控制在底线之内
无纸化申报试点	平潭片区推行出口货物劳务退（免）税无纸化申报管理试点，对纳税遵从度高、信誉好的一类企业实行"先退后审"，简化管理手续，实行无纸化退税，退税审批时间缩短至2个工作日以内，并提供专人联系、当期审核当期退税的"绿灯"服务

资料来源：根据福建自贸区官网公开信息整理。

（3）厦门自贸区主导税收管理创新阶段。

在借鉴和推行了上海、福州和平潭自贸区相关的税收管理创新实践基础上，厦门自贸区根据自身特点和业务经验，组建厦门国税自贸试验区税收改革创新研发团队，并开始在全国范围内首推一系列税收管理创新举措（见表7－3）。

表7－3   厦门自贸区首推的税收管理创新举措

征管创新实践	内　　容
"三证合一"登记制度	在厦门自贸区试行由"依次申请，分别由工商行政管理部门核发工商营业执照、质量技术监督部门核发组织机构代码证、税务部门核发税务登记证"，改为"一次申请、由工商行政管理部门核发一个加载法人和其他组织统一社会信用代码营业执照"的登记制度
自助填单服务	对原自助办税终端进行了硬件改造和软件升级，对办税服务厅所有涉税事项及其表证单书进行了全面梳理，选取了常用表单推行"免填单"服务，推出首台"免填单自助服务终端"
"税控发票网上申领""手机领票"和"自助取件"	在厦门自贸区内的企业领购发票，只要点开厦门国税 App 或微信服务号，选择"发票申领"，24 小时内 EMS 就能包邮送上门

资料来源：根据厦门自贸区管委会官网公开信息整理。

总的来看，当前厦门自贸区在税收征管创新上取得的成果有：

第一，响应国家"互联网＋"行动计划，税管信息化水平不断提升；

第二，多渠道推行征管创新举措，多部门联合推动创新服务实施；

第三，征管配套硬件设施完善，服务手段人性贴心；

第四，税银征信日益互动化合作；

第五，税收信用评定等级化；

第六，对台服务特色突出。

2. 厦门自贸区收管理制度创新实践中的不足

（1）目前厦门与台湾之间的官方合作和交流不足，难以根据台商的实际需求提出最合适的税收管理政策措施及其纳税服务，以及使许多对台特色的税收管理政策未能真正落实。

（2）在与外部机构的信息合作方面，税务机关与海关、工商、国库、银行等部门的信息共享机制仍不完善；协办、共办涉税事项和服务的力度不足，将使厦门自贸区不能实现更好的税收管理。

（3）厦门自贸区离岸银行业务税收监管制度仍相对滞后，监管效率较低。厦门自贸区所采取的创新举措并不具有针对性，难以满足提升离岸银行业务发展对税收监管制度的要求。

（4）信息技术创新权限不足。目前，信息技术创新的权限多数集中在省局，在一定程度上影响了税收管理优化的进程。

（二）厦门自贸区税收优惠政策创新实践及不足

1. 厦门自贸区税收优惠政策实践

在自由贸易区中实施的诸多政策改革和制度创新中，最引人瞩目的当属税收优惠政策。当前厦门自贸区现行的税收优惠政策全部来自于之前税收优惠政策的延续，集中在促进投资方面、促进自由贸易方面、支持鼓励类产业发展和企业自主创新方面，以及引进台湾等境外人才方面等的税收优惠（见表7-4）。

表7-4 厦门自贸区税收优惠政策实践

税收优惠政策类型	具体税收优惠政策	文　件
促进投资的税收优惠政策	对注册在厦门自贸区内的企业或个人股东，因非货币性资产对外投资等资产重组行为而产生的资产评估增值部分，可在不超过5年期限内，分期缴纳所得税	《关于非货币性资产投资企业所得税政策问题的通知》（财税〔2014〕116号）、《关于个人非货币性资产投资有关个人所得税政策的通知》（财税〔2015〕41号）
促进自由贸易的税收优惠政策	1. 与生产有关的货物进入区内视同出口，按规定实行退税。区内企业之间货物交易不征收增值税和消费税。此项政策的执行范围限定在国家批准的特殊区域内，厦门已获批的出口加工区、保税物流园区、保税港区等特殊区域已执行上述政策	《关于出口货物劳务增值税和消费税政策的通知》（财税〔2012〕39号）
	2. 将试验区内注册的融资租赁企业或金融租赁公司在试验区内设立的项目子公司纳入融资租赁出口退税试点范围	《关于在全国开展融资租赁货物出口退税政策试点的通知》（财税〔2014〕62号）
	3. 在严格执行货物进口税收政策的前提下，允许在特定区域设立保税展示交易平台	《关于中国（福建）自由贸易试验区有关进口税收政策的通知》（财关税〔2015〕22号）

续表

税收优惠政策类型	具体税收优惠政策	文　件
支持鼓励类产业发展和企业自主创新的税收政策	1. 对厦门自贸区内航运物流、商务服务、旅游会展、金融服务、信息服务、科技研发、文化创意和高新技术等鼓励发展的产业减按15%的税率征收企业所得税；对区内从事离岸业务为主的企业按15%的税率征收企业所得税。如上述企业符合国家规定的高新企业或技术先进型企业标准，即可减按15%的税率征收企业所得税	《关于完善技术先进型服务企业有关企业所得税政策问题的通知》（财税〔2014〕59号）
	2. 对注册在厦门自贸区内的企业从事离岸服务外包业务取得的收入，免征营业税。此项政策已在全国执行	《关于将铁路运输和邮政业纳入营业税改征增值税试点的通知》（财税〔2013〕106号）
	3. 对新办的符合条件的高新技术企业实行"两免三减半"的企业所得税优惠政策	《关于扩大厦门经济特区范围的批复》（国函〔2010〕52号）
	4. 对技术先进型服务企业发生的职工教育经费支出，不超过工资薪金总额8%的部分准予税前扣除，超过部分，允许在以后年度结转扣除	《关于完善技术先进型服务企业有关企业所得税政策问题的通知》（财税〔2014〕59号）
对于引进台湾等境外人才的个人所得税税收优惠	地方财政对台湾和境外高端人才和紧缺人才，其在厦门的工资薪金所得缴纳的个人所得税已纳税额超过工资薪金应纳税所得额15%的部分给予的补贴	《厦门市台湾特聘专家制度暂行办法》（厦委办〔2013〕10号）、《厦门市"海纳百川"人才计划优惠政策暂行办法》（厦委办〔2013〕10号）

资料来源：根据现有文件整理。

2. 当前厦门自贸区税收优惠政策的不足之处

厦门自贸区税收优惠政策在吸收外资、促进投资、吸引人才及扶持相关行业方面发挥了重大的作用，但同时也存在着不足，与自贸区税收优惠政策的定位是相背离的：

（1）立法层次低，易引起恶性税收竞争。厦门自贸区当前的税收优惠政策多以暂行条例形式出现，这些暂行条例及草案立法层次较低，容易使税收优惠政策在政策稳定性和权威性上受到质疑，可能同基本法律产生冲突。同时，由于各个自贸区定位略有差异，要求实施不同税收优惠政策，这对于自贸区政策的可复制性要求也是一个挑战。

（2）忽视税收中性容易造成市场扭曲。现行自贸区的税收优惠政策在设计上存在诸多违反公平和效率之处：如对企业按照所在行业及注册区域给予所得税减免的税收优惠模式在深圳自贸区中依然普遍，若不予以规制，则必将加深恶性税收竞争。其次，纵观世界其他国家的自贸区，多选择具有普遍调节作用且不容易改变财富分配比例的增值税、关税等税收优惠政策，在提供税收优惠的同时给市场带来更小的扭曲作用，而目前我国在自贸区中的税收优惠政策多以所得税优惠为调节手段，这就使得企业有可能扎堆投入到某几个行业之中引发产业失衡，有悖于设置自贸区的初衷。

（3）系统性不足容易导致遵从成本上升。自贸区内虽然税收优惠政策颇多，但是既有国家全面推行的税收优惠，各地区又对各自自贸区争取到不同税收优惠，同时由于采用"境内关内"的监管模式，企业出口退税仍需接受严格的海关监管，这些都增加了纳税的遵从成本。

3. 厦门自贸区定位与其税收优惠政策定位的思考

厦门自贸区对税收政策的创新主要集中在税收管理上，在税收优惠上并不多。其中原因在于自贸区被认定为一个改革"高地"，而不是一个政策"洼地"，其目的是解决如何处理政府与市场、发展与开放的关系问题。然而笔者认为，合理合法的税收优惠是厦门自贸区制度创新的重要组成环节，不能因为单纯地从简单的税收竞争角度出发，没有正确理清厦门自贸区定位与其税收优惠政策定位的关系就因噎废食，而应探索出一种促进新兴产业发展的、同国际税收惯例接轨的税收优惠政策。

一方面，厦门自贸区不是"经济特区"而是"自由贸易试验区"。改革开放经济特区的成就有目共睹，然而特区更强调"特"字，实施的政策往往同该区域的发展程度相适应，不能大范围推广适用；而自贸区的重点在于"试验"二字，即通过在自贸区试点政策和制度的改革创新并为新政策新制度的复制推广开辟道路，因此政策和制度的改革创新试验进而复制推广才是自贸区政策的本质要求。这说明自贸区的设立初衷并不是"税收洼地"，而是希望通过探索尚未开放的领域和控制潜在的风险，创建一个同国家战略相吻合、同国际惯例相接轨的管理体制，这才是自贸区试验的最核心定位。

另一方面，制度创新是自贸区税收优惠政策的核心定位。回顾我国的改革开放历程，设置税收优惠政策的方式通常是鼓励使用低端的生产要素和扩大规模的方式获得税收利益和竞争中的优势地位。但这种依靠税收优惠政策的激励方式无疑是让政府代替市场发挥资源配置的功能，在赋予特定优惠的同时也会造成市场扭曲。自贸区更多是作为"试验田"而存在，虽然在自贸区内试行的包括税收优惠政策在内的政策创新，但其目的并不是要划出税收优惠特权的隔离区，而是探索对法制、税制及管制的改革和创新，来促进贸易和金融领域的开放以及政府职能的转变，进而推动全面深化改革的进程。因此，在自贸区内使用税收优惠政策，同样不在于降低实际税负来吸引外资流入和增加对外贸易额，而在于促进国内产业结构升级，提升国际竞争力进而带动国内产业和资金"走出去"的战略。

（三）厦门自贸区两岸税收协调制度创新的展望

1. 海峡两岸税收协调的实践

自大陆与台湾签订《海峡两岸经济合作框架协议》后，海峡两岸经贸往来蓬勃发展。然而，由于历史原因和两岸税收制度的差异，两岸税制的差异性及税制协调的滞后，导致两岸在消除重复征税、落实税收优惠政策、避税方面都存在较多问题。两岸税收协调严重滞后于两岸经贸关系的发展，既有政策方面的人为障碍，也与两岸长期缺乏税务合作的实践与经验因素有关。

对于重复课税，海峡两岸必须正确面对。海峡两岸税收协调的实践始于1998年，厦门国税在没有任何先例的情况下首创"协定式"的预约定价协议范本。加强区域经济税收政策的合作与协调，为海峡两岸经济纵深合作创造良好和谐的税收环境，已经成为海峡两岸经济合作框架协议愿景能否顺利推进的一个重要问题。而自厦门自贸区挂牌成立以来，各项税收政策和征管机制的先行先试，为积极探索两岸共同建设、共同管理中的税制协调问题提供了契机。

2. 厦门自贸区主导建立避免重复征税的税收协调机制

重复征税问题的产生主要源自于两岸税收管辖权的交叉重复。台湾自2010年起实行属地和属人同时实施的混合税收管辖原则，加上政治历史原因而长期未曾缔结双边税收安排协议，使得重复征税问题凸显。此次，借自贸区的东风，在厦门自贸区实行避免重复征税的两岸税收协调试点工作，将为这一问题的解决奠定基础。

（1）利用税收抵免等措施建立单边的避免重复征税的税收协调措施。目前，大陆与台湾税制中均已建立了所得税的限额抵免制度，以避免国际重复征税。但由于台湾在税收原则上一直将大陆视为境内所得来源地，所以对于台湾纳税人的大陆来源所得在税收抵免规定上并不全面，这就需要通过协商使台湾地区在未来进一步明确大陆来源所得的税法地位，并承认在厦门自贸区投资的台商所享有的特别税收优惠，以保证税收协调试点工作的顺利进行。

（2）积极推进与台湾税收协议的签订进程，建立双边的避免重复征税的税收协调措施。由于两岸没有签署双边税收协定，使台商在大陆的投资即使享受了税收减免优惠，也由于税收饶让原则并未确立而不能实质上获得这种减免优惠所得，这一结果必将导致当前厦门开发中的种种税收优惠安排大打折扣。因此，应当考虑在厦门自贸区率先建立两岸税收饶让机制。通过积极推进与台湾税收饶让协议的签订进程，互相承认对方给予各自纳税人的税收优惠，使双方的经营投资者能够享受到税收优惠政策为其带来的利益。

3. 厦门自贸区积极推动建立两岸共同反避税机制

（1）运用预约定价等方式对避税行为进行防范。两岸应在交流与合作的基础上，尽快地进行反避税立法，完善对避税行为的税务处理程序，引入实质征税原则，约束各种避税行为。

（2）加强反避税调查，加大对避税行为的处罚力度。对各种台资企业分门别类地实行基础调查工作，针对其经营特点，研究其可能实施的避税方法和手段；同时加大对避税行为的处罚力度，以期对避税行为起到一定的震慑作用。

4. 建立两岸税务信息交流与协调管理机制

（1）加强两岸税务部门之间的信息交流和情报交换。在两岸共同的税收协调工作中，应积极引入双方的信息交换机制，由相关的人员进行税收情报和相关经济信息的收集与交换，以利于双方根据相关的信息资料开展消除双重征税、防止逃避税等方面的税收协调工作，促进两岸税收协作的顺利进行。

（2）在厦门自贸区设立处理两岸税收问题的专门机构。税收协调是一项长期、复杂且敏感的工作，靠短期的探讨与合作绝对无法完成，因此最好成立一个专门的机构来处理两岸间的税收问题，长期在两岸间从事税收信息收集、税收情报交换、税务执法协助、税收争端解决等工作，并对相关的税收协调制度进行进一步的协商与修正。

四、促进厦门自贸区投资贸易和金融开放发展的具体税收制度创新研究

（一）厦门自贸片区境外股权投资、离岸金融业务发展概述

根据《方案》对厦门自贸区的发展目标，要"改革境外投资管理方式"，以及"支持企业在境外设立股权投资企业和专业从事境外股权投资的项目公司，支持设立从事境外投资的股权投资母基金"。境外股权投资和离岸金融业务作为自贸区跨境金融中"走出去"的主要组成部分，如何在自贸区探索出一套带动高端跨境金融业发展和创新的方案，是厦门作为两岸区域性金融服务中心的重大历史机遇。

（二）厦门自贸片区境外股权投资和离岸金融业务税收政策

由于我国对离岸金融业务的开展持较为保守的态度，根据我国现行税法，我国的离岸金融业务的税收政策与在岸金融业务的税收政策一致，所涉及的税种主要包括的增值税、企业所得税和印花税。

境外股权投资和离岸金融业务与税收制度的关系密不可分。一方面，自贸区境外股权投资和离岸金融业务的税赋直接体现为各方面的成本，具体税制设计对跨境金融业的发展活力有着产业导向的作用；另一方面，境外股权投资和离岸金融业务涉国际税收和管辖权的问题，对我国跨境金融涉税处理和税收征管手段提出了更高的要求。

在《方案》中，"境外股权投资和离岸金融业务对于在符合税制改革方向和国际惯例，以及在不导致利润转移和税基侵蚀前提下，积极研究完善适应境外股权投资和离岸业务发展的税收政策。"这一表述说明了几个问题：首先，针对境外股权投资和离岸金融业务的税收政策，应与我国当前的税制

改革方向一致；其次，对境外股权投资和离岸金融业务制定的税收政策，要符合国际税法惯例；最后，注意创新税收政策可能带来的利润转移和税基侵蚀问题。

（三）促进厦门自贸区投资贸易和金融开放发展税收政策设计原则

相比于其他国家和地区，我国境外股权投资和离岸金融业务的税负较重，体现在多余的流转税和较高的所得税。

在"营改增"试点全面铺开后，金融业营业税改征增值税，境外股权投资和离岸金融业务的流转税项目也相应地改为增值税。然而即使是"营改增"后，离岸金融业务的流转税项目在名义税率上也由 5% 变为 6%。这样便造成了两个问题：首先，国际通行做法一般对金融业免征增值税，而国内仍旧征收，对发展离岸金融无疑是较大的税收负担；另外，相比出口商品时的增值税出口退税，离岸金融为非居民提供境外金融服务时未有相应增值税出口退税规定，这从增值税抵扣链条上看是不合理的。对于境外股权投资和离岸金融的所得税税率，其他国家和地区对离岸金融的企业所得税税率一般在 15% 左右，远低于 25%。因此，对于在自贸区内完善境外股权投资和离岸金融的税收政策，首要任务就是试点税收优惠。具体来说：第一，根据国际通行做法和增值税的税收中性特征，应对离岸金融业务收入免征增值税或零税率；第二，基于纳税便利原则，对离岸金融业务的印花税也可考虑免征；第三，出于对离岸金融业务的支持，对离岸金融企业所得税也应予以税收优惠。

对于厦门自贸区离岸金融业务，应试点税收优惠为主的税收政策，以政策创新带动制度创新。第一，新兴的金融服务业的发展需要政策扶持，给予离岸金融业务特定的税收优惠政策，就是在探索创新经济管理模式。第二，在厦门片区内对离岸金融试点税收优惠也是一种税制上的创新，将税收优惠对象限定在特定亟须发展的业务范围，也就可以规避"税收洼地"问题。第三，在通过税收政策对自贸区内离岸金融业务进行税收激励时，要注重结合厦门片区对台的战略意义。

五、全球自贸区税收制度创新与政策安排的比较借鉴与启示

（一）全球自贸区税收优惠政策创新实践及政策安排

国际自由贸易园区通常采用有竞争力的特殊税收制度，主要体现在实行较低税率、对重点领域实施税收优惠以及税种设置相对简单等方面，大多数国家和地区近年来不断推进以降低税率、减轻纳税人负担为导向的税制改革。

1. 美国

自由贸易区内企业增值税率仅为 3%。对外贸易区对区内货物免征地方税、区内加工制造产品增值部分不纳税，并推行主要包括关税豁免、"倒置关税"减免、储存期免税、存储配额无限制、行政费用减免、免关税转移 6 个方面的税收优惠政策。

2. 日本

《税制改革大纲》引入一项针对地区总部的税收政策，规定外国公司在日本新设地区总部或研发机构后的 5 年中，可以享受减免 20% 应税收入的优惠等，自由贸易区内企业新购、生产或建设设备或厂房，均可享受法人税的投资额税收抵免。

3. 韩国

增值税实行 10% 单一税率制。自由贸易区内企业享受收购、登记产权和土地税的减免。公司所得税率是四级超额累进制，1000 万韩元以下是 8%，4000 万韩元以下超过部分是 17%，8000 万韩元超出部分是 26%，8000 万以上超出部分是 35%；公司所得税款获利年度起 3 年全免，第 4、第 5 年为 50%。

4. 新加坡

征收税率为 7% 的商品和服务税（采取进销相抵，具有增值税性质）。实行较低的企业所得税，目前为 17%，同时还有针对航运企业、总部、国际贸易商、海事金融领域专门的税收优惠，对资本利得不征税。

5. 中国香港

实行属地原则，不征收商品和服务销售税或增值税，仅对来源于香港的资本利得征税，对一切来源于境外的资本利得免税。企业所得税一般为 16.5%，不征收资本增值税、股息税、利息税、销售税等，同时还有金融税收优惠、航运税收优惠、离岸业务税收优惠，对自由贸易区内消费免除消费税。

（二）全球自贸区税收制度创新与政策安排的借鉴与启示

（1）加快立法，完善自贸区税制。我国宪法中只有一条涉及税收的条款，除此之外，没有税收基本法或税法通则。税法领域的法律目前只有四部，尤其是对自贸区而言的专门立法更是一片空白，现有各项优惠政策均以规章形式或红头文件出现，厦门自贸区立法迫在眉睫。

（2）先试先行，实现税收政策突围。当下各国在自由贸易区税制创新主要表现在减少税种和降低税率两个方面，值得我们借鉴。一方面，我国当前税种设计过于繁杂，重复征税现象突出，建议停止一些税种的征收，并在自贸区先试先行。另一方面，可考虑推出离岸贸易、金融的特殊税收优惠政策。

（3）立足培养，打造专业化管理团队。自贸区发展使得税收国际化、复杂化、时效化程度大幅提升，因此，在未来自贸区建设中，税务管理队伍素质建设应与税收管理制度探索并重，才能切实为建立国际高水平的投资和贸易服务体系营造良好税制环境。

六、厦门自贸区税收制度创新具体政策建议

（一）对厦门自贸区税收征管方面的政策建议

（1）进一步放宽税务事前审批和税务登记便利化。重点在于推动贸易、投资和金融自由化的税收管理和纳税服务。推行"一站式"集中审批，实行"先批后审、批核分离"的审批制度，简化审批程序。

（2）创新税收服务。针对金融、贸易等业务，建议设立税务专门机构进行专业化管理，完善税收征收信息服务系统，建立包括税务、金融、工商、公安等多个部门的税收协助制度，加强相关部门共同参与和密切协作。

（二）对厦门自贸区税收优惠方面的政策建议

（1）鉴于对自贸区"创新高地而不是税收洼地"的定位，应该把税收优惠政策思路由税率减免等直接优惠形式，转变为中性化的、以间接优惠为主要手段的税收优惠形式。

（2）发挥对台战略作用，用足用好地方税收立法权。建议坚持行业发展导向和企业需求导向，切实找准税收优惠政策实施的着力点。

（3）从厦门自贸区"现代服务业合作示范区"功能定位出发，建议着重落实、复制和探索促进服务贸易，如融资租赁、生产性服务业、医疗服务及其他适合厦门特点和两岸对接的服务业的税收政策。

（4）从厦门自贸区"东南国际航运中心"功能定位出发，建议对国际船舶注册登记给予较大税收优惠制度，特别是要调整现行税收政策以吸引中资方便旗船舶回国落户。

（三）对厦门自贸区两岸税收协调方面的政策建议

（1）先行先试避免双重征税协调机制。为解决两岸经贸发展中的税收实际问题，建议由厦门自贸区先行先试避免两岸双重征税的税收政策，参照《内地和香港特别行政区关于对所得避免双重征税的安排》，对税收饶让等相关税收事项做出安排。

（2）建立两岸共同反避税机制。在实行税收优惠和避免双重征税的基础上，加强两岸的反避税合作。建议在厦门自贸区加强两岸税务部门的信息沟通和税务管理合作，建立两岸税收情报中心。两岸间可以通过及时交换跨境工作人员的收入信息，保护双方的税收利益。

（3）设立处理两岸税收协调问题的专门机构。尊重海峡两岸关系现有格局，尊重海峡两岸现有的税收管辖权，建议在厦门自贸区成立一个专门的机构来处理两岸间的税收协调问题。

（四）对促进厦门自贸区投资贸易和金融开放发展的具体税收制度政策建议

（1）对于离岸金融业务，根据国际上对金融业免征增值税的惯例，试点对厦门自贸区内的离岸金融业务免征增值税或者以零税率征收离岸金融的增值税；对于印花税，可以酌情对离岸金融业务凭证的印花税免征；对于离岸金融公司的所得税，可以对来自于特定业务或客户的收入予以税率上的优惠，或者对开展特定业务或客户发生的成本在计算应纳税所得额时予以一定程度的加计扣除。

（2）对于境外股权投资业务，可以在厦门自贸片区内对境外股权投资的境外所得试点单一地域管辖权，以消除国际重复征税对境外股权投资"走出去"的阻力。

（3）在厦门自贸区内支持设立专门从事境外股权投资的项目公司，支持符合条件的投资者设立境外股权投资基金。推行合格境内机构投资者制度，培养证券经营机构的国际化投资管理能力发挥积极作用。明确规定受控外国公司条款，只对汇回国内的收益征税，同时允许企业设立境外投资风险准备金。

参考文献：

[1] 沈世顺. 世界自由港和自由贸易区 [J]. 国际问题研究，1984（3）：50－61.

[2] 郭信昌. 世界自由港和自由贸易区概论 [M]. 北京航空学院出版社，1987：1－401.

[3] 李力. 世界自由贸易区研究 [M]. 北京：改革出版社，1996：1－518.

[4] 蒋硕亮. 中国（上海）自贸试验区制度创新与政府职能实现方式转变 [J]. 哈尔滨工业大学学报：社会科学版，2015（4）：7－12.

[5] 上海财经大学自由贸易区研究院、上海发展研究院编著. 全球自贸区发展研究及借鉴 [M]. 上海：格致出版社，2015：93－103.

[6] 胡怡建. 上海自贸区税收政策：创新·探索 [J]. 中国税务，2014（3）：40－42.

[7] 户晗. 关于我国（上海）自贸区税收政策的探究 [J]. 新经济，2015（7）：

35－36.

　　[8] 余茜文. 上海自贸区离岸金融市场税收政策研究 [J]. 中国市场, 2014 (18):
119－120.

　　[9] 贺伟跃, 陈虎. 上海自贸区离岸金融业务税收政策初探 [J]. 税务研究, 2014
(9): 70－73.

　　[10] 唐亚琦, 高翔, 王晶晶. 上海自贸区税收政策新解 [J]. 财会通讯: 综合
(上), 2014 (10): 99－101.

　　[11] 谭志伟. 自贸区税收优惠政策的定位与完善——从中国自贸区定位说起 [J].
现代经济信息, 2015 (16): 159－160.

　　[12] 陈伟仕, 王晓云. 完善前海深港自贸区税收政策体系的探索 [J]. 税务研究,
2014 (9): 74－76.

　　[13] 于学深. 关于天津自贸区税收政策的思考与探索 [J]. 天津经济, 2015 (6):
64－67.

　　[14] 广西国税局课题组. 从税收政策差异看自贸区发展对广西的影响与启示 [J].
经济研究参考, 2015 (41): 36－41.

　　[15] 厦门市地税局课题组, 吴振坤, 张毅等. 我国自贸区发展策略选择与税收政策
构想——兼论福建自贸区发展策略 [J]. 福建论坛 (人文社会科学版), 2015 (1):
126－131.

　　[16] 陈琍. 国际税收管理新形势分析及建议 [J]. 国际税收, 2013: 35－39.

　　[17] 肖林. 国家试验 [M]. 上海: 格致出版社, 2014: 69.

专题八 福建省多层次资本市场的发展现状、问题与对策

2017 年 7 月 4 日，《中国金融稳定报告（2017）》①发布。报告指出，要建立多层次资本市场体系，补充和完善市场运行制度，健全违约处置机制。多层次资本市场的构建，有利于淘汰效益差的公司，提高上市公司的质量，有利于通过多层次化的融资方式，吸引更多的资金流入；有利于防范金融风险，稳定金融市场。相较于浙沪粤等多层次资本市场较早建立的地区，福建省多层次资本市场发展迟缓，结构单一，区域性问题突出，需要结合当地实际情况进行完善。

一、福建省多层次资本市场的发展现状

资本市场是金融市场的一部分，是进行资本交易的场所。在资本市场中，存在着不同需求的投资者与融资者，这要求资本市场不应该是单一层次的结构，而应该是一个多层次的市场体系，以匹配供求双方的多样化需要。

福建省资本市场萌芽较早，但由于许多因素的阻碍，资本市场的发展速度落后于经济发展的速度。虽然目前福建省的上市公司数量和总数额位列全国前位，但是与资本市场发展势头迅猛的沪粤浙地区差距仍然较大，且有不断拉大的趋势。近年来，福建省着力于推进资本市场的多层次化建设，不断寻找存在的实际问题，积极探求优化对策，并借鉴各方经验，出

---

① 中国金融稳定报告（2017）. 中国人民银行，2017 – 07 – 25.

台了一系列文件政策，政府也加大了支持力度，建立了相关法律体系，制定了退、入市机制，加大对新三板的建设，并且建立了厦门两岸股权交易中心和海峡股权交易中心，不断探寻适合福建省多层次资本市场发展的新道路。

（一）多层次股权交易市场

1. 场内市场

场内市场包括主板市场、中小板市场和创业板市场，其入市条件和要求都非常高。福建省第一家上市公司于 1993 年 5 月成功上市，同年 6 月，福建省第一家 B 股上市公司也成功在深交所上市，为福建省企业融资开辟了新的渠道。福建省场内市场的发展在全国范围内虽然排名靠前，但是竞争力较弱，与其经济发展情况不相符合。

福建省厦门市于 1988 年 4 月 18 日获批国家社会与经济发展计划单列市，拥有自己的经济管理权限，因此其经济数据都单独列出，本专题也将福建辖区和厦门辖区分开分析。

（1）福建辖区上市公司基本情况。

由表 8 - 1 所示，截至 2017 年 6 月底，福建辖区有境内上市公司 81 家。其中，44 家在主板上市，25 家在中小板，12 家在创业板上市。上市公司总市值为 12299.64 亿元，其中，主板市场贡献 9451.65 亿元，中小板市场贡献 2326.15 亿元，创业板市场贡献 527.84 亿元。总体来说，相较于中小板市场和创业板市场，福建辖区主板市场发展相对较好，其市值占总市值的 76.8%，而其他两板发展较弱，后劲不足，对资本市场的贡献度较小[①]。

另外，目前福建辖区有 2 家证券公司，38 家证券公司分公司，318 家证券营业部。福建省证券经营机构截止到 2017 年 6 月全辖营业部代理买卖证券总额 53446.55 亿元，其中代理买卖股票、基金总额 35868.11 亿元；全辖营业部客户托管市值 8613.62 亿元，其中股票、基金托管市值 8478.15 亿元[②]。

[①②]　根据《福建辖区证券、期货业统计月报（2017 年 6 月）》的数据计算、整理。

表8－1　　　　福建辖区上市公司基本情况（截至2017年6月）

指　　标	月末数量/金额
上市公司家数（家）	81
其中：主板	44
中小板	25
创业板	12
上市公司市值（亿元）	12299.64
其中：主板	9451.65
中小板	2326.15
创业板	521.84

资料来源：中国证券监督管理委员会福建监管局，《福建辖区证券、期货业统计月报（2017年6月）》。

（2）厦门辖区上市公司基本情况。

截至2017年6月，厦门辖区有45家境内上市公司（见表8－2）。其中，21家在主板市场上市，13家在中小板市场上市，11家在创业板市场上市。上市公司总市值为3526.6亿元，其中，主板市场贡献2026.61亿元，中小板市场贡献750.17亿元，创业板贡献749.82亿元。厦门市主板市值占总市值的57%，相对于福建辖区而言，厦门市作为经济特区，以外向型经济作为发展目标，鼓励外商投资，引进先进技术和管理方法，中小板市场及创业板市场发展迅猛，创业板上市公司数量与福建辖区几乎一致①。

表8－2　　　　厦门辖区上市公司基本情况（截至2017年6月）

指　　标	月末数量/金额
上市公司家数（家）	45
其中：主板	21
中小板	13
创业板	11
上市公司市值（亿元）	3526.6

① 根据《厦门辖区上市公司概况（截至2017年6月）》数据计算得出。

续表

指　　标	月末数量/金额
其中：主板	2026.61
中小板	750.17
创业板	749.82

资料来源：中国证券监督委员会厦门监管局，《厦门辖区上市公司概况（截至 2017 年 6 月）》。

2. 场外市场

场外交易市场主要由新三板市场和区域性股权交易市场组成，为退市企业及尚未达到入市要求的企业提供一个分散的交易场所。

截至 2017 年 7 月，福建省共有 381 家企业在新三板市场挂牌（见表 8 - 3），排名全国第六，资产合计 7053975.83 万元，总资产均值为 18514.37 万元；共有 3286 家企业在区域性股权交易市场挂牌，排名全国第四，资产合计为 783579.75 万元，总资产均值为 23744.84 万元[①]。

表 8 - 3　　　　　　　福建省新三板与区域性股权交易市场基本情况

（截至 2017 年 7 月）

市场	挂牌家数	资产合计（万元）	总资产均值（万元）
新三板市场	381	7053975.83	18514.37
区域性股权交易市场	3286	783579.75	23744.84

资料来源：Wind 资讯，《新三板专题统计（截至 2017 年 7 月）》，《区域股权专题统计（截至 2017 年 7 月）》。

区域性股权交易市场即四板市场，为特定区域内的中小企业提供股权交易和融资的场所，近年来发展势头强劲，成为我国多层次资本市场的重要组成部分。各地区纷纷建立起区域性股权交易中心，为辖区内企业搭建一个特定区域内转让股权、债券和提供融资服务的交易平台，对促进中小企业股权交易，拓宽融资渠道，引导民间资本流入，扶持高新企业的发展，鼓励科技创新，做出了巨大的贡献。

福建省近年来在区域性股权交易市场中的发展尤其突出，分别于 2011

---

① 资料来源：Wind 资讯，《新三板专题统计（截至 2017 年 7 月）》，《区域股权专题统计（截至 2017 年 7 月）》。

年 10 月和 2013 年 12 月成立海峡股权交易中心和厦门两岸股权交易中心。截至 2017 年 7 月，共有 171 家企业在海峡股权交易中心挂牌，1724 家企业在厦门两岸股权交易中心挂牌，在全国各个区域性股权交易中心名列前茅。

同时，福建省高度重视区域性股权交易中心的建设。2014 年 1 月，福建省发布《福建省人民政府办公厅关于推进海峡股权交易中心建设的若干意见》[①]，提出要通过推进海峡股权交易中心的建设，促进福建省区域性股权交易市场的发展，为福建省中小企业搭建一个高效率、低成本的融资平台，拓宽融资渠道，着力于解决中小企业资金短缺的问题。随后福建省又出台了一系列政策文件，大力推动四板市场发展。由于福建省靠近台湾，拥有许多台资企业，福建省多层次资本市场发展同台资企业也密切相关，许多台资企业纷纷在福建省区域性股权交易中心挂牌，因此四板市场的建立也有效缓解了台资企业资金短缺的问题。

总体而言，福建省多层次资本市场的发展相对依赖于主板市场的发展，中小板与主板市场相比，无论是在数量方面还是市值方面所占份额都较小，发展迟缓且后劲不足，中小型企业尤其是高科技创新型企业较少，多层次资本市场结构不稳定，制约多层次资本市场发展的因素较多。但是，由于厦门两岸股权交易中心和海峡股权交易中心的建立，加之天然的沿海地理优势，拥有经济特区厦门的绝佳条件，使得福建省区域性股权交易市场的发展相对于场内市场和新三板市场而言都较为突出，是福建省多层次资本市场发展的优势所在。

（二）多层次债权交易市场

债券市场由发行市场和流通市场组成，以融资为主要功能，特别是企业债券的发行，为投资者和融资者提供了债权交易的场所。相对于其他债券类型，企业债券发行时间短，获益高，能够有效缓解实体经济的融资压力。由于融资和投资需求的多元化，债权交易市场不应该是单一的，应该具有多层次性。

---

① 闽政办〔2014〕22 号，《福建省人民政府办公厅关于推进海峡股权交易中心建设的若干意见》。

1986 年，福建省企业债券开始发行；1987 年，《企业债券管理暂行条例》颁布，对债券实行统一管理，福建省的企业债券发行也逐步走向规范化。由于目前债券市场极为不成熟，法律体系不完善，监管力度小，交易风险较大，且债券发行后存在着一系列后续问题，通过发行企业债券进行融资的方法较难推广，缺乏普遍性和广泛性，不太为融资者所接受，大多数的福建企业仍会选择向银行贷款、民间借贷和发行股票融资等传统方式进行资金筹集，债券交易市场的多层次化发展一度陷入僵局，福建省的债权市场长期处于滞后状态。

2014 年 5 月，国家发展改革委员会发布了《关于进一步做好支持创业投资企业发展相关工作的通知》[①]，明确支持符合条件的企业通过发行企业债券的方式进行融资。2016 年 3 月，福建省发展改革委员会发布《福建省"十三五"规划纲要》，纲要指出，要引导企业进行股权融资和债权融资，推进多层次资本市场的建设。2017 年，融资政策专场巡讲在福建省召开。截至 2017 年 2 月，福建省共有 83 支存续期企业债券，其市值为 837.5 亿元。其中 2016 年度新增 11 支市值为 145 亿元的债券，为福建省各种基础设施的建设提供了强有力的资金支持[②]。

多层次债权市场的建立，有利于缓解银行的借贷压力，增加债券的种类；有利于拓宽企业的融资渠道，吸引民间资本流入，解决中小企业资金短缺的问题；有利于扶持中小企业尤其是高科技企业，促进科技创新与技术进步，从而完善多层次资本市场。

（三）积极作用

多层次资本市场的发展对福建省经济的发展和融资规模的扩大起到了重要的作用。第一，完善上市机制，引导企业快速发展。多层次股权市场的建立使得企业在发展的各个阶段都能找到对应的交易市场，通过股权融资，筹措大量资金，扩大企业规模，加快企业发展，提高企业入市能力。第二，扩

---

① 发改办财金［2014］1044 号，《关于进一步做好支持创业投资企业发展相关工作的通知》，2014 - 05 - 14。

② 福建四举措加大企业债券推动力度. 财经信息网，2017 - 2 - 20，http：//www. newone. com. cn/bigdata/detail？ id = 2375150003。

大融资渠道，提高企业融资能力。多层次债权市场的建立使得企业的融资渠道更为多样化，通过债权融资，弥补股权融资的不足。由于当前经济下行压力较大，企业融资需要急增，尤其高新中小企业，所需融资数额较大，而银行借贷体系复杂，要求较高，不利于中小企业的发展和规模的扩大，不利于企业结构的调整和转型，抑制了整体资本市场的发展。因此，企业迫切需要优化融资结构，建立相应的融资机构，政府也应给予一定的资金和政策帮扶，拓宽融资渠道，降低企业融资成本，为企业的发展筹集更多的建设资金。多层次资本市场在一定程度上为高新中小企业搭建了一个提供稳定资金供给的融资平台。第三，优化资源配置。资金导向是债券市场的功能之一，资金从效益差的企业流到效应好的企业，资金在优势企业得以集中，效益差的企业退出市场，资源得到优化配置。多层次股权市场的完善使得企业之间的竞争加大，效益差的企业退出市场，效益好的企业进入更高的市场。

二、福建省构建多层次资本市场面临的困境

相较于浙江、上海、广东等多层次资本市场构建较早，发展较为完整的地区，福建省多层次资本市场存在着一系列问题，面临诸多困境。

（一）福建省多层次资本市场存在我国多层次资本市场固有的问题

1. 福建省多层次资本市场呈现明显的倒金字塔形状

无论从上市公司数量还是从市值上看，福建省上市公司在沪深两市主板市场都占有绝大比例，而其他板块所占比例都较小。福建省的中小企业占全省企业的大部分，但受到资金短缺的限制，发展势头较弱，倒金字塔形状的资本市场结构无法满足中小企业的融资需求，加之资本市场信息的不对称性，难以精确匹配投资者与融资者，抑制了中小企业的发展，从而给福建省资本市场的发展带来了一定的阻碍。

2. 板块之间流动性很差

主板、中小板、创业板、三板市场及股权交易系统之间不能够升板及降

板。三板市场挂牌企业和四板市场挂牌企业，都不能直接在场内市场上市，只能通过首次公开发行的方式上市；在新三板市场挂牌的企业也不能直接在场内市场上市，需要通过 IPO 的方式首次公开发行上市。各层次资本市场之间不能自由流动，且场内市场入市门槛都较高，与场外市场的互动性很差，不但不利于中小企业的发展，也不利于推进资本市场多层次化的建设。

3. 上市标准与上市方式单一

对于上市的公司，无论申请哪个板块，都需要经历发行人的主体资格、独立性、规范运行、财务与会计及募集资金运用五方面的审查，而没有其他方面的审查标准。在上市方式上，全国绝大部分企业均采用 IPO 方式上市，福建省也不例外。

（二）福建省多层次资本市场建立较晚，还不够成熟

1. 福建省主板市场起步较晚，较为脆弱

福建省主板市场总体规模较小，起步晚、发展慢。虽然福建省近几年资本市场发展步调加快，但是无论是在主板市场上新上市企业数量还是筹资额都不理想。福建省主板市场在发展过程中存在以下几个问题：上市公司规模普遍偏小，流通股大部分在 6000 万股以下，难以充分发挥融资优势；上市公司科技创新能力与研发能力较弱；上市公司传统产业占较大比例而高新产业所占比例较小，结构不合理，利润波动大；福建省券商数量较少，实体经济发展缓慢，导致资本市场发展规模较小，限制上市公司的融资。这些问题导致了主板市场的滞后性和脆弱性。

在一级市场上（见表 8－4），福建无论是融资家数还是总额均远低于相邻的上海、广东。截至 2017 年 7 月，福建省一级市场上上市公司融资总家数为 53 家，其中首发家数为 23 家，增发家数为 28 家；福建省一级市场融资总额为 836.52 亿元，其中首发融资总数额为 99.19 亿元，增发融资总额为 715.84 亿元。当前，广东省一级市场上融资家数为 225 家，是福建省的 424.5%；广东省一级市场融资总额为 2148.83 亿元，是福建省的 256.9%①。上海的融资规模和融资家数也是远远超过福建省。由表 8－4 数据可以看出，

---

① 根据《沪深一级市场——融资规模统计（截至 2017 年 7 月）》数据计算得出。

福建省与广东省、上海市相差很大。与其他沿海省份横向相比，福建省主板市场发展缓慢显得尤为突出。

表8-4　　　　沪深一级市场总融资规模（截至2017年7月）

省（直辖市）	融资总额/发行规模（亿元）			融资家数（家）		
	总额	首发	增发	总家数	首发家数	增发家数
广东	2148.83	448.48	1511.91	225	96	110
上海	1619.87	254.31	881.06	82	38	37
福建	836.52	99.19	715.84	53	23	28

资料来源：Wind资讯，根据《沪深一级市场——融资规模统计（截至2017年7月）》数据计算得出。

2. 中小板、创业板发展较弱，后劲不足

截至2017年7月，福建省中小板上市公司家数38家（广东省216家，浙江省135家），创业板上市公司家数24家（广东省156家，北京市94家），如表8-5所示[①]，远远落后于地理相邻省份广东省和浙江省，中小板和创业板的发展势头较弱，后劲不足。由于中小板和创业板主要为中小企业和高新技术企业提供交易平台，因此，中小板和创业板的发展不足阻碍了中小企业和高新技术企业的发展，导致福建省经济发展缓慢。

表8-5　　　福建省与其他各省（市）中小板、创业板市场基本情况

（截至2017年7月）　　　　　　　　　　单位：家

所属地域	中小板上市公司数量	创业板上市公司数量
广东	216	156
北京	49	94
江苏	106	85
浙江	135	72
上海	30	46
山东	65	28
福建	38	24

资料来源：Wind资讯，《沪深市场概况——上市股票一览（截至2017年7月）》。

---

① 资料来源：Wind资讯，根据《沪深市场概况——上市股票一览（截至2017年7月）》。

3. 新三板市场较其他省份规模较小，发展不足

截至2017年7月，福建省新三板市场挂牌家数为381家（广东1814家，北京1596家，江苏1367家，浙江1002家），排名全国第7，占总挂牌家数的3.38%，资产合计7053975.83万元，总资产均值为18514.37万元（见表8-6）①。与新三板市场规模超过福建的其他6个省相比，福建省新三板市场规模较小，发展不足。其中，广东、浙江两个相邻省份无论在挂牌家数，还是在总资产或总资产均值上，都远远超过福建。

表8-6　福建省与其他各省新三板市场基本情况（截至2017年7月）

所属地域	总挂牌家数	家数占比	资产合计（万元）	总资产均值（万元）
广东	1814	16.09	40513839.88	22333.98
北京	1596	14.16	46112361.66	28892.46
江苏	1367	12.13	36092108.88	26402.42
浙江	1002	8.89	23419306.76	23372.56
上海	975	8.65	17022964.17	17459.45
山东	611	5.42	36004509.64	58927.18
福建	381	3.38	7053975.83	18514.37

资料来源：Wind资讯，根据《新三板专题统计——地域规模统计（截至2017年7月）》数据计算得出。

4. 区域性股权交易中心建立较晚，相互制约

福建省区域股权交易中心建立较晚，相邻的浙江省早在2012年就建立了浙江省股权交易中心，而福建省还没有建立相应的省级股权交易中心。但相对于福建省主板市场、创业板市场的缓慢发展而言，四板市场的发展势头还是较为迅猛，在福建省区域性股权交易中心（海峡股权交易中心和厦门两岸股权交易中心）挂牌的企业数量高于上海市，略低于浙江省，在全国名列前位。但是，由于股权交易市场存在着监管力度不严，交易风险大等一系列问题，市场交易较少，这对企业通过股权交易融资造成了一定的困难，导致企业挂牌上市热情减少，从而形成一个恶性循环，股权交易中心未能够真正实现扶持中小企业的目的。

---

① 根据《新三板专题统计——地域规模统计（截至2017年7月）》数据计算得出。

加之福建省内存在两个股权交易中心——厦门两岸股权交易中心（厦门作为计划单列市才成立的一家股权交易中心，服务范围不超过本省企业）以及海峡股权交易中心。两个中心存在分割情况，互相竞争，这在一定程度上削弱了福建省内区域性股权交易市场的活力，制约其发展，与交易中心设立的初衷违背。

（三）福建省中小企业自身资质问题

1. 产学研结合

福建省中小企业在所依附的高等院校优势、专利技术在产业上的转化率和资金政策支持力度上存在不足。

浙江省与福建省在空间上毗邻，浙江省同样是依靠民营经济、中小企业作为发展的一个重点，但是发展势头更为迅猛，融资能力更为强悍，这与当地的教育发展水平和其在高科技专利的基础、转化水准上的优势密不可分。

在教育发展水平方面，截至2017年5月底，全国共有2914所高等学校，其中2631所为普通高等学校，283所为成人高等学校。浙江省有107所普通高等院校，而福建省仅89所①。作为浙江省唯一一所"985工程"院校的浙江大学，偏重于理、工、医等学科，十分重视科研。2016年，浙江大学投入科研经费35.18亿元，是厦门大学的三倍之多。浙江大学为浙江省源源不断地输送科技人才，利用人才优势，推动了浙江省高科技信息产业的发展。而厦门大学作为福建省唯一一所"985工程"院校，偏重于人文、经济等学科，在科研上的投入远低于浙江大学，为社会输送科技人才的能力也较弱。

浙江省能在高新技术产业上找到新的、有潜力的发展，不仅与当地教育发展是密不可分的，同时也与已有科研成果的开发和运用关系巨大。而在这一点上，福建省相比于浙江省也有所缺失。从两省全年研究与试验发展（R&D）② 投入比较可以发现，2010~2016年，福建省和浙江省的R&D整体

---

① 《全国高等学校名单》，中华人民共和国教育部，2017.5.31.
② R&D（research and development），指在科学技术领域，为增加知识总量（包括人类文化和社会知识的总量），以及运用这些知识去创造新的应用进行的系统的创造性的活动，包括基础研究、应用研究、试验发展三类活动。

呈上升趋势。2010 年,福建省在 R&D 中投入 171 亿元,比浙江省少了 323 亿元左右,两者差距在不断增大。

根据 2016 年福建省《国民经济和社会发展统计公报》① 和 2016 浙江省《国民经济与社会发展统计公报》② 显示,2016 年福建省在 R&D 中投入为 442 亿元(见表 8-7),比上年增加 12.8%,占全省生产总值的 1.55%,而 2016 年浙江省在 R&D 中投入为 1130 亿元,是福建省的两倍之多,比上年增加 7%,占地区生产总值的 2.43%。

表 8-7   福建与周边省份投资强度比较

区域	R&D 经费支出(亿元)					R&D 经费支出占 GDP 比重(%)				
	2010 年	2011 年	2012 年	2015 年	2016 年	2010 年	2011 年	2012 年	2015 年	2016 年
浙江	494	598	723	1000	1130	1.78	2.17	2.08	2.33	2.43
福建	171	222	271	400	442	1.16	1.26	1.38	1.5	1.55
全国	7067	8687	10298	14220	15440	1.76	1.84	1.98	2.10	2.1

资料来源:有关省份相关年度《国民经济和社会发展统计公报》。

可以看出,福建省从教育到科研到开发的整个链条都有待提高,技术含量低是福建省中小企业上市资质欠缺的一个重要原因。

2. 产业类型

福建当地大多数的中小型企业以较为低端的劳动密集型加工业为主,例如纺织业,食品加工业等,对低廉劳动力的需求较高,不注重劳动者素质的培养和技能的培训。福建对科技创新和产业升级的重视度不够,高新企业由于其自身特性和福建省多层次资本市场不发达等原因,获取资金渠道较少,融资困难,因此,福建省各个产业中,高科技产业和先进制造业的比例较低。尤其是泉州晋江一带的企业仍旧以廉价的劳动力作为生产的主要优势,粗放的生产方式无法适应当前经济阶段,反而会造成资金利用率低下,影响企业更有质量地获取融资。

3. 经营方式

福建省中小企业不良的"家族经营"传统制约了资本市场的发展。

---

① 福建统计局,国家统计局福建调查总队,2017-2.
② 浙江统计局,国家统计局浙江调查总队,2017-2.

福建省中小企业主要以家族管理模式进行经营，这种经营方式在企业的初创期有一定的优势，表现为经营成本低，决策灵活，家族团队信任度较强等。家族制推动了福建省民营企业的起步和发展，同时家族化管理模式也存在着一定的问题与缺陷，例如：决策时间较长，适用于小规模企业；决策者往往为家族中的长辈，创新度不足；家族观念根深蒂固，产生排外思想，企业具有一定的封闭性，优秀人才难以引进；经营权和所有权的不分离导致交叉指挥，发生严重的争权行为；家族内部把控管理者职位，优秀人才得不到合理的升职和授权，导致人才的流失；破坏企业的激励机制，打击员工的工作积极性，影响企业的发展。随着社会的进步，经济的快速发展，企业数量增多，竞争压力加剧，现代化企业管理模式的发展，使得家族企业模式已经越来越不适用于福建省中小企业，甚至阻碍其规模的扩大和进一步发展。

如今，固化的家族企业传统已经影响了福建省中小企业的长足发展，成为当地企业需要解决和应对的一个弊病。

4. 融资方式

传统民营企业是福建省中小企业的主要形式，依赖低端廉价的劳动力进行牟利，发展空间不足，前景不被看好，能够吸引到的资本量较为有限。就融资渠道而言，主要通过外源融资和内源融资来筹措企业的建设资金，福建省的中小企业一般依赖外源融资，即通过发行股票，向银行借贷和发行债券等方式来融资。但福建省大多数中小企业由于产业较为低端，不符合国家政策的帮扶方向，自身存在的规模小、资信不足等问题又使其难以达到上市进入资本市场的基本要求，也无法跨越银行借贷的较高门槛，融资渠道正在不断缩小。在民间借贷方面，福建当地家族企业运营的常规模式，使企业主习惯于通过人情渠道获取融资。但由于抵押资金不符合条文规定，财务信息不够透明和真实，融资方式缺乏正式性和法律保障，又进一步加剧了当地中小企业融资困难的问题。福建省中小企业自身资质不足、产业结构层次低的问题和融资渠道狭窄的问题互为因果，形成了一个恶性循环。而福建省的整个资本市场中中小企业的发展是一个核心和突破点，因此，中小企业的资质不足和融资问题对于福建省的多层次资本市场是一个掣肘。

（四）福建省政府对于本省资本市场的扶持不足之处

1. 福建省政府对于资本市场的支持力度有限

宁波市作为计划单列市，是浙江省经济发展的一个重要支柱，出台了一系列相关政策，采取了大量相关举措以帮扶资本市场的发展：实行奖励机制，对向新三板递交申报材料并成功受理的企业和在新三板成功挂牌的企业，市财政均给予80万元的奖励。对积极进行改组和组建的股份有限公司，宁波市政府也给予一定的奖励，以鼓励有条件的企业优化股权，开展股份制改造，改变企业的经营模式，增加股份有限公司的企业数量，并且对于一系列利于中小企业发展的经营方式和转让方式，采取全额补助，倾力支持。福建省相比于浙江省，虽然省政府有相应的免税政策，但是奖励不足，补贴有限，相应地，福建省资本市场发展所受的激励也就不足。

2. 福建省政府对资本市场的支持不够全面

上海市作为国内资本市场组成部分中的龙头，于2015年发布《关于促进金融服务创新支持上海科技创新中心建设的实施意见》[①] 的通知，全面提出了建设多层次资本市场的相关举措，开展投贷联动融资服务方式创新、科技金融机构体系创新、科技信贷服务机制创新，以推进上海证券交易所进一步建设与发展，完善多层次资本市场体系。并且，建立政策性的金融机构，为中小企业的融资提供一定的担保和帮助，简化融资流程，完善融资体系，支持互联网金融快速发展，实现信息共享，推动开展股权众筹融资，并在线下设立业务试点。相较而言，由于福建省资本市场目前的阶段性局限，与上海市相比，政府在政策扶持方面还难以做到多方位的兼顾，目前更专注在推进一些较有资质的企业上市，还难以做到兼顾市场秩序、平台多样性、保险保障、信贷机制上的帮扶。

3. 福建省政府对于资本市场的规范和引导起步较晚

广东省早在2003年在《广东省人民政府关于进一步发展利用资本市场的通知》[②] 中就较为完善地对当地资本市场做了完善和规划：加强领导、落

---

① 沪府办〔2015〕76号，《关于促进金融服务创新支持上海科技创新中心建设的实施意见》。
② 粤府〔2003〕47号，《广东省人民政府关于进一步发展利用资本市场的通知》。

实责任、积极推动企业改制上市、扶持上市公司做大做强；增加证券期货经营机构的数量，加大区域性金融证券中心的建设力度；建立与证券市场相互配套的其他要素市场，并不断完善。而福建省在政府引导和规范方面，直到现在还没有发布较为总括性的文件，在政府规范上存在缺失和滞后。

三、福建省构建多层次资本市场的对策建议

由上述分析可知，福建省多层次资本市场中存在着全国多层次资本市场的固有问题。其结构本末倒置，呈现明显的倒金字塔形状，板块之间流动性差，上市标准和上市方式单一。同时，福建省多层次资本市场中存在的问题也有其特殊的地方性：资本市场建立较晚，不够成熟；企业自身资质较差；政府帮扶力度小。国外多层次资本市场建立较早，例如美日英等国已经形成了完整而成熟的多层次资本市场体系，具有丰富的构建经验，值得借鉴。同时，国内一些经济较为发达的地区，例如沪浙粤等省市，其资本市场建立也相对较早，多层次资本市场体系的构建也经历了相当长的一段时间，对于福建省多层次资本市场的构建更具有借鉴意义。因此根据国内外多层次资本市场的构建经验，并结合福建省资本市场的现状，提出以下几点对策与建议：

（一）加快场外市场的建设

场外市场具有培育、整合企业的作用，为不能在场内市场上市交易的企业提供了流通转让的平台，是多层次资本市场发展的重要基石。但是由于场外市场没有固定的交易场所，较为分散，管理不严，缺乏统一的组织和章程，监督力度不足，因此受到的关注不足，发展备受阻碍。国外的经验表明，一个结构稳固的多层次资本市场应该呈现金字塔形，整个金字塔的塔基就是场外市场。只有作为塔基的场外市场得到了稳定的发展，整个金字塔才能够稳固。

为了场外市场能够稳定的发展，首先需要建立相关的法律法规以保障场外市场的合法地位。同时，我们需要合理的规章制度保证场外市场的平稳运行。因为场外市场中交易的证券类型不同于场内市场，因此场外市场还应当

有适当的、符合场外市场要求的挂牌条件。设定挂牌条件时应考虑到场外市场企业规模较小但具有高成长性的特点，财务指标不能成为进入市场的唯一标准，应该多方面考量与匹配资金供求双方的需要。同时还应当有适当的升板制度，场外市场的企业满足一定的条件时，应有相关的制度允许其升入场内市场，不但促进了单个企业的发展，吸引更多的投资者，并且可以激励整个场外市场的企业，促进场外市场的发展。

（二）根据不同层级的市场，建立更为明确、更为有效的准入门槛

不同层级的市场准入门槛一定也不尽相同。我国的各层级市场的准入门槛与国外的相比合理性还不够。更为有效的准入门槛也会使得市场结构趋向比较合理的金字塔形，保证主板市场都是比较知名的有足够实力的大企业，而之后层级的市场中的上市公司也可以通过发展进入更高层级的市场。严谨的准入机制也能使不同层级之间的转换更为顺畅，维护了多层次资本市场的整体性，在子市场上能够有足够强的联系，使得整个多层次资本市场能够全面协调的发展。

（三）发展民间金融机构，化解高新中小企业融资难的问题

民间金融机构的机制较为灵活，有着独特的区域性，熟悉企业经济状况，能够充分融入地方经济，因而与企业有更好的沟通。民间金融机构的建立拓宽了融资渠道，满足了中小企业的融资需要，为中小企业的发展提供资金支持，推动民间中小企业不断发展进步，对发展和完善针对中小企业融资的场外市场具有十分积极的作用。浙江省这几年经济发展态势良好，各类民间金融机构推动了浙江经济的快速、稳定的发展。

大力发展中小型金融机构，扩大中小企业融资规模。大量中小型金融机构不仅能缓解众多高新中小企业融资困难的问题，并且能够形成一种竞争市场，防止出现"卖方市场"，规范场外市场的交易。由于中小企业本身特性等原因，使其难以通过银行借贷等方式获得大量资金，因此福建省中小企业数量较少，发展缓慢。应当积极发展民间金融机构，进一步扩大中小企业融

资规模，规范场外市场，完善福建省多层次资本市场，吸引民间资本流入，推进中小企业的发展。

建立中小型企业政策性金融机构，以补充资本市场制度中不完善之处，促进社会经济的发展。政策性金融机构的建立可以统一管理，扩大宣传，维护中小型企业的利益，扶持中小型企业的发展。

设立中小企业与投资机构相互关联的金融平台。政府应加大帮扶力度，增加中小企业资金来源，使得信息交流更加迅速，资金流动性更大。

（四）建立"转板"制度

目前场内市场的准入条件仍旧很高，大量中小企业被拒之门外，场外市场难以满足高新中小企业的建设资金需求，转板机制与退市机制存在一定的问题与缺陷，各个板块之间没有建立很强的联系。"转板"制度的建立，为场内市场的上市公司提供退市后的交易渠道；为业绩突出的公司提供在更高层的板块市场中寻求更好发展的机会；为新三板市场中高效益企业进入场内市场提供条件；明确了相关的规定，使转板行为更加规范化。因此，需要逐步完善转板机制和入市机制，在保持各个板块独立性的同时，发挥其各自的功能，相互联系，共同促进资本市场的发展，降低场内市场的入市门槛，加大对于新三板市场的建设与完善，形成各自独立而又联系紧密的多层次资本市场体系。

（五）大力扶持高新中小企业发展

福建省中小高新技术企业融资渠道较少，融资规模较小，发展缓慢，应加大政府帮扶力度，鼓励中小型高新企业在创业板、中小板上市，支持较为成熟，发展规模较大的高新企业在主板市场上市，对还没有满足上市条件的高新企业，可以先在新三板市场挂牌，通过政府的资金帮助以及自身的努力，达到上市条件后通过转板制度进行上市。

鼓励企业发行企业债券。由于中小企业的自身特性，其资金来源渠道较少，无法满足资金的需要，因此可以通过发行企业债券，来开辟新的融资渠道，吸引资本流入。对于规模较大，发展成熟的高新企业可通过发行企业债券和公司债券的方法来进行融资，对发展初中期的高新企业可以采取发行中小企业集合债券和集合信托债权基金来进行融资。

政府应加大对于中小企业尤其是科技创新型中小企业的帮扶；注重产业结构的优化升级和生产方式的转变，由劳动密集转为技术密集，由粗放转为集约；同时注重改变旧的家庭型经营体制，实现股权和管理权的分离。只有企业自身含金量提高与政府帮扶、多层次资本市场完善相结合，才能更好地建立福建省多层次资本市场。

（六）大力发展实体经济，以实体经济为依托促进资本市场的发展

资本市场服务于实体经济，而实体经济借助资本市场进行发展，资本市场又依赖于实体经济。要推进福建省资本市场的建设，必须以实体经济为依托，以大力发展实体经济来促进资本市场的发展。发展福建省实体经济，必须结合福建省实际情况，加快产业结构的调整，促进朝阳产业的发展。目前福建省民营企业，多为劳动密集型、附加值低、能耗大、污染大的企业，发展后劲与动力不足。因此，要多培养创新型高新技术产业，比如目前国家产业政策部门十分鼓励的旅游、环保和信息产业。这样才能改善升级福建省经济发展结构，促进更多的高新技术产业与朝阳产业的发展，推动福建省实体经济繁荣向前。只有实体经济繁荣发展，才会对资本市场提出需求，使得资本市场获得发展，资本市场同时又进一步推进实体经济的进步，两者共同促进发展。

（七）积极拓展资本市场规模

福建省内主板市场上市公司落后于广东、上海、浙江等其他省市，上市公司数量较少且融资数额小，这与福建省内活跃的民营经济不符。如今福建省亟须培育一批有实力、有规模、有效益的地方企业，加大企业改制制度，改变传统"家族经营模式"对企业未来发展的掣肘，与现代化企业运营接轨，规范企业运营模式，鼓励企业上市。福建应该鼓励并支持有实力企业上市，以此扩大企业规模，打造特大型企业，打响福建品牌的号召力。除此之

外，福建省应推动国有企业的改革，通过产权置换、吸收职工入股、向外出售股份等形式进行股份合作制革新，为企业发展注入资金，进而在一定程度上盘活国有企业的存量资产。

对已经上市的公司，对它们进行分类，并根据不同的类别提出不同的指导意见。对那些优质的上市公司，引导他们通过配股等手段增发股票进行再融资，进一步扩大公司的规模，提升公司的质量和水平。对那些符合条件的非主板上市公司，引导他们采取多种方式进行兼并重组，优化资产结构，促进企业在板块之间升级。对经营不善的上市公司，引导他们通过债券重组等方式注入优质资产，提升上市公司的质量和经营水平；或者通过资产处置推出资本市场，减少资本市场的投资风险。

（八）完善股权交易市场建设

目前，股权交易市场的建设如火如荼，各地纷纷建立区域性股权中心。福建地处海峡西岸，和台湾一水之隔，拥有独特的区位优势。建立一个统一的四板市场，有利于推动大陆与台湾资本市场的协同发展，提高福建股权交易市场的整体竞争力，在区域整合中赢得主动地位，同时促进了海峡西岸的经济发展。由于福建省目前的两家股权交易中心，海峡股权交易中心和厦门两岸股权交易中心，都是由政府部门主办，缺乏统一的管理规则，存在着竞争关系，信息不共享、资源不共有，严重制约福建省产权交易市场的发展。

区域间金融机构的融合才能使区域之间的资本真正实现无障碍流通，否则整个福建省股权交易中心建立带来的资本融资优势将荡然无存。福建可以学习广东省内处理三家股权交易中心的方式，为福建省内两家股权交易中心分别赋予不同发展目标，各自创建各具特色的发展模式，区位互补为解决福建省内中小企业金融问题共同出力。所以应当由政府带头解决两家股权交易中心之间的矛盾与分歧，弱化福建省内区域行政壁垒，保证金融资源能够合理畅通分配到所需企业手中，这样才能保证福建省内股权交易中心融资功能，真正实现造福中小微企业的目的。

现阶段，在福建两家股权交易中心挂牌上市的公司良莠不齐，未能真正帮助优质企业解决资金来源较少，融资规模较小的问题。福建省内股权交易中心可以学习沪粤两地做法，对在股权交易中心上市的企业进行分层，以节约投资者的时间，降低搜集信息的成本，防范金融风险，精准匹配投资者与融资者。并且可以从中筛选出盈利能力强或者发展前景良好的企业作为重点对象培养，加快企业产业升级，并建立转板制度，保证优质企业及时被发掘，劣质企业被淘汰。加大对上市企业的监管力度，促进企业规范化；完善风险控制机制，让投资者放心投资，才能够增强股权交易市场的流动性，继而吸引更多的资本进入。

（九）推动福建省内金融改革，完善资本市场制度建设

首先要规范民间融资市场，设立民间金融组织与机构。由于福建省民营企业众多，民间借贷行为普遍存在，因而需要加大监管力度，使民间借贷更为规范化。这将盘活福建民间资本，从而增加福建民营企业资金来源。发展民间金融机构，使民间金融机构与企业对话更加直接，推进资本与企业精准对接，匹配中小企业融资需求。而民间金融组织的成立，也会与现有的融资机构形成竞争，倒逼现有金融改革，最终解决"融资难，融资贵"的问题。

深化地方金融机构革新。鼓励小企业信贷专营机构的设立，为中小企业融资提供便利。并且积极培育证券专业机构，为福建省企业的证券化资本融资提供服务，鼓励证券机构参与福建省中小企业股份改革。利用国家级金融综合改革试验区泉州试验区带来的区域金融改革优势，将泉州金融改革经验推广到全省。加快泉州金融改革推进速度，自下而上地对全省现有金融体制进行完善。

正视金融市场风险，建立企业与投资者风险约束机制，规范资本市场运作。稳定的资本市场才能够吸引资本进入，而规范化资本市场运作才能使得资本真正服务企业。

（十）利用区位优势

广东、上海在改革开放初期均是利用自身区位优势才实现经济发展腾飞。而福建省与台湾一水之隔，可以借由海峡两岸的地理优势，吸引台资企业在福建省内的区域性股权交易中心挂牌，这会极大地增加福建省内股权交易市场的市场热度。同时，利用厦门自贸区的政策优势和地理优势，创新发

展跨境金融，努力探索与台湾资本对接的有效通道，这样才能建设为有特色的区域性股权市场，从而完善福建省内多层次市场的发展。

参考文献：

[1] 刘义圣，黄启才. 福建资本市场的结构分析与新举探讨 [J]. 福建论坛（人文社会科学版），2007（11）：103 - 107.

[2] 刘义圣，许彩玲. 福建资本市场：发展的特色与趋势 [J]. 福建论坛（人文社会科学版），2008（10）：106 - 110.

[3] 胡平生. 壮大福建资本市场的对策研究 [J]. 福建论坛（经济社会版），2001（04）：38 - 41.

[4] 严正. 推进福建资本市场建设的若干建议 [J]. 发展研究，2003（09）：8 - 10.

[5] 应宜逊. 浙江区域多层次资本市场建设战略 [J]. 浙江金融，2007（2）：8 - 9.

[6] 周小川. 资本市场的多层次特性 [J]. 金融市场研究，2013（08）：4 - 23.

[7] 邓立平，徐欣. 中国多层次资本市场概述 [J]. 商业文化，2016（25）：16 - 17.

[8] 曹和平，孟令余. 中国多层次资本市场创生路径和演化特点浅析 [J]. 经济问题探索，2013（04）：1 - 6.

[9] 孙素珍. 浅谈我国多层次资本市场存在的问题及转板制度设计思路 [J]. 财政监督，2015（08）：25 - 30.

[10] 戴文华. 关注多层次资本市场的结构问题 [J]. 证券市场导报，2013（03）：1.

[11] 吕劲松. 多层次资本市场体系建设 [J]. 中国金融，2015（08）：33 - 35.

[12] 张志南. 加快资本市场发展　拓宽企业融资渠道 [J]. 福建金融，2013（11）：4 - 6.

[13] 涂琳琳，万迈. 多层次资本市场的效率研究——以长三角多层次资本市场构建为例 [J]. 财经论丛（浙江财经学院学报）. 2006（02）：79 - 83.

[14] 张宗新，徐冰玉. 上海场外交易市场（OTC）发展模式与路径研究 [J]. 上海金融，2010（1）：32 - 36.

[15] 段军山，王金定，李朋. 区域经济、金融发展的差异及成长路径分析——基于长三角和珠三角的比较研究 [J]. 经济研究参考，2011（21）：54 - 67.

[16] 郭茂佳. 多层次资本市场：深圳经济再次腾飞的引擎 [J]. 深圳大学学报（人文社会科学版），2008（03）：17 - 21.

[17] 张露. 多层次资本市场支持战略性新兴产业发展研究——基于深证新兴指数样

本的实证 [J]. 财会通讯，2016（02）：14－16.

[18] 黄晓颖. 我国多层次资本市场的现状与发展 [J]. 特区经济，2014（06）：141－144.

[19] 王国刚. 多层次资本市场体系的构建 [J]. 中国金融，2015（13）：16－19.

[20] 戴天柱. 长三角多层次资本市场对上海国际金融中心建设的功效分析 [J]. 国际商务研究. 2007（04）：5－9.

[21] 侯东德，李俏丽. 多层次资本市场间转板对接机制探析 [J]. 上海金融，2013（12）：149－15.

[22] 邵佳茜. 科技型中小企业融资渠道研究 [D]. 浙江工商大学，2008.

[23] 李鸿阶. 新常态下的福建经济发展差距及其路径选择 [J]. 学术评论，2016（5）：31－41.

[24] 邵佳茜. 科技型中小企业融资渠道研究——基于浙江省科技型中小企业的调查 [D]. 浙江工商大学，2007（16）：40－46.

[25] 叶晓凌. 浙江发展多层次资本市场的框架设计 [J]. 浙江经济，2001（6）：12－13.

[26] 胡海峰，罗惠良. 多层次资本市场建设的国际经验及启示 [J]. 中国社会科学院研究生院学报，2010（01）.

[27] 赵文卿，纪建华. 多层次资本市场体系的构建思路 [J]. 企业改革与管理，2012（10）.

[28] 徐钊. 福建新三板市场突显机遇 [J]. 福建轻纺，2014，5（05）.

[29] 赵文卿，纪建华. 多层次资本市场体系的构建思路 [J]. 企业改革与管理，2012（10）.

[30] 轩昂. 借鉴美日经验建立多层次的资本市场 [J]. 新闻天地（论文版），2008（5）.

[31] 高松. 中外场外交易市场比较研究 [J]. 石家庄经济学院学报，2015（5）.

[32] 中国工业新闻网——中国工业报《浙江：坚持创新引领　努力做好中小企业融资和担保工作》，http：//www. cinn. cn/qiy/368055. shtml，发布时间：2016－12－6.

专题九　福建省农商行上市对策研究

在深化金融改革的背景下，农村商业银行传统以利差为依托的盈利模式难以为继，市场份额逐渐被大中型银行和互联网金融所侵蚀。因此必须积极探索转型、创新道路。而上市作为其提高资本充足率，加强竞争力的有力途径，成为众多农商行的目标。然而我国已上市农商行主要集中于苏南，其他地区农商行因多方因素制约举步维艰。福建省农商行也欲借上市东风，但省内并无成功案例，仍处于摸索之中。为农商行制定贴近实际的上市策略既是时代要求，也是其自身渴望。

一、福建省农商行的发展现状

（一）金融服务已覆盖全省

1. 基本情况

截至 2016 年年底，福建省共有 67 家农村信用合作联社、农商银行，其中农村信用社 47 家，农村商业银行 20 家。全省农信社、农商银行共拥有 2000 多个营业网，占全省金融机构网点的三分之一。金融服务实现全省乡镇全覆盖，并基本实现了基础金融服务"村村全覆盖"。如表 9－1 所示，自 2013 年起，福建省农村商业银行的法人机构数在逐步增长中，营业网点从 781 个增加到 906 个，从业人员也逐步增加，福建农商行发展稳健。

表 9 - 1　　　　　　2013～2016 年福建省农商行机构与从业人员数量

年份	机构数（家）		从业人员数（人）
	法人机构	营业网点数量	
2013	16	781	8230
2014	16	799	8542
2015	18	876	9107
2016	20	906	9288

资料来源：福建省银监会 2013～2016 年年报。

2. "三农" 金融服务逐步完善

福建省始终坚持政策导向和督导监管，以"普惠助农、创新强农、增收富农"为宗旨，持续推动银行等金融机构发展，农村金融服务的广度、深度和满意度得到持续提升，辖区农村金融服务成效明显。截至 2016 年年底，福建省的金融服务已拓展至乡镇银行网点、行政村线下服务点、农户及贫困户建档、评级、阳光信贷服务"六个全覆盖"等业务，同时开展的"一卡双平台"试点服务赢得好评。至 2017 年 5 月末，福建农信资产达 8083.9 亿元，各项存款为 5599.6 亿元，各项贷款为 3267.9 亿元，其中涉农贷款占比 73.32%，高于全国农信系统平均水平 12 个百分点、全省银行业平均水平 43 个百分点[1]。在此背景下，农商行也将借势发力。

3. 政府支持，转型加快

福建省政府对农信系统大力支持，稳步推进农村信用社改制农村商业银行的工作，使农信系统朝着更规范的方向发展。2016 年以来，先后指导漳平、武夷山 2 家农商行开业，支持福清汇通农商行在"新三板"挂牌并获银监会批准，支持 5 家农商行发行二级资本债 27 亿元作为资本补充，批准 12 家行社开办自营外汇业务、8 家行社开办跨境人民币业务、39 家行社代理速汇金个人国际汇款业务，做到自营（或代销）理财产品资质全覆盖[2]。又推动建立健全由省联社审计部和 8 个区域审计中心组成的"一部八中心"行业审计体系，进一步完善银行金融机构绩效考核机制，将风险管理、合规管理、内控情况纳入绩效考核，加大考核权重，强化高管薪酬与不良贷款情况

---

① 资料来源：中国银行业监督管理委员会福建监管局 2016 年年报。
② 福建农信：在善惠金融大道上砥砺歌行. 福建日报，2017 - 6 - 29.

挂钩，完善薪酬激励机制。批复2家村镇银行开业，新备案4家组建规划，调整6家规划备案，规划县域覆盖率达90%。

（二）资产规模呈上升趋势但普遍较小

当前，我国农村商业银行进入加速发展阶段。现已覆盖全国各地，占据涉农金融市场的90%以上，资产规模、数量也迅速攀升（见图9-1、图9-2），领先于城商行，成为农村金融重要支柱之一。据统计，截至2016年年底，全国共有1055家农商银行，资产规模达20.2万亿元，占银行业总资产（232.3万亿元）的8.7%，与五大行中的中国建设银行的资产规模（20.96万亿元）相当，成为"第六大行"。平均每家农商行资产规模为191.45亿元。

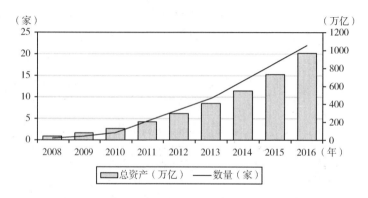

图9-1　2008~2016年福建省农商行资产规模和数量

资料来源：Wind 数据库。

福建省农信系统的发展势头也不容小觑，其资产规模呈现逐年递增的趋势。截至2017年3月末，全省农信系统资产总额达7833亿元，各项存款余额达5557亿元，各项贷款达3225亿元，其中，存款增量连续5年位居全省银行业第一，存款市场份额增幅自2011年起连续4年位居全省银行业第一，全省56个县、农村信用社、农村商业银行存款市场占有率排名第一①。虽然农商行的存款规模增速大，但其存款结构相对简单。细究农商行的存款类型，不难看出其存款以单位存款和个人存款为主，其他存款和临时性存款的

---

① 资料来自福建农村信用社官方网站。

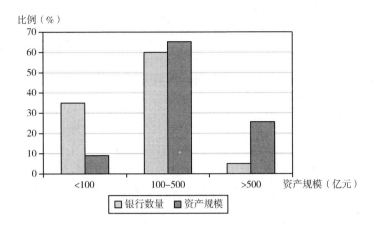

图 9 - 2 各区间农商行资产规模、数量对比

资料来源：Wind 数据库。

规模很小。整体来说，农商行的存款结构相对单一，而且个人存款的规模远远大于公司存款的规模。

　　根据现有 20 家福建省农商行的年报数据（见表 9 - 2），绝大部分农商行的资产规模也都呈上升趋势，除莆田农商行总资产下降，泉州农商行保持不变以外，其余银行总资产均以两位数的百分比速度递增。2016 年福建省农商行的总资产为 4363.27 亿元，归母净资产为 370.59 亿元，平均每家银行的资产规模为 218.16 亿元，归母净资产为 18.53 亿元[①]。虽然，总体平均高于全国农商行平均资产规模，但是福建农商行之间个体差异非常明显。资产规模最大的厦门农商行与最小的武夷山农商行总资产相差近 33 倍，且只有 8 家农商行的资产规模达到了全国平均水平以上。

表 9 - 2　　　　　　　　　　　　2016 年福建农商行资产规模

资产规模	数量	银　行*
500 亿元以上	1	厦门（1131.46 亿元）
100 亿 ~ 500 亿元	12	晋江（464.21 亿元）、南安（408.74 亿元）、福州（335.83 亿元）、石狮（286.24 亿元）、福清汇通（264.16 亿元）、泉州（228.38 亿元）、漳州（205.09 亿元）、莆田（174.40 亿元）、龙海（133.83 亿元）、龙岩（132.21 亿元）、长乐（123.93 亿元）、上杭（114.46 亿元）

① 资料来自 2016 年福建省各农商行年报。

资产规模	数量	银　行*
100 亿元以下	7	平潭（81.48 亿元）、南平（78.86 亿元）、三明（65.35 亿元）、沙县（46.57 亿元）、宁德（46.51 亿元）、漳平（45.25 亿元）、武夷山（34.30 亿元）

资料来源：2016 年福建各农商行年报。

＊银行名称均省略了"农商行"三字。

　　究其原因，由于发展"三农"的定位和网点规模局限等因素，农村商业银行的发展很大程度上取决于当地的经济发展和人口密度，发展程度不同的地区自然其资产规模差距会比较大。

　　将福建农商行与五家已成功上市的农商行进行对比，可以看出只有厦门农商行的资产规模与其相当，其余农商行与上市农商行均差异较大，要想达到上市规模（见表 9 – 3）还有很长的一段路要走。

表 9 – 3　　　　　　　　　已上市农商行资产规模　　　　　　　单位：亿元

银行名称	总资产
无锡银行	1246.34
常熟银行	1299.82
吴江银行	813.48
江阴银行	1040.85
张家港银行	901.78

资料来源：Wind 数据库。

（三）业务模式相对单一，盈利能力有待提高

　　农商行本身重点在于服务个人以及中小企业，业务模式一直以来都相对单一，以传统存贷款为主，绝大部分收入来源于利息收入。而福建农商行同样存在这种情况，就 2016 年和 2015 年的年报数据来看，福建农商行利息净收入占比平均达到 85.47% 和 90.71%，近一半农商行的该指标达到 90% 以上。这一方面主要是许可证的限制，部分农商行没有获得开展其他业务的资格。另一方面，也是由客户需求决定的。农商行的主要客户群体是当地的中小企业以及个人，他们所需的金融服务以传统的存贷款和结算为主，相对单

一，这也是导致农商行存贷款业务占比较高的原因。而在总体经济下行、利率空间不断收窄的今天，靠赚取利息差为自己绝大部分收入的农商行面临着盈利被进一步压缩的巨大压力。

2016 年福建 20 家农商行总营业收入为 178.68 亿元，平均营业收入 8.93 亿元。在净利润方面，福建省 63 家农信类行社的净利润总额为 67.51 亿元，平均每家净利润为 1.07 亿元。20 家农商行的净利润总额为 38.25 亿元，平均每家农商行净利润为 1.91 亿元，农商行净利润合计占全省农信行社净利润总额的 56.66%，从中也可见农商行在农信系统中的重要地位。其中，净利润最高的为厦门农村商业银行，2016 年度净利润为 10.25 亿元，是全省仅有的一家净利润超过 10 亿的农商行[①]。

2016 年，福建省农商行中净利润突破亿元大关的有 13 家。但是农商行之间利润差距非常大，净利润最高的厦门农商行与最低的沙县农商行之间相差了近 2000 倍。如此巨大的差异反映了农商行区域发展差异明显，不同地区农商行体量相差很大。以厦门为例，作为福建省的重点城市，厦门市的经济总量较大，与一些经济薄弱的地区相比，其产业集群特征已经有所减弱，产业向多元化发展，这有助于当地农商行分散资产风险，相对内陆的农商行自然无法与之相比。

不同规模的农商行在盈利能力方面也有差别。从表 9-4 可以看出，农商行资产规模越小，其加权资本收益率越低，成本收入比越高，这意味着福建相对小的银行在更有效地利用资本方面不如相对大的银行，盈利能力弱，也反映了小银行正面临经营方面的困难。

表 9-4　　　　　　　　2016 年福建农商行相关盈利能力指标　　　　　　单位:%

资产规模	ROE（2016 年）	ROE（2015 年）	成本收入比（2016 年）	成本收入比（2015 年）
500 亿元以上	15.25	15.88	31.37	31.26
100 亿~500 亿元	11.64	15.83	30.27	30.61
100 亿元以下	10.35	14.32	32.78	33.53

资料来源：2016 年、2015 年福建各农商行年报。

从表 9-4、9-5 可以看出，2016 年福建农商行业绩相比往年普遍出现

---

① 资料来自福建省各农商行年报。

下滑。有 10 家农商行营业收入下降，12 家净利润下滑，10 家成本收入比上升，仅有 4 家农商行 ROE 上升，农商行的发展面临严峻考验。

所以，在如今挑战与机遇并存的环境下，农商行要想稳住阵脚，还需提高认识，进一步做优业务，提升盈利能力。

表 9-5　　　　　　　　　福建商行营业收入与净利润情况

银行	营业收入(2016 年)	营业收入(2015 年)	净利润(2016 年)	净利润(2015 年)	银行	营业收入(2016 年)	营业收入(2015 年)	净利润(2016 年)	净利润(2015 年)
厦门	30.44	28.26	10.25	8.51	龙岩	**6.90**	7.86	**0.41**	1.56
晋江	14.94	14.28	**3.14**	3.65	长乐	5.94	5.46	1.95	1.92
南安	**19.38**	20.14	**2.53**	3.17	上杭	**5.61**	6.07	**1.99**	2.25
福州	**18.01**	20.68	**2.32**	4.09	平潭	4.09	3.47	1.19	1.01
石狮	9.52	9.49	**2.52**	2.75	南平	2.91	2.78	**0.11**	0.49
福清汇通	10.51	9.92	**3.92**	4.55	三明	**2.85**	3.13	0.013	0.006
泉州	**9.47**	9.81	0.87	0.65	沙县	**2.02**	2.33	**0.005**	0.010
漳州	7.77	7.55	2.49	2.11	宁德	2.68	2.41	0.38	0.29
莆田	**12.74**	14.68	**1.18**	2.89	漳平	**2.74**	3.06	**0.75**	0.017
龙海	8.07	7.29	2.17	1.91	武夷山	**2.10**	2.23	**0.064**	0.50

注：表中粗体字为同比下降的情况；表中各银行的名称均省略了"农商行"三字。

资料来源：2016 年、2015 年福建各农商行年报。

（四）不良率略高，资产质量存忧

1. 资产安全性

就不良贷款率（表 9-6）而言，截至 2016 年年底，全国农商行的不良率为 2.49%，高于整个商业银行业的 1.74%，而福建省农商行的不良率则略高于全国农商行，达到了 2.65%；由此可见，福建省农商行的历史包袱还很重。且在福建省 20 家农商行中，仅 12 家农商行的不良贷款率在 2.65% 之下，9 家农商行的不良贷款率在 1.74% 之下，其中泉州农商行、三明农商行、沙县农商行的不良资产过高，均超过了 4%，其资产质量存忧。

表 9 – 6   福建农商行不良贷款率   单位:%

银行	2016 年	2015 年	银行	2016 年	2015 年
厦门农商行	1.38	1.40	龙岩农商行	2.92	1.40
晋江农商行	1.56	1.97	长乐农商行	0.93	0.69
南安农商行	2.40	2.29	上杭农商行	1.45	1.55
福州农商行	2.98	2.59	平潭农商行	1.07	0.73
石狮农商行	1.51	1.46	南平农商行	2.81	2.45
福清汇通农商行	0.99	0.69	三明农商行	9.46	9.64
泉州农商行	4.66	4.78	沙县农商行	6.01	7.83
漳州农商行	1.11	1.12	宁德农商行	2.37	2.90
莆田农商行	2.96	2.17	漳平农商行	1.96	1.50
龙海农商行	1.43	1.20	武夷山农商行	2.94	2.03

资料来源:2016 年、2015 年福建各农商行年报。

就拨备覆盖率和资本充足率而言,全国农商行 2016 年年末的拨备覆盖率为 199.10%,资本充足率为 13.48%,而福建省农商行的平均拨备覆盖率为 268.51%,资本充足率为 14.52%,均高于全行业水平,这表明福建农村商业银行逐步增强了其抵御风险的能力。但小银行暴露出了不少的问题,近两年长乐、平潭农商行的拨备覆盖率都达到了 500% ~ 600%,虽然保证了资产的安全,但是也使得不少资金闲置,降低了资金的利用效率;三明、沙县农商行拨备覆盖率已经下降到 90% 以下,小于监管要求的 150%,其经营面临风险。

2. 资产流动性

2016 年年末,福建省农商行的流动性比例为 43.20%,较 2015 年降低了 7.14%,反映了福建农商行整体的流动性水平下降。从表 9 – 7 可以看出,银行规模越小,流动性越差,小银行的资产流动性普遍较差,又为其添一问题。

表 9 – 7   福建农商行流动性水平情况   单位:%

资产规模	2016 年流动性比例	2015 年流动性比例
500 亿元以上	48.96	62.80
100 亿 ~ 500 亿元	57.46	55.49

续表

资产规模	2016 年流动性比例	2015 年流动性比例
100 亿元以下	41.67	38.10
福建省平均	44.92	51.58

资料来源：2016 年、2015 年福建各农商行年报。

（五）总结

综合以上银行业分析指标、实际的运营情况、政策经济环境，总体来看，福建农商行的发展是不错的。资产规模上实现稳步扩张，也出现了厦门农商行这样量大质优的银行，足以对主板发起冲击。但是我们更应该看到的是，在整体经济下行的今天，农商行的发展面临着巨大的挑战，尤其对于规模比较小的农商行来说。由于地域、历史等种种原因，这些农商行在盈利能力、资产安全、流动性等方面都要弱于行业中相对较大的银行。在政府重视农信系统的情况下，应把握住机会，农商行只有转型升级创新才是出路，安于现状、不求改变只会带来更大的麻烦。

二、福建省农商行上市面临的困境

（一）资产规模不足

1. 上市要求

对于农商行，资产规模是判断其是否存在上市可能性的主要依据，也是志在上市的农商行必须跨过的第一道坎。证监会曾起草文件，要求拟上市农商行资产规模达到 700 亿元，可以认为是证监会对拟上市农商行的资产规模与风险承受能力的隐性要求；另外，已上市的金融机构资产基本都在千亿级别，如已上市的无锡、常熟农商行，其上市之际，过去三年资产规模均达到千亿规模。更大的资产规模，不仅券商更愿意辅导，在上市审核中更受青睐，同时对于潜在的投资者，也从某种程度上代表了未来可能给股东带来更高的经济效益，更值得信赖，这也是其能够成功上市的重要因素。

通过实地调研与查阅各农商行年报，我们得知，长乐、龙岩农商行的资产规模仅有 100 多亿元，而相对规模较大的福州农商行也只达到 300 亿元，在我们实地调研的农商行中，仅厦门农商行的规模超过 1000 亿元，但也仅在 2016 年达到这一规模，具体结果如图 9 – 3、图 9 – 4 所示。

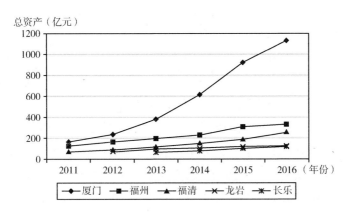

图 9 – 3　2011 ~ 2016 年福建省五家农商行总资产增长情况

注：银行名称均省略了"农商行"三字。

资料来源：2011 ~ 2016 年福建各农商行年报。

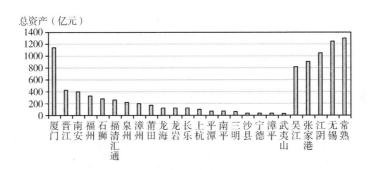

图 9 – 4　2016 年福建省各农商行总资产情况与苏南五家上市农商行对比

注：银行名称均省略了"农商行"三字。

资料来源：2016 年福建各农商行年报。

对于福建农商行，能达到千亿规模的仅厦门农商行，大多数农商行规模较小，不具备上市的条件。同时厦门农商行也是唯一一家在近期有明确上市计划的农商行，这与其现有规模是相匹配的。因此，通过上市融资进一步发展业务，并不符合福建大多数农商行的短期规划。

2. 成因分析

由农村信用社改制来的农商行规模普遍较小，其原因是多方面的：

（1）对于农商行来说，其业务发展具有很强的地域性，例如苏南地区五家上市农商行均位于地级市和排名靠前的百强县，当地经济发展情况本身就比较好，总量大，而农商行发展高度取决于所在地区的经济发展状况，在农村经济发展水平不高的地区，农商行规模也相对受限。

（2）同时，区域单一又导致了其客户群体的单一，农商行资产大比例投放于本地行业，需求有限，限制了规模的扩大，例如：长乐农商行目前贷款中约有70%都是个人零售业务，发展空间有限。

（3）随着国有银行与大型股份制银行在农村地区布局的推进，农商行的存款业务也会受到影响，在此背景下，农商行不得不以高利率争取存款，依赖利差的利润空间缩小，规模的扩大也就在一定程度上受限。

上述原因所导致的资本规模不足，是亟待拟上市农商行解决的主要困难之一。

3. 难点分析

尽管由于较小的资产规模，福建农商行大多不能在短期内实现上市的目标，但通过上市实现可持续发展是农商行普遍认可的发展方向，为此稳步提升资产规模是必需的，但这过程中存在诸多限制因素：

（1）尽管农商行多有拓展业务以充实资产的打算，但即使农商行能在所在地以外建立起分行，短时间内也无法形成如所在地一般多网点、与客户良好的信赖关系、长期合作关系等优势。

（2）由于服务"三农"的职能和定位，农商行与农村、农民有大量业务往来。但由于我国普惠金融发展的缺陷和金融知识普及缺乏，创新金融产品推广受限，同时国家的限制也使其难以开展其他投资业务。

（3）大多数农商行科技能力薄弱，且互联网金融方面起步较晚，App功能不全，不够人性化，推广能力也无法和国有银行和已经日趋成熟的互联网金融相比，难以在互联网金融的发展浪潮中占据先机。

综上，农商行区域单一与业务单一的局面在短期内难以改变，农商行需要在这一现实情况下找到合理拓展资产规模的发展道路。

（二）不良贷款率高

1. 上市要求

从龙岩、福州农商行等多家农商行的年报情况来看，农商行普遍存在着坏账多、不良贷款率高的问题，不良贷款率高成为农商行的共性问题。而上市的要求之一，就是发行人资产质量良好，资产负债结构合理，盈利能力较强，现金流量正常。

如图9-5所示，龙岩农商行和福州农商行在2013年后，不良贷款率大幅上升，在去年甚至达到了3%。虽然长乐农商行在2015年才登记成立，但是，其不良贷款率近年来在波动中也略有上升。

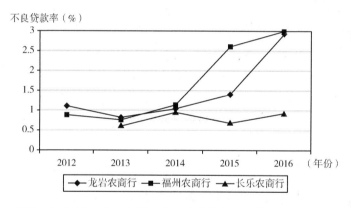

图9-5　2012～2016年福建省三家农商行不良贷款率变动情况

资料来源：2012～2016年福建各农商行年报。

农商行的主要利润往往依赖利差，若不能控制好不良贷款率，盈利能力将大打折扣。在证监会公布的上市条件中这样要求：发行人资产质量良好，资产负债结构合理，盈利能力较强，现金流量正常。而相较于城商行等其他银行，农商行的不良贷款率普遍较高，这势必会对其上市产生阻碍。2016年年末，农商行整体的不良率为2.49%，而苏南5家上市农商行的不良率均低于整体水平，这也从侧面证实了良好的贷款质量、资产质量对银行上市的重要性。然而福州、龙岩农商行的不良贷款率均超出平均水平（见图9-6），而厦门农商行的不良贷款率水平低于行业平均和已上市农商行，这将是其筹备上市的一大优势。

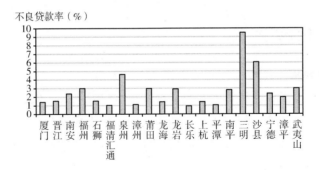

不良贷款率（%）

图9－6　2016年福建省各农商行不良贷款率

注：银行名称均省略了"农商行"三字。

资料来源：2016年福建各农商行年报。

2. 成因分析

（1）从主观上看，不良贷款率提升的原因主要是银行的经营管理水平不高，风险防范能力较弱。鉴于福建农商行相对于国有或其他大型股份制商业银行资本存量小，需要利用高存款利率来吸纳存款以满足扩大资产规模的需求。而在放贷的过程中，由于放松了对风险的把控，造成向偿还能力低的小微企业、农村小商户放贷，其还款资质较差，进而导致坏账产生，不良贷款率高。[①]

（2）从客观上看，农商行的主要贷款对象是小企业、农村、小商户，从经营风险上看，其经营风险往往较大，贷款风险也较大，因此其偿债能力较低，容易形成不良贷款。

（3）同时，受宏观经济下行的影响，银行业的不良贷款率呈现出普遍升高的趋势。

3. 难点分析

值得注意的是，虽然许多农商行反映其业务系统相对落后，模拟测试等方面较为薄弱，互联网方面的业务相对大型银行差距较大，但龙岩农商行却认为，虽然存在上述缺点，但农商行也具有网点多、人多、服务接地气，与客户近距离接触，建立长期信任关系的优势。而厦门农商行在手机端的"富

---

① 《农商行的前世今生不良贷款率较高》，中国金融网，http：//www.financeun.com/News/201729/2013cfn/9622332502.shtml.

宝包"应用直销银行，也是一种创新、业务转型的尝试，且目前取得了较大的成功。

资产规模不足，不良贷款率高，这两点福建农商行面临的上市困难，从发展上来看存在着一定的因果关系。而在"互联网＋"的环境下，提升业绩、扩大资产规模遇到的困难，很大程度上是由于其业务创新能力不足。因此，要化解农商行上市遇到的困境，在很大程度上需要依赖于科技系统的优化，创新发展业务，以扩大业务范围，提升业绩。

（三）股东情况芜杂，股份确权不易

1. 上市要求

《首次公开发行股票并上市管理办法》对这一问题有两条要求：

第四条　发行人依法披露的信息，必须真实、准确、完整，不得有虚假记载、误导性陈述或者重大遗漏。

第十三条　发行人的股权清晰，控股股东和受控股股东、实际控制人支配的股东持有的发行人股份不存在重大权属纠纷。

表9－8中列出了三家福建农商行2014～2016年股东人数及结构的变化情况。从表9－8可以发现，农商行的股东人数均远超于上市的200人股东数量最大限制。势必会对上市造成阻碍。

表9－8　　　　　　　2014～2016年福建三家农商行股东情况

年份	指标	厦门农商行	福州农商行	龙岩农商行
2014	股东总数（户）	3458	1124	1522
	法人股（％）	52.93	3.92	3.48
	自然人股（％）	47.07	96.08	96.52
2015	股东总数（户）	3462	1122	1541
	法人股（％）	55.31	3.93	3.50
	自然人股（％）	44.69	96.07	96.50
2016	股东总数（户）	3464	1144	1545
	法人股（％）	58.61	4.02	3.50
	自然人股（％）	41.39	95.98	96.50

资料来源：2014～2016年福建各农商行年报。

除此之外，以正在筹备上市的厦门农商行为例，其相关负责人就表示该行不仅股东人数远超过上市要求，且股东类型复杂，国有企业，民营企业，自然人等均有持股，部分股权混乱不明晰，股份确权不易，显然也不符合上市要求并将阻碍其进一步发展。

2. 成因分析

这个问题与农商行的起源和发展有着密不可分的联系。农村商业银行大部分起源于农村合作银行，其中部分是由农村信用联社改制组建而来，而农村合作银行是由辖内农民、农村工商户、企业法人和其他经济组织入股组成的股份合作制社区性地方金融机构。可以看出，农商行拥有极其庞大而又芜杂的股东数量，其中甚至有着当地的很多农民，在这种条件下，股份确权很容易成为一个一拖再拖的历史遗留问题。

3. 难点分析

对于即将上市的拥有数百亿甚至上千亿的农商行来说，由于股东结构的混乱以及股东数量的庞大，要做到股份的确权，即经过申报调查、审核批准、登记注册、发放证书等一系列规定程序，从而得到法律文件的确认将股份明确到每个人（或者是企业）的名下，是一件非常困难的事。于是，做好股份确权成为了阻碍农商行上市的一块绊脚石。

（四）发展历史悠久，资产不够明晰

1. 上市要求

与上一困境类似，对于这个难题，在《首次公开发行股票并上市管理办法》中同样有两条要求：

第四条　发行人依法披露的信息，必须真实、准确、完整，不得有虚假记载、误导性陈述或者重大遗漏。

第十条　发行人的注册资本已足额缴纳，发起人或者股东用作出资的资产的财产权转移手续已办理完毕，发行人的主要资产不存在重大权属纠纷。

2. 成因分析

上文提到农商行是由农村合作银行和农村信用联社发展而来的，而农信社早在20世纪50年代就已经设立了，在这漫长的发展和转型过程中，很多资产都没有经过确认就过到了现在的农商行旗下，以至于造成了现在很多农商行资产不够明晰的现状。以最典型的不动产为例，农商行的各大分行支行之下都有大量的销售网点，但许多网点的房产归属还不明确：有的房屋没有产权，也没有有效的租赁合同；而拥有产权的房屋甚至更加麻烦，有相当一部分的房产无法做到三证齐全（《房屋所有权证》《房屋契证》和《国有土地使用证》），并且由于历史悠久，许多已有的证件也因为保管不善而丢失。

3. 难点分析

出于上市相关政策的要求，农商行在申请上市之前需做好旗下各资产的确认，补办好相关的证件，签署好相关的法律合同。而该过程牵扯到大量的资产以及相关方，需要农商行投入许多人力物力去走访各营业网点以及政府相关部门去调查、协商等，因此，资产厘清也成为不少农商行迈向上市之路上的绊脚石。

三、福建省农商行境内上市的对策建议

（一）因地制宜稳扎稳打，切忌盲目扩张

根据资产的组成部分，对农商行资产增长起到重要作用的几个指标有：现金及存放中央银行款项、存放同业款项等现金资产，买入返售金融资产（主要是债券、同业存单、信托计划收益权等），发放贷款及垫款，可供出售金融资产（主要是债券、同业存单、资产支持证券、其他债务工具投资、可供出售权益工具等）。更多地发放贷款和进行各类对外投资是农商行实现资产快速增长的两个重要驱动力。

根据福建农商行上述资产规模的不同，可以将农商行分为两类。一类如厦门农商行，在福建是快速扩张的大行代表，厦门地区本身有较大的发展潜力和潜在资源，近年来该地区整体快速增长的经济和日益上升的战略地位。然而，资产的快速扩张必然伴随着更高的风险，厦门农商行的资产负债率从2012年的90%上升到2016年的93%[①]，这也对农商行加强资产管理、防范控制风险提出了更高的要求。

---

① 资料来源：2012～2016年厦门农商行年报。

另一类如长乐农商行就是稳扎稳打的小行典型。长乐市地理位置和行政级别首先就给长乐农商行的发展做出了限制，龙岩农商行也存类似的情况。而小行的战略本身就是"做精做优"，主要是为中小企业和个人提供业务。

对于两类农商行，未来资产规模若想扩大，其面临的问题和要求是不同的。其资产规模的扩大应稳中求进，要明确自身定位，根据当地的经济增长等基本情况来制定战略；盲目扩张往往会导致不良贷款率升高等问题，大大增加了银行所面对的风险，同样会对农商行的上市与发展造成不利影响。

对于类似厦门农商行这种资质比较好、环境机遇也很好、本身规模就比较大的农商行，如果资产条件不达标，可以用增加贷款和增加对外投资的方式达到资产快速增加的目标，也要懂得利用当地优质的条件来实现增长，比如政策环境、经济环境等，但同时也要注意风险的把控，切忌急于求成。且达到符合上市的相关条件后，要及时进行自我检查反省，是否有盲目扩张的倾向、是否已经偏离了原有的主营业务结构、是否隐藏着风险等一系列问题。此时可以放慢增长的脚步，着重做精业务，这也是厦门农商行近期正在做的。

对于类似龙岩农商行、长乐农商行这种规模相对较小，和上市标准差距较大的农商行，一般来说此类银行短期内也不会追求上市。此时就他们而言应把上市作为长远目标而不是必须实现的目标，回归到主营业务"做精做优"。同时在符合当地经济增长的基本情况下，通过创新业务模式、业务优化与其他渠道融资，逐步实现扩大资产规模，提高盈利能力的目标，对于上市，厚积薄发。考虑到福建农商行大多属于这种情况，这才是他们的努力方向。

（二）解决遗留防患未然，信贷管理三方共建

1. 对不良资产进行归类整理，提高回收率

对不良资产的历史和产生原因进行分类梳理。根据偿还的可能性进行分类，对于可能性大的不良资产进行再回收，对于那些可能性较低的，采用以下几类方式进行处理：

（1）不良资产收益权转让。该模式在操作中与监管规定相冲突，在合规性上也存在问题，其业务实质为银行通过资产管理公司和券商等通道规避了

资产质量。

（2）采用债转股方式。债转股是指将银行对企业的债权转换为金融资产管理公司（AMC）对企业的股权。具体来说，银行将不良贷款转移给金融资产管理公司，金融资产管理公司将债权转换为股权。

（3）互联网渠道资产处置。该平台是将互联网与不良资产处置平台相结合，利用"互联网＋"模式特有的快速"价值发现"和"市场发现"功能，为错配的不良资产在互联网上进行重新配置，挖掘其内在价值，撮合不良资产买卖双方进行交易。

在创新式处理的同时也要进行传统式方式：利用准备金进行冲抵，或进行兼并重组，推进企业进行资产重组，形成规模经济效益、集约化生产的合作形式，使资源可以重新启动，银行的债权可以得到很好的落实，以期达到激活信贷资产的目的。

2. 加强信贷管理，减少不良贷款的再生

农商行建立自己的征信系统，对于银行客户进行分类，根据他们的信用制度来进行划分，在进行贷款的时候根据情况，尽可能减少对不良客户的贷款，同时对于每一笔贷款的贷前调查、贷时审查、贷后检查都要清晰。为两步流程设立专门的负责人员，通过培训提高责任意识，建立行长负责制，审贷分离制、分级审批制、离任审计制，以降低经营风险。通过这些方法来纠正重贷轻管现象，实现经营方式从粗放型向集约型的根本性转变，提高风险管理水平，防止和减少新的不良信贷资产发生。

3. 完善金融结构，推行第三方借贷制度的建立

金融保险机构作为第三方机构，是企业的担保机构，因此农商行可以与保险机构合作，要求其也加入借贷体制以内，让其承担债务。而对于金融机构而言，为降低自身风险，将会加强对企业行为的监督，同时要求企业信息公开，农商行、金融机构和企业互相制衡，使得企业和农商行将由第三方平台进行认证，这在一定程度上降低了风险，有利于优化企业制度，优胜劣汰，有助于企业进入良性竞争的循环，也会降低坏账率。

（三）落实股份确权工作，优化股权结构

从大的目标来看，筹备上市的农商行应明晰股权，减少控制股东人数，优化

股权结构，避免股权的相对集中或分散，控制法人股与自然人股的合理比例。

1. 明晰股权

股权明晰是一个复杂而烦琐的过程。农商行应结合自身股权结构特点，分类型对股权进行梳理与确认。如国有企业持股方面，通过国资委等部门进行进一步的明晰；员工持股层面，则通过企业发动员工自我组织，传达企业未来统一目标，对员工持股进一步确认。同时积极寻求有关单位与部门的帮助，成立相关确权负责小组，细分小组任务，对其余股东进行划分，确保每一位股东都能匹配到相关负责人，从梳理到沟通再到确认全程把关，最后以正式的法律文件对每个单位进行确认，以为后一步工作打下坚实基础。

2. 控制股东人数

减少和控制股东人数一直是农商行所面临的最重要的问题之一。现如今已上市的农商行也都在这方面耗费了大量的精力。目前正在筹备上市的农商行更应吸取教训，及早进行准备，积极进行内部股份清理，坚定不移地大力实施股份回购和股权并购。同时在清理与回购过程中应保障股东权益，避免后续矛盾爆发。

3. 优化股权结构

从表9-8中福州以及龙岩农商行的股东情况来看，股权分散问题还比较严重，自然人股比例历年均高于95%。分散的股权不利于上市后银行的集中管理与优化，根据保监会下发的《关于规范金融企业内部职工持股的通知》有关规定，"上市农商行内部职工和自然人持股比例不得超过总股本的20%，单个职工持股的比例不得超过总股本的2%"，显然表9-8中所列福建几大农商行距离此目标还有差距。故而在控制股东人数所做的股份回购与股权并购时，应同时考虑股权结构，根据本行实际情况结合上市条件，调整股权结构比例，提高股东质量；积极引进同行先进战略投资者，为企业的上市与未来战略规划提供宝贵指导；此外，可以尝试通过相关企业文化与长效机制，控制持股比例，完善员工持股方案，做到员工与企业利益挂钩，绩效挂钩。

（四）加大现有资产厘清力度，完善资产管理制度

固定资产在农商行资产结构中占有重要地位，是农商行开展业务活动的必要物质基础。然而，由于农商行形成过程中的历史原因，部分资产产权证

明缺失或遗漏，使得资产的账实难以匹配。当然，不仅是厦门农商行，资产厘清问题对于所有待上市的农商行来说几乎都是一个十分头疼的问题。对此，我们认为农商行应加大现有资产厘清力度，完善资产管理制度。

1. 加大资产厘清力度，增进政府沟通

农商行与其各分行应加大资产厘清力度，定期进行相关工作。成立专门的资产核实小组，增设人手，对资产厘清工作提供大力支持。通过查阅农商行历史档案以及实地考察，尽可能地核实出资产的真实数目。农商行在资产厘清过程中应着重注意资产产权的明晰，对于产权归属存在疑惑的有关资产，应及时报告，搜集相关资料建档。例如房产，应将证明产权归属的三证搜集齐。如若由于历史原因，部分证明缺失或遗失的，应整理出银行使用房产的历史资料，明确资产已使用时间，积极与政府沟通协调，提供补办证件所需的材料或历史文件，将缺失证件补足齐全。在与政府沟通的过程中，农商行应当充分说明此次完善材料的初衷，争取最大化地得到政府有关负责部门的帮助与支持。

2. 完善资产管理制度，落实资产管理责任

资产厘清并不仅仅是为了应付一时的上市审核，考虑到上市后对信息披露的要求提高及农商行自身长远发展，农商行应完善内部资产管理制度。总行及旗下各分行都应制定相应的固定资产管理制度，使资产清查步入制度化、经常化。对于固定资产，银行应派专人管理，确保管理人员的责任心与细心程度，并使财务人员和管理人员职责分离，定期进行盘点。将银行名下的各种资产分门别类归置，每年资产清查由领导总负责，对清查结果进行分析比对，及时发现盘盈或盘亏资产，并找出原因，分清责任。银行发生人员变动时，银行应组织核查，办理资产移交和监交手续，确保人走账清。不断完善资产的领用、台账的保管或记录的跟进等要求，形成定期盘点和清理清查制度，将有关管理责任落实到资产安全管理的责任人，避免造成资产损失或流失。

3. 加强日常管理，完善资产清查制度

银行应当重视对自有资产的日常管理，建立健全规范的购置、验收、保管和使用制度。购置后及时详细登记固定资产的台账、卡片账等具体信息，建立内部控制和监督机制。为便于管理，在固定资产购置环节应严格把关，根据资产清查的结果和实际需要来购置，坚持勤俭节约的原则，减少固定资产增加的随意性，提高资产使用的社会效率，减少不必要的预算支出。在日常工作中，也应当厉行节俭，从小处着眼，从点滴做起，严格遵守财务制度，管理使用好办公用品，把有限的资金用在刀刃上。而对于房屋、车辆之类的固定资产，在购进环节中就应确保手续完善，证件齐全，明晰资产的产权归属。入账后，在有足够证据的情况下，及时依据市场公允价值，对这类资产计提折旧及损失，真正做到账实相符。

（五）精益求精，打好上市攻坚战

上市以其低成本融资、推动资源并购重组等优势，成为现阶段各地农商行转型发展的优选。然而受限于所在地经济发展程度和资源、政策等基础条件的不同，证监会制定的上市 IPO 规则将许多农商行拒之"门"外。就福建地区来说，采访中了解到的具备上市条件并已如火如荼进行筹备的仅厦门农商行一家，龙岩、福州等农商行距离上市门槛仍有较大的差距。

当然，具备上市条件仅完成走向资本市场的第一步，上市过程本身也会为农商行的上市带来诸多困难。上市流程中，首先农商行明晰不同板块的上市要求和自身的实际情况，厦门农商行目标转换到主板体现这一点。之后需要聘请多家中介机构对企业自身情况审核以及对制度体系进行梳理和进行上市辅导。多数券商等中介对农商行上市缺乏经验，同时农商行的规模相对较小，在此基础上选聘具有相关经验的券商、会所等相关机构完成各项工作成为关键。农商行应对调查分析的问题进行整改，快速完成股份确认以及股权结构优化等相关工作。

同任何上市企业相同，农商行需要结合外部经济形势以及自身情况，加强与中介机构的沟通，确立合适的募投项目。在申报过程中，农商行应积极配合相关中介机构准备完善材料，组织协调好各中介机构的工作，有条不紊地推进流程，切忌混乱对接。

上市的过程耗时较长，在等待过程中为了防止农商行内部经营情况和外部环境的变化对农商行上市造成不利影响，筹备的农商行应脚踏实地，维持存贷等主要经营业务的稳定，尽量降低不良贷款率、负债率，以保证资产规模、利润水平等相关指标的规范，在此基础上扬长避短，积极进行业务创新，投资优化等，争取在上市筹备过程中提高自身资质，降低上市失败的风险。

上市筹备农商行，如厦门农商行，应积极运营自身服务"三农"、农村金融创新等特质，以获取福建省、厦门市政府的支持，依地而行，及时了解相关行业和上市规则的第一手资料并做出相应的调整对策。合理利用农商行相对丰富的网点，人员优势，加强与政府和地方机构的合作，争取资源。应对利差收窄等相关行业环境，积极推动如行业存单买卖等相关业务调整。并借庞大的自然人客户基础和承担的社会责任，树立良好的社会形象。

农商行不同于一般的金融机构，其由于历史因素而缺乏 IPO 和资本运营相关人员。因此在上市过程中，农商行可以进行具有相关背景和工作经验的资本运营人才的引入，构建内部的 IPO 和资本市场运营团队，不仅针对上市筹备做出贡献，还有利于上市后自身的资本运作。

在审核阶段，拟上市农商行关键要做到效率地应对反馈和沟通，坚持自身优良业绩的同时，严格加强较为薄弱的内部管理，避免重大的风险和事故。同时积极针对农村金融市场反馈做出调整和应答。

将上市作为长远计划的农商行，应积极了解相关的上市流程并做出相应的准备，以便于降低未来人力物力等资源消耗。

四、福建省农商行中国香港上市的对策建议

不过，农商行上市并不仅仅只有在境内上市这一条路，放眼世界，境外资本市场更为广阔。而从长期来看，于境外上市将会是众多农商行获得资本支持的更好途径。

前文中，我们对农商行的上市过程提出了一些对策与建议，这些对策具有一定的普适性，无论是境内上市还是境外上市，这些对策都将对农商行摆脱上市过程中面临的困境起到一定的帮助。目前尚无农商行有赴美上市的意向，甚至没有中国的银行到美国上市，预计未来一段时间内也不会有。相比之下，中国香港倒是一个比较有可能的选择，所以接下来我们将具体针对农商行在中国香港上市展开探讨。

（一）农商行中国香港上市现状

农商行作为奔赴上市筹资的积极分子，显然将上市 H 股考虑在内。继重庆农商行和九台农商行之后，广州农商行作为第三家内地农商行，于 2017 年 6 月 20 日登陆港交所[①]。

随着深港通的开启，国内市场与香港市场实现了更为紧密的联系，加强了内地与香港资金的流动性。上市 H 股不仅能够建立更为宽广的再融资渠道，同时也将获取内陆地区的资源、地缘优势，这对于急需战略转型，实行扩张的内地农商行不失为一个选择。

但上市 H 股显然并非如此顺利。事实上，内地银行并非香港股市中的"万人迷"，近年来上市的 7 家内地银行股，其中有 5 家认购不足，而广州农商行赫然在列[②]。部分原因不得不归咎于银行业近几年的相对萎靡，H 股对其态度并非乐观。而广州农商行遇冷体现了农商行自身股权分散、盈利能力较低等劣势，在做空、T+0 等更为市场化的 H 股，将会面临更大的风险。

（二）中国香港市场与境内市场对比

相比在境内上市，在中国香港上市有以下几点优劣值得农商行注意。

优势在于：第一，中国香港作为著名的国际金融之都，在亚洲乃至世界有一定的金融地位，在中国香港上市可以为农商行争取更多资本的青睐，对提升自身的威望也有所裨益。第二，中国香港的监管相对宽松，这也给了农商行上市之后进行资本操作更多的空间，比如融资途径的多样化。第三，中国香港的上市进程可期，相比在境内上市排队过程的不确定性，农商行选择在中国香港上市能够更好地把握融资进程，有利于实现未来的发展规划。

但在中国香港上市同样也存在着一定的劣势：第一，中国香港的资本规模不如境内市场，相对小的市场空间对于农商行不见得是一件好事。第二，

---

① 《广州农商行今跻身 H 股　上市首日股价走势受关注》，网易财经，http：//money. 163. com/17/0620/08/CNC3DAC80025816C. html.

② 《广州农商行要上市 H 股了　反应却如此冷清！是港人不识货还是？》，百度，https：//baiji-ahao. baidu. com/s？id＝1570662326369234&wfr＝spider&for＝pc

中国香港证券市场市盈率低，这就意味着在其他条件相同的情况下，农商行募集到的资金可能要少很多；而且，香港市场整体要更加成熟，银行类的股票本身价值就比较透明，在这样的环境中市场表现可能会低于期望；重庆农商行在中国香港上市之后表现一直不尽如人意，甚至有消息称其欲退市后再在境内上市，各中原因或许在一定程度上也与上述原因有关。第三，中国香港市场的换手率较低，股票的流动性不如境内。

（三）中国香港上市对策

就上市的门槛而言，中国香港的要求主要有财务要求（考察收入、市值、现金流等等）、管理层的稳定性、公众持股量、专业顾问等方面，总体来说和境内上市的要求大同小异，甚至要更加宽松一些。就中国香港的创业板来说，对公司的盈利并没有要求，但是境内无论哪个板块上市都有盈利的要求。所以本专题此前谈论的农商行境内上市对策对中国香港上市来说基本都是适用的，无论在哪里上市，农商行都必须要保证足够的资产规模和资产质量，明细股权和拥有的资产情况。

农商行若欲选择在中国香港上市，需要相应地制定趋利避害的对策。上市流程的时间更容易把控，农商行能够制定出更加切实可行的发展规划，并根据现实情况做出合理的调整，这减少了上市过程中的风险。中国香港市场融资能力可能不如境内，但是监管相对宽松给了农商行多渠道融资的可能性。首先农商行要对获得的资金有明确的规划，做到物尽其用，这就对农商行自身的管理水平、业务能力提出了更高的要求；其次，在把控好风险的前提下，农商行可以考虑多种融资方式来拓宽自己的资金来源。

总体来看，在中国香港上市虽然相对容易，但是上市之后却有不少难点需要农商行考虑。这其实是对农商行自身的经营提出了更高的要求，如何把自身的业务"做精做好"才是农商行需要着重考虑的任务。

参考文献：

[1] 张伟. 农商行如何稳健走好上市之路 [J]. 中国农村金融，2016（17）：37 – 39.

[2] 曾刚. 农商行上市"破冰"意味几何 [J]. 中国农村金融，2016（4）：36 – 37.

［3］陈东征．支持城商行、农商行上市 ［J］．中国金融，2013（7）．

［4］王正超．徐燕，高志红．农商行国内主板上市：机遇和挑战并存 ［J］．中国农村金融，2016（13）：48－50．

［5］刘万江．基于体制创新的重庆农商行上市问题研究及对策分析 ［J］．经济研究导刊，2010（21）：55－56．

［6］卞金勇．论农村商业银行 IPO 上市存在的主要问题及解决之道 ［J］．经济研究导刊，2014（32）：190－192．

板块三　环境与公共服务

专题十 福建省生态环境质量的量化评估

一、引 言

改革开放以来，我国经济开始高速增长。与此同时，所伴随的环境生态问题也开始日益显现出来。随着经济发展和自然环境之间矛盾的不断激化，可持续发展受到越来越多人的关注。实际上，对于经济发展与环境生态之间的关系问题，并不只是当代人关注的议题。《禹禁》写道："春三月，山林不登斧，以成草木之长；夏六月，川泽不入网罟，以成鱼鳖之长。"就是指在万物复苏的季节，应当任由植物生长；六月份时，不能用网捕捞，让河里的生物好好生长。孔子则主张："钓而不纲，弋不射宿。"意指"用钓鱼的方法取代用网捕鱼，只射在天空中飞翔的鸟儿，而不捕还在鸟巢中待哺的小鸟。"保护环境以及保护资源的再生性，保持生态平衡以便自然能得到可持续发展的思想在中国古代便已出现。而古希腊文明中已经有了"天人合一"的哲学思想，到了文艺复兴时期，黑格尔的"人化环境"和费尔巴哈的"人与自然的感性统一"的思想已经具备现代可持续发展思想的雏形。在近代，各经济学派也对可持续发展发表了自己的看法。古典经济学派主要研究经济发展和资源稀缺性之间的矛盾。该学派对可持续发展的问题分为悲观派和乐观派。悲观派认为人口的不断膨胀将激化与自然环境之间的矛盾，虽然社会分工和技术进步会使劳动边际报酬递增，但仍无法抵消农业中报酬递减的趋势，导致经济发展开始放缓直至进入停滞状态。但乐观派却与此相反，乐观派认为社会分工的不断细化会不断提高工人的生产率，同时技术也会进步，社会分工的细化加之技术进步都足以克服资源稀缺程度的提高所带来的消极影响，从而达到可持续发展。20 世纪 60

年代，各国工业化程度不断加深，自然环境恶化的严重性逐步显现出来，自然环境和人类之间的矛盾越来越尖锐，人们开始思考环境恶化所带来的对人类生存的严重影响。在 1962 年，美国著名的海洋生物学家蕾切尔·卡逊（Rachel Carson）出版了其代表作《寂静的春天》，这本书深刻揭露了人类活动对自然环境所造成的严重后果，这本书的出版在一定程度上唤醒了人们的思考生态问题，保护生态环境的意识。而在 1972 年，由罗马俱乐部发布的《增长的极限》认为在未来的 100 年内，地球将出现其增长的极限。此论断一出，立即引发各界对环境问题的思考。1980 年 3 月，世界自然保护联盟发布了《世界保护战略：可持续发展的生命资源保护》和《世界自然保护大纲》，该大纲不仅强调资源保护，而且着重将它与人类的发展结合起来，第一次提出了可持续发展的概念。1987 年联合国大会通过了《我们共同的未来》的报告，正式提出了可持续发展的概念，并得到了国际社会的广泛认可，吸引众多学者的研究。早期研究聚焦可持续发展的规范性分析，自 1990 年后，国内外的学者开始大力进行可持续发展的量化研究，而且也取得了一定的研究成果，其中生态足迹模型法便是可持续发展定量方法中具有突破性的一个成果，这一方法可量化评估某一目标对象的生态环境状况，为人们了解生态环境质量提供了一个较为客观的视角。

本专题选取福建省作为研究对象，主要是基于以下几点原因：其一，2016 年，福建省被列为我国首批国家生态文明试验区；其二，福建省的泉州和福州是"海上丝绸之路"的起点，"海上丝绸之路"对于我国经济发展的战略部署具有重要的意义，该省作为起点，其可持续发展情况对于"海上丝绸之路"的建立及发展具有关键性作用；其三，福建省生态优势较突出，但因为工业化进程的加快，林业开始遭受破坏，资源消耗过于严重，这些现象均对该省的生态系统构成威胁。因此，正确认识和客观评价福建省环境生态状况具有重要的意义。

二、文献综述

（一）可持续发展的量化研究

自可持续发展的概念被正式提出后，很多学者开始对该理论进行大量研究。其中可持续发展的量化研究成为该领域的热点及重点，其中主要有以下三类量化方法。

1. 以系统理论和方法为指导构建的指标体系

最能代表该评价方法的是 DSR（driving state response）模型，这个模型是由联合国可持续发展委员会（CSD）和联合国政策协调和可持续发展部（DPCSD）在 1996 年共同提出的。这个模型包含了三个方面的指标，分别是驱动力（driving）—状态（state）—响应（response）。其中在 DSR 模型中，驱动力指标指的是造成经济社会生态不可持续的动力因素，状态指标指的是在可持续发展系统中各子系统的状态变量，而响应指标衡量的是面对不可持续发展的问题政府以及公众所做出的应对措施。DSR 模型中所包含的指标很多，基本上超过 140 个。

DSR 模型通过驱动力指标、状态指标以及响应指标的设置，突出了环境恶化的动因，这也是 DSR 模型的优势所在。但是该模型也存在自身固有的劣势。例如在模型的设定中，驱动力指标应当是状态指标的动因，两者应具有较强的逻辑关系，但是在现实中，这两者的区分并不明确，会导致两者的混淆。除此之外，DSR 模型中包含了大量的指标，这些指标粗细分解不均，这也会导致该模型的估计过于粗略。这种方法较难实行，因此鲜有文章采用这种方法对可持续发展进行量化。张会恒等（2016）便采用了 DSR 模型法研究安徽省生态文明发展水平，研究结果认为安徽生态文明建设呈现"政策响应较为积极、内在驱动力不足、生态状况仍然偏弱"的特征。谈迎新等（2012）采用 DSR 模型法对淮河流域的生态安全评价进行研究，研究结果发现淮河流域的生态问题依然严峻。

2. 基于环境货币化的指标体系

这种指标体系的方法包括世界银行提出的"国家财富"或者"国家人均资本"、联合国统计司提出的综合环境与经济账户系统（SEEA）等。其中最能代表该指标体系的方法是 1995 年世界银行所提出的用"国家财富"或者"国家人均资本"对可持续发展的程度进行衡量，他们对于可持续发展的理解是让当代人和后代人均能获得一样多或者后代人比当代人更多的财富，此时便能维持可持续发展的状态。对于世界银行所提出的"国家财富"的概念，他们的理解是一个国家的财富应当包含自然资本、人造资本、人力资本以及社会资本，前三种资本是较为普遍的资本，但是最后一种社会资本便会出现难以衡量的情况，社会资本包含了社会赖以正常运转的制度、组织、文化软实力等，这种资本比较难以量化。

世界银行对192个国家的国家财富进行了计算，但是由于缺乏社会资本计算的具体方法，因此在计算这几个国家的国家财富时，世界银行只计算了前三种资本，分别是自然资本、人造资本以及人力资本。通过计算发现，人力资本在世界总财富中占比最大。刘渊（2012）采用世界银行的"国家财富"，结合1995～2005年的数据，评估当前世界和中国国家财富的可持续发展情况。

这种环境货币化的方法比较新颖，但同时在度量时也存在一定的困难。而且在度量可持续发展的过程中，应当将当代人的财富与后代人的财富相对比，只有当当代人的财富小于或者等于后代人的财富时，经济社会才处于可持续发展的状态。但是就目前而言，我们还无法计算后代人的财富，只能计算前代人的财富，在这个时候所度量的可持续发展程度便具有滞后性。因此这种方法还不能用来评价当前的可持续发展能力。

3. 基于生物物理量衡量的指标

可持续发展主要处理经济、生态以及社会这三个系统之间的关系，需要研究人类活动是否仍然处在生态系统的承载能力范围内，因此需要具体的生物物理评价指标。如何衡量可持续发展的生态目标一直是可持续发展指标体系研究中的一个难点。现在已经提出了一些具体的生物物理评价指标，如初级生产力、生态足迹等。

由于任何人在消费自然提供的产品和服务时，均会对地球生态系统产生影响。因此只要人类对自然系统的压力处于生态系统的承受范围内，整个系统就是安全的，人类的发展就处于可持续的范围内。这种衡量方法比较具有代表性的是生态足迹模型（ecological footprint model），这也是目前较为可行的一种衡量可持续发展水平的方法。

（二）生态足迹方法的研究

从分析方法的角度而言，目前生态足迹研究可大致方法分为两类。一类是由瓦克纳格尔（Wackernagel）等在1996年提出的过程分析方法。另一类是由比克内尔（Bicknell，1998）等首先提出，并由其他学者发展的投入产出法。

1. 过程分析法

过程分析方法在其发展过程中又形成了综合法和成分法。其中综合法是由加拿大生态经济学家威廉·里斯（William Rees）和其博士生瓦克纳格尔提出的。利用综合法的生态足迹模型的基本思路是：跟踪记录人类各项消费活动产生的环境影响，并将其转化为以全球平均土地生产力计算的土地需求量，然后与同样以全球平均生产力进行标准化处理的区域拥有的各类土地面积比较，来评估在目前的技术条件、人口规模和消费水平下特定区域的生态可持续性。这个模型计算出来的生态足迹指标具有可比性，而且在计算时数据获取较为容易，该指标被很多学者在研究可持续发展的程度时所采用。虽然该模型运用较广，但也有其固有缺陷。例如，该模型是属于静态分析方法，并不能预测未来的可持续情况等。采用综合法对生态足迹进行测算的研究很多，就该方法的最新发展而言，是将时间序列引入模型，从而，对研究对象的可持续发展状况可进行纵向的对比，例如黄宝荣等（2016）对中国2000～2010 年的生态足迹进行了计算。

成分法是从人们生存的基本要求进行切入，用物流分析（material flow analysis，MFA）的方式对消费品和废弃物进行追溯。成分法和综合法不同之处在于成分法并不关注原材料的耗费情况，而更多的是关注标的地区各种能源的消费情况，废弃物的排放情况等。因成分法属于自下而上的分析法，成分法比综合法更加接近真实的资源消费情况，但是这也是成分法的缺陷所在，对于成分法而言，很多消费项目并不能区分和定义，特别是在大区域，成分法并不适用。在国外，巴雷特等人（Barrett et al.，2001）在对约克城进行物流和生态足迹分析时，将总共 29 种消费项目纳入计算范围，用所计算出的生态足迹来描述一个社区的可持续发展能力。

2. 投入产出法

投入产出分析法（input-output analysis，IOA）是美国经济学家里昂惕夫在 1931 年提出的。之后该方法得到进一步改进，在此方法所特有的投入产出表（IOT）框架中加入了自然资源和污染物输出等项目。投入产出表中记录了产品在生产时所耗费的价值流。该方法有一个较好的优点，那便是能够利用 IOT 中所提供的信息，计算经济和社会的变化对环境产生的各种影响。目前，该方法还是以静态分析为主。投入产出分析法的应用可采用货币投入

产出表（MIOTs）计算人类消费和土地占用之间的关系。胡巴切克等人
（Hubacek et al.，2003）首先用此类方法估算了国际贸易中的生态足迹的大
小。从环境的角度来看，实物投入产出表（PIOTs）比货币投入产出表（MI-
OTs）更为客观真实，但事实上由于数据获取困难，目前实物投入产出表达
法还很难应用于现实的生态足迹计算。生态足迹方法提出后，得到广泛应
用，以此量化全球、区域、国家、城市以及行业的可持续发展水平，例如，
瓦克纳格尔（2005）应用生态足迹模型计算了全球 1993 年、1995 年、1997
年、1999 年、2002 年的生态足迹；瓦克纳格尔（1999）、伦曾（Lenzen，
2001）、弗里克（Fricker，1998）分别测算了瑞典、澳大利亚和新西兰的生
态足迹。在国内，徐中民等（2003）以中国和部分省（区、市）1999 年的
统计数据为基础，对中国和部分省（区、市）1999 年的生态足迹进行计算。
黄宝荣等（2016）对中国 2000~2010 年的生态足迹进行了计算，并分析其
可持续发展状况。在区域尺度上，穆尼兹和加林多（Muniz and Galindo，
2005）以西班牙的巴塞罗那为例，分析了城市的生态足迹。在国内，此尺度
的研究已经很多，主要的成果表现在：地区尺度上，黄青等（2003）利用黄
土高原地区资源与环境遥感调查数据，对黄土高原地区 1991 年的生态足迹
进行分析；付伟等（2013）对中国西北部地区的生态足迹进行了测算。在产
业尺度方面，科尔等（Cole et al.，2002）学者于 2002 年对印度喜马拉雅山
的马纳里（Manali）村庄 31 年（1964~1994 年）中旅游生态足迹变化情况
进行了研究；张丹等（2016）对北京市餐饮业的生态足迹进行了测算。

三、生态足迹方法及模型

（一）生态足迹模型的相关概念

如上文所言，生态足迹模型主要涉及两个基本的概念，"生态足迹"和
"生态承载力"。"生态足迹"是采用生物生产性土地进行衡量，是指生态系
统中的动植物通过吸收外界的能量，并将其转化为自身的物质，从而不断实
现物质和能量的积累。生产性土地的生产力越大，则积累能量的本事越大。
当计算出一个国家（地区）的生态足迹时，便意味着生产相应人口所需要的

物质和资源以及消耗他们产生的排放物所需要的生物生产性土地面积，因此生态足迹采用面积单位。将计算出的生态足迹与生态承载力相对比，便知该国家（地区）是否处于可持续发展状态。

1. 生物生产性土地

生物生产性土地（ecologically productive area）一般是指在日常生活中有生产能力的土地或者水域，生物生产的具体含义是指整个系统需要从外界吸收光能，吸收各种物质，并通过各种作用如光合作用等将这些光能和原料转化为新的物质。在该模型的概念中，将生物生产性土地分为六类，且假设这六类土地在空间上有排他性的属性：

（1）耕地：耕地是主要用于种植农作物的土地。在六类土地中，耕地是生产能力最好的土地类型，为人类社会提供赖以生活的食物。

（2）林地：林地包括人工林和天然林，主要为人类社会提供林木产品。林地除了提供林木产品之外，主要是具有防风固沙、涵养水分、改善气候、保护物种多样化等功能。

（3）草地：草地是指用来提供畜牧产品的土地，是生产各肉类和奶类的主要来源土地，但生产性能力较弱。

（4）化石燃料用地：化石燃料用地是人类应该留出的用于吸收 CO_2 的土地。但到目前为止，人类并没有留出这类土地面积，因此，这部分土地类型的生态承载力实际上并不存在。

（5）水域：水域主要是河水等能够提供水产品的淡水资源。

（6）建筑用地：为人类生活方面提供基础设施所需的土地，是人类生存和发展的必需场所。

2. 生态承载力

生态承载力，是一个"生态容量"的概念。生态承载力最早来自于生态学。生态承载力是指在某一特定环境条件下，某种个体存在数量的最高极限。在生态足迹模型中，生态承载力可以用区域提供给人类生存和发展的最大生物生产性土地面积总和来进行衡量。生态承载力具体计算公式如下所示：

$$EC = N \times ec = N \sum a_j \times r_j \times y_j (j = 1、2、3、4、5、6)$$

公式中，EC 表示该区域总的生态承载力；N 为人口总数；ec 为人均生态承载力；a_j为固定区域内人均生态生产性土地面积；r_j为均衡因子，y_j为产量因子。根据世界环境与发展委员会发布的《我们共同的未来》报告中指出，在比较生态足迹和生态承载力的大小时，人类可利用的生态承载力应当扣除12%的生物多样性，即在原公式的基础上扣除12%。

3. 生态盈余及生态赤字

在生态足迹模型中，生态盈余/赤字是由生态足迹和生态承载力的相对大小所决定的。当生态足迹大于生态承载力时，则产生生态赤字，该地区的人类负荷超过了其生态容量，即该地区处于不可持续发展的状态，其不可持续的程度可用生态赤字的绝对值大小进行衡量；反之，则相反。

为了衡量一个区域的可持续发展情况，可以将生态足迹与生态承载力的大小进行比较。其计算公式可表示为：

$$E = EC - EF = N(ec - ef)$$

式中，E为生态盈余或赤字；EC为区域的总生态承载力，EF为对应的总生态足迹。若$E > 0$，表现为生态盈余，说明经济社会处于可持续发展的状态，生态系统是安全的；若$E < 0$，则表现为生态赤字，说明经济社会的发展处于不可持续的状态。生态盈余和生态赤字的相对大小是衡量一个区域可持续发展能力的较为有效的指标之一，本专题的第四部分将采用该指标衡量可持续发展水平。在本专题中，为方便表述，当E的值为正，则表现为生态盈余，当E的值为负时，则表现为生态赤字。E的绝对值为生态赤字或生态盈余的值。

4. 均衡因子和产量因子

由上文的叙述可知，生态足迹模型将生物生产性土地分为六种类型，但是这六种类型土地的生产能力是存在差别的，不同类型的土地之间并不具有可比性，为了解决这个问题，需要引入均衡因子，将不同生态生产力的生物生产土地进行汇总。均衡因子的计算公式为：

$$某类生态生产性土地均衡因子 = \frac{全球该类型生物生产性土地的平均生态生产力}{全球所有各类生物生产性土地的平均生态生产力}$$

本专题所采用的均衡因子分别为：化石和能源用地为1.14，耕地为2.82，草地为0.54，林地为1.14，水域为0.22，建筑用地为2.82。

在计算生态承载力时，考虑到不同国家或地区的自然条件和资源禀赋不一样，不仅不同类型土地单位面积的生产能力不同，即使是同种类型土地单位面积的生产力也存在较大的差异，因此需要引入产量因子对其进行调整。产量因子的公式：

$$某类生物生产性土地产量因子 = \frac{该类型生物生产性土地的平均生产力}{世界上所有同类型土地的平均生产力水平}$$

本专题所采用的产量因子分别为：耕地为 1.66，草地为 0.19，林地为 0.19，水域为 1.00，建筑用地为 1.66。

（二）生态足迹模型的计算方法

1. 基本假定

生态足迹的计算是基于如下假定：

（1）人类可以大致上预测自己消费和产生的废弃物水平，并据此种植或生产出自身所需要的资源进行消费，即生产的量即为消费的量。

（2）人类生产的资源和排放的废物都能够折算成生产资源和消耗废弃物的生物生产性面积。

（3）六类生物生产性土地均能按照其生产力的大小进行赋权重折算成相同生产力的土地，土地的面积单位用公顷表示。

（4）这六类土地在空间和功能上是相互排斥的，一块土地只能属于一种土地类型，而且当这些土地根据生产力大小进行折算后，是可以进行加总求和的。

（5）生态足迹所测量出的人类对环境需求的总面积和环境所提供的总面积是可以进行对比计算的。

2. 计算步骤

生态足迹的计算公式为：

$$EF = N \times ef$$
$$= N \sum_{j=1}^{6} \sum_{i=1}^{n} (a_i \times r_j)$$
$$= N \sum_{j=1}^{6} \sum_{i=1}^{n} (c_i/p_i) \times r_j$$
$$(i = 1、2、\cdots、n；j = 1、2、3、4、5、6)$$

上式主要用于计算一个地区的生态足迹，EF 指的是该区域总生态足迹，ef 是指该区域的人均生态足迹，N 为这个区域的人口规模，a_i 为第 i 种物质人均占用的生物生产性面积，r_j 为均衡因子，c_i 为第 i 种物质的人均耗费量，根据"消费 ＝ 产出 ＋ 进口 － 出口"的核算原理，p_i 为第 i 种物质的世界平均生产能力，i 为人们主要消费品的种类，j 为生物生产面积类型，根据上述生态足迹模型的假设，生物生产性土地主要分为六类，因此 $j = 6$。

基于生态足迹模型基本假设条件和公式，关于可持续发展水平的计算步骤总结为以下几点：

第一步：确定消费项目。每个地区的人们根据其生活习惯和民族特色所消费的项目并不一样，应当先确定该区域人口的主要消费品。

第二步：收集主要消费项目的消费量。本专题采用生态足迹中的综合法度量可持续发展水平，因受条件限制，本专题的数据主要采用对应统计年鉴中所披露的数据。

第三步：计算生态足迹中六类生物生产性土地的面积。通过第二步获得的消费量，加上从联合国粮农组织（FAO）获取的世界平均生产力，将各类消费品的消费量折算成生物生产性土地的面积，单位采用公顷。

第四步：区域生态足迹的加总计算。将第三步计算出来的各类生物生产性土地的面积通过均衡因子进行折算，将这些土地转化为具有同等生产力的标准土地面积，再进行加总计算，从而得到区域的总生态足迹。

第五步：生态承载力的计算。利用产量因子对各类生物生产性土地的生产力进行调整，使之达到同等生产力，得到平均水平下的生物生产性土地面积，然后对结果以均衡因子再次调整并加总，即为生态承载力，单位为公顷。

第六步：分析其可持续发展水平。将上述计算的生态足迹与生态承载力对比，得出该地区的可持续发展水平。

3. 计算说明

通过上文对生态足迹的各种计算方法的总结与比较，得出了一个结论：各种计算方法得出的结论总体上是相同的（例如，是处于可持续发展状态还是不可持续发展状态）。不同之处在于，随着计算方法的日益完善，用改进的计算方法得出的结论更接近实际情况。因此本专题最终采用了原始的综合法。另外，本专题主要是对福建省近 30 年来的生态足迹进行时间序列分析，所以只要计算方法和数据保持前后一致性，对最终结果的影响甚微。因此，下文将生态足迹模型法应用到福建省 1985～2014 年生态环境状况的具体评估中。

四、福建省生态环境质量的定量评估

（一）福建省 1985～2014 年生态足迹的测算

因本专题考察的时间比较长，很多数据并不一定获取完整，如进出口的数据，因此本专题未对进出口进行调整，只采用消费品的生产量进行衡量。

本专题在计算该指标时，因考虑到很多数据并不一定能全部收集到，因此本专题的指标计算主要包括了两部分：一是生物资源消费账户；二是能源消费账户。生物资源消费部分包括了粮食、茶叶、水果、猪肉、牛肉、羊肉和水产品等。根据《福建统计年鉴》（1986～2015）提供的数据，能源账户考虑了原煤、汽油、煤油等能源，计算时将能源消费转化为化石能源用地面积，折算时同样是采用了世界单位化石能源土地面积的平均发热量为标准。

1. 生物资源账户

生物账户是将各生物资源的消费量转化为提供这些资源所需要的生物生产性土地面积。因统计年鉴提供的生物资源种类有限，加之本专题计算所覆盖的时间较长，所以，尽可能多地将生物资源主要消费项目纳入进来。通过筛选，能获取较为完整数据的资源项目有以下几种：稻谷、大小麦、豆类、薯类、肉类、奶类、木材以及水产品，其中，稻谷、大小麦、豆类、薯类等划为耕地组，肉类、奶类划为草地组，木材划为林地，水产品划为水域组。进出口数据较难获得，因此本专题未考虑进出口的影响。以福建省 2014 年的数据为例，生物账户的生物生产性土地面积情况见表 10－1。

表 10－1　　　福建省 2014 年生物账户生物生产性土地面积

项目	全球平均产量 （千克/公顷）	生物消耗量 （万吨）	毛生态足迹 （公顷）	人均生态足迹 （公顷）	土地类型
稻谷	4538.90	497.06	1095111.15	0.0289	耕地
大小麦	3289.30	0.86	2614.54	0.0001	耕地

续表

项目	全球平均产量 （千克/公顷）	生物消耗量 （万吨）	毛生态足迹 （公顷）	人均生态足迹 （公顷）	土地类型
薯类	20051.10	124.99	62335.73	0.0016	耕地
杂粮	3362.90	21.82	64884.47	0.0017	耕地
豆类	13844.70	22.31	16114.47	0.0004	耕地
油料	661.40	29.82	450861.81	0.0119	耕地
甘蔗	69900.00	53.12	7599.43	0.0002	耕地
蔬菜	14186.20	1697.10	1196306.48	0.0316	耕地
花生	1377.65	27.80	201792.91	0.0053	耕地
烤烟	1754.30	15.38	87670.30	0.0023	耕地
猪肉	74.00	151.12	20421621.62	0.5388	草地
牛肉	33.00	2.85	863636.36	0.0228	草地
羊肉	33.00	2.22	672727.27	0.0178	草地
禽肉	33.00	54.16	16412121.21	0.4330	草地
奶类	502.00	15.37	306175.30	0.0081	草地
禽蛋	400.00	25.42	635500.00	0.0168	草地
园林水果	10933.90	701.72	641783.81	0.0169	林地
油桐籽	2694.00	2.67	9928.73	0.0003	林地
油茶籽	3000.00	15.56	51856.00	0.0014	林地
松脂	3900.00	10.24	26260.00	0.0007	林地
笋干	945.00	29.32	310316.40	0.0082	林地
板栗	3000.00	10.91	36353.67	0.0010	林地
食用菌	387785.70	104.25	2688.24	0.0001	林地
茶叶	1518.10	37.21	245109.02	0.0065	林地
木材产量	1.99 *	1585.39 **	7966783.92	0.2102	林地
水产品	258.00	695.84	26970542.64	0.7116	水域

注：＊单位是立方米/公顷，＊＊单位是万立方米。

资料来源：《福建统计年鉴》（2015）、联合国粮农组织（FAO）。

表10-1显示福建居民的饮食消费以稻谷为主食，消费较多的食物是蔬菜和肉类等。从生产情况上看，耕地主要用于生产稻谷、蔬菜等农作物，2014年其生产力分别497.06万吨和1697.10万吨；而草地主要生产猪肉，2014年的生产量为151.12万吨；林地主要用于生产木材、园林水果等，生

产量分别为1585.39万立方米和701.72万吨；水域主要用于生产水产品，年产量为695.84万吨。从生物生产性土地面积的情况来看，耕地占了318.53万公顷，草地占地3931.18万公顷，林地占地929.11万公顷，而水域面积为2697.05万公顷。水域占地最大，这符合福建省作为海洋经济大省的实际。因各类土地的生产能力不一，在计算总的生态足迹时，应当采用均衡因子对其进行均衡化，可得表10-2。

表10-2　　　　　　　福建省2014年生物账户生态足迹计算结果　　　单位：公顷

土地类型	总需求面积	人均需求面积	均衡因子	总均衡面积	人均均衡面积
耕地	3185291.29	0.0840	2.82	8982521.43	0.2370
草地	39311781.77	1.0373	0.54	21228362.16	0.5601
林地	9291079.79	0.2451	1.14	10591830.96	0.2795
水域	26970542.64	0.7116	0.22	5933519.38	0.1566
合计				46736233.92	1.2331

由表10-2可知，生物账户的生产性土地经过均衡化处理后，人均均衡面积占比最大的是草地，其人均均衡面积为0.5601公顷；其次是林地，人均均衡面积是0.2795公顷。福建省2014年生物账户人均生态足迹为1.23公顷。通过采用上述介绍的方法计算其他年份生物账户的生态足迹，福建省1985~2014年生物资源账户总生态足迹情况如图10-1所示，生物资源账户人均生态足迹如图10-2所示。

由图10-1和图10-2可以看出，福建省生物资源账户的生态足迹从1986年开始呈逐步上升的趋势，说明居民对环境的需求逐年上升。上述的数据显示：1985年的福建省生物资源账户生物生产性土地面积是1744.6万公顷，生物资源账户的人均生物生产性土地面积为0.6300公顷，但是到了2014年，福建省生态生产性土地面积上升到4693.59万公顷，生物资源账户的人均生物生产性土地面积为1.2331公顷。从1985~2014年，生物资源账户的生态生产性土地面积的需求量上升了269.03%，人均生态生产性土地面积的需求量上升了196.55%，30年间，生态足迹中的生物资源账户足迹上升了近2.7倍，而人均生物资源账户上升了接近2倍。

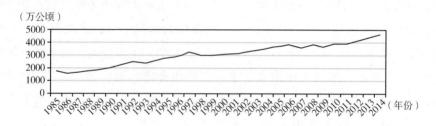

图 10 - 1　福建省 1985～2014 年生物资源账户生态足迹

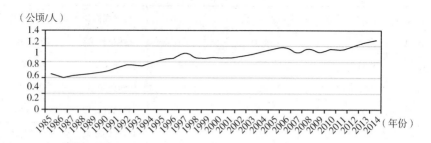

图 10 - 2　福建省 1985～2014 年生物资源账户人均生态足迹

2. 能源账户

能源账户的折算系数采用的是国际上单位化石能源土地面积的平均发热量。为了提高能源账户生态足迹的准确性，本专题尽可能多地将各能源种类纳入公式计算中，并通过折算系数将消费量转化成生物生产性土地面积，此类账户包含了两种土地类型，分别是化石能源用地以及建筑用地。本专题以2014 年的数据为例，对能源账户的生态足迹进行测算，结果见表 10 - 3。

表 10 - 3　　　　福建省 2014 年能源资源账户生态生产性土地面积

能源类型	全球平均能源足迹 （万吨）	折算系数	能源消费量 （万吨）	毛能源足迹 （公顷）	土地类型
焦炭	55	28.47	674.69	3492440.782	化石燃料地
原油	93	41.868	2044.45	9203982.00	化石燃料地
汽油	93	43.124	440.45	2042361.914	化石燃料地
煤油	93	43.124	97.33	451318.1634	化石燃料地
柴油	93	42.705	515.59	2367556.016	化石燃料地
燃料油	71	50.2	189.36	1338855.211	化石燃料地

续表

能源类型	全球平均能源足迹 （万吨）	折算系数	能源消费量 （万吨）	毛能源足迹 （公顷）	土地类型
电力	1000	0.0036 *	1855.79 **	668084.40	建筑用地
煤炭	55	20.934	8198.3	31204220.4	化石燃料地

注：* 单位是焦耳/千瓦时，** 单位是亿千瓦时，其他的单位均为万吨。
资料来源：《福建统计年鉴》、国家统计局、《中国能源统计年鉴》。

表 10 - 3 反映了福建省 2014 年能源消耗产生的生态足迹情况，该区域 2014 年的能源消费主要是煤炭、原油，其消耗的数量分别是 8198.3 万吨、2044.45 万吨，分别列第一、二位。通过折算系数的折算，占用生物生产性土地面积较大的能源是煤炭、原油，其中煤炭占用了 3120.42 万公顷，原油占用了 920.40 万公顷，从折算系数上可以看出，电力所产生的污染是最小的，这与电力是清洁能源和可再生能源相符合；而使用燃料油这种能源对环境的污染是相当大的，而且燃料油是不可再生能源，我们应当减少对它的使用。但是将 2014 年能源消耗量占比与 1985 年的相比较可以看到福建省增大了对电力等清洁能源的使用比例。通过均衡因子对各类生物生产性土地进行均衡化，可得表 10 - 4。

表 10 - 4　　　　　福建省 2014 年能源账户生态足迹计算结果　　　单位：公顷

土地类型	总需求面积	人均需求面积	均衡因子	总均衡面积	人均均衡面积
化石燃料地	50100734.49	1.3219	1.14	57114837.31	1.5069
建筑用地	668084.40	0.0176	2.82	1883998.008	0.0497
合计				58998835.32	1.5567

由表 10 - 4 可知，能源账户的人均生态足迹主要由化石燃料地产生。但化石燃料地所对应的碳吸收地的生态承载力为 0，所以化石燃料地所对应的生态足迹为纯生态足迹。通过计算，福建省 1985 ~ 2014 年能源账户的生态足迹如图 10 - 3 所示，能源账户的人均生态足迹如图 10 - 4 所示。

通过总结图 10 - 3 和图 10 - 4 可得到以下结论：1985 ~ 2014 年福建省的能源资源生态足迹虽有波动，但总体而言大致呈逐年上升趋势，能源账户的生态足迹从 1985 年的 384.91 万公顷上升到 2014 年的 4500.45 万公顷，上升幅度超过 10 倍，上升幅度较大，平均每年上升幅度约为 19.20%。而能源账

（万公顷）

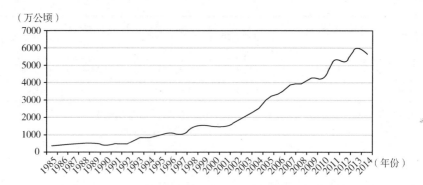

图 10 – 3　福建省 1985 ~ 2014 年能源账户生态足迹

（公顷/人）

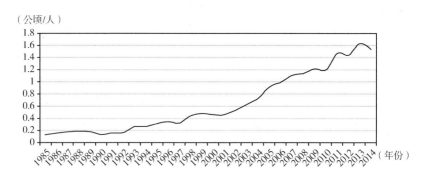

图 10 – 4　福建省 1985 ~ 2014 年能源账户人均生态足迹

户的人均生态足迹由 1985 年的 0.139 公顷，上升到 2014 年的 1.56 公顷。这说明改革开放以来，随着工业化进程的不断加深，人类对能源的利用越来越多，加上就目前的技术水平而言，能源利用率处于偏低的水平，能源的利用加大了对环境污染物的排放，人类活动对环境的影响逐年增大。特别是 1992 年以后，能源生态足迹开始出现大幅上升的情况，这与福建省进入经济快速发展阶段有关。

3. 生态足迹

生态足迹的公式为：

总生态足迹 = 能源账户生态足迹 + 生物账户生态足迹

通过上文计算出的两个账户的生态足迹，可计算出福建省 1985 ~ 2014 年的总生态足迹如图 10 – 5 所示，人均生态足迹如图 10 – 6 所示。

（万公顷）

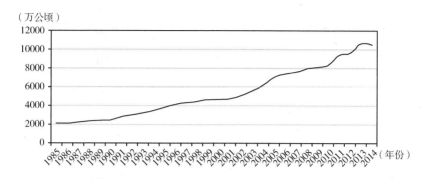

图 10-5　福建省 1985~2014 年生态足迹

（公顷/人）

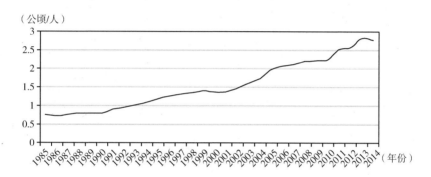

图 10-6　福建省 1985~2014 年人均生态足迹

从图 10-5 可以看出，1985~2014 年福建省的生态足迹大致呈逐步上升的趋势，由 1985 年的 2134.75 万公顷上升到 2014 年的 10574.73 万公顷，上升了约 5 倍，上升幅度逐年增高，这说明人类活动对环境的影响逐年不断增大。图 10-6 可以看出显示，福建省的人均生态足迹由 1985 年的 0.770 公顷上升到 2014 年的 2.79 公顷，由此可以看出，福建省人均对环境的需求量大幅度上升，由刚开始的不到 1 公顷上升到超过 2.5 公顷，这说明福建省人均对环境的需求日益上升，加之由于人口规模的不断扩张，对环境的需求和索取日增，对环境造成不可小觑的压力。

但单由生态足迹的大小并不能直接测量出福建省的可持续发展能力，因此，下文还应当计算福建省相对应年份的生态承载力，并将之与生态足迹相比较，以期定量评估该区域的可持续发展能力。

（二）福建省 1985～2014 年生态承载力的测算

在根据公式计算生态承载力时，获得福建省各类生物生产性面积是关键所在，本专题根据福建省国土资源局和福建省统计年鉴公布的相关数据进行计算其对于年份的生态承载力。同时，应当在公式计算的基础上扣除 12% 的生物多样性。以福建省 2014 年的数据为例，生态承载力的计算见表 10－5。

表 10－5　　　　　　　　　福建省 2014 年生态承载力计算结果

土地类型	人均面积（公顷）	均衡因子	产量因子	人均生态承载力（公顷）
耕地	0.0391	2.82	1.66	0.1833
草地	0.3230	0.54	0.19	0.0331
林地	0.2534	1.14	0.91	0.2629
水域	0.0166	0.22	1	0.0037
建筑用地	0.0149	2.82	1.66	0.0696
碳吸收地	0	1.14	0	0
人均总生态承载力				0.5526
扣除 12% 保护生物多样性面积				0.0663
可利用人均生态承载力				0.4863

由表 10－5 可知，福建省 2014 年人均生态承载力是 0.5526 公顷，扣除 12% 的生物多样性面积后的人均生态承载力是 0.486 公顷。由于在我国并没有预留吸收二氧化碳的土地，因此碳吸收地的面积为 0。在其余五类生物生产性土地中，占比最大的是林地，林地所对应的人均生态承载力为 0.2629 公顷，接近 50%，这也符合福建省林地资源丰富的实际。草地的人均生态承载力占比较小，为 0.0331 公顷，由上文分析可知，草地的人均生态足迹占比最大，为 0.5601 公顷，而其所对应的生态承载力较小，说明福建省草地资源极度匮乏。

经计算，关于福建省 1985～2014 年生态承载力（已扣除 12% 的生物多样性）见图 10－7，可利用的人均生态承载力（已扣除 12% 的生物多样性）见图 10－8。

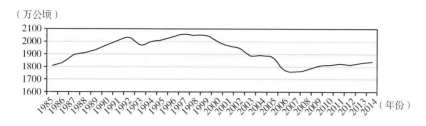

图 10 - 7　福建省 1985～2014 年的生态承载力

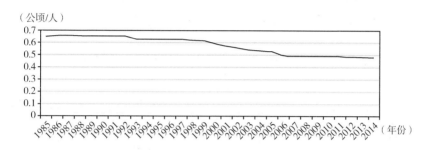

图 10 - 8　福建省 1985～2014 年的人均生态承载力

图 10 - 7 反映福建省近 30 年的生态承载力趋势，图 10 - 8 反映的是福建省 1985～2014 年人均生态承载力的趋势。在生态承载力，从 1985～2014 年，生态承载力的情况较为乐观，有波动但波动幅度较小，1985 年福建省的人均生态承载力为 0.654 公顷，2014 年福建省的人均生态承载力为 0.486 公顷，基本上处于稳定的状态。这说明随着经济社会的不断发展，科技的进步，人们保护环境的意识增强，区域生态并没有遭到很大的破坏。

（三）福建省 1985～2014 年生态状况分析

关于生态足迹和生态承载力（已扣除 12% 的生物多样性）两者的趋势见图 10 - 9，人均生态足迹和人均生态承载力见图 10 - 10，生态赤字见图 10 - 11，人均生态赤字见图 10 - 12。

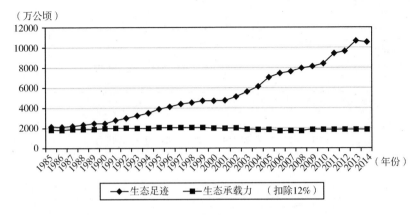

图 10 - 9　福建省 1985 ~ 2014 年生态足迹及生态承载力

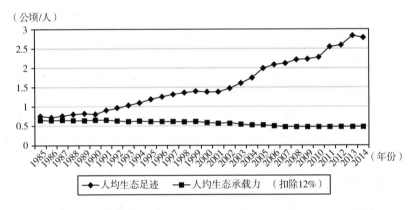

图 10 - 10　福建省 1985 ~ 2014 年的人均生态足迹及人均生态承载力

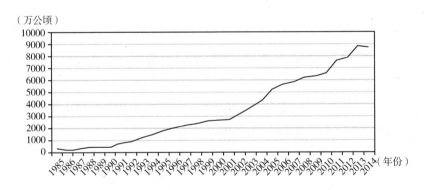

图 10 - 11　福建省 1985 ~ 2014 年的生态赤字

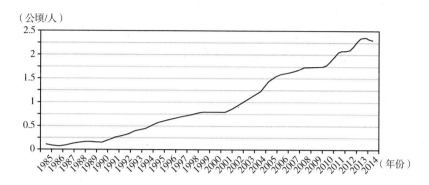

图 10 - 12　福建省 1985 ~ 2014 年的人均生态赤字

由图 10 - 9 ~ 图 10 - 12 可知，从 1985 年开始，福建省的生态足迹已经开始出现大于其生态承载力的情况，即出现生态赤字，1985 年福建省人均生态赤字为 0. 1166 公顷，2014 年人均生态赤字为 2. 3039 公顷，随着时间的推移，生态赤字的缺口越来越大，该区域可持续发展的能力也越来越弱，人类活动对环境的影响早已超出了环境的自净能力，虽然由生态承载力的数值可知，福建省环境的自净能力有所下降但基本上保持稳定，并没有遭受很多的破坏，但是由于人类活动对环境的影响（由生态足迹指标反映）不断扩大，福建省的生态赤字越来越大，可持续发展能力越来越弱。

五、结论与政策建议

本专题从可持续发展定量测算的角度，基于生态足迹模型，对福建省的生态环境状况进行定量评估，得出的结论如下：

通过对可持续发展定量研究的文献进行综述，衡量可持续发展水平的定量方法可以总结为三种：以系统理论和方法为指导构建的指标体系；基于环境货币化的指标体系；基于生物物理量衡量的指标。由于前两种方法在计算和获取数据方面存在一定的困难，而属于生物物理量衡量指标的生态足迹模型法在计算时所需要的数据基本上能从统计年鉴上获取，应用性强，在评估福建省可持续发展水平时具有一定的优势，因此本专题在测量福建省可持续发展水平时采用生态足迹模型法。在计算该指标时，主要包括了两部分：一是生物资源消费账户；二是能源消费账户。生物资源消费部分包括了粮食、茶叶、水果、猪肉、牛肉、羊肉和水产品等；能源账户考虑了原煤、汽油、煤油等能源，计算时将能源消费转化为化石能源用地面积，折算时同样是采用了世界单位化石能源土地面积的平均发热量为标准。

研究结果显示，福建人民的饮食消费以稻谷为主食，消费较多的食物是蔬菜和肉类等。从生产情况上看，耕地主要用于生产稻谷、蔬菜等农作物，而草地主要生产猪肉，林地主要用于生产木材、园林水果等，水域主要用于生产水产品。从生物生产性土地面积的情况来看，经过均衡化处理后，人均均衡面积占比最大的是草地，其次是林地。总体而言，福建省生物资源账户的生态足迹从1986年开始呈逐步上升的趋势，从1985～2014年，生态足迹中的生物资源账户足迹上升了近2.7倍，而人均生物资源账户上升了接近2倍，这说明在过去的30年中，由于人口规模的不断扩张加之人均需求量的不断上升，福建省的人民对环境的索取能力日益上升，人类活动对环境具有不可小觑的影响。从能源消耗产生的生态足迹情况看，福建省2014年的能源消费主要是煤炭、原油，通过折算系数的测算，占用生物生产性土地面积较大的能源是煤炭、原油，而电力所产生的污染是最小的。总体而言，能源账户的生态足迹从1985年的384.91万公顷上升到2014年的4500.45万公顷，上升幅度超过10倍，上升幅度较大，平均每年上升幅度约为19.20%。而能源账户的人均生态足迹由1985年的0.139公顷，上升到2014年的1.56公顷。特别是1992年以后，能源生态足迹开始出现大幅上升的情况，这与福建省进入经济快速发展阶段相关。就总体生态足迹而言，1985～2014年福建省的生态足迹大致呈逐步上升的趋势，上升了约5倍，人均生态足迹由1985年的0.770公顷上升到2014年的2.79公顷。

在生态承载力方面，2014年人均生态承载力是0.486公顷。在各类生物生产性土地中，其中占比最大的是林地，接近50%，这也符合福建省林地资源丰富的实际。草地的人均生态承载力占比较小，这说明福建省草地资源极度匮乏。动态看，1985年福建省的人均生态承载力为0.654公顷，2014年福建省的人均生态承载力为0.486公顷，基本上处于稳定的状态。

为客观考察福建省生态环境质量，需将相应年份的生态足迹和生态承载力进行比较，以评估其生态环境是盈余或赤字。研究结果表明，从1985年开始，福建省的生态足迹已经开始出现大于其生态承载力的情况，即出现生态赤字，1985 年福建省人均生态赤字为 0. 1166 公顷，2014 年人均生态赤字为 2. 3039 公顷，随着时间的推移，生态赤字的缺口越来越大，人类活动对环境的影响早已超出了环境的自净能力，长期处于不可持续发展的状态，并且可持续发展能力越来越弱。

可持续发展对于人类的发展是至关重要的，它既标志着传统发展方式的转变，也是人类和自然和谐共处的历史选择。随着工业化进程的不断加快，人类对于自然资源的索取越来越多，社会经济发展与生态环境存在的矛盾日益显现出来，资源枯竭、雾霾、生物多样性骤减等问题已经严重威胁到人类的发展。因此，为了我国的经济和社会发展能够得到可持续发展，在针对福建省研究的基础上，本专题提出以下几点政策建议：

（1）控制人口规模，提高人口素质，增强人们的环保意识。人类是整个自然，包括整个社会的主要物种，是连接各个子系统的桥梁。人类规模的不断增长，使得人类对各种物质的需求大大提升，在消耗资源的同时也对环境排放了大量的废弃物。人口的质量和消费习惯决定着人类的生产生活方式，直接或间接地影响着区域生态足迹的高低，因此必须合理控制人口的规模及其增长速度。除了人口规模之外，人们的素质也是影响环境的一个很重要的方面，人们的素质越高，越能意识到环境保护的重要性，因此应当加强对人们的教育建设，让人们意识到环境是我们赖以生存的物质基础。人们的消费习惯应当往绿色消费和低碳消费的方向发展，节约资源，建立资源节约型社会。最重要的是，要提高居民的环保意识，加强生态文明建设的宣传和教育，使其自觉节约资源，减少浪费，从而促进可持续发展。

（2）转变经济增长方式，优化产业结构，加强产业政策引导。将经济增长方式从"粗放型"转变为"集约型"是节约能源、降低消费的最主要的方式，而实现资源配置最优的一个不可缺少的条件是第一、第二、第三产业的合理布局，此时政府应当合理规划各个产业的比例和布局，加大科技投入，实现各产业比例的合理配置，建立节约型社会。第二产业是工业，因工业会向环境排放各种废弃物和污染物，工业对环境造成的影响最大，从工业入手通过节能减排的方式减少环境污染是环境保护最有效最直接的途径，我们应当鼓励各公司加大科技投入或者向各公司施加压力，例如收取环境保护费、发放排污许可证等方式，让其治理自己所造成的污染。政府也可以对一个排污能力好的企业给予一定的奖励，或给予税收上的优惠。第三产业的发展对整个生态系统产生的压力最小，其发展主要依靠智力和人力资源，是今后较长时间内吸收劳动力、促进社会经济发展的重要领域。因此政府应当发展第三产业，第三产业耗能低，对环境的排放量较低，是资源节约型社会的良好表率。

（3）加大科技研发力度，提高能源的利用率。能源是国民经济的基础，与人民的生活息息相关。随着经济的高速发展，我国对能源的需求越来越大，因此我国在能源使用方面要进行一些改进。一方面应当提高能源的使用率，这得通过加大科技投入，注重研发费用的投入，提高技术的方式进行解决；另一方面应当多使用清洁能源和可再生能源，例如使用电力、太阳能、风能等各种可再生性能源，以此来降低对环境的污染。只有从源头上降低对环境的排放，才能更好更快地解决环境问题。最后，应当提高加大科技研发投入，从技术上提高能源的利用效率，真正意义上将"粗放型"改为"集约型"，减少对环境的排放。

（4）建立垃圾分类回收机制，加强环保产业的发展。除了要从降低排放上保护环境，还应当从垃圾处理方面来减少环境的污染。例如位于比利时的全球最大的垃圾分类公司，通过对各种废弃电池进行提炼提纯，一方面解决了环境污染问题，另一方面也在一定程度上解决了资源稀缺的问题，这是一种双赢的处理方式。当前，很多发达国家在一定程度上均实现了垃圾回收的制度，这也就保证了环保产业的发展。在我国，虽然很多人都因政府大力宣传环保知识而逐步意识到保护环境的重要性，但在中国基本上所有的大城市，垃圾分类制度只是一个摆设，并没有很多人去实行它，而且很多人因为不知道如何进行垃圾分类，导致每天都产生很多有用或无用的垃圾，并不能真正意义上做到变废为宝。政府部门应当重视这一现象，并制定较好的垃圾分类制度。

（5）大力发展循环经济，建立资源节约型和环境友好型社会。循环经济是较为高级的经济增长方式，这类增长方式主要是以低消耗、低排放以及高利用率为基本特征的一种经济。这种增长模式是一种低污染的模式，它的根本目的在于实现区域的可持续发展。发展循环经济必须从企业层面、区域层面和社会层面三个方面打造循环经济，考虑社会经济发展的各个方面，综合利用资源，实现废弃物的重复利用，争取尽可能小的资源消耗和环境成本，实现经济和社会效益的最大化，促进经济系统和生态系统的永续和谐发展。

同时也要开发、引进和借鉴各类先进的技术和设备，积极开发新能源和可再生能源，推动循环经济的发展和运行。积极发挥市场机制，鼓励社会参与，促进循环经济氛围的形成。循环经济的发展，实现了资源的多次循环利用，不仅降低了人类活动的生态占用，而且提高了生态承载力，为实现区域可持续的发展做出贡献。

参考文献：

［1］Barrett J, Vallack H, Jones A, et al. . Amaterial flow analysis and ecological footprint of York ［J］. *Stockholm Environment Institute*, 2002.

［2］Bicknell KB, Ball RJ, Cullen R, et al. . New methodology for the ecological footprint with an application to the New Zealand economy ［J］. *Ecological Economics*, 1998, 27（2）：149 – 160.

［3］Cole V. . Using ecological footprint analysis to measure sustainability in a Himalayan tourist centre ［microform］［J］. *Masters Abstracts International*, Volume：39 – 01, page：0114.

［4］Fricker A. . The ecological footprint of New Zealand as a step towards sustainability ［J］. *Futures*, 1998, 30（6）：559 – 567.

［5］Hubacek K, Giljum S. . Applying physical input-output analysis to estimate landappropriation（ecological footprints）of international trade activities ［J］. *Ecological Economics*, 2003, 44（1）：137 – 151.

［6］Lenzen M. , Murray S. A. . A modified ecological footprint method and its application to Australia ［J］. *Ecological Economics*, 2001, 37（2）：229 – 255.

［7］Muñiz I, Galindo A. . Urban form and the ecological footprint of commuting：The case of Barcelona ［J］. *Ecological Economics*, 2005, 55（4）：499 – 514.

［8］Wackernagel M. . Evaluating the use of natural capital with the ecological footprint：Applications in Sweden and Subregions ［J］. 1999, 28（7）：604 – 612.

［9］Wackernagel M, Monfreda C, Dan M, et al. National footprint and biocapacity accounts 2005 the underlying calculation method ［J］. *Land Use Policy*, 2004（21）.

［10］陈操操，刘春兰等. 北京市能源消费碳足迹影响因素分析——基于 STIRPAT 模型和偏小二乘模型 ［J］. 中国环境科学，2014（06）：1622 – 1632.

［11］付加锋等. 生产与消费视角的 CO_2 环境库茨涅兹曲线的实证研究 ［J］. 气候变化研究进展，2008（06）：376 – 381.

［12］付伟，赵俊权，杜国祯. 基于生态足迹与环境库兹涅茨曲线的中国西北部地区生态安全分析 ［J］. 中国人口. 资源与环境，2013（S1）107 – 110.

[13] 黄宝荣，崔书红，李颖明. 中国 2000～2010 年生态足迹变化特征及影响因素 [J]. 环境科学，2016（02）：420–426.

[14] 黄青，任志远，王晓峰. 黄土高原地区生态足迹研究 [J]. 国土与自然资源研究，2003（02）：57–58.

[15] 赖力，黄贤金，刘伟良. 区域人均生态足迹的社会经济驱动模型——以1995～2003 年江苏人均足迹为例 [J]. 资源科学，2006（01）：14–18.

[16] 刘渊. 国民财富变化与可持续发展 [J]. 湖北经济学院学报，2012，10（1）：14–19.

[17] 谈迎新，於忠祥. 基于 DSR 模型的淮河流域生态安全评价研究 [J]. 安徽农业大学学报（社会科学版），2012（05）：35–39.

[18] 徐中民，程国栋，张志强. 生态足迹方法：可持续性定量研究的新方法——以张掖地区 1995 年的生态足迹计算为例 [J]. 生态学报，2001（09）：1484–1493.

[19] 杨勇，任志远. 铜川市 1994～2003 年人均生态足迹变化及社会经济动因分析 [J]. 干旱地区农业研究，2007（03）：213–218.

[20] 张丹，成升魁，高利伟，曹晓昌，刘晓洁，刘尧，白军飞，喻闻. 城市餐饮业食物浪费的生态足迹——以北京市为例 [J]. 资源科学，2016（01）：10–18.

[21] 张会恒，魏彦杰. 基于 DSR 模型的生态文明发展水平测度：以安徽省为例 [J]. 阜阳师范学院学报（社会科学版），2016（04）：5–10.

专题十一 厦门市分级诊疗改革政策效果的量化评估

——基于双重差分的实证分析

一、引　言

从制度经济学的视角看，无论改革开放、体制转型还是经济发展方式的转变，说到底都是深刻的社会制度变迁（陶一桃，2010）。中国医改是在探索中前进的一场制度变迁，其动力来自医疗领域供求两方面长期存在的累积性矛盾。当前，"看病难，看病贵，看病累"已成为上下关注的重大民生问题。随着新一轮医改的启动，分级诊疗被置于重中之重的位置上。一些地方对分级诊疗进行了积极探索，如上海选择家庭医生制度作为突破口，而厦门选择"慢病"作为突破口。实际上，早在 2008 年，厦门市就立足于地方实际，率先开始了分级诊疗方向的改革尝试，经过不断的调整和完善，形成了"慢病先行，急慢分治，上下一体，三师共管"的分级诊疗模式，取得了令人瞩目的阶段性成果。2015 年 9 月，"厦门模式"的试点经验和一些成功做法被国务院办公厅发布的《关于推进分级诊疗制度建设的指导意见》所吸收，这在一定程度上表明，厦门市分级诊疗改革经验具有可复制性和可推广性，为全国医改提供有价值的思路、方案与模式借鉴。在 2015 年底举办的第八届中国地方政府创新奖评选中，"厦门市分级诊疗改革"成为全国唯一获此殊荣的医改项目。

我们知道，在分级诊疗改革进入人们的视线前，新医改最难啃的"硬骨头"——公立医院的改革始终没有一条较为清晰的路径。大医院的"虹吸效应"不断加剧医疗资源分配的不均，越来越多的优质医疗资源集中于大医院，进而导致大量本可在基层社区就诊就医的患者被"虹吸"到大医院，"倒三角"结构非常突出。"虹吸效应"导致小病、慢病向大医院聚集，结果使大医院始终处于"战时状态"，人满为患，不堪其负。由于三级医院有限的资源被小病、慢病占用，不少急危重症患者被延误，失去了最佳治疗时间。不仅如此，已有体制的弊端还衍生出许多相关问题，如民众就医难度大，"以药养医"现象极为普遍，过度医疗行为难以遏制，医疗费用不断攀升，医务人员负荷过重，医患关系趋于紧张，等等。分级诊疗改革后，厦门市大医院和基层医疗机构的关系得以理顺，良性互动、互相促进、协调发展的格局逐步呈现。通过将原先由大医院承担的一般门诊、康复和护理等分流到基层医疗机构，促进"职级适配"诊疗层级分工体系的形成，有效缓解了医疗资源不足和资源分配不均的问题。同时，这场以"慢病"为突破口的改革，还有效地提高了慢性病患者的控制率，使许多糖尿病、高血压患者以更低的医疗费用获得更全面的健康管理。随着分级诊疗向普通人群的进一步推广，"看病难，看病贵，看病累"的问题有望得到根本性的解决。那么，厦门市的分级诊疗成效如何？是否达到政策实施的预期效果？这些需要我们进行量化评估。

政策评估主要是针对国家重要经济和社会政策在实施前、实施中和实施后对经济社会发展带来的效果进行科学评估，从而为政策的制定与完善提供科学的决策依据。早在 20 世纪初，政策评估就被不少国家应用到社会研究和政策研究中，并且政策量化评估越来越受到重视。一些国际组织也相继开展了政策量化评估研究，如国际货币基金组织、世界银行、世界贸易组织、欧洲央行等，而美联储、英格兰银行等西方主要央行也相继成立了专门的政策量化评估研究团队。近 20 年来，社会经济政策评估与分析的计量模型理论与方法是微观计量经济学与管理学等领域最为活跃的研究方向之一。针对政策评估所发展的计量方法被广泛应用到劳动经济学、教育经济学、发展经济学、福利经济学等领域的政策评估。对中国而言，经济体制、政治制度和历史文化等特点决定了政策对社会经济发展具有更加深远的影响。因此，加强国内政策量化评估理论和方法的研究与应用具有非常重要的意义。本专题采用双重差分方法，对厦门市分级诊疗改革的政策效果进行量化评估。

二、我国医疗改革进程简要回顾

从 2006 年甚至早些时候起，"看病难"和"看病贵"年年成为两会热议的话题。同年，国务院成立医疗改革领导小组。2007 年，国务院开始征集医疗改革方案，中共十七大将"人人享有基本医疗卫生服务"作为重要奋斗目标之一。事实上，医疗改革的目的只有一个，就是"患者有其医"，让百姓看得起病、看得好病。自 2009 年至今，国务院发布了一系列同医疗改革特别是分级诊疗相关的政策，如表 11 - 1 所示：

表 11 - 1　　　　　　　　我国医疗改革进程及分级诊疗内容

年份	主要内容
2009	国务院发布《关于深化医药卫生体制改革的意见》，明确"人人享有基本医疗卫生服务"的总目标，为群众提供安全有效、方便廉价的医疗服务，着力解决"看病难、看病贵"的问题。《关于建立国家基本药物制度的实施意见》《国家基本药物目录管理办法（暂行）》《国家基本药物目录（基层部分）》出台
2013	党的十八届三中全会提出了完善合理分级诊疗模式
2014	李克强总理在政府工作报告中提出要在不久的未来"健全分级诊疗体系，加强全科医生培养，推进医师多点执业，让群众能够就近享受优质医疗服务。"
2015	国务院办公厅印发《关于推进分级诊疗制度建设的指导意见》，部署加快推进分级诊疗的制度建设，形成科学有序的就医格局，提高人民健康水平
2015	《全国医疗卫生服务体系规划纲要（2015～2020 年）》（国办发〔2015〕14 号）指出，建立并完善分级诊疗模式，逐步实现基层首诊、双向转诊、上下联动、急慢分治
2016	国家卫计委召开医改专题新闻发布会，公布我国将加快推进分级诊疗制度建设，2017 年计划在 70% 左右的地市开展分级诊疗试点，同时至少在 200 个城市开展签约服务试点

以 2016 年国家卫计委召开医改专题新闻发布会为标志，一场由 2009 年开始，"摸着石头过河"的中国医疗改革进入了全面的推广阶段。

回顾中国医疗资源所面临的矛盾，主要在于我国医疗资源分配和利用不太合理、医疗领域的不公平性日益凸显。目前对于医疗资源配置不公平性的研究主要集中于城乡间医疗资源配置不均、地区间医疗资源配置不公平，以及区域内不同层级医疗机构的医疗资源供求矛盾。

　　城乡间、地区间医疗资源不均是使得区域中心城市医院"人满为患"的主要原因之一，城乡间、地区间的医疗资源不均导致了医疗资源匮乏地区的患者集中到医疗资源丰富的城市进行诊疗。此外，随着收入的提高，人们对于医疗服务的需求和消费水平也在提高，从而使得患者绕过基层卫生机构直接选择综合医院诊疗的情况更加普遍。余于新和杨大楷（2008）以乡镇卫生院提供的医疗服务数量作为医疗领域底端服务的代理变量，以综合医院诊疗人数作为享受高端医疗服务数量的代理变量，以二者的比值作为衡量公平性的标志，从而得出公平性逐年递减的结论，同时也意味着有更大比例的患者选择到综合医院进行诊疗，可能出现"高射炮打蚊子"的情况；此外，他俩还用同样的方法考察东部地区和西部地区的不公平性，得出卫生资源近几年仍向东部地区集中的结论。薛新东和潘常刚（2009）认为我国医疗资源城乡间的配置失衡，农村地区卫生资源匮乏，医疗服务的可及性和公平性低下，同时医疗资源向大城市医院畸形集中形成垄断，致使"看病难、看病贵"现象愈演愈烈。他们还指出，常见病和慢性病就诊选择导致的结构性的矛盾导致我国医疗资源在配置上既不公平也无效率，呈现"倒三角"的模式，占70%的农村人口只拥有30%的医疗资源，而占30%的城市人口却拥有70%的医疗资源，其中80%的医疗资源又集中在城市的大医院。对于上文所提的"倒三角"模式，"N"型配置模式是解决此类问题的一种办法，也是与分级诊疗相对接近的思路，即在将医院分为基层医院和综合医院的基础上，基层医院侧重于门诊，综合医院侧重于住院。在医疗资源"N"字型配置模式中，大医院专注于住院服务和疑难病诊断，基层医院专注于门诊服务与预防工作，大医院和基层医院在医疗服务上进一步专业化分工，从而提高医疗服务效率，减少学习成本。同时他们还提出一个解决方案，认为将城市社区医院作为城镇居民基本医疗保险、职工基本医疗保险定点医院，未经社区医院转诊，不得报销医疗费用。在厦门市的医疗改革实践中，这一方法效果并不显著，表现为转诊率低。从厦门市卫生统计年鉴中可以看到，每年转诊的患者人数不超过100个，在患者的访谈中患者也表现出"不在乎这部分费用"的想法，"更偏向于医生和医院的医疗水平"（付建华，2013）。

　　除了城乡间、地区间的医疗资源不均，城市内医疗资源配置的不均衡也严重加大了综合医院的工作量，降低综合医院的工作效率。城市内医疗资源配置不均衡主要表现为城市大型综合医院占据了城市绝大多数的医疗资源，从而使得城市内患者不得不到综合医院进行诊疗，而当地患者和外地患者的双重叠加也加剧了综合医院的拥挤程度。代英姿（2010）通过对城市医疗机构的数据分析对城市医疗资源的配置的研究表明，在城市的医疗资源配置中，只占医疗机构总量7.3%的医院，却占据80%的医疗总资产和60%的医疗人员。社区卫生服务机构虽然占机构总数的9%，资产占总资产的比重只有1.8%，人员占3.5%。而占机构总数67%的门诊部，其资产总额和人员只占0.6%和1.3%，此外在资产配置上，城市医院的房屋使用面积、医疗设备上都占了绝对大的优势。作者认为，城市医疗资源的配置极度向医院倾斜，特别是向二、三级医院集中，必然造成居民"看病难"和"看病贵"的局面。城市大型综合医院（特别是三甲医院）承担了超过半数的门诊医疗服务和住院服务。占医疗机构总量的7.3%医院，诊疗人次却占整个门诊数量的57.6%，住院总人数的66%。但是对于这些问题的解决方式，作者更加倾向于使用有差别的医疗保险制度来进行调节。

此外，中国人口结构的变化对于医疗资源矛盾问题还会有激化作用。黄成礼（2011）研究了人口老龄化对医疗资源配置的影响，从统计数据中得出老龄人口对于住院的需求要高于年轻人。同时，随着老龄化的加剧，对内科、眼科、肿瘤、急诊、骨科、康复等科室的需求将会加剧。因此在医疗资源有限的情况下，对于老龄患者，将以上慢性病以及基础急诊的治疗能力传递到基层卫生机构，有助于缓解大医院老龄患者过多占用资源且对于这部分人群跟踪随访不足的问题。

对于分级诊疗的改革思路，国内学者也进行了讨论和分析。杨坚（2016）认为促进分级诊疗模式的建立需要着力破解"诊疗科目分级合理""医疗器械能匹配""基层接得住""医保能配套""患者真受益"5个关键难题。这5个关键难题，其实质就是如何提高医疗卫生服务供给的质量，用质量吸引患者到基层就医，而不是用价格驱使患者到基层就医。郑英（2016）选取了七个地区的分级诊疗实践进行评价，其中涵盖了广东省东莞市、福建省厦门市、浙江省杭州市等。郑英将七个地区的做法分为四种类型，厦门市的做法属于综合网络型，区别于医疗集团推动型、医保主导型和需方引导型，以提供连续性、覆盖全生命周期的健康服务为目标，以老年人、慢性病等为切入点，构建以全科医生为核心的"网络型"三级医疗卫生服务体系，并强化人才、药品供应、信息共享机制；对于"厦门模式"的评价上，他认为厦门市的做法较为接近部分发达国家的做法，但仍然存在一定差距。

同国内其他地区相比，厦门市的医疗改革最大的亮点在于，其核心是给患者提供更好的服务、提高基层医疗卫生机构的软硬件水平，对于患者施加的行政手段或者费用刺激扮演的是辅助性的角色，从而吸引患者主动、合理地进行选择，从而达到分级诊疗的目的。

三、海峡西岸经济区主要省市医疗改革探索

2015 年，江苏、安徽、福建、青海 4 省率先开展省级综合医改试点，2016 年新增上海、浙江、湖南、重庆、四川、陕西、宁夏等 7 省（区、市）进行综合医改试点①。其中福建、浙江两省成为医疗改革的排头兵，实践中形成的"厦门模式""三明模式"侧重于"点"的改革，"厦门模式"侧重于解决医疗资源丰富的中心城市内居民无论大事小情都往大医院跑从而造成的"大医院门庭若市，基层机构门可罗雀"的现象，"三明模式"侧重于解决非中心城市医院收入结构改革，降低患者医疗费用。而浙江省的医疗改革侧重于"面"，即在全省范围内开展的上下转诊、"双下沉、两提升"的分级诊疗模式，提升基层医疗机构诊疗水平，分流患者、降低患者医疗费用等一系列举措也颇具借鉴意义。

（一）"厦门模式"医改探索

从 2008 年开始，厦门市已经着手进行医改，作为全国医改的"排头兵"和"探路者"，厦门市在医疗改革过程中主要经过了 3 个版本的演化，形成了一套被国家卫计委所采纳并且广泛推广的"厦门模式"。

---

① 《国务院深化医药卫生体制改革领导小组关于增加上海等 7 省（区、市）开展综合医改试点的函》，国医改函〔2016〕1 号。

1. 厦门医改 1.0 版本

2008～2011 年，厦门市主要以"医疗集团化"为核心着手进行医疗改革。"医疗集团化"通过以管理为核心，将二级医院和基层医疗机构交由三级医院进行管理，使得基层医疗机构的人事、财务和运行机制都由大医院调控，形成"院办院管"。这样的制度设计使得大医院优质资源能够向下流动，同时可以为基层提供业务指导，促进基层医疗能力发展，使患者在基层就诊时能够感受到大医院的医疗水平和信誉度，从而促进普通患者向基层分流。而患者的双向转诊等能在一个体系内进行，进一步方便了患者就医。但在实践过程中遇到了一些阻碍。2011 年国家出台政策要求社区卫生服务中心实行"收支两条线"，这一政策导致了基层医务人员缺乏有效激励，对于吸引更多患者前来就诊没有积极性。另外，"基层医疗必须使用基本用药"的"基药政策"使得原本从上级医院分流而来的患者在基层卫生机构拿不到所需要的药品，从而使这部分患者重新回流到大医院。因此，在这一阶段，大医院"人满为患"的问题仍然没有得到根本性解决。

2. 厦门医改 2.0 版本

2012～2015 年，厦门市开展了以慢性病防治为切入点的医疗改革探索。由于"收支两条线"和"基药政策"打乱了厦门市原本的改革思路，降低了改革效果，2012 年，厦门市尝试了通过"师带徒""传帮带"的形式对基层进行扶持，但患者对基层医生的不信任并未得到有效改观。为此，2013 年，厦门市卫生局尝试通过大医院医生和基层全科医生结对子，形成"一带一"的模式，进而衍生为"1 + 1 + x"的模式，共同为患者提供诊疗服务。其中前两个"1"分别代表大医院的专科医生和基层卫生机构的全科医生，"x"为辅助类人员。这种围绕重点学科的科室帮扶起到了一定作用，但由于两个"1"是动的，患者每次就诊将面对不同的医生，无法得到个性化的精准治疗，于是患者仍倾向于直接找大医院的专科医生看病。

从 2014～2015 年，厦门市总结"1 + 1 + x"的经验，将其发展为患者和医生团队一对一的"三师共管"模式，并且先后确定以糖尿病、高血压等慢性疾病作为切入点开展工作。"三师共管"模式就是由大医院专科医师、基层家庭医师（又称全科医生）和健康管理师共同组成的团队服务模式，使"三师"与患者形成良性互动的紧密医患关系。专科医生制订诊疗方案，全科医生则根据诊疗方案控制患者病情并及时反馈，需要时申请转诊。同时将"1＋1＋x"中的"x"确定为健康管理师，由健康管理师负责患者的日常随访和健康教育，搭起患者和医生沟通的桥梁。此外，厦门市还建立起"糖友网"和"高友网"两个信息系统，实现了卫生信息资源的共享，使一体化管理更加便利和完善，糖尿病和高血压患者诊治、康复、并发症筛查、预约和转诊都可以通过信息化互通平台来实现。

3. 厦门医改3.0版本

"三师共管"在糖尿病和高血压这两种慢性病的实践中取得了良好的效果，为了进一步满足厦门市群众的医疗需求，为更多群众提供安全、有效、方便、价廉的医疗卫生服务，2016年厦门市卫计委又启动了厦门医改3.0版本。首先，从2016年6月起，厦门首批选取了冠心病、肺癌、慢性胃肠病等9个病种作为分级诊疗扩增病种，并就这9个病种在厦门市心血管病医院、厦门大学附属第一医院、厦门大学附属中山医院等9个医院拟设专病防治中心。其次，扩大"三师共管"的覆盖群体。3.0版力求将厦门健康管理与疾病诊疗的签约服务从患者延伸至高危人群，再从高危人群延伸至健康人群。最后，在2016年9月，厦门市开始大力推广"家庭医生"签约服务，以"三师共管"团队服务为特色，重点推进家庭医生签约服务，形成居民与专科医师、全科医师、健康管理师一起签约的单个医疗服务链模式，为分级诊疗探索出新蓝本。截至2017年5月21日，厦门市共有49万人签约家庭医生，占厦门市常住人口的近13%[①]。

（二）"三明模式"医改探索

早在2012年，三明市就启动了富有特色的医改"三明模式"。"三明模式"主要分为"四步走"：

第一步为改政府，即落实政府主导责任。成立领导机构、结束多头管理。2012年1月，由三明市委市政府、市财政局、市卫生和计划生育委员会、市人力资源和社会保障局、市食品药品监督管理局等多部门联合组成的三明市深化医药体制改革领导小组办公室成立，三明医改正式拉开帷幕。明

---

① 资料来源：厦门市卫生和计划生育委员会。

确了政府对公立医院基建、设备等投入的保障责任、对医务人员的监管责任、通过院长考评体系明确对医院的管理责任以及"一把手"对医院相关医药、医保、医疗行政职能的全权领导责任。加强医院结余资金管理、健全院长选聘机制、开展人事制度与薪酬体制改革、建立公开透明信息平台等。

第二步为改医药，降低药品价格、整顿环境。首先对医药企业、医疗机构、医务人员严格监管，切断医药行业内不正当的利益输送，整顿环境。打破旧制，实行联合限价采购，执行两票制切断流通领域利益链条。三明市实行二次议价，通过配送企业和医院的两票制、医保结算等措施挤压药品水分，还原药价。并与宁波、乌海、珠海、玉溪签约开展联合限价采购，五市价格联动。严格药品与用药监管。筛选出129种辅助性、营养性、疗效模糊、高回扣的药品进行跟踪监控，严格管控抗生素的使用；药品采购实行"一品两规"，规范药品"一品多名"等现象。实行药品零加成，彻底切断医院与药品费用的联系。医院由于药品差价减少的收入通过提高医疗服务费（86.8%）、财政补贴（10%）、医院自身消化（3.2%）等途径进行弥补。

第三步为改医保，三保合一走在全国前沿。市级统筹，提高基金风险分担能力与使用效率。经办机构、医保部分报销标准三保合一。整合24家新农合、城镇职工基本医保、城镇居民基本医保经办机构，成立三明市医保管理中心；将城镇居民医保与新农合合并为城乡居民医保；扩大城乡居民医保的用药目录和诊疗目录，与城镇职工医保目录一致。改革付费机制，发挥控费作用。实行单病种付费、次均费用限额付费、进口药品限价、中药全额报销结算等措施发挥医保控费、促发展的杠杆作用。医保多措施减负。建立住院周转金制度、第三次精准补偿、便民门诊等为患者减负，建立预付配送企业结算款制度为企业减负。

第四步为改医疗，年薪制与医疗服务价格提升并重。建立科学考评体系，实行院长年薪制。6大类40项院长考核指标促进院长加强对医院医疗质量、服务能力提升的管理。院长年薪由财政支付。提高医疗服务收费、增加医院可支配收入。通过医保核算，调整床位费、护理费、治疗费、手术费、诊察费等劳务性收费水平。工资总额控制，医务人员目标年薪制、年薪计算工分制。在总额控制下，根据不同级别、不同岗位开展薪酬分配。逐步完善与推行分级诊疗机制，提升医疗服务可及性。组建医联体、医养结合服务纳入医保、试点人才培养、上下联动强基层，并于 2016 年 5 月将医保开通到三明所有行政村（1735 个），全国首家实现百姓看病结算村域内医保覆盖。一系列指标严控过度检查、过度用药、过度治疗。

总的来看，"三明模式"与"厦门模式"存在很大的区别。"三明模式"主要着眼于"降费用"和"提收入"。"降费用"主要体现在医药总费用增速放缓、患者疾病负担减轻、药品费用降低这三个方面；"提收入"体现在医务人员薪酬提升、医院医务性收入提高、城镇职工医保基金扭亏为盈。"厦门模式"的政策核心是提高基层医疗机构的服务水平，引导患者选择到基层医疗机构就医，从而缓解"大医院门庭若市，小医院门可罗雀"的现象，将好钢用在刀刃上。"厦门模式"比较符合区域核心城市特别是医疗资源丰富、辐射周边区域的医疗改革方向，将大医院的职能提高到服务全区域、针对疑难杂症上，而将当地居民的需求转移到基层医疗机构。而"三明模式"适合于区域卫星城市、县城等中小型医院，从改善医院收入结构入手，提高医生收入水平，降低患者负担。

（三）浙江省医改探索——"价格、资源、服务三部曲"

在 2009 年国家提出医疗改革开始，浙江省就着手开始进行医疗改革，而且提出"干在实处，走在前列"的要求。2010～2011 年，浙江省从县级公立医院开始改起，实行以药品零差率销售为切入点的综合改革。2011 年年底，6 个县（市、区）先行先试，2012～2013 年，绍兴、嘉兴、舟山 3 个大市开展改革。2013 年，公立医院改革覆盖所有城市，部分省级医院也同步跟进。2014 年 4 月 1 日，杭州市本级和省级医院公立医院改革全部推开。浙江的医疗改革开始了其"三部曲"：

第一阶段以药品零差率为切入点，进行公立医院综合改革，改革内容包括资源配置问题、绩效分配问题、行风问题等，侧重于医疗结构、医保范围、财政投入、医院管理、业务管理 5 个方面，其中医疗结构和医保范围的改革涉及医疗卫生工作者的收入来源变动和患者就医支出水平，是改革的核心部分。首先对医疗结构进行调节，提升医疗服务价值，调整物价，提升医疗卫生工作者的收入水平。其次调整医保报销范围，将医疗中劳务性的部分纳入医保报销范围中去，降低医疗结构变化对于患者医疗费用的影响。根据浙江省卫生计生委对推行药品零差率改革的县级公立医院进行的一次运行情况总体评估来看，门急诊及住院均次药品费用下降明显，最高降幅达到28%，平均降幅分别达到6.3%（门急诊）、10.21%（住院），特别是对药物依赖性较强的门诊病人，医药费用负担显著减轻（刘也良，2014）。在实施药品零差率销售后，医院的收入结构有了明显的变化。以浙医二院来看，医院的收入中，四项收入（药品、检查、化验、卫生材料）在医院收入占比中同比下降了4.88%，而医疗服务收入占比提升显著。而上调的医疗服务费用并没有增加患者负担，浙江省发布的《关于省级公立医院医药价格改革的实施意见》中明确了因实行药品零差率而调整的医疗服务价格按规定纳入医保基金支付范围。

第二阶段将优质医疗资源下沉。提升县级公立医院的服务能力，90%的医疗需求在县域内得到解决。浙江省为此设计的改革方案是每家三甲医院要托管2~3家县级医院，专科医院托管2家，成为紧密合作的办医关系。托管的核心在于提高县级公立医院的服务能力，一方面派遣专家长期到基层医院坐诊，另一方面基层医院全院要到上级医院学习轮转。在优质医疗资源的下沉过程中，患者能够在基层机构得到相对优质的医疗服务是毋庸置疑的，但在实践过程中，无论是浙江省，还是厦门市的类似举措，都碰到了高水平医生不愿下沉、基层卫生机构不愿高水平医生下沉、高水平医院管理成本增加的矛盾。在解决此类矛盾问题中，浙江主要采用了补贴下基层义务人员、收取托管费用等方式，配合行政手段进行开展。

第三阶段促进县医院、基层签约服务。2014年浙江省出台文件要求建立有效诊疗秩序，促进分级诊疗。其中温州、宁波、绍兴、义乌等四个市进行自行尝试分级诊疗改革。对于分级诊，浙江省使用的策略是双向转诊，即患者先在基层医院就诊，基层医院解决不了的，再通过双向转诊的渠道将患者送去更高水平的医院。在此过程中，浙江省主要采用了政府政策引导、病人选择自愿，服务连续，通过医保杠杆的作用，引导患者首诊到社区，建立有序的诊疗秩序。对于双向转诊，转上容易转下难，这一矛盾实际上是来自于患者对于基层医疗机构的不信任，患者只有切身感受到基层医疗机构的质量和水平高才会回去。而对于这一矛盾的解决，正是浙江医改和厦门医改的最大区别。浙江省的方案只是保证了社区医生能够及时联系上医院医生从而提高对于患者的"保证",而厦门医改的"1＋1＋x"和"三师共管"模式,将医院的专科医生、基层医疗机构的全科医生和健康管理师联系起来,借鉴中医"传帮带"的关系,通过医务工作人员将医院和基层医疗机构联系在一起,真正提高了基层医疗机构的水平,使得患者能够放心地将自己交给基层医疗机构。

2014年之后,浙江省一直贯穿和延续这种"医学人才下沉、城市医院下沉"、促进县域医疗卫生机构"服务能力提升、群众满意度提升"的"双下沉、两提升"工程,继续深入医改。总的来说,浙江省的医疗改革立足于浙江省较为发达的经济发展水平,无论是中心城市的患者还是县域、农村的患者都有能力而且能够很方便地到中心城市的高水平医疗机构进行诊疗的现状,着重于提升县域医院的医疗水平,从而分流患者、降低患者负担。浙江省的医疗改革解决的是城乡间医疗机构的隔阂,将城乡医院联动起来,是一种侧重于"面"的医疗改革方案。

四、政策效果的量化评估

(一)厦门市医改总体成效

1. 基层医疗卫生机构门诊量增速加快,综合医院压力有所缓解

本专题从厦门市卫生统计年鉴获取了2009～2015年厦门市医疗卫生机构的工作量情况。

从图11-1和图11-2可以看出,厦门市医改2009～2011年间取得了良好的效果,基层医疗卫生机构门诊量的增长率高出综合医院15%以上,2011年甚至超过了综合医院的门诊量,2010～2011年的增速超过了50%。2011年由于国家卫生计生委推出"基药政策"和"收支两条线",导致此后基层医疗卫生机构的增长率呈现"断崖式"下降,而综合医院的门诊增长率反而明显上升。2012年后,厦门市卫计委先后推出"1＋1＋x"和"1＋1＋1"即"三师共管"等政策,更加细化了对患者的服务,增进了医生与患者的沟通和稳定性,从而使基层医疗卫生机构的门诊量不断回升,并在2015年重新超过了综合医院。

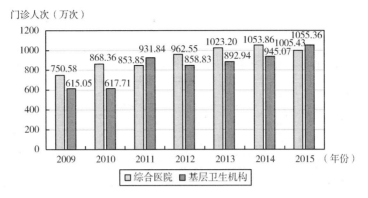

图 11 -1　厦门市综合医院、基层医疗卫生机构门诊量变化情况

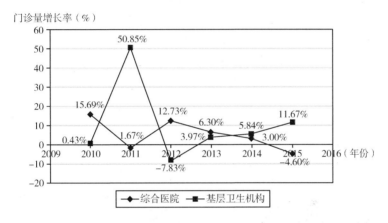

图 11 -2　厦门市综合医院、基层医疗卫生机构门诊量变化率

以厦门大学附属第一医院为例（见图 11 -3），本地医保患者在第一医院的门诊量从 2014 年开始均呈现明显的下降趋势，到 2016 年上半年降到了 2014 年上半年的 1/3，厦门市医疗改革的作用对厦门患者的就医选择有着持续性的影响。

"两病"指糖尿病、高血压。图 11 -3 选取了厦门大学附属第一医院的普通门诊量中的本地医保门诊量进行分析。普通门诊总量由本地医保、异地医保、铁路医保和自费四者构成。

接下来，我们选择了厦门市岛内莲前、梧村、禾山、金山四个典型社区卫生服务中心与第一医院、中山医院两家三级医院的门诊量进行对比。从图

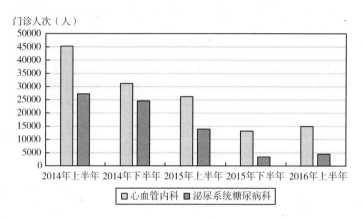

图 11-3　第一医院"两病"相关科室本地医保门诊量

11-4 中可以明显看出，2013 年以来，两家三级医院的门诊量增长率均低于四个典型社区卫生服务中心增长率，中山医院的就诊量增长率在两年内还连续下降。这表明在医改政策的引导下，厦门市民对于基层医疗机构更加信任，有效缓解了大医院的门诊压力。

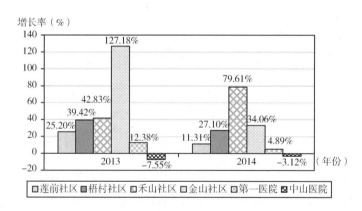

图 11-4　厦门市岛内典型社区卫生服务中心、三级医院门诊量增速比较

2. 基层卫生机构门诊收入增加

从图 11-5 中可以看出，自 2010 年以来，厦门市城市社区医疗机构的收入提升明显，2010～2011 年提升了近 5 倍，2011～2012 年也达到了近 1 倍，但是之后增长较缓。2011 年的"基药政策"对厦门市患者的就诊决策影响显著。2012 年城市医院的门诊收入猛增，接近翻番。从医疗机构门诊收入层面上反映出来的厦门医改的确促进了患者到县级、城市社区卫生服务机构等非城市医院就医的意愿。图 11 - 5 中的县级医院指的是厦门市原属区一级政府管辖的医院，其中城市社区、乡镇卫生院均为未实行"收支两条线"的收入数据。

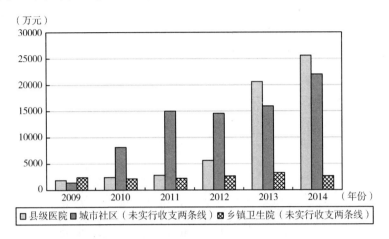

图 11 - 5　厦门市各级医疗机构门诊收入情况

2009~2014 年，城市社区医疗卫生机构和乡镇卫生院门诊次均收入均在 50 元左右。自 2008 年医改开始以来，城市社区医疗卫生机构门诊次均收入呈现增长的态势（图 11 - 6），其中 2009~2010 年以及 2013~2014 年分别增加了 30 元和 14.5 元，收入增长明显，很好地提升了基层卫生服务人员工作的积极性。乡镇卫生院诊次收入增加不明显，2013~2014 年反而减少了。图 11 - 6 中城市社区、乡镇卫生院均为未实行"收支两条线"的收入数据。

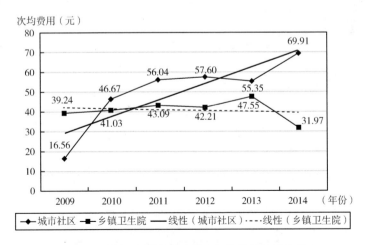

图 11 - 6　厦门市城乡基层医疗机构的门诊次均收入

3. 市民参与积极，患者状况改善

2012 年厦门开始实施"1 + 1 + x"模式的慢病管理，2014 年正式成为"三师共管"模式，厦门市将医改落到了实处，市民参与度高，同时患者的健康状况得到了很好的改善。本专题从厦门市"高友网""糖友网"一共随机抽取了 22383 条数据，对其进行分析。图 11 - 7、图 11 - 8 和图 11 - 9 是有关血压和血糖的指标初步分析。

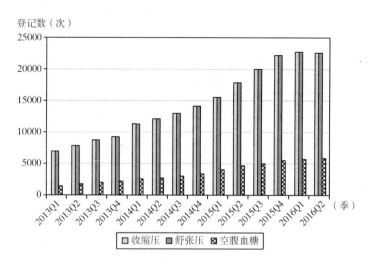

图 11 - 7　"两网"健康指标季度登记次数

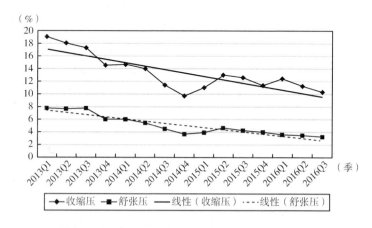

图 11 - 8　高血压患病登记次数占总登记次数比例

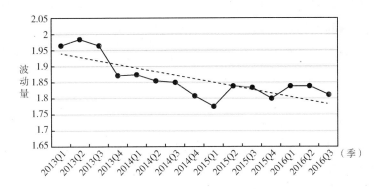

图 11 - 9　高血糖患者血糖值波动水平

图 11 - 7 的健康指标登记次数是以被抽查到的 22383 名在网患者在 2013 年 1 月 ~ 2016 年 6 月每个季度登记的次数加总，反映了在网患者在网期间进行血压和血糖测量的频率和参与度。从图 11 - 7 可以看出，厦门市在网患者从 2013 年第一季度开始，每季度的登记次数均有所增长，到了 2015 年 4 季度达到了一个相对稳定的状态，到 2016 年血压的记录基本能够保证平均每人每季度能达到一次。这说明在网患者对于 "1 + 1 + x" 和 "三师共管" 参与度的提高，同时也证明了这样的模式在实践中能够很好地得到患者的认可。

本专题使用了高血压患病登记次数占总登记次数的百分比来反映 "1 + 1 + x" 和 "三师共管" 在患者健康水平层面上的实施效果。根据 2010 年卫生部疾病控制局、高血压联盟（中国）和国家心血管病中心发布的《中国高血压防治指南（第三版）》一般高血压患者降压目标为 140/90mmHg 以下。本专题将抽查样本中登记血压值收缩压大于 140mmHg、舒张压大于 90mmHg 的值定义为患病，得出每个季度的患病总量，并将患病总量除以每季度登记量，从而得出患病占比。

从 "1 + 1 + x" 和 "三师共管" 在患者层面的效果来看，高血压患者的状况有所改进，患病登记次数占比总体呈现下降趋势。同时不难发现，每年的第一季度，患病比例都有所反弹，但同前一年的同季度相比，呈现下降趋势，显示出 "1 + 1 + x" 和 "三师共管" 的模式对患者的血压控制取得良好的效果。

从医学角度说，对于中老年糖尿病患者空腹血糖的控制目标并不是把血糖降得越低越好，而是让血糖能够稳定在一定水平。因此本专题采用高血糖患者观测血糖的平均值同观测值之差的绝对值作为波动指标，并通过适当的方程变换放大差距，并报告在图 11 - 9。图 11 - 9 明显地体现了高血糖患者在加入"两网"和"三师共管"之后的健康状况，血糖波动性有了显著的降低。

厦门市的分级诊疗改革特别是"1 + 1 + x"和"三师共管"的实施，目的是从上到下引导患者到基层医疗机构就诊，逐渐成为习惯，最终创造出了一个"双赢"的局面。

（二）厦门市分级诊疗改革成效的政策性评估：基于双重差分的方法

在量化评估时，我们采用了双重差分法。双重差分方法是一种可以很好地检验公共政策实施效果的方法，具体来说是一项公共政策的实施将对社会中某一部分群体（实验组）产生更多的影响，而未受政策覆盖的其他群体（对照组）则可能没有发生变化，这类似于自然实验中的"控制变量法"。为了评估厦门市先行采取分级诊疗改革举措对于缓解大医院"门庭若市"的效果，我们以厦门市为实验组，对照组为：福建省福州（含平潭综合实验区）、泉州、漳州、莆田、龙岩、三明、南平、宁德八地市，浙江省温州、衢州、丽水三市，广东省汕头、揭阳、潮州、梅州四市，江西省抚州、上饶、鹰潭、赣州四市。数据为 20 个地级市 2009 ~ 2015 年的医院门诊、急诊量。需要说明的是，由于三明市"三明模式"医改探索的核心在于降费而非分级诊疗改革，因此我们也将三明纳入对照组中。在厦门市的分级诊疗政策中，其核心是将一部分在基层卫生机构就能满足诊疗需求的患者从医院转移到基层卫生机构进行就诊，而在卫生统计中，"医院"和"其他医疗机构"分别处在两个统计类别下，因此医院门诊、急诊量数据能够很好地衡量医院的繁忙程度。

1. 数据来源和数据描述

对于分级诊疗成效的政策效果评估，本专题从以下两个角度进行比较：厦门市与福建省其他八地市进行比较、厦门市与海峡西岸经济区内 19 个地级市进行比较。我们通过申请，从福建省卫生和计划生育委员会（以下简称福建省卫生计生委）获得相关数据，数据集包括福建省其他八地市 2009 ~ 2015 年三甲、三乙、三级未定、二甲、二乙和二级未定①六类医院的门诊量（包括急诊）人次统计。从广东统计年鉴、江西统计年鉴和浙江卫生年鉴中得到了海峡西岸经济区非福建地级市的年门诊量（包括急诊）数据。

此外，我们选择了各地市城镇人均可支配收入、城镇常住人口数、人均医保投入、每千人医生数量等反映地区人口、收入、医疗水平等的数据作为控制变量。

对于本文所关心的医疗改革问题，将地区划分为"厦门"和"非厦门"两类，分别取值 1 和 0，将时间划分为"2012 年前"和"2012 年后（含 2012 年）"两类，分别取值 1 和 0：

$$Region = \begin{cases} 1;厦门市 \\ 0;其他地区 \end{cases}, Year = \begin{cases} 1;2012年前(不含2012年) \\ 0;2012年后(含2012年) \end{cases}$$

主要变量的描述性统计见表 11 - 2。

表 11 - 2   海西经济区各地市各主要变量描述性统计

变量		均值 （Mean）	标准差 （Std. Dev.）	最小值 （Min）	最大值 （Max）	变量数 （observations）
门诊量	综合	710.98	577.73	101.58	3095.2	N = 137
	组间		559.12	110.7747	2505.02	n = 20
	组内		168.90	- 145.54 *	1301.16	T = 6.85
城镇人均 可支配收入	综合	22917.35	6602.77	12398	42607	N = 140
	组间		5228.61	16562.78	35731.08	n = 20
	组内		4175.922	13316.85	32095.37	T = 7
城镇人口数	综合	207.93	117.71	27.56	540.92	N = 136
	组间		113.36	50.80	494.3429	n = 20
	组内		39.26	67.76	408.23	T = 6.8
城镇人均 医保支出	综合	811.18	268.99	436	2524	N = 131
	组间		311.25	604.63	1987.5	n = 20
	组内		159.49	274.68	1347.68	T = 6.55

---

① 按照《医院分级管理标准》，医院经过评审，确定为三级，每级再划分为甲、乙、丙三等。

变量		均值 （Mean）	标准差 （Std. Dev.）	最小值 （Min）	最大值 （Max）	变量数 （observations）
每千人卫生 技术人员数	综合	4.65	2.05872	1.18	13.15	N = 139
	组间		1.649909	1.76	8.62	n = 20
	组内		1.314611	1.40	11.42	T = 6.95

注：＊组内最小值的计算方法为 $(x_{it} - \bar{x}_i + \bar{\bar{x}})$ 此处出现负值的原因是由于总样本中最大值和最小值差值较大。

2. 基本计量模型设定

作为医改试点城市，厦门市率先在分级诊疗上进行改革，而福建省其他八地市未实施同类改革，故受此政策影响小或基本不受影响，这一点契合了双重差分法的要求，因此我们构造如下基本计量方程：

$$Y_{it} = \alpha + \beta T_{it} + \varepsilon_{it} \tag{1}$$

式（1）中为 i 地区 t 年门诊量，是政策实施变量，为样本 Region 值和 Year 值的乘积，例如以 2012 年为政策执行节点，福州市 2010 年、2011 年的值为 0，2013 年的值为 0；厦门市 2010 年、2011 年的值为 0，2013 年的值为 1。由于式（1）只涉及政策实施变量，未考虑其他因素的影响，我们在式（1）的基础上，加入一些控制变量，新的计量方程如下：

$$\ln Y_{it} = \alpha + \beta T_{it} + \gamma_r X_{rit} + \varepsilon_{it} \tag{2}$$

式（2）中为 i 地区第 y 年门诊量的对数值，由于给数据取对数，政策变量的系数即为因政策变化引起门诊量的变化率。为包含城镇常住人口、城镇人均可支配收入、每千人卫生技术人员数、城镇人均医保支出等控制变量，为控制变量的系数。

另外，依据上述计量方程，本专题将进一步考察厦门市三甲医院层面上分级诊疗政策的实施效果。

3. 计量结果与分析

面板数据模型分为混合数据模型、固定效应模型、随机效应模型三种，其中，固定效应模型是最常用的面板数据模型。本专题对式（2）的计量模型进行 Hausman 检验，检验结果表明固定效应模型适用于样本数据，并且使用固定效应模型对数据进行回归分析。在回归之前，我们采用单位根检验来检验面板数据的平稳性，利用协整检验考察变量之间是否存在稳定关系。我们采用 Fisher-ADF 方法进行单位根检验，检验结果表明，对门诊量对数、人均医保支出进行一阶滞后单位根检验的 p 值为 0.00，即在 5% 的显著性水平下，即一阶差分平稳，对城镇人口数、每千人卫生技术人员数进行单位根检验的 p 值为 0.00，即在 5% 的显著性水平下，变量平稳。因此可以进行面板数据模型回归。

　　我们对式（2）采用固定效应面板模型回归，并逐一添加控制变量，得到的结果报告在表 11-3 中的（1）、（2）、（3）和（4）栏。

表 11-3　　　　　　　二乙未定以上医院门诊人次增长率回归结果

被解释变量：门诊人次增长率

解释变量	（1）	（2）	（3）	（4）
分级诊疗	-0.0806 (0.1120)	-0.1871 *** (0.0491)	-0.1482 *** (0.0514)	-0.1521 *** (0.0517)
城镇常住人口	0.5851 *** (0.0825)	0.0432 (0.0508)	0.0919 (0.0549)	0.0818 (0.0561)
城镇人均 可支配收入		0.3821 *** (0.0254)	0.3203 *** (0.0396)	0.3094 *** (0.0412)
每千人卫生 技术人员数			0.0173 ** (0.0086)	0.0157 * (0.0088)
城镇人均 医保支出				0.0066 (0.0072)
截距项	5.2553 *** (0.1842)	5.5041 *** (0.0812)	5.4081 *** (0.0920)	5.4210 *** (0.0933)
样本数量	63	63	63	63
R-squared	0.5183	0.9111	0.9180	0.9193
组数	9	9	9	9

　　注：括号中为系数估计的标准误，*** p<0.01，** p<0.05，* p<0.1。

　　从表 11-3 回归结果可以看出，以福建省其他八地市为参照，在控制了城镇常住人口、城镇人均可支配收入、每千人卫生技术人员数、城镇人均医保支出的影响，2012 年后厦门市二级以上（含）医院的门急诊人次的增速较福建省其他地市下降了 15.2%，且在 1% 的显著性水平下显著。

接下来，本专题考察了厦门市三甲医院层面上分级诊疗政策的实施效果。本专题筛选了福建省卫生计生委提供的三甲医院门诊人次①，我们对式（2）进行固定效应面板模型进行回归，并逐一添加控制变量，有关回归结果见表 11-4 中的（2）、（3）和（4）栏。

表 11-4　　　　　　　　三甲医院门诊人次增长率回归结果

被解释变量：门诊人次增长率

解释变量	（1）	（2）	（3）	（4）
分级诊疗	-0.2236 (0.1881)	-0.3901*** (0.1364)	-0.3551** (0.1467)	-0.3784** (0.1414)
城镇常住人口	0.6966*** (0.1401)	-0.0403 (0.1463)	0.0004 (0.1605)	-0.0510 (0.1550)
城镇人均 可支配收入		0.5411*** (0.0786)	0.4875*** (0.1152)	0.4083*** (0.1171)
每千人卫生 技术人员数			0.0166 (0.0255)	0.0064 (0.0250)
城镇人均 医保支出				0.0438** (0.0205)
截距项	3.8412*** (0.3211)	4.1457*** (0.2327)	4.0521*** (0.2740)	4.1254*** (0.2661)
样本数量	58	58	58	58
R - squared	0.3542	0.6822	0.6851	0.7143
组数	9	9	9	9

注：括号中为系数估计的标准误，*** $p<0.01$，** $p<0.05$，* $p<0.1$。

从表 11-4 结果可以看出，厦门市分级诊疗改革方案在三甲医院层面上效果更为明显，下降幅度达到了 37.8%，远高于表 1 中对于二乙未定及以上的 15.2% 的下降幅度。

接下来，我们将整个海峡西岸经济区纳入比较范围。与福建省内的比较类似，我们逐项添加了城镇常住人口、城镇人均可支配收入、每千人卫生技术人员数、城镇人均医保支出等控制变量。由于温州市在 2014 年开始进行

---

① 由于宁德市 2010 年之前没有三甲医院、南平市在 2011 年之前没有三甲医院，在回归中剔除了这些样本。

了分级诊疗的改革，因此在样本中剔除了 2014 年、2015 年温州的数据后进行回归分析，结果如表 11 - 5 所示：

表 11 - 5　　　　　　海西经济区地级市医院门诊量增长率回归结果

被解释变量：门诊人次增长率

解释变量	(1)	(2)	(3)
分级诊疗	- 0. 2641 ***	- 0. 2474 **	- 0. 2533 **
	(0. 0973)	(0. 0967)	(0. 1031)
城镇常住人口	1. 013 ***	0. 9822 ***	0. 9474 ***
	(0. 2621)	(0. 2590)	(0. 2701)
城镇人均可支配收入	0. 0380 ***	0. 0355 ***	0. 0329 ***
	(0. 00260)	(0. 0029)	(0. 0037)
每千人卫生技术人员数		0. 0176 **	0. 0194 **
		(0. 0082)	(0. 0086)
城镇人均医保支出			0. 0721
			(0. 0950)
截距项	5. 2414 ***	5. 2181 ***	5. 1933 ***
	(0. 0673)	(0. 0677)	(0. 0738)
样本数量	133	132	123
R-squared	0. 7324	0. 7387	0. 7261
组数	20	20	20

注：1. 括号中为系数估计的标准误，*** p<0.01，** p<0.05，* p<0.1。

2. 由于部分城市数据缺失，统计软件在回归过程自动剔除了缺失样本，导致样本数量产生变化。

3. 由于温州市 2014 年之后开始实施分级诊疗，在回归分析中已将温州市 2014 年、2015 年的数据剔除。

从表 11 - 5 的结果可以看出，在控制了城镇常住人口的变化和城镇人均可支配收入变化对门诊量的影响之后，厦门市分级诊疗改革取得了显著的效果，医院门诊量显著下降幅度达到了 26.41%。加入其他两个控制变量后，结果依然显著。这说明以海峡西岸经济区其他地市为对照，厦门市的分级诊疗改革取得了实质性的成效。

为了考察厦门市医疗改革方案对于门诊量的影响在时间上的变化趋势，表 11 - 6 报告了医疗改革之后不同年份对门诊量的影响。其中（1）栏报告了二乙未定及以上医院的情况，（2）栏报告了三甲医院的情况：

表 11 - 6　　　　　　　　　　　名医院门诊人次增长率回归结果

被解释变量：门诊人次增长率

解释变量	(1)	(2)
分级诊疗改革当年	- 0.3782 ** (0.141)	- 0.1521 ** (0.0517)
分级诊疗改革第一年	- 0.1167 ** (0.0524)	- 0.2925 ** (0.1387)
分级诊疗改革第二年	- 0.0639 (0.0552)	- 0.1744 (0.1451)

注：括号中为系数估计的标准误，*** $p < 0.01$，** $p < 0.05$，* $p < 0.1$。

从表 11 - 6 回归结果可以看出，厦门市分级诊疗政策实施在 2012 年和 2013 年发挥了明显的作用，而 2014 年后仍呈下降趋势，但显著性不如刚开始实施的年份。不难得出结论，厦门市在 2012 年实施分级诊疗改革后，相对于福建其他八地市，门诊量明显下降，且这种政策效应在实施之后的 2 年内影响最为显著。

五、厦门市分级诊疗改革实施过程中存在的问题及对策

2008 年厦门就开始摸索经验，大胆在分级诊疗方面先行先试。通过制度创新，逐步形成了颇具厦门特色的分级诊疗改革模式，取得了初步成效。与此同时，分级诊疗改革仍存在一些亟待解决的问题，需要在理念、制度和具体机制上采取相应对策，突破医改面临的障碍。

（一）厦门市分级诊疗实施过程中存在的问题

厦门市分级诊疗改革成效显著，取得了阶段性成果，但在改革推行中也存在一些亟待解决的问题。

1. 基层人员存在不同程度的工作惰性

改革成功的关键因素是人。厦门市分级诊疗改革是在市委、市政府大力支持下，由市卫计委牵头、自上而下推动的，上层设计者高度重视，并且有

着充分的改革热情。但由于历史成因，基层人员存在不同程度的工作惰性，对分级诊疗改革的重视度不够，积极性不高，创新意识不强。从基层抓落实的情况看，领导的作为是关键。由于既得利益不受触动，一些基层领导安于现状，不是积极响应改革、勇于创新，而是等政策落地，等资源充足，等人员到位，等各种条件成熟。这种"坐等观望、上级包办"的惰政思想对改革形成很大的阻碍，不利于各项工作的推进。

2. "三师共管"的可持续发展问题

"三师共管"是厦门分级诊疗改革中探索出的核心模式，要持续地推行"三师共管"，实现分级诊疗，首先必须健全"三师"团队建设，尤其是确保基层全科医生和健康管理师的数量和质量。其中，全科医生发挥着承上启下的枢纽作用，他们是承接患者"下沉"的主力军。但从目前情况看，全科医生和健康管理师的供给均存在突出的短缺现象。

（1）全科医生。当前最迫切的问题是社区全科医生数量不足。按照每3000名居民配1名全科医生的国际标准，以2016年厦门市392万常住人口为基数计算，全科医师需配备1283名，而目前厦门市全科医师仅有380名左右，缺口非常大。另外，从长远看，全科医生的业务水平距离医改要求还有较大差距，这也是患者对基层不信任的主要原因。

（2）健康管理师。目前厦门市的健康管理师主要由基层医疗卫生机构的在职人员（包括护士、公卫医生、计生服务员等）通过培训考核后担任，其资质认定仍需要规范。从数量看，健康管理师同样无法完全满足现实需求，随着分级诊疗的不断推广，这一问题将更加凸显。另外，一部分健康管理师职责是由在职人员临时兼任，这不可避免地对其工作精细度产生一定影响。健康管理师队伍靠培训考核、兼职上岗只能算是权宜之计，如果要进行精细化管理，则必须保证这支队伍的数量和质量都到位。

3. "三师"的激励机制问题

完善的激励机制是提升组织绩效的有效手段，也是调动组织成员工作积极性的重要推手。目前，为了顺利推进分级诊疗，厦门市对基层医疗卫生机构的激励力度比历史上任何时期都要大，但基层相应的激励机制尚未建立或虽已建立但还不能有效发挥激励作用。一些基层的激励措施、考核办法和分配方案仍不明确，考核指标体系也不够科学，需要进一步再规范、健全。全市尚缺乏一套统一的针对"三师"的绩效评估体系。

4. 分级诊疗政策的宣传推广问题

调查发现，社区居民对分级诊疗医改政策了解越多，其信任度就越高，也就容易积极配合。但目前有关分级诊疗的政策宣传还不到位，不少社区居民对分级诊疗的运作机制并不了解，对"三师共管"的运行模式及相关概念都比较陌生。另外，基层医疗卫生机构与大医院开展的一些合作项目如双向转诊、专家和大型项目检查预约等服务，社区居民也知道不多甚至一无所知，多数人尚未享受过这些便利。

5. 社区健康知识的普及教育问题

慢性病重在防治，而这一工作要从源头抓起。社区理应成为慢性病综合防治的桥头堡，积极开展慢性病健康教育、监测、预防、保健、康复等服务。然而，从现实情况看，健康教育这一环节还存在一些空白，慢性病防治知识需要得到更为广泛和有效的普及。

（二）对策与建议

1. 倡导改革创新理念，强化责任担当意识

以"理念优于制度，制度优于技术"作为分级诊疗改革的价值导向。弘扬特区精神，倡导敢为人先的改革创新理念，激发改革的积极性、主动性和创造性，敢于打破常规，突破现状。建议从以下三方面入手：一是强化各级负责人特别是社区中心主任的责任担当意识，在其位，谋其政，敢负责，敢担当；二是敲响"无功即是过，庸碌也是错"的警钟，让"只要不出事，宁愿不做事"的心态无处藏身；三是树立能上能下的新"官念"，对于在分级诊疗工作中不给力、不作为的负责人，坚决给予撤换，能者上，庸者下。

2. 加强制度设计，找准改革"靶心"

制度建设是深化改革的根本，要加强制度建设，着力从制度层面进行顶层设计，找准改革的"靶心"，实现多方共赢。一是明确"三医"联动的协同推进措施，形成改革合力，实现"三医"之间的良性互动和同向集中攻关。二是明确各级医疗机构在分级诊疗体系中的定位与分工，理顺管理体制和运行机制，细化操作方案。三是针对医务工作者，顶层设计要从理性人角度出发，紧紧围绕"激励"这一主线，以"激励"来激发改革动力。建议由市卫计委牵头，统一就绩效考核、薪酬体系、培训教育等构建相应的制度

或出台指导方案，以确保公平性和透明度。针对社区居民或患者，顶层设计要围绕"满意度"来进行，把满意度作为检验改革成功与否的"晴雨表"。建议委托第三方机构，对社区居民的满意度进行常态化的跟踪调查，提供年度报告，对分级诊疗实施的效果进行评价，及时发现问题，避免改革走偏。

3. 重视队伍建设，完善激励机制

（1）重视队伍建设。

专科医生的定位。从长远看，专科医生最终要回归本位，承担大医院对付急危重难病症的重任。在现阶段，专科医生到基层坐诊，除了引导患者"下沉"，更重要的工作应是"传帮带"，帮助全科医生切实提升业务能力。这个要在"三师共管"模式中加以明确，用好用足专科医生这一宝贵资源。

全科医生的培养。建立和完善全科医生教育培养机制，除了把学习培训作为考核、晋升以及薪酬发放的重要依据之外，还要做好在岗培训、离岗培训和规范化培养等工作，多渠道地提供学习机会，以适应"三师共管"的需求。一是充分发挥专科医师下基层的"传帮带"作用，帮助全科医生尽快成长。二是在基层内部建立学习型组织，利用新媒体技术，通过通讯平台（远程视频），完善医疗团队的学习机制；通过建立医院、社区互联互通的卫生信息服务网络，开发以医生工作站为主体、具有社区慢性病服务功能的信息管理系统，并与三级医院、附属医院等区域性诊疗中心的信息系统对接，实现信息共享和教育、培训、考核等功能。三是定期选派全科医生到三级医院进修：通过参与三级医疗和教学查房、跟随专家出诊、参与科室病例讨论等形式来提升自身的医疗技术和服务质量。四是举办专家学术讲座和其他各种形式的学习培训活动等，鼓励全科医生积极参与；聘请相关学科专家、教授定期向社区医生传授专业技术知识，逐步建立一支培训师资队伍，促进社区医务人员不断提高业务素质和职业技能。举办不同层次、形式多种的学习培训活动。

健康管理师的培养。加大人才引进力度，同时注重内部培养，双管齐下，尽快补足健康管理师缺口。同时，要加快规范健康管理师的资质认定，保证健康管理师的业务能力。

（2）完善激励机制。

绩效考核是建立激励机制的一项必不可少的内容，建议加快推进绩效考核体系建设，通过对其工作内容和成效的量化考核并结合群众满意度的评

价，形成一套兼具主客观指标的综合考评体系。根据不同岗位、不同任务，制定不同的考核标准，重点完善分级诊疗改革和"三师共管"模式运行中的三道考核，包括各级医疗机构、相关领导人和"三师"的考核。进一步地，要针对不同群体建立相应的奖惩制度，让绩效考核发挥实质性的激励作用。具体来说，重点把控两个群体：

对基层领导人。对社区的考核，目的在于检验基层的改革成效，而对基层领导人的考核，主要考核其本人的工作绩效。同时，要将考核结果同晋升、待遇挂钩，使干成事的有地位，不干事的有危机，从而有效消除他们的惰性，当好基层"领头羊"这一角色。

对"三师"。根据不同定位和工作职责，分别建立健全"三师"的绩效评估体系。并把考核结果应用到组织管理的各个方面，如在人员聘用、职称晋升、在职培训、评奖推优等方面有所倾斜，做到物质激励与精神激励相结合。总之，让激励贯穿于管理的全过程，真正发挥激励的杠杆作用，充分调动"三师"的积极性、主动性和创造性。

4. 加大分级诊疗政策的宣传力度

考虑到慢性病患者多为老年人，除了日常购物外，他们可能不常出门，建议尽量利用居民区及购物场所、菜市场附近的告示栏，用醒目的标语进行宣传。而最便捷的途径，是依托社区居委会来进行政策宣传。居委会经常组织独居的空巢老人一起活动，如中秋博饼、健康讲座等，可以利用这样的机会向辖区内居民宣传分级诊疗的便利及好处。另外，还可以招募一些大中学生志愿者，经过一定的培训，让他们担当政策宣讲员。

参考文献：

［1］代英姿：《城市医疗资源的配置：非均衡与校正》，《城市发展研究》，2010 年第 9 期。

［2］付建华：《试论优化我国医疗资源配置：从门诊空间再布局入手规制》，《中国卫生经济》，2013 年第 5 期。

［3］黄成礼：《人口老龄化对医疗资源配置的影响分析》，《人口与发展》，2011 年第 2 期。

［4］刘也良：《浙江医改三部曲》，《中国卫生》，2014 年 10 期。

［5］陶一桃：《制度创新是经济特区的使命》，《特区实践与理论》2010 年第 5 期。

［6］薛新东、潘常刚：《医疗资源整合的路径选择》，《湖北社会科学》，2009 年第 7 期。

［7］杨坚：《基于系统思想的分级诊疗分析》，《中国医药管理》，2016 年第 1 期。

［8］余宇新、杨大楷：《我国医疗资源配置公平性的理论与实证研究》，《经济体制改革》，2008 年第 6 期。

［9］郑英：《我国部分地区分级诊疗政策实践的比较分析》，《中国卫生政策研究》，2016 年第 4 期。

专题十二　打造商家二维码信用名片，构建社会化诚信治理机制

——以厦门鼓浪屿为例

一、概　　述

（一）由来

早在 2007 年，国务院印发了《关于社会信用体系建设若干意见》，明确提出社会信用体系是市场经济体制中的重要制度安排，是整顿和规范市场经济秩序的治本之策。2014 年国务院发布《社会信用体系建设规划纲要(2014—2020)》，要求加快推进商务诚信建设工作。商务部随后印发《关于加快推进商务诚信建设工作的实施意见》，确立了包括"社会化综合评价机制建设"在内的工作思路，并明确了"引导建立市场化综合信用评价机制"为主要的任务之一。经过多年的努力，我国在社会信用体系建设上取得了很大的进展，比如各地发改部门牵头建设的本地信用网，以及市场监管局的商事主体信用信息网。

然而，在当前的社会化综合信用评价机制方面，笔者觉得缺少了非常重要的一个方面，那就是消费者对于商家的评价未能很好地体现在该企业的信用记录中。可能有人会觉得，消费者的评价其实通过其消费行为就可反映了，不好的东西不买就是了，用脚投票。其实不然，用脚投票，那是在完全市场经济，消费者有足够多的自由选择权的情况下。我国是社会主义市场经济，市场中有很多国企和一些垄断性的民营企业如 BAT，它们的产品和服务在某种程度上对于消费者而言是无可选择的。百度的魏则西事

件就是一个惨痛的例子。为了防范类似的例子重演，在对商家进行信用评价时，很有必要将消费者的评价作为一个重要参考指标。由于我国当前信用信息网未能真正联网，消费者也不太看商家信用状况等现实，还是有不少商家在利用这些漏洞做文章，更有甚者只想 A 地捞一票，再到 B 地换个名头再捞。

当商家及其主要负责人的信用评价①与消费者评价挂钩，如果评价下滑得明显，不仅会影响公司的声誉，也会成为行政监管部门督查的重点，最终可能会影响高管的仕途（国有企业）或公司的前途（民营企业）。只有这种关联性真正建立起来后，商家才会真正重视消费者的评价，并认真对待，主动避免类似魏则西的悲剧。

（二）意义

基于消费者评价的社会诚信治理机制不仅是整个社会信用体系建设的重要支撑和落脚点，更是推进内贸流通领域社会信用联合惩戒的重要内容和关键点。

消费者评价需要一个载体来表达，我们认为打造商家的二维码信用名片是一个好的做法。二维码信用名片为当前着力构建的社会信用体系的落地提供一个接口和通道。它让老百姓真正随手可见商家的信用，进而倒逼商家守法诚信。在这个包括商家和消费者在内的社会化的诚信治理机制中，商家一旦失信，它将无所遁形。因此，打造商家信用名片，对于营造全社会以守信为荣、失信为耻，促进全社会以信用为依归的联合奖惩机制的建设有着至关重要的作用。

改革开放以来，厦门承担了经济特区、台商投资区、对台综合配套改革、自贸试验区等一系列重大改革试验，开展了许多先行先试的探索，积极主动为我国改革开放和现代化事业探路，积累了许多经验。应该说厦门作为商家二维码信用名片的试验田，是有比较好的基础的。厦门还是社会信用体系建设试点示范城市，也有条件和动力推进这一工程。

---

① 在本专题中，我们将商家的信用与其主要负责人的信用捆绑在一起。即商家的不良信用，将直接影响其主要负责人的诚信记录，以防其以后换个地方再用其他公司名号做不法之事的可能。

（三）预期效果

打造并推行商家二维码信用名片，是社会信用体系和商贸流通领域的一项基础性工程。其着眼于长期的经济和社会效应，一般需要 3～5 年才能见成效。其长期成效不仅依赖于政府部门持续地推广该信用名片[①]，而且更依赖于政府部门在失信监管方面的执法力度和效率，以及这些监管信息的后台信用数据的完整性、准确性和及时性。

二、功能和愿景

（一）功能

如何将消费者评价科学地反映在商家的信用评级中是一个必须解决的问题。现实中的消费者评价更多地体现在对商家性价比、服务、口味等消费者可直接体验和感受到的方面，其中带有很多主观和偏好的东西。这些不是信用评价或是行政监管机关所关心的。信用评价所涉及的应该是那些涉嫌损害消费者利益的来自消费者的投诉和举报，这也是消费者评价。相关行政机构可在此基础上对消费者投诉（举报）进行调查，判断是否侵害了消费者的权益，是否违法违规，作出是否失信的决定[②]。

为便于消费者评价，我们需要设计商家的二维码信用名片，通过扫描该名片，消费者就可以将自己的投诉（举报）快速地表达出来。我们建议在每个商家营业场所的显著位置放置"二维码信用名片"（与其社会信用代码绑定），并透过展示载体"商家信用信息微信公众服务号"（APP），来对接市发改委信用厦门网的后台数据库。

扫描商家信用名片，不仅可以查看该商家有关注册信息，还可以动态显

---

① 可以先做试点，但单个或少数几个行业的试点并不会有立竿见影的成效。

② 可能有人觉得，为何不能将消费者评价中正面评价（如表扬、感谢等）的内容作为信用评价的考量范围呢？我们认为商家做得好很正常，尤其在我们社会主义国家。

示商家的信用信息（包括守信和失信记录）；不仅可以查看该商家可能触及的失信行为清单，而且能方便消费者实名对商家进行投诉和举报（通过技术上的一个接口，如果消费者有确凿的证据证明其消费权益被侵害，或商家有不法或失信行为的话）。

当然，也有一个问题，就是网络水军的问题，不排除某个别商家雇佣水军恶意投诉（举报）。为解决这个问题，我们建议投诉（举报）实名制。凡恶意者将直接影响其个人的信用，达到一定次数后，就可能被纳入诚信黑名单中①。

（二）愿景

消费者不仅可以通过对商家的信用名片进行扫码查信用和投诉（举报），而且也可以通过上述 APP（公众号）和市发改委的信用厦门网实现对具体商家信用查询或投诉。

所有行业和领域的商事主体（包含线下和线上）均有自己唯一的信用名片。拒绝使用二维码信用名片或失信的商家，将会被消费者逐步淘汰。"让失信者寸步难行，让守信者一路畅通"②。最终实现消费者和商家共同用信、守信。

三、试点实施方案

（一）试点区域

之所以选择鼓浪屿作为信用名片的试点区域，是考虑鼓浪屿作为世界遗产，每年迎来大量的中外游客。游客对于商家的信用其实是非常重视的，尤其是餐饮、零售等。要打造国际上更有影响力的鼓浪屿，除了维护好岛上的那些遗产和自然环境，最重要的就是给游客一个绝对放心的消费氛围。而信用名片正是敦促商家诚实守信的一个重要利器。

具体可以先从鼓浪屿开始做线下商家二维码信用名片的试点，之后总结经

---

① 这也是政府应该要做的一件事。

② 摘自《2014 年国务院政府工作报告》。

验再向全市铺开。鼓浪屿主要面向商贸零售业（599 家）和餐饮业（273 家），共 872 家①。该试点方案共有 4 个分项任务，预计最快需要 8 个月时间。

（二）具体实施步骤

1. 编制并发布试点行业的失信行为清单

（1）目的：该失信行为清单（负面清单）不仅为相关管理部门在界定失信行为方面提供了清晰的标准，也为商家的诚信行为划出了边界（商家也可轻松查到）。消费者可以方便地查询该失信清单，并以此为据，进行投诉或举报。

（2）要求：在试点行业领域，由相关的政府部门依据相关法律法规和政策性文件，梳理出各自主管领域的失信行为、失信程度等级（极其严重、严重、一般）②、公开性质和期限。具体可由市商务局汇总各部门梳理出的清单，在经过各部门核对无误后联合发布。

（3）牵头方：市商务局，具体由行业处为主承办，酒类流通管理局、流通处、服贸处、法规处等相关处室共同参与。

（4）实施方/协助方：对试点行业有管理职责和监管责任的相关部门联合实施，包括市发改、市场监督管理局、市质监、市法制局、思明区政府、鼓浪屿管理委员会、鼓浪屿商家协会等。

（5）时间：大约 2 个月〔梳理 15 个工作日（以下简称日），汇总 10 日，征求意见等相关程序 15 日〕。

2. 出台《推广商家二维码信用名片，构建社会化诚信治理机制试点实施方案》

（1）目的：从制度上确保商家二维码信用名片在试点推广过程中的合法、有序，规范政府部门、商家、消费者的信用行为，确保对商家信用信息的查询和使用合理合规。让信用名片成为商家诚信经商的动力③，最终构建

---

① 该商家数据是 2016 年 7 月份来自鼓浪屿商家协会的统计数据。

② 其失信程度分级可采用厦府【2015】307 号文《厦门市公共信用信息管理办法（试行）》中的规定，大致的对应原则是：提示信息为一般失信行为，警示信息为严重失信行为，纳入"黑名单"或"重点监管名单"的为极其严重的失信行为。具体也可参照《上海市信用行为分类指导目录》（2016）。

③ 如果消费者最终不关心商家信用而随意消费时，大约有两种情形：一是信用较为严重缺失时；二是商家普遍诚信，消费者不用担心。

社会化诚信治理机制。

（2）主要内容：该实施方案应包括如下几个方面：其一，总则，包括目的依据、使用范围、原则、管理部门、平台建设、信用信息相关部门的职责；其二，商家二维码信用名片的展示内容、制作、呈现和推广，包括信用名片所展示的注册信息和信用信息的主要内容、来源途径，以及信用名片的制作规范、呈现要求、推广措施等；其三，消费者对商家信用信息的使用与投诉，包括使用规范、注意事项、投诉的证据要求、时限和后续相关部门处理的结果反馈和在信用信息上的显示等；其四，信用信息的应用，包括应用标准和规范、激励措施、惩戒措施、鼓励社会应用等；其五，权益保护，包括信息安全职责、信息的期限管理、异议申请、处理、异议标注、保密义务等；其六，法律责任，包括相关部门及其工作人员的行政责任、信息平台的法律责任、市场主体（商家、消费者和其他第三方）的法律责任等；其七，附则，包括有关用语的定义、参照适用、施行日期等。

（3）牵头方：市商务局，具体由行业处为主承办，酒类流通管理局、流通处、服贸处、法规处等共同参与。

（4）实施方：市发改、市市场监督管理局、市质监、市法制局、思明区政府、鼓浪屿管理委员会、鼓浪屿商家协会等联合实施。

（5）时间：约3个月（各相关单位抽调力量组成团队5日，初稿20日，各部门征求意见5日，修改稿10日，再次征求意见5日，提交市法制局审查公示10日）。可在编制并发并试点行业的失信行为清单这一任务完成后，开始做。

3. 技术开发

（1）开发试点商家二维码信用名片。功能需求：一是该信用名片必须由其统一社会信用代码转换而来。二是对于没有统一社会信用代码的商家由其组织机构代码转换。三是信用名片须与上述代码进行捆绑，以确保其唯一性。需要注意的是现在很多商家有分店或分公司，他们都有各自的社会信用代码，且与总公司的信用代码也不同。但考虑到本质上他们是一家企业，如分店或分公司出信用问题也应汇总到总公司的信用记录中。也就是说消费者在查该总公司的信用状况时也能看到其旗下哪些分公司出了什么样的信用问题。四是信用名片应有较其他二维码明显的特征差别，如嵌入醒目的颜色、市政府信用管理部门相关的 Logo、大小、图案等。目的是区分与现有的普通二维码。五是试点期间信用名片应能满足万人同时扫码的需求。待其扩展后，至少应满足 10 万人同时扫码的需求。

（2）开发信用名片的展示界面（载体）"厦门市商家信用信息微信公众服务号"（APP）。功能需求：一是试点期间需满足若干个行业近万家企业的信用信息查询、显示，同时要求该 APP 具有可扩展性，可扩展到所有行业的所有企业；二是其界面应有显著的厦门市政府的 Logo；三是其显示界面应有商家的注册信息、信用信息、失信行为清单和消费者投诉（举报）4 个类别的展示内容；四是每个类别的展示内容中应条目清楚，可进一步查询每一条目的详细信息；五是消费者扫码后，该 APP 对上述 4 个类别信息的显示速度应是灵敏的、快速的；六是 APP 中每一商家应与其该对应的发改委后台数据之间实时自动对接，做到信用数据实时传输，确保消费者能够实时查询到准确的信用信息；七是如有可能，建议在市市场监督管理局已有的 APP 基础上进行改造。

（3）开发 APP 的消费者投诉（举报）及后续处理动态反馈机制。功能需求：一是试点期间的系统应支持万人同时间投诉（举报），且有扩展功能，扩展后至少应满足 10 万人级别同时投诉（举报）；二是投诉（举报）按钮中应设置事件描述（可语音留言）、证据提交（可拍照、扫描相关文件）、证明人证言证据等相关功能；三是该投诉（举报）界面应简洁、清晰、易于消费者使用；四是应有投诉（举报）者、证人等身份信息的实名核对等功能，以确保其真实性；五是投诉（举报）的信息应实时对接到相应的后续处理平台（包括 12315、12358、12312）。在条件成熟时直接对接综合执法平台；六是相关部门对于消费者投诉和举报的处理结果信息出来后，只要推送到发改委的信用数据库，即可动态显示在对应商家的信用名片中。

（4）实施方式：外包，可公开招标。具体应该包含编制维护服务手册及后续 5 年的维护服务费用。

（5）牵头方：市商务局，具体由行业处为主承办，流通处、财务处等协调配合，并请行业内专家评估该系统的技术和维护费用。

（6）协助方：市府办（信息处）、市发改委（信用办）、市场监督管理局（12315 等）、市经信局、市信息中心、鼓浪屿商家协会等协调配合。

（7）监管方/后续的技术维护：由厦门市信息中心负责技术和维护的监管，技术维护 3 年内外包方负责，3 年后交由厦门市信息中心负责。

（8）时间：最快 4 个月［相关部门沟通到最终的需求（1 个月）、招投标（1 个月）、开发、调试（2 个月）］。可与"编制并发布试点行业的失信行为清单"同步开始。

4. 二维码信用名片的设计、定制、投放和宣传

二维码信用名片的功能需求：一是信用名片的制作和呈现。信用名片应完整体现其开发的本意和要求；其材质和呈现方式应至少满足 10 年的使用期限要求。二是向指定商家投放、安装信用名片。三是制订、实施宣传推广工作方案，如制作宣传广告、标语牌等。

（1）二维码信用名片的设计、定制和宣传。牵头方：市商务局，具体由行业处为主承办，流通处、财务处等协助。实施方：外包方。协助方：市发改委、市场监督管理局、思明区政府、鼓浪屿管委会、鼓浪屿商家协会。

（2）二维码信用名片的投放。牵头方：市市场监督管理局。实施方：外包方。协助方：思明区政府、鼓浪屿管委会、鼓浪屿商家协会、市发改委、市商务局。

（3）时间：2 个月。可在"开发试点商家二维码信用名片"这一工作完成后开始招标。

（4）实施方式：外包。面向传媒广告公司进行公开招标。费用应含 5 年的后续维护服务。

四、相关的拓展功能

在上述方案的基础上，为了使该信用名片更具应用性，可利用商家的二维码信用名片整合、归集来自商家、供应商、销售商、消费者以及产品和服务市场的相关大数据，作为国家大数据采集的一个重要来源，为此在每个商家的信用名片中可增加当前正在做的重要产品溯源平台。凡涉及可溯源产品的商家均应在其信用名片中进行链接，鼓励市场各方面人士对其中存在的问题进行投诉（举报）。

商家的二维码信用名片完全可以集成商家的纸质营业执照，此外还可集成餐饮业商家的动态卫生评级情况；增加商家对投诉和举报的应诉功能；添加商家的位置信息，以及周边同类商家的位置及相关信息。便于消费者在比较商家诚信情况后，自主选择合意的商家进行消费；添加商家促销页面，实现扫码折扣；甚至在条件成熟的时候添加支付功能，便于消费者直接扫码（信用名片）进行支付等。

在试点阶段后，可在全厦门市推广商家信用名片，此时除了可覆盖线下全部商家外，还可在线上推广。在全面推开阶段，鼓浪屿作为最早试点地，可进一步尝试在本地商家信用名片中引入其在外地总公司或分公司信用信息，使商家必须十分在意自身的信用。

五、保障措施

（一）对商家采取相关鼓励措施

鼓励试点商家主动邀请消费者扫描其二维码信用名片，以查看其信用信息，增强消费者对无失信记录的诚信商家的消费信心；故意遮盖信用名片的，将作为不诚信行为记录在案，需在规定时间内改正，再犯者将作为失信行为公示，严重者将被计入信用"黑名单"。

（二）鼓励消费者使用

将消费者使用二维码信用名片时的扫描次数作为个人用信的衡量指标，在其个人信用信息中予以正面显示；如消费者需要投诉或举报，均须实名，同时在技术上提醒其注意，如果恶意举报将影响消费者本人的信用记录，严重者将被纳入信用黑名单。对于正常合理的消费者投诉（举报），将根据其投诉（举报）的违法违规行为的等级，相应的提升消费者的信用等级。

（三）其他保障

需采取得力措施保障与信用名片相关的信用网站及后台数据更新，以及系统的维护等。

板块四　农业与文化

专题十三 "一带一路"背景下推进福建对外文化贸易的路径选择

一、近年来福建省对外文化贸易的现状

1. 文化产品出口增长情况①

自 2008 年以来,福建省的文化产品出口取得很大突破,大体上呈逐步上升趋势。其中,2013~2015 年,福建省的文化产品出口额相比 2011 年和 2012 年有所下降(见表 13-1 和图 13-1),而 2016 年福建省的文化产品出口又实现了快速增长。

表 13-1 福建省文化产品出口情况

年份	福建省文化产品出口额(亿美元)	福建省文化产品出口增长速度(%)
2008	10. 03	
2009	10. 26	2. 29
2010	13. 14	28. 07
2011	20. 3	54. 49
2012	20. 1	-0. 99
2013	15. 34	-23. 68
2014	16. 4	6. 91
2015	15. 95	-2. 74
2016	25. 3	58. 62

① 资料来源于中华人民共和国海关总署、中商情报网、央广网、人民网、中国行业研究网、中新网、中国文化传媒网及原始数据的计算。

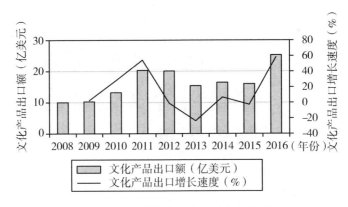

图 13 - 1　福建省文化产品出口情况

资料来源：福州海关及福州海关的原始数据计算而得。

　　具体来说，2011 年福建省文化产品出口额比上年增长 54.5%，增幅高出同期福建省外贸产品出口整体增速 24.6 个百分点。2012 年福建省文化产品出口额 20.1 亿美元，比 2008 年翻了一番，当年出口额位列全国第三位，仅次于广东和浙江，文化产品出口额占全省总出口额的比重从 2008 年的 1.76% 上升到 2012 年的 2.05%。2012 年 2 月福建省出口文化产品 0.5 亿美元，之后各月出口值振荡上扬，10 月当月出口 4.9 亿美元，创历史新高，同比增长 87.5%，环比增长 1.1 倍。即使在国际经济形势窘迫的 2013 年，福建文化产品贸易也似暖意连连，全省文化产品出口额达 15.34 亿美元。1 ~ 5 月福建出口文化产品 5.7 亿美元，较去年同期增长 17.7%。随着欧美经济的回暖和一系列扶持文化产业发展的利好政策，2014 年福建省累计出口文化产品 16.4 亿美元，同比增长 6.9%。尤其 2014 年 12 月出口文化产品 1.92 亿美元，同比增长 27.7%，创下相对历史新高。此外据统计，厦门、泉州、福州分别居福建省 2014 年文化产品出口前三甲，分别出口约 5.4 亿美元、4.97 亿美元、3.32 亿美元，同比增长 11.9%、0.1%、18%，三者合计占福建省文化产品出口总值的 83.3%。此外，三明市文化产品出口增长抢眼，2014 年共出口 0.52 亿美元，猛增 1.2 倍。2015 年，福建省共计出口文化产品 15.95 亿美元，相比 2014 年有所降低。2015 年的文化产品月度出口额呈波动走势。上半年从 1 月的 1.64 亿美元创下 2013 年以来的相对新高下降至

2 月的 1.41 亿美元，之后开始逐渐回升，至 8 月份达到 1.8 亿美元的相对最高点，9、10 月环比持续下滑。11 月出口 0.11 亿美元，同比下降 33.1%，是 2015 年文化产品出口额最低的月份，随后十二月回升至 1.47 亿美元。2016 年，文化产品出口额实现猛增，其增长率是近几年中最高的。

2. 文化产品出口市场分布

福建省文化产品的出口市场主要集中在美国和欧盟等较为发达的国家和地区。2011 年福建省对美国出口文化产品 7.5 亿美元，占全部文化产品出口的 37%，同比增长 63.6%。对欧盟出口 7.1 亿美元，占 35%，同比增长 51.7%，二者合计占福建省文化产品对外出口总额的 72%。2012 年，福建省文化产品对美国出口 6.8 亿美元，对欧盟出口 6 亿美元，同比分别下降 8.4% 和 15.3%，二者合计占文化产品出口总额的比重降为 63.7%。同时福建省对拉美、东盟、非洲等新兴市场出口大幅增长，对上述三者分别出口 1.6 亿美元、1 亿美元、0.9 亿美元，同比增长 65.1%、97.9% 和 150%。2013 年前五个月，福建对美国出口文化产品 2.1 亿美元，增长 16.6%，对欧盟出口 1.8 亿，增长 7.8%，这两个市场出口值占全省文化产品出口总值的 68%。此外，对东盟、拉美等新兴文化市场出口增长较快，2013 年前五个月对东盟出口增加了 1.2 倍。2014 年美国和欧盟仍是福建文化产品的主要出口市场，2014 年全年分别对美国和欧盟出口 37.6 亿美元、34.8 亿美元，两者合计占福建省对外出口文化产品总值的 71.1%。2015 年 1 月福建省对欧盟出口文化产品 4 亿美元，下降 12.6%，对美国出口 3.6 亿美元，下降 10.9%，上述二者合计占同期福建省文化产品出口额的 75.3%。通过数据分析我们发现福建省的文化产品出口高度依赖美国和欧盟。2013 年的文化产品出口下降主要就是由于外部市场的低迷。而 2014 年的微增长也是由于欧美经济的回暖拉动出口的增长并含有相关的政策扶持效应。

3. 文化产品出口产品结构

福建省出口的文化产品可以分为两类：一是劳动密集型商品，主要是视觉艺术品；二是资本密集型商品，主要是文化遗产、印刷品、声像制品、视听媒介等。福建省对外出口的文化产品主要是视觉艺术品。视觉艺术品包括古董、绘画、摄影和雕塑四大类。其中雕塑的国际市场竞争力最强。因为雕塑对劳动力的需求很强,难以实现机器化的大规模生产,而福建省恰好拥有充裕的劳动力资源。2011年福建省出口视觉艺术品18.8亿美元,占全部出口总值的92.6%。各类印刷品出口0.6亿美元,占2.96%。2012年视觉艺术品为主要出口商品,达19亿美元,增长0.9%,占出口总值的94.5%。同期出口印刷品0.5亿美元,同比下降16.8%。2013、2014年视觉艺术品持续占据福建省文化产品出口的绝大部分江山。此外,视听媒介等高端产品业快速增长。2015年福建省共出口视觉艺术品14.74亿美元,同比下降4.2%,占文化产品出口总值的92.4%。同时,出口乐器0.5亿美元,同比增长12.3%;出口印刷品0.57亿美元,同比增长7.7%。

4. 文化产品出口企业结构

民营企业和私营企业是福建省文化产品出口领头羊,其次是外资企业。2011年1~10月,福建省私营企业出口文化产品10.1亿美元,增长1.1倍,占全部出口的66.4%;外商投资企业出口文化产品3.8亿美元,增长2%;国有企业出口文化产品1亿美元,增长8.7%。2012年1~10月私营企业成为文化产品出口的主力军,文化产品出口额为12.3亿美元,增长21.8%,占全部出口的71.9%;外商投资企业出口3.7亿美元,下降4.1%,占全部出口的21.6%;国有企业出口0.9亿美元,下降8.7%。2013年第一季度私营企业出口文化产品2亿美元,同比增长35.4%,占福建省文化产品出口总额的62.5%,表现抢眼。2014年前10个月,福建省民营企业出口文化产品约为8.97亿美元,增长7.6%,占同期文化产品出口总额的69.9%,外商投资企业出口2.85亿美元,下降15%,占全部出口的22.2%。同期福建省国有企业文化产品出口1亿美元,增长16%,占全部出口的7.9%。2015年1月福建省民营企业出口文化产品约1.19亿美元,下降11.9%,占同期福建省文化产品出口总值的73.6%,外商投资企业出口0.29亿美元,下降26.2%,占全部出口的18.2%,国有企业出口0.13亿美元,增长13.7%,占全部出口的8.2%。

5. 文化产品出口贸易方式

福建省文化产品贸易出口的方式较为单一,主要是以一般贸易方式出口,一般贸易约占全部出口货值的九成。2011年1~10月,福建省以一般贸易方式出口文化产品14.1亿美元,同比增长69.8%,占同期福建省文化产品出口总值的 92.8%；同期，海关特殊监管区域出口 0.6 亿美元，同比增长 6.6%；加工贸易出口 0.4 亿美元，同比增长 11.6%。2012 年前 10 个月，福建省以一般贸易方式出口文化产品 15.9 亿美元，增长 12.6%，占同期福建省文化产品出口总值的 93%；海关特殊监管区域货物 0.6 亿美元，下降 2.2%；加工贸易 0.4 亿美元，增长 4.9%。2013 年 1~5 月，福建省以一般贸易方式出口文化产品 5.3 亿美元，增长 22.9%，占同期福建省文化产品出口总值的 93.4%。同期，海关特殊监管区域物流货物出口 0.2 亿美元，下降 10.8%，占 4.2%。以加工贸易方式出口 0.1 亿美元，下降 13.8%，占同期福建省文化产品出口总值的 2.4%。2014 年前 10 个月，福建省以一般贸易方式出口文化产品约 11.92 亿美元，增长 2.1%，占同期文化产品出口总额的 92.9%。海关特殊监督方式出口 0.6 亿美元，增长 2.9%，占同期福建省文化产品出口总值的 4.7%。加工贸易方式出口 0.31 亿美元，增长 0.8%，占同期福建省文化产品出口总值的 2.4%。2015 年 1 月福建省以一般贸易方式出口文化产品约 1.53 亿美元，下降 13.9%，占同期福建省文化产品出口总值的 94.4%。海关特殊监督方式出口 0.06 亿美元，下降 7.1%，占同期福建省文化产品出口总值的 4%。

二、福建省对外文化贸易中存在的问题

毋庸讳言，与发达国家和国内先进地区相比，福建省的文化产品的整体水平依然不高，文化产品出口额在同期货物出口总额中占的比重也较小。伴随文化产品出口增长过程，一系列由文化产品引发的挑战也摆在面前。

1. 文化产品出口规模不足问题

福建省文化产业整体的规模并不大，文化产业所占 GDP 的比重也不高。一般说来，地区经济的快速发展可以推动文化产业的进步，文化产业的蓬勃向上反过来也能进一步刺激经济的增长，整个文化产业的繁荣自然也加大了文化产品的出口量。但是，具体的数据显示：福建省文化产业在文化市场经营单位和从业人员数量方面都不占据优势。从表 13-2 简单的数据对比可以看出广东省的文化产品出口额是福建省的 3 倍左右，而其中文化市场经营单位作为主体是影响文化产品出口的一个重要因素。从表13-2和图13-2可以发现：广东省的文化市场经营单位数量是福建省的2~3倍，在2015年甚至高达3.8倍。而且对比广东省的文化经营单位基本呈稳步上升趋势，福建省的文化市场经营单位数量甚至还在逐年递减。福建省文化企业的一个突出特点就是小、弱、散。福建省文化经营单位的减少可能是由于市场主体的合并、收购等，但同时也从另一面折射出福建省文化产业缺乏龙头企业，没有足够的吸引力。其中很多的文化企业本身规模小，资金不足，无法承担市场风险而被淘汰。这样，更少文化主体的参与影响了多样文化产品的生产，最终导致了出口减少的问题。此外，文化产业是人才密集型产业，对人员的储备有很高的要求。文化参与者在文化产品的不断加工、创造、创新过程中有着不可替代的作用。文化市场的从业人员数量对于我们研究文化产业的发展程度和文化产品的出口有很大意义。通过观察数据可以发现：福建文化从业人员数量的走势和文化经营单位数量、文化产品出口额很相似（见表13-3和图13-3）。在其具体的量方面与广东省更是形成鲜明的对比：广东省的文化从业人员约是福建的3倍。这一数字与文化经营单位数，文化产品出口额基本吻合。因此，福建省文化产品出口的一个制约因素就是：缺乏市场竞争力的文化企业和数量相对较少的文化从业者，规模上不去，效益自然也就难以实现。

表13-2　　　　　　　福建省与广东省文化市场经营单位比较　　　　　单位：家

年份	福建省文化市场经营单位	广东省文化市场经营单位
2010	5836	14203
2011	6003	15200
2012	5560	15928
2013	4955	15974
2014	4522	15191
2015	4540	17029

资料来源：福建省文化厅，广东省年鉴。

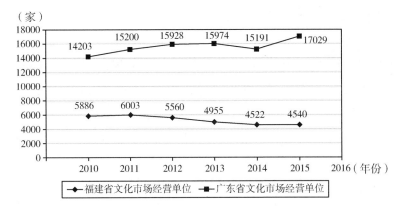

图 13 - 2　福建省与广东省文化市场经营单位比较

资料来源：福建省文化厅，广东省年鉴。

表 13 - 3　　　　　　福建省与广东省文化市场从业人员对比　　　　　单位：人

年份	福建省文化市场从业人员数	广东省文化市场从业人员数
2010	52864	158248
2011	67059	165475
2012	69621	179982
2013	62650	155806
2014	52550	125913
2015	60053	178342

资料来源：福建省文化厅，广东省年鉴。

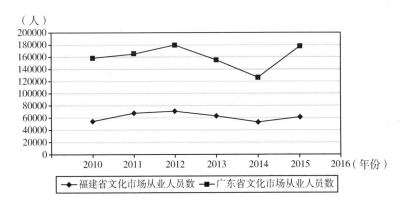

图 13 - 3　福建省与广东省文化市场从业人员对比

资料来源：福建省文化厅，广东省年鉴。

2. 文化产品出口资金短缺问题

福建省很多文化企业无法壮大的一个限制因素就是资金问题。一些文化资源原初比较分散，开发成本高再加上资金的严重不足使得企业失去开发创新产品的动力。尽管政府对文化企业有财政补助，但有限的专项支持等无法满足企业发展的需要。由于政策的不到位，民间的资本和外资的引进受到体制性的制约，结果就远远无法达到希望的效果。通过表 13－4 和图 13－4 的对比，我们可以看到福建省在利用外资方面与广东省存在一定差距。2009～2011 年，广东省在文化、体育、娱乐等方面的外商直接投资实际利用额是福建省的 2～3 倍。在 2012 年、2013 年、2015 年、2016 年这些年份，广东省外商直接投资实际利用额最高可达福建省的 99.38 倍。因此，如何实现更好地吸引外资和对外资进行充分利用是福建省文化出口和整个产业面临的重要问题。

表 13－4　　　　　　　　福建省与广东省文体娱乐外商直接投资对比

年份	福建省文化、体育、娱乐外商直接投资实际利用额	广东省文化、体育、娱乐外商直接投资实际利用额
2008	5102	6700
2009	3877	8800
2010	3578	8500
2011	2722	8400
2012	325	32300
2013	2361	11900
2014	7561	8300
2015	1005	10312
2016	112	6600

资料来源：福建省统计公报，广东省统计公报。

3. 出口文化产品的品质问题

福建省文化产品出口以传统制作类产品出口为主，文化商品结构不合理并且缺乏创新性，缺乏真正体现文化内容的创意文化产品。福建省文化产品

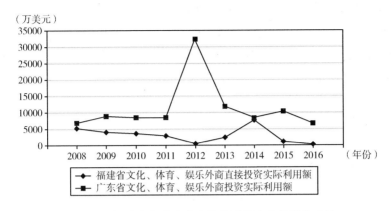

图 13 - 4　福建省与广东省文体娱乐外商直接投资对比

资料来源：福建省统计公报，广东省统计公报。

普遍呈现深加工层次低的特点，科技含量和附加值均不高。出口的产品多是视觉艺术品，而运用先进信息和科学技术生产的数字化文化产品以及真正体现我国文化内容的具有版权、制作权、专利权的创意类或原创类产品的比重较小。包含高新技术，数字内容，自主知识产权的新兴文化产业是发展趋势，而目前福建省的文化产品的结构相对传统、单一。文化产品的质量也不能得到有效保证，像玩具等产品在出口时就有由于细菌含量的问题发生退运。因此大多数出口的文化产品只能开拓海外华人市场，难以赢得更广泛的世界市场，难以获得更大的文化影响和文化利润。文化产品缺乏品牌效应。发达国家成熟的文化产业和产品中多少都会有为消费者所熟悉并认可的文化形象，像韩国的"流氓兔"，英国的"哈利波特"。福建省却很少有为世界人民熟知的带有中国文化色彩的产品，对国外的消费者没有足够的吸引力。

4. 文化企业的盈利模式问题

文化企业的盈利模式不够成熟，无法形成成熟和完整的产业链。虽然总额呈现出一定的增势，但在整个大市场中所占比重仍非常小。欧美等发达地区在开发文化产品时会精心的编制文化价值链条，最大限度地开发下游产品。像一部电影的背后会有音像制品、邮票、玩具等衍生产品连接着出版业、游戏业等一系列产业链条，造就无数营销奇迹。例如，韩国文化产业就比较繁荣，韩剧《来自星星的你》播出后，除了电视剧版权的收益，其拍摄地及剧中提到的一些景点，咖啡馆等都成为韩国大热的旅游景点。福建省的文化产品多数局限于产品本身而无法向上下游延伸，附加值低，利润率低。相对不成熟的盈利模式成为福建省文化产业发展的软肋。

5. 文化产业管理体制问题

相当长的一段时间，福建省文化产业管理体制未理顺，存在政企不分、政文不分和各自为政等现象。很多的文化企业由原来的事业单位改制而来，在实力和机遇两方面都存在不足，缺乏有效的手段来参与和应对市场竞争。文化企业的发展往往受到主管部门的干预，无法正确明确自己的定位。目前，尽管各地已经出台了相关的促进政策和措施，但文化产业的相关政策不到位，相关的法律法规也不完善，尚不能有效地保障文化产品出口。例如广播电视法、文艺演出法、电影法等文化产业领域内的一系列基本的法律还处于不完善的状态，严重影响了文化产品的出口。一方面，由于对知识产权的保护不到位，越来越多的企业遭到侵权。企业的反侵权成本高，难度大，过程持续较长，对相关的法规程序不熟悉等原因导致难以对产品知识产权实施有效的保护，严重影响了企业品牌建设和创新动力。另一方面，一些发达国家以环保标准、技术标准、卫生标准等多种形式的非关税壁垒对进口进行限制，保护国内市场。国际上针对中国的反倾销和保障措施越来越多，严重影响中国的对外出口贸易。福建省作为国内文化产品出口大省之一，在国际文化产品市场也受到冲击。

三、促进对外文化贸易发展的一般举措

要形成中国发展对外文化贸易的综合优势，就不仅仅要追求对外文化贸易额的增长，而且包括在全球获得重要的战略性资源，实施并购与融合、学习与合作、赶超与共赢、创新驱动与规模优势、海外投资和自主研发相结合的对外开放战略。因此，福建省发展对外文化服务贸易的投资、并购、贸易，不是简单地占有东道国文化消费市场和利用当地的廉价劳动力资源，而首先是获得高端的文化科研创新资源、人力资源、要素资源，如院线、品牌、研发中心、服务平台，以及知识产权资源包括专利技术、著作权、技术秘密等，抢占全球文化市场的地缘中心，把握好跨国投资的重点目标，体现文化产业作为国家战略性资产的作用，形成体现中国全球战略的文化产业集群和辐射力。也就是说，要结合创新型国家的建设，推动文化＋科技＋外贸的融合创新。

作为中国对外文化贸易具有竞争力的省市，福建省要立足本土的优势文化产业，依托多年来积累的文化外贸基础，在"一带一路"倡议的背景下，宜保持向东开放的传统优势，同时，大力探索向西、向南、向北开放的新市场；加强第一优先市场——美、日、韩、中国香港等，保持第二重点市场——欧盟、澳大利亚等，开发第三新兴市场——东南亚、巴西、印度和俄罗斯等，探索第四潜力市场——非洲、拉美等；而且要针对不同目标市场，统筹采用设计研发、跨境投资、版权贸易、会展演艺、兼并院线、合资项目、技术服务、广播电视对外工程承包、翻译制作等路径，多管齐下，以求精准制导、效益取胜。

依照"政府主导、企业主体、市场运作、社会参与"的指导原则，充分发挥福建历史文化资源优势，推动福建文化对外宣传传播、交流合作、贸易投资三个方面构建起全方位、多层次、宽领域的文化走出去格局，通过构建多元对外现代传播体系、加强精品力作生产创作、扩大对外文化贸易水平和规模、着力打造走出去的平台渠道、推进海上丝绸之路核心区文化建设、深化闽台港澳文化合作等六个方面建设，不断增强福建文化的海外影响力、凝聚力和感召力，这可以是促进福建省对外文化贸易的基本战略思路。

福建省被中央确定为21世纪海上丝绸之路核心区，3年来，全省积极发挥核心区的先行优势，在国际产能合作、对外交流、境外产业园、平台搭建等方面取得初步成效，但与周边省份相比，仍存在步伐较慢、重视不够、创新不足等问题。为此，要发挥先行先试的政策优势、推动国际资本"引进来"，加强产业合作、推动"优势产能"走出去，加快建设一批境外产业园，扩大贸易规模、培育跨境电商，拓展文化交流、扩大人员往来，加强组织保障、提高抗风险能力。

借鉴上海自贸区等的经验，当前，福建省可重点建设五类文化服务平台。一是创意研发设计平台：通过组合创意研发和设计的供需双方/多方，依托优良的基础设施和市场信息的精确匹配，降低开发的成本，加快创新研发的适度和效益；二是投融资和交易平台：建立规范的投融资和交易规则；三是资源配送和社交平台：通过信息精确匹配等方式，依托线上和线下相结合，把海量的客户和供应方形成双边/多边的配对，提供各类资源供应的效益；四是企业孵化培育平台：通过降低服务成本，培育新兴的产业集群；五是国际文化贸易平台：为国内外文化贸易企业在投资、设备、项目等的双向流通，提供通关、保税、租赁、仓储、会展等便利。

福建省内各地的举措汇聚起来，还包括以下亮点：

（1）打造"海丝"文化贸易重点项目。加快建设"海上丝绸之路数字文化长廊"、"海丝"文化艺术精品工程、海上丝绸之路文化遗产保护与申遗工程，整合挖掘"海丝"文化资源，打响福建"海丝"文化品牌。其中，"海上丝绸之路数字文化长廊"是依托图书馆、博物馆、文化馆、美术馆、纪念馆和档案馆等信息资源单位，以互联网、移动通信网、广电网为通道，应用云计算、大数据、物联网等现代信息技术，协同创新建设分级分布式数字资源库群，构成"海丝"文化资源建设协作、"海丝"文化资源服务协同、文化电子商务功能配套的"海丝"文化信息资源服务大平台，为海内外公众提供"海丝"文化特色服务。目前，福建省图书馆联合相关文化企业，已基本完成数字文化长廊试验演示平台研发工作和"海丝"文化资源库资源框架的搭建。

（2）成立"海丝"文化游学基地。游学是世界各国、各民族传承文明的一种传统学习教育方式，具有国际性、跨文化性、体验性。按照"一带一路"文化建设要求，福建省成立了"海丝"文化游学基地，以海洋文化、宗教文化、闽南文化，茶文化、陶瓷文化、石雕文化、贡香文化为主题，提高组织参观学习，让海内外的青少年对"海丝"文化有更深的认识和理解。通过创立"海丝"文化游学基地，开展丝路文化展示、论坛、民俗学习等活动，为海内外青少年架起一座"海丝"文化的心灵沟通桥梁，有利于增进对"海丝"文化的理解，让"海丝"文化再度传播到世界各地。

（3）拓展"海丝"文化旅游。福建被誉为"山海画廊，人间福地"，海洋资源丰富，有利于打造"海丝"文化旅游品牌。推出"21世纪海上丝绸之路之旅"，通过节庆活动、文化演艺、商务会展等形式，扩大推介营销"海丝"文化，巩固东南亚传统"海丝"文化市场，进一步拓展"海丝"文化旅游客源市场。以组团赴国外参展、举办国际学术研讨会、联合开展课题研究、邀请专家来闽实地考察等形式，提升泰国、印度尼西亚、马来西亚等东盟国家"海丝"文化市场，增进与埃及、阿联酋、荷兰等海上丝绸之路沿线国家地区的"海丝"文化交流合作。继续办好泉州东亚文化旅游节、莆田妈祖文化旅游节等"海丝"文化旅游节庆活动,邀请境内外客源地旅行商和媒体来闽考察,扩大福建"海丝"文化的国际影响力。大力扶持"海丝"文艺创作,鼓励发展"海丝"文化元素旅游产品、创意产业,整合18个"海丝"重点文保单位、"海丝"重点非遗项目、20个闽南文化生态保护重点区域,打造一批"海丝"旅游示范基地,打响"海丝"文化品牌。

(4)展现多彩"海丝"文化。挖掘特色,积极开展丰富多彩的"海丝"文化交流活动,进一步打造"海丝"文化品牌。如泉州举办中国海上丝绸之路高峰论坛、亚洲艺术节、海上丝绸之路国际艺术节等一系列活动,组织南音、木偶戏等文化团组赴海上丝绸之路沿线国家地区进行文化交流和展演,积极推动"海丝"文化走向世界。福州举办中国九城市海上丝绸之路联合申遗(福州)论坛、中国(福州)郑和开洋节;厦门举办南洋文化节,漳州拍摄大型海洋文化电视剧《大航海》,莆田开展"同谒妈祖,共佑'海丝'"等一系列"海丝"文化活动,不断丰富"海丝"文化内涵。

四、促进福建省对外文化贸易的几个重点路径

1. 对外投资带动文化贸易

对外投资的发展,一般说来,取决于自身比较优势和外部发展机遇两个方面的因素。近年来,福建省企业在纺织服装、钢铁等行业都具有一定比较优势,而且一些企业已具备相当的技术水平、资金实力、人才优势和经营能力,这些行业的相关企业都有可能进一步发展海外经营业务。随着"一带一路"建设以及自贸实验区这两项国家重大战略在福建的推进,闽企"走出去"效应持续发酵。从福建省海上丝绸之路核心区建设方案可见,福建省引导、支持企业在海上丝绸之路沿线国家和地区加快境外远洋渔业生产基地、水产养殖基地、冷藏加工基地和服务保障平台建设。对外投资预期收益良好,则是"一带一路"带路福建对外投资成长的又一诱因。

福建省对外直接投资起步于改革开放初期,按照规模和特点可以分为四个阶段:第一阶段(1979~1985年)为起步阶段,企业规模较小,主要以窗口型、贸易型公司为主;第二阶段(1986~1996年)为发展阶段,投资额增大,企业数量增加,投资流向从港澳地区向东南亚、北美、欧洲等地扩

散，投资领域也涵盖加工业、资源开发、运输业等领域；第三阶段（1997～1999 年）为调整阶段，受亚洲金融危机影响，福建省境外企业尤其是港澳企业受到严重的冲击，企业经营遇到很大的困难；第四阶段（2000 年以来）为新一轮发展阶段，对外投资规模增长较快。2016 年，福建省对外投资达到 111.6 亿美元，其中国际产能合作项目投资增长 88%；而同期实际利用外资 81.9 亿美元，对外投资再次高于利用外资。

当前福建民营企业对外直接投资具有以下特点：在区位上注重全球区位市场均衡开拓，并在每个区位市场中又有重点；跨国经营以贸易销售、生产加工等活动为主，高附加值活动方面表现明显不足，但企业能够根据当地情况采取适合于自己的经营业务；投资模式上采取独资模式的占多数，合资模式其次，合作模式较少。此外，近年的国际贸易摩擦与壁垒的增加成为福建民营企业对外直接投资的动力；开发利用当地资源缓解国内资源不足；国内市场竞争压力加大与生产成本上升促使福建民营企业向境外投资；学习国外先进技术提升技术创新能力。一些分析表明，福建民营企业对外直接投资以贸易销售、生产加工等低附加值活动为主，而在研究开发、高科技产业、软件产业等学习型投资方面表现明显不足。

具体到文化产业，经济规模、劳动力素质、研发投入、知识产权的保护水平以及利用外资规模都对创意产品的出口有正的影响，这说明市场规模越大、劳动力素质越高、研发投入越大，国家的知识产品保护水平越高，一国的创意产品竞争力越强。一国利用外资越多，创意产品出口越大，这也意味着外资对一国创意产品竞争力的提升有促进作用。

利用对外投资带动对外文化贸易的意义：一是实施"走出去"战略直接带动福建省产品的出口；二是实施"走出去"战略有效利用国外技术；三是实施"走出去"战略有效利用国外资源；四是实施"走出去"战略有效转移优势产业；五是实施"走出去"战略培养了一大批跨国经营人才。完善营销网络，积极扩大产品出口；实现产能转移，有效规避贸易壁垒；加快结构调整，推动外贸转型升级；扩大产品进口，保障资源有效供给；推动双向流动，鼓励企业"返程"投资；培育跨国公司，提升企业国际竞争力。而福建省利用对外投资带动文化贸易的优势在于：第一，福建人具有爱拼敢赢的创业精神；第二，福建具有对外开放先行一步的优势；第三，福建在部分产业产品上形成了比较优势；第四，福建面临有利的政策环境；第五，福建的资源需求在不断扩大。优化福建民营企业对外直接投资战略的思路是：产业选择和区位布局选择上要充分利用福建产业的相对比较优势；注重对外投资集群化发展；利用海外侨亲特色和世界闽商的地缘优势借船出海；对初次进入国际市场的中小民营企业应更多选择与当地企业合资合作；建立健全政府支持体系。

据商务部初步统计，截至2015年年末，中国文化及相关产业类境外企业累计实现各类对外文化投资188.5亿美元，其中直接投资127.9亿美元，占中国对外直接投资存量比重达到1.3%。2011~2015年，在中国对外直接投资企业（简称境外企业）中，文化、体育和娱乐行业的境外企业数量也在不断增加，约占到中国境外企业总数的1%。截至2015年年末，中国企业共在全球81个国家和地区设立文化及相关产业类境外企业近千家；同时文化产业领域海外并购活跃，2015年全年共并购21起，金额达32.3亿美元，占2015年我国对外投资并购总金额的5.9%。

现阶段，福建省对外直接投资主体应以中小企业为主，行业选择方面以边际产业为主。边际产业在本地区属于比较劣势行业，但是如果转移到合适的区位，仍具备比较优势。边际产业大多属于劳动力密集型产业，而且所需技术、管理已发展得比较成熟。边际产业的扩张主要面向发展中国家和地区。中小企业对外投资具有以下优势：一是小规模技术优势。中小企业虽然没有大型公司的先进技术，但是中小企业可以拥有某一细分行业的小规模先进技术，凭借小规模的技术优势也能进行对外投资。特别是一些地方特产、传统工艺，具备对外投资的小规模技术优势，如德化的陶瓷工艺、南安的石材工艺等。二是关联优势。随着大型跨国公司从复合一体化的战略向网络战略转变，其垄断优势和内部化优势的外溢效应可以带动中小企业对外投资。三是信息技术优势。信息技术的进步是推动中小企业对外投资的重要因素，中小企业灵活性与信息技术的结合，可以实现对外投资的比较优势。因此，可以鼓励信息技术密集型的中小企业进行海外直接投资。

2. 发展跨境电商助力文化贸易

"一带一路"沿线大多是新兴经济体和发展中国家，总人口约44亿，经济总量约21万亿美元，分别约占全球经济总量的63%和29%。这些国家普遍处于经济发展的上升期，开展互利合作的前景广阔。古代丝绸之路是我国与西方国家进行各方面交流的重要纽带，陆上丝绸之路通过中亚、西亚、北非，最终到达欧洲和非洲；海上丝绸之路经过东南亚、南亚、西亚，最终到达非洲。党的十八届三中全会提出，要推进丝绸之路经济带、21世纪海上丝绸之路建设，形成我国全方位开放格局。"一带一路"倡议构想始于2013年9月习近平同志访问哈萨克斯坦时发表的演讲，并于同年10月访问印度尼西亚时由"一带"拓展到了"一带一路"，得以进一步深化。"一带一路"倡议作为我国最先倡导的致力于形成区域大合作的创新合作模式，对我国以及周边国家乃至世界贸易格局具有十分深远的影响。

当前我国企业在开展对外文化投资中面临着投资信息不全和渠道不足的制约，福建省也不例外。"一带一路"覆盖了东亚、南亚、西亚、中亚以及中东欧等地区，沿线国家存在宗教纷争严重，政治稳定性不足，法治建设相对滞后等问题，投资环境十分复杂。对外文化投资需要对对象国的法律法规、各类经济政策和市场环境有充分了解，前期进行大量基础调研工作，单靠一个企业很难完成。在"一带一路"实施过程中，我国企业开展对外文化投资依然面临较为严峻的投后管理和运营能力考验。此外，高端复合型对外文化投资人才储备不足，也是制约"一带一路"背景下我国开展对外文化投资的主要短板。

过去对外文化贸易发展采用的主要渠道是文化商品直接出口（例如，图书、软件、音像制品等领域）、委托国际代理等。随着互联网以及对外文化贸易的发展，迫切拓展对外文化贸易发展渠道，打造"一带一路"的互联网＋模式，把诸如设计、咨询、表演、电影、电视等不具实物形态但具有较高附加值的文化创意产出在互联网上推送到"一带一路"，可根据"一带一路"国家发展情况，采用不同的方式。前述"海上丝绸之路数字文化长廊"是依托图书馆、博物馆、文化馆、美术馆、纪念馆和档案馆等信息资源单位，以互联网、移动通信网、广电网为通道，应用云计算、大数据、物联网等现代信息技术，协同创新建设分级分布式数字资源库群，构成"海丝"文化资源建设协作、"海丝"文化资源服务协同、文化电子商务功能配套的"海丝"文化信息资源服务大平台，为海内外公众提供"海丝"文化特色服务。

国际竞争力不是由出口决定的，而是由进口决定的。进口可以起到双重作用，一是形成国际上的话语权，二是促进国内产业结构转型升级，形成经济优势。未来外贸发展主要还是在结构方面加快升级，在服务方面提升竞争力,吸引一大批有国际竞争能力的企业投资,通过投资带动出口。这就产生了通过跨境电商,实现外贸代理的需求。未来外贸企业要加快进口和中高端产业发展,逐步形成自己的跨国公司。电子商务可以最大限度地降低成本,提高效率。其发展方向是个性化定制,根据需求定制产品,促进商品的多样化发展。此外,众筹融资是电子商务发展的一个方向,是大众创业,可以同时解决创新和创业问题。目前,众筹的方式主要停留在文化产业和公益事业。真正的众筹方式应该是股权众筹,这是电商发展的趋势,可以探索用众筹方式发展对外文化贸易。

3. 对外文化交流促进文化贸易

据研究,中国及贸易对象国的 GDP、人均 GDP、文化距离、语言同一性、贸易条件等因素对中国文化产品的出口有着重要影响,其中文化距离及是否使用同一种语言这两个因素的影响最大。缩小文化距离、增强文化亲近感是发展对外文化贸易的重要方向。文化认同虽然对运输成本和国内零售批发分销成本作用有限,但可以降低边界成本。比如,共同文化背景会降低语言成本,包括翻译成本、由语言差异导致的额外成本等;共同文化背景也会降低信息成本,包括信息搜集、信息分析成本;共同文化背景更容易产生信任,从而降低契约执行和安全性成本。出口目标市场的选择既要关注文化的亲近性也要考虑贸易伙伴国的经济发展水平,因为贸易伙伴国的经济规模 GDP 和人均 GDP 对文化出口商品增长有正向显著影响。文化亲近性的重要作用,提示着利用对外文化交流促进文化贸易的意义。

"一带一路"沿线国家有 60 多个,人口 40 多亿,发达国家和发展中国家同在,每个国家都有特定的政治、经济、文化、宗教和司法等,对外文化投资环境十分复杂。对外文化投资又涉及影视、出版、演艺、动漫网游等多个文化创意产业形态,不同细分行业具有不同特性和发展规律。因此,讲好"一带一路"中国故事,促进对外文化投资发展,须从政府层面积极做好战略规划与顶层设计,针对不同沿线国家和地区的环境特点以及对外文化投资发展规律,深入改革现有对外投资管理体制,提升政府管理效率,增强政策的通用性、协调性与有效性。

"一带一路"倡议涉及的国家多、人口多、民族多。每个国家和民族的历史传统、文化积淀、审美情趣、大众喜好、宗教信仰不同,其发展对外文化贸易的需求必然存在着差异，这给创新对外文化贸易新产品带来了新机遇。"一带一路"涉及的地区和国家大致是：中东欧 16 国、东南亚 11 国、西亚 18 国、南亚 8 国、中亚 5 国、独联体 7 国和蒙古国等 60 多个国家和地区。发展对外文化贸易不可能全部铺开，要确定优先发展文化贸易的重点区域和重点国家。重点国家的选择应考虑如下因素：一是政治风险较低；二是文化贸易潜力比较大；三是对中国文化认同度比较高；四是地理位置重要；五是经济发展水平比较高。

福建文化"走出去"应该实行传统的宣传交流模式和文化贸易模式并重的发展战略。由于从政府层面能够更好地与其他国家沟通协商，能够汇聚各方面的特色文化资源，组织起走出去的强大阵容，为此，对外文化宣传交流要采用以政府为主导，民间、企业为辅，政府扶持加企业运营的半市场化运作模式。对外文化贸易则主要是追求文化的商业经济价值，由文化企业去担当主角，由市场来配置资源，效率可能更高。因此，对外文化贸易要采用以企业为主体、政府补贴支持为辅，银企合作的市场化运作模式。

"一带一路"是个宗教路带，不可缺少对宗教因素的考虑。鉴于"一带一路"沿线宗教信仰复杂，有多种宗教生态，宗教文化成为中国在实施"一带一路"倡议中开展对外文化贸易重要内容，文化贸易与宗教文化互动成为实施"一带一路"倡议的重要特征。因此，发展"一带一路"对外文化贸易过程中要坚持多元宗教文化相互尊重、和谐共存的理念，仔细调查沿线国家宗教信仰状况及其对文化产品和服务需求，以便生产提供适合各国宗教文化需求的文化产品，提供适合各国宗教文化需求的文化服务，从而拓展对外文化贸易新空间。

要大力发展各种文化合资、合作的产业项目，采用"中国故事、世界表述"和"世界内容，中国创意"等生产和传播形式。另外，在把国内人才送到海外学习培训的同时，要采取优惠政策，聘请海外文化创意高级人才，充分利用归国留学人员，形成一支高素质的文化贸易人才队伍，为加快发展与"一带一路"的文化贸易提供人才保障。

此外，建设 21 世纪海上丝绸之路不仅是建设海洋强国的重要战略部署，更是中国特色海洋文化传播的契机，需要在我国重点的沿海区域构建起有海洋特色的文化产业，如涉海文化会展业、涉海休闲渔业等，引导社会力量以多种形式参与海洋文化特色产业的发展，激发海洋文化活力。

福建历史上就是著名的侨乡，与海外交往频繁。据侨情统计，截至 2005 年年底，福建省海外华侨华人总数为 1264.62 万人，已遍布世界 176 个国家和地区。其中，聚居在东南亚约有 998 万人，占总数的 78.9%，同时移居欧美等发达国家的也明显增多。随着闽籍海外华侨华人事业的发展和新华侨华人的增加，新社团不断涌现。据了解，海外比较有影响的闽籍华侨华人社团已有 1916 个，他们对福建文化有着较大需求。近年来闽籍海外侨胞人数达到 1000 多万人之多，众多的侨胞资源及世界各地的闽商资源为福建文化产业的发展注入丰富的民间资本，为文化发展提供了多元化的资本保障。除了有强大的海外资本支持之外，在国内，各地都有闽商投资协会，投资影视的资金比较充裕。因此，做好与闽侨的文化交流与合作，始终是促进福建省对外文化贸易的重中之重。

参考文献：

[1] 张建忠. 闽文化产业出口逆势强增贸易大破局. 福建轻纺，2013 (4)：29 - 30.

[2] 张建忠. 闽文化产业出口逆势强增显机遇. 福建轻纺，2013 (5)：3.

[3] 王筱. 中国文化产品出口的优劣势分析. 价值工程，2011，30 (1)：156 - 156.

[4] 肖维歌. 中国与"一带一路"支点国家文化产品贸易的演进与拓展分析. 外经贸实务，2017 (3)：85 - 88.

[5] 张欣怡. 中国文化产品出口的现状、问题与对策研究. 云南社会科学，2015 (4)：67 - 71.

[6] 王青. 我国文化产品出口影响因素分析. 西部论坛，2015 (5)：99 - 108.

[7] 李清亮. 我国文化产品出口现状分析及政策研究. 中国改革，2009 (8)：75 - 77.

[8] 高颖飞. 我国文化产品出口面临的问题与对策选择. 理论探索，2011 (4)：83 - 85.

[9] 季琼. 我国文化产品出口存在的问题和对策研究. 北京劳动保障职业学院学报，2012 (2)：46 - 49.

[10] 郭玲，肖立强. 文化贸易商品结构的影响因素及对福建的启示. 上海商学院学报，2015 (6)：112 - 120.

[11] 曲如晓，韩丽丽. 文化距离对中国文化产品贸易影响的实证研究. 黑龙江社会科学，2011 (4)：34 - 39.

［12］曲如晓，杨修，刘杨．文化差异、贸易成本与中国文化产品出口．世界经济，2015（9）：130 - 143．

［13］王洪涛，王翔．进口国知识产权保护、文化差异与中国文化产品出口．江西社会科学，2017（2）：47 - 55．

［14］魏简康凯，张建．"一带一路"倡议下中国文化产品出口的法制思考．国际展望，2017（1）：126 - 143．

专题十四 福建省农业供给侧结构性改革的思路与对策

一、我国农业供给侧结构性改革背景分析

目前我国粮食"三量齐增"、农产品结构失衡、资源环境紧约束下我国农业生产面临农产品价格"天花板"压顶和生产成本"地板"抬升的双重挤压，结构性矛盾突出，迫切需要推进农业供给侧结构性改革。

1. 我国农产品生产成本不断提高

2004 年以来，由于农业的比较收益较低导致大量的农村劳动力向城镇转移，我国进入"刘易斯拐点"，尤其是我国房地产火热等背景下，导致我国土地价格和劳动力价格快速上涨，这传导到农产品上的成本和价格也上涨。据翁鸣（2017）的调查，许多地区农村耕地租金是 10 年翻一番，而人工、土地成本是引起粮食生产总成本上升的主要因素。这两项成本不仅所占比重较大，而且增加较快。2014 年人工成本、土地成本分别占粮食总成本的41.81%、19.09%；2004～2014 年这两项成本分别实际增长了87.35%、123.50%。另外加上化肥、农药、种子等生产资料价格上涨，生产成本上升，农业弱质低效问题更加凸显。从中国粮食价格与国际粮食价格相比，2005 年我国小麦、稻米、玉米价格分别高于国际市场价格的30.43%、8.09%、50.61%，但是2015 年我国小麦、稻米、玉米价格分别高于国际市场价格的91.10%、77.78%、98.18%。

我国农产品"三量齐增"，2015～2016 年度，我国玉米、小麦、稻谷库存合计高达 2.54 亿吨，创历史最高纪录；2015 年度我国棉花库存占全球库

存约 50%①。2015 年我国粮食产量 62143.5 万吨；进口粮食 12477 万吨，同比增加了 24.2%。

陈锡文（2016）分析其成因：第一，为保障农民种粮的合理收益，政府在 2008～2014 年不断提高粮食的最低收购价格和临时收储价格，小麦和玉米的价格提高了 60% 以上，稻谷的价格提高了 90% 以上，国内价格由此逐步高于国际市场价格。第二，国际供求的影响。2015～2016 年度全球谷物产量为 25.34 亿吨，消费量为 25.3 亿吨，季末库存量为 6.38 亿吨，在此背景下，全球谷物价格仍将面临持续下行压力②。与此同时全球经济复苏缓慢，需求疲软。到 2015 年年底，以美元计价的国际市场各类主要粮食品种的价格，相比 2012 年底已下跌 30%～45%。其中，大米和小麦跌了 1/3，大豆跌了 40%，玉米跌了 45%。第三，受人民币对美元升值的影响，从 2005 年始，我国加快了汇率改革的进程。2015 年人民币对美元的年平均汇价（中间价）已比 2004 年升值 24.75%。第四，全球能源价格暴跌导致全球海运价格明显下跌，直接降低了国际粮价的到岸价。姜长云，杜志雄（2017）指出，2013～2015 年这种挤压效应增强尤为显著，我国主要粮食品种受到的市场挤压效应趋于增强小麦市场挤压效应值从 0.745 上升至 3.333，玉米市场挤压效应值从 0.775 上升至 3.125，大米市场挤压效应从 0.532 上升至 3.073。

这表明我国粮食市场不仅受到进口粮价"天花板"不断降低的压力，而且受到国内粮食生产成本不断上涨的推力，这些因素导致我国大宗农产品的比较效益低。我国粮食种植利润很低，以 2014 年为例：水稻净利润 204.83 元/亩，小麦 87.83 元/亩，玉米 81.82 元/亩，而同期蔬菜每亩净利润为 2067.78 元，是稻谷的 10.1 倍，小麦的 23.6 倍，玉米的 25.3 倍；同期苹果每亩净利润为 3480.85 元，是稻谷的 17 倍，小麦的 39.6 倍，玉米的 42.5 倍③。

2. 我国农业资源环境压力

我国农业绿色转型发展面临着水土资源的挑战：

---

① 农业供给侧改革，资源配置是关键. 农民日报，2015 - 12 - 09.

② 数据来源：http://www.fao.org/worldfoodsituation/foodpricesindex/en/。

③ 农业供给侧结构性改革要重视三大问题. 人民政协报，2016 - 01 - 05.

（1）从水资源来看，环境保护部发布的《2014 中国环境状况公报》表明，2014 年全国 423 条主要河流、62 座重点湖泊（水库）的 968 个国控地表水检测断面（点位）检测结果表明：Ⅰ、Ⅱ、Ⅲ、Ⅳ、Ⅴ、劣Ⅴ水质断面分别占 3.4%、30.4%、29.3%、20.9%、6.8%、9.2%。由于Ⅳ、Ⅴ、劣Ⅴ水量占比高达 36.9%，这无疑直接影响农产品质量安全性。

（2）从土壤资源看，全国土壤环境状况总体不容乐观，部分地区土壤污染较重，耕地土壤环境质量堪忧，工矿业废弃地土壤环境问题突出。全国土壤总的点位超标率为 16.1%，其中轻微、轻度、中度和重度污染点位的比例分别为 11.2%、2.3%、1.5% 和 1.1%。从土地利用类型看，耕地、林地、草地土壤点位超标率分别为 19.4%、10.0%、10.4%。其中耕地轻微、轻度、中度和重度污染点位的比例分别为 13.7%、2.8%、1.8% 和 1.1%，主要污染物为镉、镍、铜、砷、汞、铅、滴滴涕和多环芳烃①。

（3）从化肥农药看，2005～2014 年，我国化肥总量从 4766.2 万吨上升到 6022.6 万吨，施用强度从 306.53 公斤/公顷增至 362.41 公斤/公顷，即增长 18.23%。是国际公认的化肥使用安全上限值 225 公斤/公顷的 1.61 倍。另外，我国农药使用量从 1991 年的 76.5 万吨增加到 2014 年的 184.3 万吨，增加 107.8 万吨，增幅为 140.92%，2015 年中国的农药利用率仅为 36.6%。除 2000 年、2001 年农药使用量略微下降外，其他各年份均有不同程度的有所增加②。《科学》根据 2005～2009 年的数据测算，就每公顷耕地上的农药使用量而言，美国使用 2.2 公斤的农药，法国使用 2.9 公斤，英国使用 3 公斤，中国使用 10.3 公斤，约为美国的 4.7 倍③。

农业部等八部委联合发布的《全国农业可持续发展规划（2015—2030)》也提出，"农业资源过度开发、农业投入品过量使用、地下水超采以及农业内外源污染相互叠加等带来的一系列问题日益凸显，农业可持续发展面临重大挑战"。比如我国化肥利用率不到 40%，农药利用率为 35%，农膜残留率高达 40%。这些问题在很大程度上都是由传统农业的资源利用方式引

---

① 环境保护部和国土资源部发布全国土壤污染状况调查公报，http：//www.zhb.gov.cn/gkml/hbb/qt/201404/t20140417_270670.htm

② 根据中国农村统计年鉴 2016 年计算得出。

③ "浸泡"在农药中的中国人 2017－07－03，http：//www.sohu.com/a/154046652_253327。

发的，导致我国每年 1200 万吨粮食受到重金属污染，损失约 200 亿人民币[1]。

3. 我国农业效益不高

2015 年农民人均可支配收入是 11422 元，其中 40% 来自家庭经营性收入，40% 来自外出务工的工资性收入，17% 左右来自转移性收入，剩下 2% 左右来自财产性收入。如扣除林业、牧业、渔业、家庭手工业、家庭服务业等收入后，农民从土地上获得的经营性收入为 3000 多元，而 2015 年农民工人均月收入为 3072 元，辛苦耕作一年的收益只相当于外出务工一个月的收入[2]。

二、我国农业供给侧结构性改革的主要内容

2015 年 12 月中央农村工作会议将我国农业供给侧结构性改革设定为减库存、降成本、补短板；2016 年中央 1 号文件《中共中央、国务院关于落实发展新理念加快农业现代化实现全面小康目标的若干意见》再次提出"加快补齐农业农村短板，必须坚持工业反哺农业、城市支持农村，促进城乡公共资源均衡配置、城乡要素平等交换，稳步提高城乡基本公共服务均等化水平"。2016 年 1 月中央农村工作领导小组将其解读为调结构、提品质、促融合、减库存、降成本、补短板；2016 年 2 月农业部陈晓华副部长在《农民日报》举办的"三农"发展大会上将其界定为去库存、降成本、统管理、调结构和促融合；习近平总书记在 2016 年两会上指出："新形势下，农业主要矛盾已经由总量不足转变为结构性矛盾，主要表现为阶段性的供过于求和供给不足并存。"[3] 2016 年 3 月农业部韩长赋部长在全国两会答记者问时从推进农业现代化的角度指出要构建农业的经营体系、生产体系和产业体系；2016 年 3 月农业部农村经济研究中心宋洪远主任在清华大学中国农村研究院"清华三农讲坛"中提出要构建生产体系和产业

---

① 祝卫东. 关于推进农业供给侧结构性改革的几个问题. 人民网—理论频道 2016 – 09 – 01.
② 中国农村统计年鉴 2016 数据。
③ 习近平总书记重要论述. 南方日报，2016 – 03 – 16.

体系、经营体系和服务体系、科技创新体系和科技推广体系、市场调控体系和对外开放体系、政府管理体系与支持保护体系。2016 年 10 月 20 日国务院发布的《全国农业现代化规划（2016—2020）》要求"以提高质量效益和竞争力为中心，以推进农业供给侧结构性改革为主线，以多种形式适度规模经营为引领，加快转变农业发展方式"。2016 年 10 月 27 日发布的《全国农村经济发展"十三五"规划》要求"以农业供给侧结构性改革为主线，持续夯实现代农业基础，转变农业发展方式，推进农村产业融合，构建现代农业产业体系、生产体系和经营体系。"2016 年 12 月 9 日中央政治局会议提出"要积极推进农业供给侧结构性改革"。2016 年 12 月 14 日中央经济工作会议将"深入推进农业供给侧改革"作为 2017 年重点任务之一。2016 年 12 月 19 日中央农村工作会议提出"把推进农业供给侧结构性改革作为农业农村工作的主线"，并讨论了《中共中央、国务院关于深入推进农业供给侧结构性改革加快培育农业农村发展新动能的若干意见（讨论稿）》。2017 年 2 月 5 日，上述文件经修改后以 2017 年中央 1 号文件发布，从 6 个方面 33 条来促进我国农业供给侧结构性改革；2017 年 2 月 6 日农业部就出台了《关于推进农业供给侧结构性改革的实施意见》。

孔祥智（2016）认为农业供给侧结构性改革的主要内容是：建立适应市场化的土地制度改革，重点是农村土地承包经营权权属落实、农村集体经营性建设用地改革、农村宅基地制度改革和征地制度改革；通过农业经营结构和生产结构调整实现农业领域去产能、降成本、补短板；通过粮食价格体制和补贴制度改革，形成具有国际竞争力的粮食产业。陈锡文（2016）认为农业供给侧结构性改革的核心是科技和体制创新。

2017 年中央 1 号文件提出农业供给侧结构性改革主要内容涉及要在确保国家粮食安全的基础上，紧紧围绕市场需求变化，以增加农民收入、保障有效供给为主要目标，以提高农业供给质量为主攻方向，以体制改革和机制创新为根本途径，优化农业产业体系、生产体系、经营体系，提高土地产出率、资源利用率、劳动生产率，促进农业农村发展由过度依赖资源消耗、主要满足量的需求，向追求绿色生态可持续、更加注重满足质的需求转变。

三、我国供给侧结构性改革的对策文献综述

为促进我国农业供给侧结构性改革，国内许多学者和官员提出了众多对策。

陈锡文（2016）提出发挥市场在粮食价格形成中的决定性作用；加大科技兴农的力度；加快推进新型农业经营体系创新；推动农村第一、二、三产业融合发展等四大措施来促进农业供给侧结构性改革。随后陈锡文（2017）又提出四大对策：其一，处理好政府与市场的关系，改革玉米等粮食价格形成机制和对农民的补贴政策。"保障国家粮食安全是农业结构性改革的基本底线"的要求，必须实行"市场定价、价补分离"的改革。其二，加快农业科技创新。要以培育良种、节本降耗、绿色安全为着力点，加快农业科技进步。其三，加快农业经营体系创新。其四，发展农村新产业、新业态，促进农村第一、二、三产业融合发展。

刘奇（2016）提出要加快建立新型农业经营六大主体：家庭农场、专业大户、农业合作社、龙头企业、社会化服务组织及小农户，尤其要关注小农户的利益。

吴海峰（2016）提出通过优化粮食结构、优化种养结构、优化产品结构、推动三次产业融合以及创新农业经营主体、创新农业科技机制、创新农业支持政策来推进农业供给侧结构性改革。

朱俊峰（2016）认为要坚持市场化取向，推进农业供给侧结构性改革。通过加强农业基本建设、农业生态环境来补短板；通过转变农业生产方式、培育农业新型经营主体，发展适度规模经营，扶持农业社会化服务主体建设；强化农业科技创新；大力支持循环农业发展，提高资源利用效率。通过以上五方面来降低农业生产成本。

于法稳（2016）提出生态农业是新常态下实现农业供给侧结构性改革的有效途径，并从8个方面提出了发展生态农业，推动农业供给侧结构性改革的政策性建议。郑风田（2017）提出通过发展绿色农业，保障从田间到"舌尖"的安全，以绿色、安全、高品质的农产品满足群众消费升级的需求，是我国农业供给侧结构性改革的关键。

张红宇（2016）提出四个着眼：第一，着眼于产业、产品、主体三大目标。第二，着眼于体制改革和机制创新，重要举措是优化农业产业体系、生产体系、经营体系。第三，政府应主要着眼于树立政策目标、营造良好环境、强化政策支撑三个方面。第四，着眼于释放新型农业经营主体的引领力量。新型农业经营主体主要包括家庭经营型、合作经营型、集体经营型、企业经营型四大类。

农业部长韩长赋（2016）指出，新形势下农业的主要矛盾已经由总量不足转变为结构性矛盾，通过"四改善、四创新"来促进农业供给侧结构性改革：一是改善供给体系，推进产品创新；二是改善要素使用，推进科技创新；三是改善资源配置，推进制度创新；四是改善经营方式，推进管理创新。而推进"六优化、一巩固"是农业供给侧结构性改革的重点任务。农业部副部长陈晓华（2016）提出：一是通过技术手段、经营方式、产融结合来降低农业生产成本。二是通过加强农业基础设施建设、加强农业生态环境保护、加强农业品牌建设来补短板。随后指出要发挥市场的作用和政策引导、主体引领来促进农业供给侧结构性改革。

李国祥（2016）推进农业供给侧结构性改革，核心是提高国内农业供给体系效率，以降低农业生产成本和农产品交易成本。通过发挥农业科技创新在农业供给侧结构性改革中的作用，以及农业体制机制的改革如通过农村土地制度等改革和新型农业经营主体培育，发展适度规模经营，提高农业全要素生产率。通过专业化、规模化、组织化和社会化对提高农业供给效率具有明显效应。通过发挥农业多功能性作用来补短板。

顾益康（2016）提出要坚持以十八届五中全会提出的"创新、协调、绿色、开放、共享"五大发展理念来指导农业供给侧结构性改革。通过推进农业产业结构创新、推进农业科技创新、推进农业文化创新、推进农业经营主体创新来促进浙江省农业供给侧结构性改革。张照新（2016）提出加快农业调结构转方式，是提高我国农业供给体系质量和效率、增强我国农业市场竞争力的重大举措。

刘红岩，朱守银（2016）是目前国内学者中最为详细阐述如何实现我国农业供给侧结构性改革的：第一，在补短板上构建六大体系。涉及产业发展、产品形态；生产条件和产品品质；经营主体和经营方式；服务主体和服务内容；资源透支和生态退化；资金投入和利好政策。第二，通过以下五大措施来降低农业发展的显性和隐性成本：一是推进农业科技进步，构建现代农业生产体系，降低物质成本；二是发展适度规模经营，构建现代农业经营体系，降低平均成本；三是推进农业纵向延伸，构建现代农业产业体系，降低交易成本；四是推进体制机制创新，构建现代农业保障体系，降低多元成本；五是联动于宏观经济领域改革，来降低农业发展的环境和制度等隐性成本。第三，通过加工转化、出口转化、边际产能退出、劳动产能转移来去库存。

宋洪远（2016）提出要重点关注和解决好四个问题：第一，针对农业供给侧存在的突出问题，从生产端入手，从供给侧发力；第二，抓住农业供给侧存在的结构性矛盾，调整优化农产品供给结构，更好地适应消费需求；第三，充分发挥市场配置资源的决定性作用，更好地发挥政府的作用，紧紧围绕市场需求变化安排农业生产和供给；第四，针对农业发展中存在的体制性和机制性障碍，大力推动技术创新和制度创新。

陈文胜（2016）提出通过建立农业区域地标品牌农业来调整我国农业结构，是我国农业供给侧结构性改革的着力点。许经勇（2016）提出农业生产和再生产自身的特点，要改革不利于发挥市场在资源配置中的决定性作用的体制，才能有效化解农业供给结构性过剩与结构性短缺。农业供给侧结构性改革的核心是提高全要素生产率。农业部农村经济体制与经营管理司课题组（2016）认为：新农人是推进我国农业供给侧结构性改革的主体和关键。而张红宇（2016）认为所谓新农人主要指秉持生态农业理念，运用互联网思维，以提供安全农产品、提高农业价值为目标的农业生产者和经营者。翁鸣（2017）提出：要有农业变革性和创新性思维，要大量引进新技术和新品种；从系统性看待农业供给侧改革；推进农业转型升级是改革关键；以"三农"机制创新为切入点；从农业多功能性拓宽改革的思路。崔宝玉（2017）认为农民合作社应当成为当前农业供给侧结构性改革的重要主体。魏后凯（2017）提出在消除四大思想上的认识误区前提下，通过激发各大要素活力和完善农业产业链，实现农业供给侧结构性改革。

2017年中央1号文件提出以体制改革和机制创新为根本途径，优化农业产业体系、生产体系、经营体系，提高土地产出率、资源利用率、劳动生产率，促进农业农村发展由过度依赖资源消耗、主要满足量的需求，向追求绿色生态可持续、更加注重满足质的需求转变。具有要"发挥多种形式农业适度规模经营引领作用","支持新型农业经营主体和新型农业服务主体成为建设现代农业的骨干力量","支持多种类型的新型农业服务主体开展代耕代种、联耕联种、土地托管等专业化规模服务"。

福建省委、省政府（2017）提出通过优化农业产业产品结构；推动农业绿色发展；培育新产业新业态；强化农业科技创新；补齐农业农村短板；加快城乡一体化发展；加大脱贫攻坚力度；全面深化农村改革；全面加强和改进党对"三农"工作的领导等8大措施来促进农业供给侧结构性改革。福建省农业厅（2017）在深刻认识农业供给侧结构性改革的重要意义的基础上，提出了促进福建省农业供给侧结构性改革的6大原则和7大主攻方向，并要求加强组织领导、加大宣传推动、强化项目支持、提升服务水平、培育公共品牌、强化督促检查，以贯彻实施福建省的农业供给侧结构性改革。

综上所述，我国官员和学者主要提出以下措施：通过科技进步、新型农业经营主体（包括合作社等）、农业三次产业融合、体制机制创新来降低成本；通过绿色发展来调结构；通过市场化价格改革去库存；通过新农人来提高农业全要素效率。但都一定程度上忽略了我国农业供给侧结构性改革最主要的任务是提高农民收益，其核心就是农地产权的清晰；补短板的核心就是农业和农村的基础性公共服务（尤其是户籍制度以及依附于户籍制度的各项公共服务的供给）；去库存可以通过建立我国在校中小学生的营养早餐和午餐制度来缓解等。

四、促进福建省农业供给侧结构性改革的思路与对策

根据福建省农业资源禀赋，结合国内外农业发展的成功经验和中央关于农业供给侧结构性改革的思路，福建省农业供给侧结构性改革的核心就是涉及各类农业制度的供给和完善，而农业制度就是涉及农业和农村的经济、政治、社会等一系列正式和非正式的规则。主要包括农地产权制度、农村公共产品制度安排、城乡统一的要素市场制度的供给等。

（一）产权制度供给

改革开放以来我国经济社会的快速发展，很大程度上就是各类新的制度供给，比如家庭联产承包制的农地农民使用权的制度供给，释放出大量农村剩余劳动力，为我国经济社会发展做出了产品、要素、市场和外汇四大贡献。2016 年 4 月 25 日，习近平总书记在安徽凤阳县小岗村主持召开农村改革座谈会时指出，深化农村改革的主线仍然是处理好农民和土地的关系。因为在以耕地为主的社会，土地不仅是他们谋生的主要手段，而且也是他们积累财富和在他们代际传承的主要工具；土地权利决定家庭可持续生产能力和市场供给能力以及农民的社会和经济地位；激励他们对土地进行投资以及获得金融市场信贷的能力或者获得消费和收入的便利。

1. 目前我国农地产权存在的弊端

我国市场取向改革的巨大成功就是始于 1978 年农地使用权的私有化，即赋予农民土地承包经营权。20 世纪 80 年代的五个"一号文件"构建了农村土地集体所有、农户承包经营的基本制度框架，并被党的十三届八中全会正式表述为"统分结合的双层经营体制"而纳入 1993 年《宪法》和《农业法》；1993 年的中央"11 号文件"开启了第二轮土地承包的进程，并通过"增人不增地、减人不减地"推进土地承包经营权的稳定，党的十五届三中全会和《农村土地承包法》分别以中央文件和法律的形式强化了这种稳定性；党的十七届三中全会又以"稳定现有土地承包关系并保持长久不变"继续强化这种稳定性；2014 年中央"1 号文件"提出"三权分置"促进了农村基本经营制度的动态稳定。

土地承包经营权的稳定深受农民的欢迎，也是粮食生产持续增产、农民收入持续增加的基础。但是这种农地产权残缺存在以下问题。

（1）土地细碎化。国务院农村发展研究中心在 1986 年的全国抽样调查中发现，户均承包 9.2 亩，分成 8.99 块，块均 1.02 亩[1]；1987 年同样的抽样调查显示，户均 8.9 亩，分成 10.3 块，块均 0.87 亩。到 2000 年，户均经

---

① 课题组. 农村土地制度改革的难点与思路. 中国农村经济，1989（1）.

营土地面积则降到 8.33 亩，分成 9.5 块，块均 0.87 亩[①]。

（2）户均经营的土地面积持续减少。如 1984 年户均耕地 0.62 公顷、2008 年我国农业第二次普查农业经营家庭户均约 0.6 公顷耕地，2016 年户均（按照农户 2.6 亿户，耕地面积 20.25 亿亩计算）约 0.52 公顷。

（3）农地产权对耕地质量改善和环境保护具有负外部性。由于农地产权主体多元和模糊，农地产权残缺，如产权缺乏排他性、承包权缺乏明晰性、安全性和稳定性，导致责、权、利的边界不清，直接影响了农户的决策，导致了农民作为理性经济人在改善土地生产力的投资或保持水土或维持地力的投资上缺乏积极性（Wen，1995；Feder，1992；Li，Rozelle and Brandt，2000）[②]。根据全国第二次土壤普查，全国优质耕地只占 21%，土壤有机质低于 0.5% 的耕地约占 10%。现有的耕地中，缺磷地占 59%，缺钾地占 23%，缺磷钾地占 10%。水土流失，盐渍化、沼泽化、沙化的耕地，共计占 53%。农民在这种农地产权制度环境下普遍出现了经营行为的短期化，大量使用化肥、农药。

（4）由于农民集体土地所有权的虚置，导致大量的土地粗放使用。2016 年我国城市人均建设用地已达 130 多平方米，远远高于发达国家人均 82.4 平方米和发展中国家人均 83.3 平方米的水平；2014 年全国村庄建设用地 2.48 亿亩，人均村庄用地 218 平方米，高出国家定额最高值（150 平方米/人）45.3%。与此同时，我国 2016 年有 3500 万户举家全迁到城市务工，出现的大量空心村和空置房造成极大的土地浪费。

（5）农地征用补偿极其不公平。国务院发展研究中心农村经济研究部韩俊主导的课题组的一项调查显示：土地增值部分的收益分配，农民的补偿款占 5%~10%；城市政府拿走土地增值收益 20%~30%；各类城市房地产公司、开发区、外商投资公司等，拿走土地增值收益的大头，占 40%~50%。

（6）阻碍了我国农村要素市场的发育和健全。目前均分和定期调整的土

---

① 吴晓华. 改革农地制度，增加农民收入. 改革，2002（2）.

② Wen Guanzhong James. "The current tenure system and its impact on long-term performance of the farming system：The case of modern China"，Ph. D dissertation，*Department of Economics*，University of Chicago，1989；Feder，G.，Lau，L. J.，Lin，J. Y.，and Xiaopeng Luo. "The determinants of farm investment and residential construction in post-reform China"．*Economic Development and Cultural Change*，1992，41（1）：1－26.

地制度，导致微观主体对未来预期的不确定性大大增强，不利于我国农地的自由转移和规模效率的提高，不利于农村土地市场和劳动力市场的发育和发展。由于土地是农民最重要的生活依靠，农民会担心自己下一轮土地调整中分不到地而不敢外出打工，从而影响了农村非农经济的发展和农民收入的增加（Yao，2000）[1]。

2. 目前福建省农地产权不可持续性的表现[2]

随着时间的推移，这种农地集体产权制度对于福建省而言出现了制度的边际递减效应。表现为：

（1）耕地数量逐年减少。福建省耕地数量从 1978 年的 1946 万亩，降低至 2008 年 1728 万亩。而根据福建省第二次全国土地调查主要数据显示，福建省耕地 2012.67 万亩，人均耕地 0.55 亩，仅为全国人均耕地 1.52 亩的 36%，大大低于联合国确定的人均 0.795 亩的警戒线。

（2）土地流转不顺畅，规模不经济，土地细碎化。

3. 建议建立福建省产权清晰的耕地和山林地的制度安排

（1）福建省耕地和山林地的确权，有利于增加其农村居民的财产性收入。1978 年的土地家庭联产承包责任制确认了农民的占有和使用权，1984 年我国确定了农民 15 年的使用权，1998 年法律上确认了 30 年的使用权，党的十七届三中全会确认了农地农有的长久使用权，2011 年中央经济会议上提出提高农民土地增值收益的决定（收益权），随后在党的十八届三中全会、2014 年和 2015 年中央 1 号文件都提出，在符合规划和用途管制前提下，允许农村集体经营性建设用地出让、租赁、入股，实行与国有土地同等入市、同权同价；建立兼顾国家、集体、个人的土地增值收益分配机制，合理提高个人收益。在十八届五中全会上，党中央首次提出了创新、协调、绿色、开放、共享五大发展理念；2016 年 11 月 27 日《中共中央、国务院关于完善产权保护制度依法保护产权的意见》指出：产权制度是社会主义市场经济的基石，保护产权是坚持社会主义基本经济制度的必然要求。有恒产者有恒心，经济主体财产权的有效保障和实现是经济社会持续健康发展的基础。因此，

---

① Yao，Yang "The development of the land lease market in rural China". *Land Economics*，May 2000.

② 丁长发. 建立福建省可持续发展的农地产权制度的思考. 发展研究，2010（6）：56 – 59.

完善的农地产权制度供给是农业供给侧结构性改革的前提和核心。

　　2015 年福建省农村居民可支配收入为 13793 元，城镇居民可支配收入为 33275 元，城乡收入差距为 2.41∶1。其中农村居民工资性收入为 6187.0 元，经营性收入 5455.57 元，财产净收入 232.46 元，转移净收入 1917.68 元，财产净收入约占总收入的 2.57%；而城镇居民的财产性收入为 3822.24 元，是农村居民财产净收入的 16.44 倍[①]（见表 14–1）：

表 14–1　　　　　　　　2015 年福建省城乡居民收入构成及差距

分　布	总收入	工资性收入	经营性收入	财产净收入	转移净收入
城市居民（元）	33275	20714.28	4571.46	3822.24	4167.37
农村居民（元）	13793	6187.00	5455.57	232.46	1917.68
城乡差距（倍）	2.41	3.35	0.84	16.44	2.17

资料来源：《福建统计年鉴 2016 年》。

　　2015 年福建省土地出让平均超过 5000 元每平方米，2016 年有的城市甚至土地出让每平方米达到 3 万多元，如果农民享有较为完整的农地产权，就能分享土地增值收益，对于提高农民财产性收入以及脱贫都有极其重要的意义。习近平总书记曾指出：小康不小康关键看老乡。2015 年福建省约有 73.5 万贫困人口，人均年纯收入低于 3310 元，如果能在完整的土地确权的基础上，建立农村土地市场和资本市场，是十分有利于实现福建省在 2018 年全面精准脱贫的[②]。

　　（2）明晰的土地产权有利于促进我省农民增加对土地的保护和投入，实现绿色农业发展。我国农业供给侧结构改革就是实践五位一体理念的绿色农业，因为与发达国家相比，福建省主要问题是农业面源污染问题严重，农产品质量安全风险增多，没有实现农业的绿色发展。2015 年福建省 134.178 万公顷耕地，消耗化肥 1238017 吨，合计约 922.6 千克（折纯）/公顷，高于全国 446 千克每公顷化肥施用量，远高于世界平均水平和高收入国家的 135 千克。2015 年全省施用农药 55770 吨，合计约 41.56 千克/公顷，远高于全国 9.84 千克/公顷的水平[③]。

---

①　《福建统计年鉴 2016》，以下本文涉及的数据除非有特别标注，都是出自本统计年鉴。
②　杨光. 精准扶贫的福建实践，福建日报 2015–12–07.
③　根据《福建统计年鉴 2016》和《中国统计年鉴 2016》数据计算得出。

在现实中，我国优质绿色农产品供给远不能满足国内需求。2016年6月，中央全面深化改革领导小组审议通过了《国家生态文明试验区（福建）实施方案》，提出建设机制活、产业优、百姓富、生态美的新福建。建立明晰的耕地和林地产权，促进农民作为微观主体大幅度增加对耕地和林地的资金、技术、有机肥等投入，逐渐减少化肥和农药施用量，多施用有机肥，改善土壤质量；并运用绿色科技，发展适合全国消费者需求的绿色有机农产品。因此，福建省全面贯彻党的十七届三中全会有关建立农民长久性农地产权的精神，结合本省农业和农村的实际，建议在坚持农地集体所有、"三权分置"前提下，在全国率先赋予农民99年长久产权。

总之，明晰的农地和山林地产权有利于促进福建省农地流转，增加农民收入和增加对农地的投入。

（二）城乡统一的公共产品供给制度

党中央提出解放新需求，创造新供给。而福建省农民最关心的就是全省农民日益增长的公共产品的需求与目前相对落后的公共产品供给之间的矛盾。具体包括农村义务教育、农民社会保障、农村基础性公共工程、农业科研和农业技术投入和推广等。

1. 建立城乡一体化的12年义务教育体系

教育对于提高农村居民尤其是儿童的人力资本具有极其重要的意义。根据学者的研究，农村儿童多受一年教育，其自由迁徙度和工资性收入有可能提高10%。目前我国经济进入新常态，经济增长的动力从人口红利转化为人才红利。因此，非常需要建立城乡统一的12年义务教育体系。2015年福建省小学生人数为288.31万人，普通中学人数为175.97万人，其中高中生人数才62.63万人，技工学校5.45万人，也就是按照高中人均3000元学费计算，只要多增加18.789亿元财政支出就能实现从小学一年级到高三12年免费义务教育，这对于2015年全省地方公共财政收入2544.08亿元而言[1]，是完全可以做得到的，况且比福建省经济和财政实力差的陕西省在2016年已经开始实施13年免费义务教育制度了。受到良好教育的农村青年，有利于

---

[1] 《福建统计年鉴2016》。

其提高人力资本素质的同时，促进其自由迁徙，从而逐渐实现福建省农地的适度规模经营，并且也为福建省工业产业发展和城市化提供大量合格人才，有利于我省城镇化发展，提供经济增长新动力。

2. 逐渐建立城乡一体化的农村社会保障

农村社会保障是涉及农村养老、失业、伤残、医疗和生育保险等农村社会保险制度以及农村福利制度、农村优抚制度、农村救济制度等。

目前福建省迫切建立：

（1）适度提高农村养老金。2016 年福建省将农民基础养老金从原来的55 元提高到每月 100 元。2015 年全省老年化率为 14.16%[①]，按照这个比率农村户籍超过 60 岁老人约 300 万，如果能每月提高到 200 元，则全省各地财政多增加 36 亿元，对于 2015 年土地出让金收入超过 1000 亿元和地方财政收入达 2544.08 亿元应该没有问题。

（2）农村合作医疗。2004 年福建省开始进行新型农村合作医疗试点，2007 年全面实施新型农村合作医疗。到 2015 年年底已实现全省 85 个县市区的全覆盖。2015 年福建省新农合筹资标准每人每年不低 470 元，其中：政府补助标准不低于 380 元，个人缴费不低于 90 元。但存在着列入报销目录的药品少，报销的额度少等问题。因此，福建省农村居民还存在大量的因病返贫和因病致贫等现象；农村居民看病难、看病贵问题仍然突出；政府在医疗方面的财政支出尤其是涉及农村居民医疗的财政支出仍然较低。

（3）农村优抚。由于农村优抚是属于全国性的公共产品，我国由于历史和现实的原因，主要是农村村集体来负担，存在优抚标准低（主要取决于农村集体经济实力）和农村集体经济难以为继等现象，建议至少以省级部分统筹来保障这些优抚的对象。

3. 农村基础性公共工程

2015 年福建省行政村 14401 个，其中有 13533 行政村通自来水，仍然有868 个行政村没有通自来水；有 13634 行政村通有线电视，仍有 767 个行政村没有通有线电视；有 14146 行政村通宽带，有 255 个行政村没有通宽带[②]。至于自然村则自来水等公共基础性工程更是缺乏。而根据福建省第二次农业普查的数据，有 70.2% 的村垃圾没有集中处理（现在已经大大改善），有

[①②]　《福建统计年鉴 2016》。

64.3%的村没有洁净的饮用水处理。这些行政村大部分是老少边穷地区，鉴于目前国内钢筋水泥等处于产能过剩，价格相对低迷阶段，省内各级政府应统筹资金，这些行政村农民出工出力，全面完善全省农村的基础性民生工程，这样既能适当解决部分企业的产能过剩，释放部分需求，又能把这些农村的优质农产品销售出去，从而提高农民收入。

4. 改革福建省县乡体制，改革支农财政体制

2016 年福建省有 85 个县市区，927 个乡镇，14401 个乡镇村①。如果能够改革目前的县级政府机构，实现毛泽东说的精兵简政，把每个县超过 100 多个科局级单位减少到新中国成立初期的 6 个单位，改目前乡镇一级政府机构为派出机构，这样至少每年能节约超过 100 亿元人民币的行政开支，足够福建省全面建立营养早餐和营养午餐制度。另外，目前福建省财政支农资金涉及教育、发改、科技、水利、农林等十多个政府结构，建议全部归口于农业部门统一使用，从而提高资金的使用效益。

（三）建立福建省城乡统一的要素市场制度

党的十八届三中全会提出"建设统一开放、竞争有序的市场体系，是使市场在资源配置中起决定性作用的基础"。因此，建立福建省和全国的城乡统一的要素市场，包括劳动力市场、资本市场、土地市场以及技术、信息市场等，是福建省贯彻农业供给侧结构性改革的核心之一。

1. 建设城乡统一的劳动力市场

劳动力市场是生产要素市场体系的一个重要组成部分，原有城乡二元分割的劳动力市场，制约劳动力资源的优化配置，增加农民工在城市就业成本，一定程度上阻碍了农业适度规模经营。2015 年福建省农村户籍人口为 2091.38 万人，常住人口为 1436 万人，也就是说有约 655.38 万人口进入城镇②。按照全省耕地面积 2012.67 万亩计算，以劳均耕种 20 亩的适度规模经营计算，只需要 100 万劳动力，但 2015 年福建省农林牧渔从业人员有 599.31 万，至少有 350 万农村"剩余劳动力"可以转移到城镇。因此，实践农业供给侧结构性改革，必须破除原来的户籍制度，

①② 《福建统计年鉴 2016》。

逐步建立城乡一体化的劳动力市场，促进劳动力的自由迁徙和流动，从而优化劳动力的配置，提高农民的工资性收入，有利于缩小城乡收入差距。

2. 建设城乡统一的土地要素市场

1988 年我国《宪法》和《土地管理法》被修改后允许国有和集体所有土地使用权依法转让。1993 年中共十四届三中全会作出决议："当前要着重发展生产要素市场"。2008 年十七届三中全会《决定》明确指出要"逐步建立城乡统一的建设用地市场"。2013 年中共十八届三中全会《决定》指出："使市场在资源配置中起决定性作用和更好发挥政府作用"。随后 2014 年、2015 年的中央 1 号文件，在提出让农民获得长久性产权的基础上，赋予农民更多的财产权利，大幅度增加农民分享集体土地增值收益，尤其是党的十八届五中提出了五位一体的发展新理念，让农民共享改革开放的发展成果。其中农民最重要的财产是土地，建立城乡统一的土地市场，在严格农地用途管制的前提下使得农民获得土地的转让、出租、入股、抵押等用益物权，有利于提高农民财产性收益，有利于限制土地的粗放经营。

3. 建立农业和农村的现代金融保险服务体系

由于农业面临自然风险和市场风险，农业作为弱质产业，农民作为弱势群体，农村作为相对落后地区，迫切需要建立支持农业和农村发展的服务型金融（保险）体系。中国社科院农村发展研究所一项调查显示，在我国农村，16.8% 的人认为自己需要钱，56.8% 的人表示资金很紧张，而农户认为农村贷款不便利的占比高达 69.6%[①]。根据 2017 年中央 1 号文件加快农村金融创新，其核心就是在明晰农地产权，确保农地三权分置，逐步实现农地林地的资本属性，建立支持农业和农村发展的政策性金融（保险）服务体系、商业性中小金融服务体系。

农业供给侧结构性改革是一个长期艰巨的过程，福建省要实现农业和农村的现代化，到 2018 年全面实现精准脱贫和提前实现农村的全面小康社会。核心和可持续发展的关键就是明晰农地的产权基础上，逐渐建立城乡统一的公共产品供给制度，建立城乡一体化的要素市场制度，这是国内外实践成功的普遍性经验。

---

① 农村金融调查：困局与机遇，http：//finance.ifeng.com/wemoney/special/ncjr/2016 – 05 – 25.

参考文献：

[1] 陈锡文．深入推进农业供给侧结构性改革着力提升农业综合效益和农产品竞争力．中国经贸导刊，2017（9）：9－10．

[2] 刘奇．农业供给侧结构性改革需要关注的几个问题．中国发展观察，2016（9）：40－43．

[3] 吴海峰．推进农业供给侧结构性改革的思考．中州学刊，2016（5）．

[4] 于法稳．生态农业：我国农业供给侧结构性改革的有效途径．企业经济，2016（4）：22－25．

[5] 张红宇．推进农业供给侧结构性改革，定盘要"四着"．中国农村金融，2016（8）：26－28．

[6] 陈晓华．推进农业供给侧结构性改革要从五个方面抓起．上海农村经济，2016（4）：4－6．

[7] 李国祥．用发展新理念推进我国农业供给侧结构性改革．农村工作通讯，2016（9）：16－17．

[8] 顾益康．浙江农业供给侧结构性改革的创新路径．浙江经济，2016（6）：10－11．

[9] 张照新．重视合作社在农业供给侧结构性改革中的作用．中国农民合作社，2016（6）：18－19．

[10] 崔宝玉．农民合作社应成为农业供给侧结构性改革的主体．中国合作经济，2017（2）：11－13．

[11] 刘红岩，朱守银．农业供给侧结构性改革的推进方略探讨．经济研究参考，2016（30）．

[12] 孔祥智．农业供给侧结构性改革的基本内涵与政策建议．改革，2016（2）．

[13] 韩长赋．着力推进农业供给侧结构性改革．求是，2016（5）．

[14] 宋洪远．关于农业供给侧结构性改革若干问题的思考和建议．中国农村经济，2016（10）：18－21．

[15] 陈文胜．论中国农业供给侧结构性改革的着力点——以区域地标品牌为战略调整农业结构．农村经济，2016（11）．

[16] 朱俊峰．坚持市场化取向推进农业供给侧结构性改革．中国发展观察，2016（6）：55－56．

[17] 农业部农村经济体制与经营管理司课题组．农业供给侧结构性改革背景下的新农人发展调查．中国农村经济，2016（4）．

［18］许经勇．农业供给侧结构性改革的深层思考．学习论坛，2016（6）．

［19］姜长云，杜志雄．关于推进农业供给侧结构性改革的思考．南京农业大学学报（社会科学版），2017（1）．

［20］郑风田．绿色生产是农业供给侧结构性改革成功的关键．中国党政干部论坛，2017（1）：84 - 85.

［21］中共福建省委、福建省人民政府关于深入推进农业供给侧结构性改革加快培育农业农村发展新动能的实施意见．福建日报，2017 - 03 - 1.

［22］翁鸣．农业供给侧结构性改革的科学内涵和现实意义．民主与科学，2017（1）：28 - 31.

［23］魏后凯．农业供给侧改革如何改．人民论坛，2017（5）．

专题十五　福建省农村公共文化
服务供给效率评价

一、引　　言

1. 研究背景

2017 年 3 月的十二届全国人大五次会议的新闻发布会上，大会发言人傅莹再一次提到：“我国将进一步努力促进城乡公共文化服务的均等化，让乡镇居民可以较为公平地享受到政府提供的基本文化服务，以更好地促进城乡文化地协同发展，更好地弘扬社会主义核心价值观。①”这一段话说明了基层公共文化均等化的重要作用，同时，也表明了我国大力推动基层公共服务均等化的决心。近年来，福建省在公共文化上的投入不断增大，公共文化服务体系建设日渐完善，公共文化服务设施功能愈加齐全。但由于历史和城乡二元制结构的原因，福建省城乡文化发展不均的问题依然很突出。许多农村缺乏足够的文化设施和文化活动，例如许多农村仅有在春节才可以等到戏班子巡演，得以观看戏曲表演，“看戏难”成了一个切实的问题。福建省还致力于加快现代化公共文化服务体系的构建，例如宁德市在 2017 年发布了《宁德市加快构建现代公共文化服务体系实施方案》，提出了至 2018 年，全市乡镇（街道）以及村（社区）综合性文化服务中心、文化站基本实现全覆盖的目标。在方案中还提出了统筹分布在不同部门、分散孤立、用途单一的基层公共文化资源，并且结合推动“互联网＋公共文化服务”发展，加大政府向社会力量购买公共文化服务的力度，拓宽社会供给渠道，丰富基层公共文

---

① 傅莹. 公共文化服务保障法促进公共文化服务均等化. 人民网，2017 - 3 - 4.

化服务内容的文化发展方向。因此，研究福建省农村公共文化服务的投入效率，对其进行评估分析，在此基础之上提出改进措施和建议，具有了深刻的实际意义。

公共文化服务作为公共产品的一种，决定了它具有非竞争性与非排他性的特征。公共产品的特征决定了农村公共文化服务的供给只能由政府承担。同时，对于公共文化服务最优化决策以及评价无法以利润最大化作为标准。因此，我们急需要一个科学的基层文化服务评价机制、投入产出测算准则来更好地发现农村公共文化服务存在的不足与问题，探讨农村公共文化服务的改进措施，进而指导农村公共文化服务供给科学、有效地发展。一般而言，公共文化服务供给效率是评价一个政府公共文化服务较为合理、行之有效的标准，因此，对于公共文化服务效率的测算进而进行评价变成了研究农村公共文化服务的核心问题。DEA 方法无需设定模型具体的函数形式，通过分析投入产出"单位"是否落在所预计的有效前沿面上，来评价投入产出"单位"的相对有效性，对于投入产出"单位"进行效率评价具有良好的效果，也同政府公共卫生服务评价的要求相契合。因此，本专题采用 DEA 方法下放宽规模报酬不变假设的 BC^2 模型对福建省农村公共文化服务的效率进行评价。

2. 文献综述

国内有一部分学者利用 DEA（数据包络分析）方法对农村公共服务在技术效率以及规模效率两个方面进行评价。例如，张鸣鸣（2010）利用 DEA 方法对我国各年财政、支农资金对第一产业的贡献、农村基础教育、公共卫生及其综合效率进行了比较，认为我国农村公共产品投入总量长期不足，供给中技术效率不稳定且规模效率低下。邓倚月（2014）基于 2000～2012 年的湖南省农村公共服务数据，利用 DEA 分析方法对湖南省农村公共服务效率进行了评价，得出了湖南农村公共服务未达到有效的结论。续竞秦和杨永恒（2011）基于修正的 DEA 两步法，对我国大陆公共服务供给效率进行评估，其结果表明：大多数省份的基本公共服务仍有较大提升空间。除此之外，还有一些学者将 DEA 方法运用到农村公共文化服务投入或文化产业投入的效率评价上。例如，邓帆帆等（2014）利用 DEA 三阶段模型对我国东南沿海地区八个省市的文化产业服务效率进行评估分析，得出东南沿海地区文化产业的整体效率较高，不过受环境影响较大，大多数处于规模报酬递减状态。王惠等（2015）运用 DEA－BCC 模型测算我国 31 个省区市农村文化产业的技术效率水平，其研究表明：我国大多数农村文化产业投入在 DEA 方法下处于非有效状态。肖庆（2014）在非参数的 DEA 方法下，分析了我国乡镇 2006～2009 年的文化馆公共文化服务的效率，得出了我国农村公共文化服务的技术效率和规模效率均值都偏低的结论。在效率的动态评价方面，崔治文等（2013）采用通过非参数的 DEA 方法和 Malmquist 指数方法，对我国农村公共产品的生产效率进行实证研究，发现我国农村公共产品供给的技术效率水平较低，不少省份仍然没有达到规模效率，存在规模报酬递增或者递减的现象，并且全要素生产率长期呈现负增长特征。

国外研究者通常采用数据包络分析（data envelopment analysis，DEA）对公共产品进行效率评价，例如 2006 欧洲中央银行就是使用 DEA 方法对欧盟成员国的公共部门服务效率进行了分析；另外桑帕约（Sampaio，2008）也利用 DEA 对欧洲和巴西的一些城市公共交通服务进行了效率评价。当然以上两类研究都是从不同公共服务的横向进行比较，也有一些研究是对同一公共服务进行纵向比较，例如奥代克（Odeck，2008）对挪威的城市公共交通服务合并前后进行了对比分析，使用 DEA 方法对服务的 Malmquist 生产率指数进行测算。布坎南（Buchanan，1950）对美国农业社区公共品供给效率进行研究，证明了在收入水平提高的情况下，私人产品化可以提高"俱乐部"产品的供给效率。也有一些国外学者运用了自由处置包"非参数方法"（free disposal hull，FDH）分析公共服务产品效率，例如科尔（Coll）采用 FDH 和 DEA 两种方法相结合来评价政府服务的绩效，威特和格雷（Witte and Grey，2011）使用 FDH 方法测算公共产品供给效率的问题。

二、实证方法简介

1. DEA 简介

DEA（数据包络分析）是运筹学的一个新的研究领域分支，由查尼斯（A. Charnes）、库珀（W. W. Cooper）和罗兹（E. Rhodes）在 1978 年给出的评价决策单元（Decision Making Unit，简记为 DMU）相对有效性的分析方法。

第一个 DEA 被命名为 C^2R 模型，该模型主要研究多投入多产出的生产部门在规模报酬不变的前提假设下是否为规模有效和技术有效。1984年，班克（R. D. Banker）、查尼斯和库珀在 C^2R 模型的基础之上，在放宽了规模报酬不变的前提假设之下，发展出了名为 BC^2 的模型。BC^2 模型将技术效率分解成了纯技术效率和规模效率，并从投入导向和产出导向两个角度讨论技术效率。投入导向即为，在固定产出的前提下，如何使得投入最小；产出导向即为，在固定投入的前提下，如何使得产出最大。两种导向形式类似于硬币的两面，可针对研究对象的具体经济实质和性质来选用。

2. DEA 方法的具体设定

一般而言，农村公共文化需求以及产出水平相对固定，在满足农民的公共文化需求的前提下调整投入，以满足投入最小化作为标准，是评价农村公共文化服务效率一个更为可行的方案。因此，福建省农村公共文化服务效率的静态分析可以采用投入导向型的 BC^2 模型来进行评价分析。

一般的投入导向型 BC^2 模型设定如下：

$$
(P_\varepsilon^I)\begin{cases}
\max(\mu^T Y_o - \mu_o), \\
\text{s. t } \omega^T X_j - \mu^T Y_j + \mu_o \geq 0, j = 1, 2, \cdots, n, \\
\omega^T X_o = 1 \\
\omega \geq \varepsilon, \mu \geq \varepsilon, \mu_o \geq 0
\end{cases}
$$

以及其对偶问题的模型设定如下：

$$
(D_\varepsilon^I)\begin{cases}
\min\left[\theta - \varepsilon(\bar{e}^T S^- + e^T S^+)\right] \\
\text{s. t } \sum_{j=1}^{n} X_j \lambda_j + S^- = \theta X_0 \\
\sum_{j=1}^{n} Y_j \lambda_j + S^+ = Y_0 \\
\sum_{j=1}^{n} \lambda_j = 1, S^-, S^+ \geq 0 \\
\lambda_j \geq 0, j = 1, 2, \cdots, n
\end{cases}
$$

以上两式中 ε 为阿基米德无穷小量，S^- 和 S^+ 为引进的松弛变量，作为决策单位效率评价的辅助指标：S^- 表示投入的冗余，相应的 S^+ 则表示产出的不足，下标 j 代表第 j 个决策单元。模型中 D_ε^l 的最优解为 λ。变量 θ 表示决策单位的有效程度，其取值在 $0 \sim 1$ 之间。对于第 j 个决策单元，如若 $\theta = 1$，那么该决策单元为 DEA 弱有效；对于第 j 个决策单元，若 $\theta = 1$，S^- 和 S^+ 的值都为零，那么该决策单元都为 DEA 有效，也就是说，即在现有产出条件下，不需要再对投入量进行变动——投入要素达到最佳组合。对于第 j 个决策单元，如若 $\theta = 1$，同时 S^- 和 S^+ 不全为零，那么该决策单元为 DEA 非有效，也就是说，即在现有产出条件下，使用更少的投入值就可以达到既定的产出水平。

3. Malmquist 指数法

一般情况下，Malmquist 生产效率指数（tfpch）可以用于动态效率的研究，其表达形式为：

$$M_o(x_t, y_t, x_{t+1}; y_{t+1}) = \frac{S_o^t(x_t, y_t)}{S_o^t(x_{t+1}, y_{t+1})} \times \frac{D_o^t(x_{t+1}, y_{t+1})}{D_o^t(x_t, y_t)} \times$$
$$\left[\frac{D_o^t(x_{t+1}, y_{t+1})}{D_o^{t+1}(x_{t+1}, y_{t+1})} \times \frac{D_o^t(x_t, y_t)}{D_o^{t+1}(x_t, y_t)} \right]$$

上式中，第一项为规模效率变动（sech），第二项表示纯技术效率变动（pech），第三项（中括号内部分）为技术变动（techch）。上式给出了 Malmquist 生产效率指数的计算方法，也说明了 Malmquist 指数分析结果之间的关系。在 Malmquist 指数分析方法中，如若结果大于 1，则认为效率提高，反之，则代表效率降低。

三、实证分析

我们首先从省级层面对福建省农村公共文化服务的效率进行简单分析，将福建省放在全国范围内进行分析比较，了解近十年间，福建省公共文化服务成效。之后简单概述分析福建省各个地级市近三年农村文化投入情况及其变化趋势。最后，使用 DEA 方法对福建省农村公共文化服务效率进行静态研究，同时，在静态研究的基础上，应用 Malmquist 指数对福建省农村公共文化服务进行动态研究。

（一）省级层面动态效率分析

1. 省级数据选取

本专题从《中国统计年鉴》《中国农村统计年鉴》《中国文化文物年鉴》选取了全国 31 个省、自治区、直辖市 2006～2015 年农村公共服务产出和投入数据，考虑到数据的可得性和相关性，在省级这一层面上，选取了农村文化站数量、农业产出作为产出指标。在投入指标方面，经过农村人口占总人口的比重对数据进行转化，得出了农村文化事业费、农村文化体育与传媒支出。

2. 动态分析结果

本专题将 2006～2015 年十年省一级农村公共文化投入产出指标通过 DEAP 2.1 软件进行 Malmquist 指数动态分析，计算结果如表 15 - 1 所示

表 15 - 1　　2006～2015 我国省一级农村公共文化服务动态效率

地区	effch	techch	pech	sech	tfpch
北京	0.961	0.933	1.05	0.915	0.896
天津	0.991	0.935	1.047	0.947	0.927
河北	1.011	0.946	1	1.011	0.957
山西	1.001	0.899	1.015	0.987	0.901
内蒙古	0.963	0.929	0.975	0.988	0.894
辽宁	1.024	0.967	1.006	1.018	0.989
吉林	0.976	0.93	0.977	0.999	0.907
黑龙江	1.043	0.969	1.037	1.006	1.01
上海	0.911	0.957	1.001	0.91	0.872
江苏	1.029	0.953	0.994	1.035	0.98
浙江	0.968	0.968	0.971	0.997	0.937
安徽	1.011	0.932	1.001	1.01	0.942
福建	1.019	0.948	1.008	1.011	0.967

地区	effch	techch	pech	sech	tfpch
江西	1.024	0.895	1.023	1	0.917
山东	0.977	0.876	1	0.977	0.856
河南	1.02	0.933	1	1.02	0.952
湖北	1.047	0.973	1.014	1.033	1.02
湖南	0.997	0.906	1	0.997	0.903
广东	0.988	1	0.964	1.025	0.988
广西	0.994	0.924	0.983	1.011	0.918
海南	0.962	0.93	1	0.962	0.895
重庆	0.981	0.92	1	0.981	0.903
四川	1	0.916	1	1	0.916
贵州	1.001	0.886	0.998	1.003	0.887
云南	1.028	0.935	1.034	0.995	0.961
西藏	1.058	0.891	1.01	1.048	0.943
陕西	0.962	0.902	0.961	1.001	0.868
甘肃	1.009	0.903	1.009	1	0.911
青海	0.989	0.923	1.021	0.969	0.913
宁夏	0.971	0.901	1.017	0.954	0.875
新疆	0.977	0.916	0.987	0.99	0.894
全国平均值	0.996	0.928	1.003	0.993	0.925

如前文所述，在 Malmquist 指数的动态分析方法下，以 1 为分界线：大于 1 则表明农村公共文化服务在该项指标下投入效率提高，反之亦然。

从表 15 - 1 可以看出，和其他省、自治区、直辖市对比来看：福建省五项指标值都高于全国平均。从排名水平上来看，技术效率变动（effch）、技术变动（techch）、纯技术效率变动（pech）、规模效率变动（sech）、Malmquist 指数（tfpch，也可以称为全要素生产率）分别位列全国第 9 位、第 8 位、第 14 位、第 9 位、第 6 位。总的来说，福建省农村公共文化服务近十年投入效率的发展在全国范围内处于中上水平，同福建省的经济发展水平相当。

　　从将福建省自身放进全国维度的评价结果来看：福建省近十年技术效率变动（effch）的值为 1.019，纯技术效率变动（pech）值为 1.008、规模效率变动（sech）值为 1.011，都大于 1，表明了福建省农村公共文化服务的投入在 2006～2015 年十年间，在技术和规模上的效率是提升的。具体到各个指标，这三项指标表明了，2006～2015 年，福建省农村公共文化服务技术效率的年均增长为 1.9%，由技术效率分解得到的纯技术效率年均增长为0.8%，规模效率年均增长为 1.1%。在另一方面，技术变动（techch）和全要素生产率（tfpch）的值分别为 0.948 和 0.967，低于 1，技术变动十年间平均降低 6.2%，全要素生产率评价下降 3.3%。以上指标表明，规模效率和纯技术效率的共同增长带动了十年间的投入效率。而全要素生产率十年间呈现降低状态的主要原因在于福建省农村公共文化服务在这十年间没有达到"向生产前沿面移动"或"增长效应"。这表明，福建省在农村公共文化投入中，规模上渐渐达到了有效状态，但是并没有对现存的技术水平进行充分的利用，这也是导致全要素生产率呈现降低的主要因素。

（二）福建省地级市农村公共文化投入对比

　　本专题从《福建统计年鉴》中提取 2013～2015 年福建省 9 个地级市文体投入数据，经过调整转化后得出了农村文体投入指标。福建省各地市农村文体投入情况如表 15－2 所示：

表 15－2　　　　　　近三年福建省九大地市农村文体投入

地级	2013 年		2014 年		2015 年	
	农村文体投入（万元）	增长率（%）	农村文体投入（万元）	增长率（%）	农村文体投入（万元）	增长率（%）
福州	368233.31	—	398848.24	8.31	437280.17	9.64
厦门	91793.76	—	99531.97	8.43	113197.49	13.73
莆田	147235.29	—	213270.73	44.85	230285.60	7.98
三明	182703.94	—	187155.64	2.44	217418.53	16.17
泉州	352956.78	—	387534.97	9.80	447579.53	15.49
漳州	224265.86	—	239390.14	6.74	283214.61	18.31

续表

地级	2013 年		2014 年		2015 年	
	农村文体投入（万元）	增长率（%）	农村文体投入（万元）	增长率（%）	农村文体投入（万元）	增长率（%）
南平	153255.22	—	168571.81	9.99	200954.56	19.21
龙岩	195610.07	—	216317.63	10.59	261052.46	20.68
宁德	170499.79	—	186389.18	9.32	235359.50	26.27

资料来源：《福建统计年鉴》2014~2016 年。

文体投入同大部分的财政投入指标一样，农村文体投入每年会有包含诸如农村文化站公共拨款、公职人员工资、农村文化设施维护、活动经费等基本性、经常性支出，同时也可能会有诸如文化站、基础文化设施建设等非经常性支出，因此，农村文体投入是一个有稳定性基础上又有不确定性的指标，在年度间的变动趋势可能具有一定的不稳定性。从表15-2的数据可以看出，近三年，福建九个地市的文体投入都有显著的增加，并高于国内生产总值的增长率。这些数据都表明了，福建省以及各地市投入在量上是不断增加的。在投入不断增加的基础上，就需要分析评价福建省公共文化服务的效率水平。

（三）福建省县级农村公共文化服务效率评价

1. 数据的选取与处理

由于农村层面的数据，特别是农村公共文化服务的产出数据的获取难度较大，基于数据可得性、可靠性、相关性的考量，本专题从2006~2015年的《福建统计年鉴》中提取了县（县市）的教育支出、文化体育和传媒支出作为投入指标；第一产业产出、农村人均纯收入作为产出指标。同时，在福建省农村这一层面的分析中采用代理变量的方法，从县级数据和县市一级的数据入手，对福建省公共文化服务的效率进行评价分析，并对两级的评价结果进行对比，基于二者效率评价结果的差异分析代理变量法的适用程度，进而利用县或县市的评价结果代为分析福建省农村公共文化服务的效率。

2. 基于DEA方法的静态分析

结合2015年度相关投入和产出指标，利用DEAP 2.1软件进行分析得出福建省县级农村公共文化服务效率，了解福建省农村公共文化服务发展的现状，结果如表 15 – 3 所示。

表 15 – 3　　　　　2015 年福建省县级农村公共文化服务效率

地区	县	TE	PTE	SE	RTS	地区	县	TE	PTE	SE	RTS
福州	闽侯县	0.232	0.232	1	—	漳州	云霄县	0.476	0.479	0.993	drs
	连江县	0.99	1	0.99	drs		漳浦县	0.673	0.78	0.862	drs
	罗源县	0.685	0.756	0.907	drs		诏安县	1	1	1	—
	闽清县	1	1	1	—		长泰县	0.678	0.727	0.933	drs
	永泰县	0.729	0.732	0.996	drs		东山县	1	1	1	—
	平潭县	0.509	0.529	0.963	drs		南靖县	0.729	0.955	0.764	drs
	均值	0.691	0.708	0.976			平和县	1	1	1	—
莆田	仙游县	0.496	0.506	0.979	drs		华安县	0.992	1	0.992	drs
三明	明溪县	0.953	0.969	0.983	irs		均值	0.819	0.868	0.943	
	清流县	0.826	0.842	0.98	drs	南平	顺昌县	0.988	1	0.988	drs
	宁化县	0.434	0.434	0.999			浦城县	0.897	0.911	0.985	irs
	大田县	0.467	0.468	0.998	irs		光泽县	1	1	1	—
	尤溪县	0.843	0.869	0.97	drs		松溪县	1	1	1	—
	沙县	0.668	0.669	0.997	irs		政和县	0.624	0.72	0.867	irs
	将乐县	0.865	0.875	0.988	irs		均值	0.902	0.926	0.968	
	泰宁县	0.855	0.858	0.997	drs	龙岩	长汀县	0.297	0.309	0.961	drs
	建宁县	0.953	0.975	0.978	irs		上杭县	0.26	0.3	0.866	drs
	均值	0.763	0.773	0.988			武平县	0.42	0.479	0.876	drs
泉州	惠安县	0.455	0.5	0.911	drs		连城县	0.385	0.415	0.93	drs
	安溪县	0.266	0.267	0.994	drs		均值	0.341	0.376	0.908	
	永春县	0.62	0.643	0.964	drs	宁德	霞浦县	0.876	0.889	0.986	drs
	德化县	0.584	0.594	0.983	drs		古田县	0.716	0.736	0.972	drs
	均值	0.481	0.501	0.963			屏南县	0.673	0.684	0.984	irs
							寿宁县	0.425	0.45	0.943	irs
							周宁县	0.686	0.691	0.993	irs
							柘荣县	0.945	0.969	0.975	irs
全省均值		0.702	0.726	0.964			均值	0.720	0.737	0.976	

表 15 – 3 中，TE（technical efficiency）指的是福建省农村公共服务的

技术效率，PTE（pure technical efficiency）指的是福建省农村公共服务的纯技术效率，SE（scale efficiency）指的是福建省农村公共服务的规模效率。在规模报酬状态一栏中，drs（decreasing returns to scale）表示规模报酬递减，irs（increasing returns to scale）代表规模报酬递增，–代表规模报酬不变。

根据DEA方法下BC^{2}模型对于DEA有效性的判断标准：如若TE（技术效率）的值为1，则可以认为该决策单位（该年度）为DEA有效；如若TE（技术效率）的值小于1且PTE（纯技术效率）和SE（规模效率）中的任意一项的值为1，则该决策单位（该年度）为DEA弱有效；若TE（技术效率）、PTE（纯技术效率）和SE（规模效率）均小于1，那么该决策单元（该年度）为非DEA有效。

根据表15–3的数据以及DEA下BC^{2}模型对于DEA有效性的判断标准，对县级数据的结果进行分析：

福建省43个县中仅有6个达到了DEA有效，3个达到了DEA弱有效水平，达到有效水平的比例约为21%。在县级层面下，福建省农村公共文化服务的三个指标全省均值分别为0.702，0.726，0.964。从均值可以大致看出，公共文化服务之所以无法达到DEA有效的主要原因是，纯技术上的无效率。这点从各个县市的结果也可以得出——绝大多数未达到DEA有效的县市的规模效率值都在0.9以上，而纯技术效率和技术效率都处在比较低的水平。这些结果都说明了福建各县市的改进方向为基于投入规模报酬情况微调投入规模，重点在于资金的科学合理配置。

3. 基于Malmquist指数的动态分析

农村公共文化服务也是一个动态发展的过程，仅从DEA方法进行静态分析仅仅是单一年度省内的横向比较，体现的是各个决策单位中的相对效率结果，无法体现其年度动态变动和调整。为了更为综合全面地对福建省农村公共文化服务进行评价，需要将2006～2015年的投入产出归纳在一起，形成一个新的可能集，运用Malmquist指数对福建省农村公共文化服务进行分析。

在县级数据下，分析得出了43个县农村文化公共服务效率变动情况，如表15–4所示：

表 15 – 4　　　　　　2006～2015 年福建省县级农村公共文化动态效率

地区	县	effch	techch	pech	sech	tfpch
福州	闽侯县	0.981	0.97	0.98	1.001	0.951
	连江县	1.003	0.974	1	1.003	0.977
	罗源县	1.026	0.949	1.031	0.995	0.974
	闽清县	1.077	0.946	1.071	1.005	1.019
	永泰县	1.019	0.942	1.015	1.004	0.96
	平潭县	0.96	0.955	0.962	0.998	0.917
	均值	1.011	0.956	1.01	1.001	0.966
莆田	仙游县	1.084	0.922	1.082	1.002	1
三明	明溪县	1.046	0.906	1.039	1.007	0.947
	清流县	1.004	0.922	0.991	1.013	0.926
	宁化县	1.011	0.973	0.998	1.014	0.984
	大田县	1.005	0.988	0.997	1.008	0.993
	尤溪县	1.067	0.952	1.048	1.018	1.016
	沙县	1.022	0.937	1.019	1.003	0.958
	将乐县	1.032	0.914	1.019	1.012	0.943
	泰宁县	1.024	0.939	1.013	1.01	0.962
	建宁县	1.048	0.884	1.028	1.02	0.927
	均值	1.029	0.935	1.017	1.012	0.962
泉州	惠安县	1.07	0.919	0.926	1.155	0.982
	安溪县	1.012	0.915	0.946	1.069	0.925
	永春县	1.074	0.945	1.043	1.03	1.015
	德化县	1.079	0.907	1.074	1.005	0.978
	均值	1.059	0.922	0.997	1.065	0.975
漳州	云霄县	0.975	0.944	0.976	1	0.921
	漳浦县	1.006	0.966	1.007	0.998	0.972
	诏安县	1	0.948	1	1	0.948
	长泰县	0.972	0.934	0.977	0.995	0.907
	东山县	1	0.893	1	1	0.893
	南靖县	0.971	0.938	0.999	0.973	0.911
	平和县	1.049	0.926	1.031	1.017	0.971
	华安县	0.999	0.943	1	0.999	0.942
	均值	0.997	0.937	0.999	0.998	0.933

地区	县	effch	techch	pech	sech	tfpch
南平	顺昌县	1.05	0.88	1.039	1.011	0.924
	浦城县	1.041	0.964	1.033	1.007	1.003
	光泽县	1.048	0.978	1.016	1.031	1.024
	松溪县	1.049	0.934	1	1.049	0.98
	政和县	0.999	0.97	0.974	1.025	0.969
	均值	1.037	0.945	1.012	1.025	0.98
龙岩	长汀县	0.941	0.966	0.936	1.005	0.909
	上杭县	0.977	0.941	0.99	0.986	0.919
	武平县	1.015	0.974	1.021	0.994	0.989
	连城县	0.959	0.973	0.955	1.004	0.932
	均值	0.973	0.964	0.976	0.997	0.937
宁德	霞浦县	1.05	0.94	1.036	1.013	0.987
	古田县	1.04	0.942	1.042	0.998	0.979
	屏南县	1.019	0.899	0.99	1.03	0.916
	寿宁县	0.974	0.955	0.949	1.026	0.93
	周宁县	1.004	0.9	0.975	1.03	0.903
	柘荣县	1.011	0.906	0.997	1.014	0.916
	均值	1.016	0.924	0.998	1.019	0.939
全省均值		1.018	0.939	1.005	1.013	0.955

2006～2015 年，除了福州地区的闽清县、莆田地区的仙游县、三明地区的尤溪县、泉州的永春县以及南平地区的浦城县和光泽县六个县之外，其他县的全要素生产率（Malmquist 指数）都是呈现恶化的趋势，十年间，全省平均的全要素生产率年均降低 4.5%。从表 15-4 的数据可以较为直观地看出，不论是全省均值、各个地区均值、还是各个县，全要素生产率的恶化主要是来自十年里技术变动效率的降低，这同全国视角下福建省农村公共文化服务动态效率的评价结果相一致。具体来看，全省大部分县的技术效率变动值都大于 1，低于 1 的县的技术效率变动的值也十分接近 1，而技术变动这一指标则没有一个县超过 1，且其技术效率降低的幅度都比较大。进一步将技术效率变动分解为纯技术效率和规模效率可以看出，对于大部分县而言，技术效率十年间的效率改进主要得益于资金投入规模效率的增加带来的正效应（规模效率

变动值大于1），而纯技术效率在这方面影响并不是十分显著和正面。从年度间动态效率角度进行分析，其结果如表15－5和图15－1所示：

表15－5　　　　2006～2015年福建省县级农村公共文化动态效率变动

年度	effch	techch	pech	sech	tfpch
2006～2007	1.037	1.46	0.986	1.052	1.515
2007～2008	1.06	0.841	1.08	0.981	0.892
2008～2009	0.857	0.931	0.867	0.988	0.797
2009～2010	1.144	0.856	1.135	1.007	0.98
2010～2011	1.018	0.937	1.009	1.009	0.953
2011～2012	0.933	0.885	0.959	0.973	0.825
2012～2013	1.037	0.916	1.017	1.019	0.949
2013～2014	1.074	0.847	1.075	0.999	0.909
2014～2015	1.029	0.898	0.939	1.096	0.924
均值	1.018	0.939	1.005	1.013	0.955

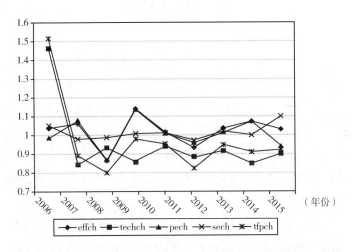

图15－1　2006～2015年福建省县级农村公共文化动态效率变动

从表15－5和图15－1不难看出，2006～2015年，在县级数据的层面上，福建农村公共文化服务动态效率的五个指标呈现上下波动，并没有明显的增减趋势。从平均值来看，技术进步变动十年间基本都是处于下降的状态，平均增长率为－6.1%，在其他指标年度间平均变动都是正向的情况下，技术进步的恶化低效了技术效率变动的正效应，是全要素生产率呈现降低趋势的主要原因。

总的来说，不论从43个县的公共文化服务的动态效率的角度出发，还是年度变化的角度入手，都可以看出：福建省农村公共文化服务效率下降的主要因素在于技术利用的不充分、资源配置不科学、供给结构不合理。

（四）总结

县级和效率评价的结果同全国视角下的效率评价结果达成了一致。这些结果都表明了不论是各个县、市或者是全省，近年来农村公共文化在投入的不断加大之下，在规模上以及基本达到了有效水平，但是在技术上没有达到DEA评估体系下的效率前沿面，未能有效地利用现有技术，资源资金分配不科学、投入结构不合理造成了总体效率的缺失。

四、对策建议

通过DEA方法和Malmquist指数对福建省农村2006~2015年公共文化服务效率从纵向和横向两个方面进行评估，分析了其整体情况和年度间变化趋势规律，寻求农村公共文化服务未达到效率的现实和历史原因，探求相应合理、科学、有效的改进方向和路径，得出了福建省农村公共文化服务存在规模投入相对有效，但资金使用不合理和资源配置不当的结论。针对以上存在的问题，结合国内文化事业发展的背景和福建省公共文化发展的现实状态提出以下几个改进对策建议：

第一，合理调控农村公共文化服务投入规模。通过DEA方法和Malmquist指数的分析得出，福建省农村公共文化服务在投入规模上基本达到DEA效率水平，并且呈现了逐渐改进的趋势。因此，为提升农村公共文化服务的效率，福建省各级政府在现有投入规模和发展规划的基础上微调投入规模，将重心放在财政农村公共文化支出资金投入的效率之上，或将资金进行整合调配，提升资金投入的效率。

第二，改善农村公共文化服务供给结构。福建省农村公共文化服务在一些年份存在着投入与产出需求不匹配，从而造成效率低下的问题。因此，必须深化农村公共文化服务供给侧的结构化改革，一方面可以重点发挥政府政策资金调配的导向和战略上的指导作用，采取例如补助、抵税、减税、贴息等方式促进农村公共文化服务市场化运作，为农村公共文化服务供给加入更多的市场化要素，以增加文化公共服务的供给上的规模效率。另一方面，应该拓宽聆听群众需求的渠道，农村公共文化服务同现代化、互联网化的渠道相结合，建设"互联网＋公共文化服务"模式，以更好地了解分析农村群众对于公共文化的需求，将公共文化资金投入农村群众喜闻乐见的文化艺术活动的发展中，建设农村群众迫切需要的文化设施。

第三，提高农村公共文化服务的质量和管理水平。福建省农村公共文化服务供给投入数额、方向、兴办的项目需经过严格的论证和监督管控。与此同时，项目后续维护、改建也必须有政府以及相关专家的监督指导，减少财政资金投入之后放任不管或粗放管理的情况发生。这样才能有效地提升财政农村公共文化支出资金使用的效率，更好地将公共文化服务于福建省各个农村的居民。

第四，加强农村文化艺术、活动的建设。一方面可以将文化资金投入在培养高层次艺术文化的专业人才上，对民间文化组织、团体进行整合、指导和业务培训，提高文化人才和团体的整体素质，进而提高农村文化艺术水平；另一方面注重发展精品、特色文化艺术和产品，例如闽南地区的高甲戏、南音等，发展乡村文化旅游，例如龙岩、漳州地区的土楼，宁德地区的红色苏区、状元村，等等。在促进农村文化事业向农村文化产业发展，拥抱市场化经济浪潮的同时，也能丰富农村的文化生活和活动。

一般而言，农村公共文化服务技术效率水平与各要素的投入水平、投入比例、资金运用方向、分配以及渠道密切相关，同时，与农村公共文化服务的供给模式、财政农村公共文化支出、国家、省市相应政策等息息相关。在DEA方法和Malmquist指数分析结论的基础之上提出的改进建议，为福建省农村公共文化服务提供理论上的改进框架，同时为福建省制定公共文化发展战略提供理论上的决策借鉴。最终提升福建省农村公共文化服务水平，改善全省农村居民文化氛围及活动水准，促进农村公共文化事业发展，缩小城乡公共文化服务水平的差距，加快城乡公共文化一体化进程，加快推进农村公共文化改革，推进全省文化事业发展健康、平衡、稳健，保障社会稳定、团结、和谐，更好地弘扬社会主义核心价值观。

参考文献：

［1］邓帆帆，周凌燕，林良金．我国东南沿海地区文化产业效率分析——基于三阶段 DEA 模型及超效率模型［J］．中国海洋大学学报（社会科学版），2014（06）．

［2］张鸣鸣．我国农村公共产品效率评价——基于 DEA 方法的时间单元检验［J］．经济体制改革，2010（1）：107－111.

［3］王惠，王树乔，李小聪．基于空间异质性的农村文化产业技术效率收敛性［J］．经济地理，2015（8）：172－177.

［4］邓倚月．基于 DEA 方法的湖南省农村公共服务效率评价［J］．时代金融，2014（4）：71－72.

［5］续竟秦，杨永恒．地方政府基本公共服务供给效率及其影响因素实证分析——基于修正的 DEA 两步法［J］．财贸研究，2011（6）：89－96.

［6］肖庆．对于中国乡镇综合文化站运行效率的实证分析——基于省际面板数据的 DEA-Tobit 模型估计［J］．河南教育学院学报，2014（6）：23－31.

［7］崔治文，毛斐斐，周毅．我国农村公共产品供给效率研究——基于 DEA 和 Malmquist 指数的实证分析［J］．理论探讨，2013（05）：78－82.

［8］孙德梅，王正沛，孙莹莹．我国地方政府公共服务效率评价及其影响因素分析［J］．华东经济管理，2013（8）：142－149.

［9］陶学荣，史玲．统筹城乡发展中的农村公共产品供给研究［J］．财贸研究，2005（3）：16－21.

［10］魏权龄．数据包络分析［M］．北京：科学出版社，2004.

［11］B. R. Sanpaio, O. L. Neto and Y. Sanpaio. Efficiency analysis of public transport system：Lessons for institutional planning. *Transportation Research*，2008（42）：450.

［12］J. Odeck. The effect of mergers on efficiency and productivity of public transport services. *Transportation Research*，2008（42）：704.

［13］Buchanan J. M.. Federalism and fiscal equity［J］．*American Economic Review*，1950（4）：583－590.

［14］K. D. Witte and B. Geys. Evaluating efficient public good provision：Theory and evidence from a generalized conditional efficiency model for public libraries. *Journal of Urban Economics*，2011（69）：319.

［15］A. Afonso, L. Schukencht and V. Tanzi. Public sector efficiency：evidence for new EU members states and emerging markets. *European Central Bank Working Paper*，2006.

后　记

本课题是洪永淼教授主持的"中央高校基本科研业务费专项资金资助"（Supported by the Fundamental Research Funds for the Central Universities）（项目编号：20720171097）和教育部哲学社会科学发展报告资助项目（项目批准号：11JBGP006）《海峡西岸经济区发展研究报告》2017 年的阶段性成果。2012 年、2013 年、2014 年和 2015 年的阶段性成果《海峡西岸经济区发展研究报告 2012》《海峡西岸经济区发展研究报告 2013》《海峡西岸经济区发展研究报告 2014》《海峡西岸经济区发展研究报告 2015》、《海峡西岸经济区发展研究报告 2016》已由北京大学出版社出版。

在研究过程中，本课题得到了厦门大学社科处的大力支持，王亚南经济研究院科研秘书许有淑，课题组秘书处秘书、研究助理莫小健、张佳韬也为本课题付出了辛勤的汗水，在此一并致谢。

本课题的最后统稿工作由刘晔、蔡伟毅负责。各章内容的撰写具体分工如下：

前言（蔡伟毅、刘晔）

专题一：《福建与"一带一路"沿线国家及地区双边贸易关系研究》（杨权、蒋思立、钟素英、许悦萌）

专题二：《福建省对外直接投资逆向技术溢出效应研究》（蔡伟毅）

专题三：《金砖会晤与厦门发展》（任力、黄皓琪）

专题四：《进一步推动福建自贸试验区金融改革创新研究》（王艺明）

专题五：《厦门构建绿色金融体系的研究》（郑鸣　张彦）

专题六：《厦门自贸区融资租赁发展研究》（郑鸣　张彦）

专题七：《创新厦门自贸区税收制度研究》（刘晔　黄弘毅　夏欣郁）

专题八：《福建省多层次资本市场的发展现状、问题与对策》（戴淑庚 任静）

专题九：《福建省农商行上市对策研究》（戴淑庚　朱雅兰）

专题十：《福建省生态环境质量的量化评估》（施伶霞　郑若娟）

专题十一：《厦门市分级诊疗改革政策效果的量化评估》（张兴祥　陈申荣）

专题十二：《打造商家二维码信用名片，构建社会化诚信治理机制——以厦门鼓浪屿为例》（徐宝林）

专题十三：《"一带一路"背景下推进福建对外文化贸易的路径选择》（赵建）

专题十四：《福建省农业供给测结构性改革的思路与对策》（丁长发）

专题十五：《福建省农村公共文化服务供给效率评价》（林细细）

后记（刘晔、蔡伟毅）

课题组主要成员（以姓氏拼音为序）：

蔡伟毅：厦门大学经济学院金融系助理教授，经济学博士

戴淑庚：厦门大学经济学院金融系教授、博导，经济学博士、博士后，现任金融系国际金融教研室主任，国家级·龙岩经济技术开发区管理委员会副主任

丁长发：厦门大学经济学院经济系副教授，经济学博士

洪永淼：美国康奈尔大学 Ernest S. Liu 经济学与国际研究讲席教授、首批中央"千人计划"入选者、首批人文社科教育部"长江学者"讲座教授、博导，美国加州大学圣地亚哥校区经济学博士，现任厦门大学经济学院、王亚南经济研究院院长

林细细：厦门大学经济学院财政系副教授，经济学博士

刘　晔：厦门大学经济学院财政系教授，经济学博士，现任厦门大学经济学院财政系副系主任

任　力：厦门大学经济学院经济系教授，经济学博士、博士后

王艺明：厦门大学经济学院财政系教授、博导，经济学博士，现任厦门大学王亚南经济研究院副院长、经济学院财政系副系主任

徐宝林：厦门大学经济学院金融系助理教授，经济学博士，厦门市商务局局长助理

杨　权：厦门大学经济学院国际经济与贸易系教授，博导，经济学博士

张兴祥：厦门大学经济学院经济系副教授，经济学博士，现任厦门大学
　　　　劳动经济研究中心副主任
赵　建：厦门大学经济学院经济系副教授，经济学博士，现任厦门大学
　　　　经济学院经济系副主任
郑　鸣：厦门大学经济学院金融系教授、博导，经济学博士，现任厦门
　　　　大学—新加坡管理大学中国资本市场研究中心副主任
郑若娟：厦门大学经济学院经济系教授、经济学博士，现任厦门大学企
　　　　业社会责任与企业文化研究中心常务副主任